청소년육성제도론

강영배 · 하중래 · 조미영 · 정희진 · 윤여숭 공저

Law and Administration on Youth

학지사

머리말

　우리 사회에서 청소년육성을 위한 제도적 토대 마련과 관련된 논의가 본격적으로 진행된 시점은 「청소년육성법」이 제정된 1987년 무렵으로 보는 것이 타당할 것이다. 이 법이 제정되기 이전에는 청소년은 18세 미만의 아동복지 대상의 일부분으로 포함되어 있었다. 이 법이 제정된 후 청소년을 9세 이상 24세 이하의 자로 정의하면서, 청소년의 보호, 육성, 선도 및 지원에 관한 사항을 제도화하기 시작하였다. 1991년에 「청소년육성법」을 폐기하고, 「청소년 기본법」이 제정되면서 청소년정책의 기본적인 원칙과 방향을 법적으로 체계화하기 시작하였다. 그 이후, 「청소년 보호법」(1997), 「아동·청소년의 성보호에 관한 법률」(2000), 「청소년활동 진흥법」(2004), 「청소년복지 지원법」(2004) 그리고 「학교 밖 청소년 지원에 관한 법률」(2014) 등과 같은 법률이 제정되었고 점차 청소년정책의 대상과 범위가 확대되고 있다.

　기본적으로 청소년정책은 앞에서 기술한 청소년 관련 법령에 기초하여 추진되는데, 개별 법령에서는 법의 제정 목적에 따라 청소년정책을 추진하게 된다. 청소년육성 제도의 핵심적 역할을 수행하는 「청소년 기본법」(제13조)에서는 국가가 5년마다 청소년육성에 관한 기본계획(이하, 기본계획)을 수립하게 되어 있으며, 지방자치단체는 이 계획에 따라 연도별 시행계획을 수립·시행하도록 명시되어 있다. 즉, 우리나라의 청소년정책은 중앙정부 차원에서 수립한 기본계획과 지방자치단체 차원에서 수립한 실행계획에 따라 추진된다고 해도 과언이 아니다. 제1차 기본계획(1993~1997)이 수립된 이래 가장 최근에 수립된 제7차 기본계획(2023~2027)까지 총 일곱 차례에 걸쳐 청소년정책기본계획이 수립·실행되고 있다.

　청소년정책의 변천과정을 파악하는 데 있어 5년마다 수립된 청소년정책기본계획의 정책기조 및 정책과제를 살펴볼 필요가 있다. 제1차 및 제2차 기본계획(1993~2002)에서는 미래준비를 위한 청소년활동 기반 구축, 동반자적 청소년 지위 부여와 청소년 참여 기초 마련 그리고 청소년보호정책 강화를 주요 정책기조로 설정하였다. 제3차 기본계획(2003~2007)

에서는 주5일제를 대비한 창의적 청소년활동 기반 조성, 참여, 인권과 복지의 지속적 확대, 청소년정책과 사업에 대한 범국민적 인식 제고를, 제4차 기본계획(2008~2012)에서는 아동정책과 청소년정책의 통합추진과 보편적이며 통합적인 청소년정책의 추진을 주요 정책 기조로 설정하였다. 제5차 기본계획(2013~2017)에서는 청소년정책을 가족 및 여성정책과 연계함과 더불어 선제적이며 균형적인 청소년정책의 추진을 주요 정책과제로 설정하였으며, 이 시기에 학교 밖 청소년을 지원하기 위한 제도적 장치가 마련되었다. 제6차 기본계획(2018~2022)에서는 청소년 참여를 확대하고 청소년을 존중하는 사회적 기반 강화, 청소년 주도 활동 활성화를 위한 정책 패러다임의 전환 그리고 청소년이 차별 없이 성장할 수 있도록 하는 사회안전망 강화를 정책기조로 설정하였으며, 지역사회 중심 청소년 전달체계 구축을 위한 다양한 사업을 추진하였다. 마지막으로 가장 최근에 수립된 제7차 기본계획에서는 플랫폼을 활용한 청소년활동 활성화 및 데이터를 활용한 청소년 지원망 구축, 청소년유해환경 차단 및 보호 확대, 청소년 참여 및 권리 보장 강화 그리고 청소년정책 총괄 조정 강화 등을 중요한 정책과제로 설정하고 있다.

청소년을 둘러싼 사회환경은 시시각각으로 변화하고 있다. 체감상 그 변화의 속도는 매우 빠르며, 변화의 양상도 다양하다. 청소년정책을 수립할 때 이러한 사회환경의 변화는 필수적으로 고려되어야 하는 사항임이 틀림없다. 제7차 기본계획을 수립하는 과정에서도 청소년 인구의 지속적인 감소, 가족형태에 대한 인식 변화와 더불어 가족형태의 다양화, 디지털 문화에 친숙한 세대적 특성, 디지털 기술의 보급 및 확산에 따른 부작용, 청소년의 심신 건강의 악화, 다문화청소년의 증가 등과 같은 요소를 고려하여 정책을 수립하였다. 이 책을 집필하기 시작한 2024년에는 생성형 인공지능(Artificial Intelligence: AI) 기술이 보편화되면서 생각지도 못한 일들이 벌어지고 있다. 기술의 발전은 일상생활을 자동화하여 편리한 삶을 살게도 하지만 악용되는 경우도 많다. 대표적으로 2024년 8월에는 딥페이크 기술을 활용해 성범죄를 저지른 사건이 발생했는데, 이 사건에 청소년 가해자와 피해자가 모두 포함되어 있다는 점이 밝혀지면서, 사회적으로 주목을 받고 있다. 구조적으로 정책은 사회현상을 앞서가기 힘들기에 사후약방문(死後藥方文)일 수밖에 없는 측면이 있다. 이상적으로는 사전 예방의 차원에서 법률을 제정하는 등 제도적 장치를 마련하는 것이 바람직하겠으나, 현실적으로는 사회문제가 발생한 후에야 대책을 마련할 수밖에 없는 어려움이 있다. 우리들은 향후 이전에 경험하지 못한 새로운 기술의 등장으로 인해 발생할 문제들을 직면하게 될 것이기 때문에 사회적 공론화와 숙의(熟議)의 과정을 통해 적절한 제도적 장치와 더불어 대책 마련이 필요할 것이다. 과유불급(過猶不及), 매사를 제도화하는 것만이 능사는 아닐 것이며, 제도화 이전에 사회적 논의를 통한 합의와 해결책 마련에도 관심을 가질 필요가 있다.

'청소년육성제도론'이 청소년지도사 자격검정 과목으로 지정되어 있기 때문에 다수의 출판사에서 동일한 제목의 책들이 출판되어 있다. 기존에 출판되어 있는 책들과의 차별성을 고민하는 과정에서 고려한 요소는 크게 두 가지이다. 첫째, 집필진의 구성이다. 가능하면 대학, 대학원에서 청소년 분야를 전공하거나, 해당 주제와 관련한 현장 경험이 풍부한 분들로 집필진을 구성하고자 하였다. 둘째, 단순히 법조문을 나열하는 데에 그치는 것이 아니라, 정책과 관련된 실제적인 내용(데이터, 정책내용 등)을 법조문과 같이 제시하여 독자의 이해를 돕고자 하였다. 이 책은 총 13장으로 구성되어 있다. 제1장 청소년정책환경과 청소년육성제도의 이해, 제2장 법, 행정, 정책에 대한 이해 그리고 제13장 청소년정책의 향후 과제는 강영배 교수가 집필하였고, 제3장 청소년육성정책의 역사적 변천과정, 제4장 청소년정책의 전달체계와 인프라, 제11장 청소년교육정책은 조미영 교수가 집필하였다. 제5장 청소년육성정책, 제8장 청소년활동정책은 하중래 센터장이 집필하였으며, 제6장 청소년보호정책, 제7장 아동 및 청소년 성보호정책은 정희진 박사가 집필하였다. 제9장 청소년복지정책, 제10장 학교 밖 청소년 지원 정책, 제12장 청소년 고용 및 노동정책은 윤여숭 센터장이 집필하였다.

마지막으로 이 책이 나오기까지 세심한 배려와 지원을 아끼지 않으신 학지사 편집부 및 관계자분들께 감사의 말씀을 드리며, 아무쪼록 이 책이 청소년지도사 및 청소년상담사 자격 취득을 위해 공부하는 분들은 물론 청소년정책 전반에 관해 관심을 가지고 공부하시는 분들에게 조금이나마 도움이 되었으면 하는 바람이다.

2025년 2월
대구한의대학교 삼성캠퍼스 연구실에서
저자 대표 강영배

차례

제3장

청소년육성정책의 역사적 변천과정　　　　　　89

제6장

청소년보호정책   195

제7장

아동 및 청소년 성보호정책   221

제8장

청소년활동정책 257

제1장

청소년정책환경과
청소년육성제도의 이해

1. 청소년을 둘러싼 정책환경

제4차 산업혁명이라고 하는 거대한 역사적 물결은 우리를 둘러싼 사회 환경을 크게 변화시키고 있다. AI(인공지능), IoT(사물인터넷), 빅데이터, 3D 프린팅, 블록체인, 스마트 모빌리티 등과 같이 4차 산업혁명을 이끄는 핵심 기술들이 획기적으로 발전함에 따라 청소년들은 이전의 세대는 경험하지 못한 새로운 일상을 경험하게 될 것이다. 2000년대 이후 정보·통신기술의 발달로 촉진된 세계화(globalization)는 이 같은 사회 변화의 주요한 원동력이 되고 있다(Giddens, 2003). 현대인의 삶의 양식은 탈영토화[1] 와 '축소되는 세계(shrinking world)'[2]로 대변할 수 있을 정도로 세계화의 물결에 크게 영향을 받고 있다. 경제, 사회, 문화, 정치 등 우리 삶과 사회 전 영역의 세계화로 인한 환경변화는 빠르게 진행 중인 것이다.

청소년기는 아동기를 거치면서 신체적, 심리적, 인지적 그리고 사회적 발달과정을 통해 성인으로 성장해 가는 중요한 시기이다. 「청소년 기본법」에서 국가와 지방자치단체의 청소년육성에 대한 책임을 규정하고 있는 것(국가법령정보센터 홈페이지)은 청소년을 둘러싼 사회 변화에 대응하는 적응력과 역량을 키워 주는 동시에 우리 청소년들에게 바람직한 사회 환경을 제공해 줘야 할 책임이 국가와 지방자치단체에 있음을 명시한 것으로 볼 수 있다. 이와 같은 책임을 다하기 위해 국가와 지방정부는 우리 사회 청소년들이 처한 사회 환경 실태와 환경변화의 트렌드를 고찰하고 이를 기반으로 지역 특성에 맞는 정책을 펼쳐야 한다.

따라서 이 장에서는 인구 및 가족 구조, 교육환경, 직업 및 근로 환경, 매체환경, 청소년 유해환경 등 5대 주요 영역별 우리 사회 청소년을 둘러싼 사회 환경의 실태와 변화 및 이러한 환경 실태를 반영한 청소년육성제도의 체계 등에 대해 살펴보고자 한다.

---

1) 이 개념은 프랑스의 철학자 들뢰즈(Deleuze)와 가타리(Guattari)의 철학적 개념으로, '영토'에서 벗어나는 과정을 의미한다. 여기서 말하는 영토란 사회적, 정치적 그리고 경제적으로 특정 지역에 대한 통제와 규제를 의미하며, 탈영토화는 이러한 영토에서 벗어나거나 영토의 제약에서 해방되는 과정을 말한다. 탈영토화의 특정은 다양성과 차이의 인정이며, 이 과정을 통하여 새로운 관계가 만들어지게 된다.
2) 인구감소와 경제 축소 등을 포함한 세계적인 변화를 의미한다. 이는 전 세계적으로 발생하는 현상이며, 특히 산업화와 경제 성장이 극대화된 이후에 발생하는 추세를 보인다. 인구감소와 경제적 축소는 사회적·경제적 구조에 큰 변화를 가져오게 된다.

1) 인구 및 가족 구조

(1) 인구

2023년을 기준으로 우리나라 총인구 중 9세부터 24세까지의 청소년은 791만 3천 명으로, 총인구의 15.3%를 차지하고 있다. 이는 10년 전인 2010년의 20.9%에 비해 약 5% 이상 감소한 수치이다(통계청, 2023a). 1980년에 1,400만 명가량으로 전체인구의 37%를 차지하던 청소년 인구는 현재 추세대로라면 2025년에 약 750만 명 정도로 줄어들어 전체인구의 14.4%를 차지하고, 2035년에는 580여 만 명으로 급감하여 전체인구의 11.3%에도 미치지 못하게 된다는 전망이다(통계청, 2023a). 이를 연평균 감소율 수치로 환산하면 2~3%대 (2025~2035)에 육박하는 것으로, 현재의 출산율[3] (0.72, 2023년 기준)을 고려했을 때, 청소년 인구는 지속적으로 감소하게 될 것이다. 이러한 청소년 인구의 급격한 감소 추세는 향후 우리나라 인구의 지형을 크게 변화시킬 뿐만 아니라, 청소년 인구가 전체인구에서 차지하는 비율이 20~30%를 넘던 시기(2000년대 전후)에 수립된 청소년정책 패러다임의 전환을 요구하고 있다.

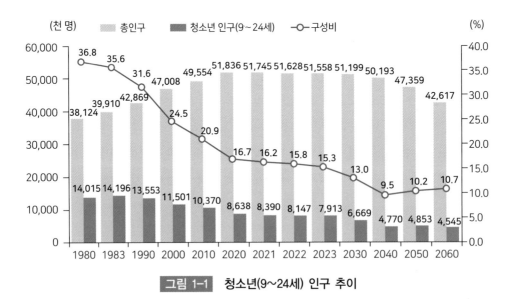

그림 1-1 청소년(9~24세) 인구 추이

---

3) 가임 여성 1명이 평생 동안 낳을 것으로 예상되는 평균 출생아 수를 나타낸 지표.

표 1-1 청소년(9~24세) 인구 추이 　　　　　　　　　　　　　　　　　(단위: 천 명, %)

	총인구	청소년 인구 (9~24세)*	구성비	남자	구성비**	여자	구성비**
1980	38,124	14,015	36.8	7,216	51.5	6,799	48.5
1983	39,910	14,196	35.6	7,308	51.5	6,888	48.5
1990	42,869	13,553	31.6	6,991	51.6	6,563	48.4
2000	47,008	11,501	24.5	5,987	52.1	5,514	47.9
2010	49,554	10,370	20.9	5,468	52.7	4,902	47.3
2020	51,836	8,638	16.7	4,493	52.0	4,145	48.0
2021	51,745	8,390	16.2	4,352	51.9	4,038	48.1
2022	51,628	8,147	15.8	4,224	51.8	3,923	48.2
2023	51,558	7,913	15.3	4,102	51.8	3,811	48.2
2030	51,199	6,669	13.0	3,436	51.5	3,233	48.5
2040	50,193	4,770	9.5	2,451	51.4	2,319	48.6
2050	47,359	4,853	10.2	2,493	51.4	2,360	48.6
2060	42,617	4,545	10.7	2,335	51.4	2,210	48.6

* 「청소년 기본법」 기준에 따른 청소년 인구.
** 청소년 인구에 대한 각각의 구성비.
출처: 통계청(2023a).

표 1-2 합계 출산율 　　　　　　　　　　　　　　(단위: 천 명, 가임여성 1명당 명)

연도	2013	2014	2015	2016	2017	2018	2019	2020	2021	2022
출생아수	436.5	435.4	438.4	406.2	357.8	326.8	302.7	272.3	260.6	249.1
합계 출산율*	1.187	1.205	1.239	1.172	1.052	0.977	0.918	0.837	0.808	0.780

* 합계 출산율(TFR, Total Fertility Rate): 여성 1명이 평생 동안 낳을 것으로 예상되는 평균 출생아 수를 나타낸 지표로서 연령별 출산율의 총합이며, 출산력 수준을 나타내는 지표임.
출처: 통계청(2023a).

　　청소년 인구감소의 문제는 서울, 인천, 경기 등 수도권을 제외한 지방에서 더욱 심각한 양상을 띠고 있다(여성가족부, 2023b). 오래전부터 경기와 인천 등 수도권 지역 전입이 꾸준한 반면, 각 지역의 거점도시라 할 수 있는 부산, 대구, 전남 등 타 시·도에서 전출이 상대적으로 더욱 빈번히 이뤄지고 있는 현상(통계청, 2023a)은 교육과 직장 여건 등 각종 인프라가 잘 갖추어진 수도권으로 인구가 여전히 몰리고 있음을 말해 주는 것으로 저출생과 아울러 지역 청소년 인구감소의 한 원인이 된다(여성가족부, 2023a).

2000년대 들어 우리나라 인구변화의 두드러진 특징 중 하나로 체류외국인의 증가를 들수 있다. 우리나라의 제한된 외국인 이민 정책에도 불구하고 체류외국인들의 수는 꾸준한증가세를 보이고 있는 가운데 2020년 기준 총 200만여 명에 이르는 체류외국인들은 단일민족을 표방하던 대한민국이 다문화사회로 변화하는 기폭제의 역할을 하고 있다. 이들 중결혼이민자는 2019년 16.6만 명이었으나, 2023년에는 17.5만 명 수준으로 크게 증가하였으며, 이들의 출신국가는 중국, 베트남, 일본, 캄보디아 등 아시아 국가들이 주를 이루고 있다(법무부 홈페이지). 결혼이민자의 증가는 다문화 가정의 증가로 이어지게 되며, 이는 한국사회의 다양성을 증가시켜 사회 구조와 문화를 다양화시키는 요인으로 작용하게 될 것이다. 또한 결혼이민자의 증가는 가정 및 가족 구조의 변화에도 영향을 미치게 되는데, 특히가족 구조의 변화, 가정 내 역할 분담, 가정 내 교육 그리고 양육방식 등에도 변화를 가져다줄 수 있다. 이에 따라 중앙정부와 지방자치단체는 청소년을 비롯한 지역주민들의 다문화수용성 및 다문화 감수성 제고 등 성숙한 시민의식 고취를 위한 청소년정책을 펼칠 필요가있다.

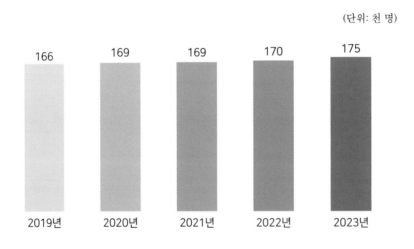

(단위: 천 명)

(단위: 명)

구분	2019	2020	2021	2022	2023
결혼 이민자	166,025	168,594	168,611	169,633	174,895

그림 1-2 **연도별 결혼이민자 현황**

출처: 법무부 홈페이지.

(2) 가족 구조

우리나라 세대 유형별 가구 현황의 특징으로 1인가구의 증가를 들 수 있다(통계청, 2023a). 2023년 12월 통계청이 발표한 '2023 통계로 보는 1인가구'에 따르면, 2022년 1인가구는 전체 가구의 34.5%인 750만 2천 가구이고, 연령대별 비중은 29세 이하 19.2%, 70세 이상 18.6%, 30대 17.3%, 60대 16.7% 순인 것으로 나타났다. 성별로는 여자는 60세 이상 고령층(46.2%)의 비중이 높고, 남자는 39세 이하(41.5%)의 비중이 높다.

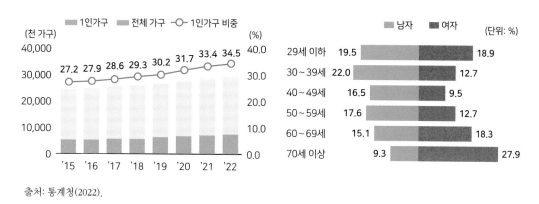

출처: 통계청(2022).

그림 1-3　**1인가구 비중 및 1인가구 성·연령별 비중(2022년)**

다음으로 한부모가구의 현황에 대해 살펴보면, 2000년대 초반부터 2014년까지는 한부모가구의 비율이 지속적으로 증가하다가 최근 들어 감소하는 추세를 보이고 있다(여성가족부, 2023a). 세부적으로 살펴보면, 2008년에 우리나라 총 가구의 9.0%를 차지하던 한부모 가구는 2014년 10.5%을 정점으로 2019년에는 7.3%까지 감소하였다. 여성가족부(2022)의 '2021년 한부모가족 실태조사'[4] 에 따르면, 한부모가구가 겪고 있는 어려움 가운데 가장 대표적인 문제로는 소득수준의 감소와 이로 인한 양육비 및 교육비 부담을 꼽을 수 있다. 이는 자녀교육에 악영향을 미치며 궁극적으로 빈곤의 대물림으로 이어질 가능성이 상대적으로 커짐을 의미한다(여성가족부, 2021a). 이에 향후 우리 사회에서 다양한 가족형태가 늘어남에 따라 한부모가구의 비율은 변화할 수 있으며, 이에 따라 한부모가구의 경제적 자립, 자녀 양육 및 교육 등에 대한 정부의 지원이 요구된다(여성가족부, 2023a).

---

4) 여성가족부(2022).

표 1-3 **연도별 한부모가구 현황**   (단위: 천 가구, %)

연도	전체 가구(A)	한부모가구(B)	한부모가구 비율(B/A×100)
2008	16,791	5,109	9.0
2009	17,052	1,551	9.1
2010	17,393	1,594	9.2
2011	17,687	1,639	9.3
2012	18,119	1,796	9.9
2013	18,388	1,880	10.2
2014	18,705	1,970	10.5
2015	19,561	1,608	8.2
2016	19,838	1,540	7.8
2017	20,168	1,533	7.6
2018	20,500	1,539	7.5
2019	20,891	1,529	7.3
2020	21,485	1,533	7.1
2021	22,023	1,510	6.9

출처: 통계청(2022).

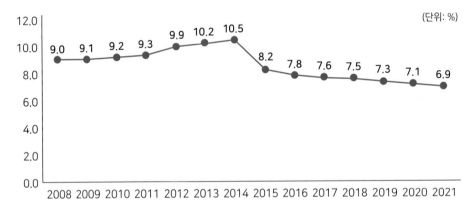

출처: 통계청(2021).

그림 1-4 **한부모가구 비율 추이**

2) 교육환경

(1) 학령인구

　최근 우리 사회가 안고 있는 가장 큰 문제 가운데 하나인 저출생 문제는 청소년 인구감소와 함께 초등학생부터 대학생에 해당하는 학령인구감소의 문제이다. 여성가족부(2023b)의 청소년 통계에 따르면, 2023년 학령인구(6~21세)는 725만 9천 명으로 총인구의 14.1%이며, 전년 대비 총인구 대비 비중이 0.4% 감소하였다. 총인구 대비 학령인구의 비중은 지속

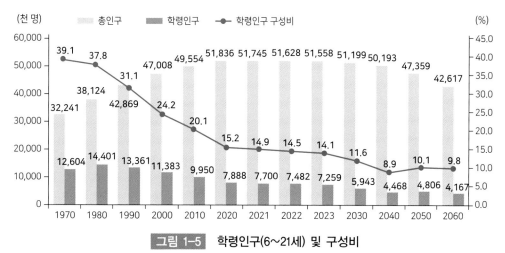

그림 1-5　학령인구(6~21세) 및 구성비

출처: 통계청(2023a).

그림 1-6　연도별 학령인구 추이

출처: 통계청(2023a).

적으로 감소하는 추세를 보이고 있으며, 현재 추세가 유지될 경우 2060년에는 현재의 57% 수준인 416만 7천 명으로 총인구의 9.8%까지 감소할 것으로 전망된다. 학교급별 학령인구의 비중은 초등학교(6~11세) 5.1%, 중학교(12~14세) 2.6%, 고등학교(15~17세) 2.6%, 대학교(18~21세) 3.7%이다.

표 1-4 연도별(2017~2020년) 학령인구 현황   (단위: 천 명)

	학교급	2017년	2018년	2019년	2020년
	전체	8,461	8,260	8,047	7,821
전국	초	2,719	2,757	2,765	2,717
	중	1,385	1,340	1,318	1,358
	고	1,715	1,574	1,454	1,382
	대	2,642	2,589	2,511	2,364

출처: 통계청(2020).

(2) 학교생활 만족도

통계청(2023c)의 사회조사 결과에 따르면, 학생들이 '전반적인 학교생활에 만족한다'고 응답한 비율은 매년 지속적으로 증가하여, 2020년 기준으로 응답자의 59.3%가 전반적인 학교생활에 만족하고 있다고 응답하였다. 세부 항목별로 조사 결과(2020년 기준)를 살펴보면, '교우 관계'에 대한 만족도가 73.3%로 가장 높은 것으로 나타났으며, 그다음이 '교사와의 관계'로 64.8%였다. '교육 내용'(57.2%), '교육 방법'(48.9%), '학교 시설 및 설비'(55.7%), '학교 주변 환경'(55.1%) 등 4개 항목은 전반적인 학교생활 만족도(59.3%)보다 낮은 만족도 수준을 보여 주고 있다. 조사 결과에서 한 가지 주목할 점은 '교사와의 관계'에 대한 만족도가 매년 지속적으로 증가하고 있다는 점이다. 이러한 결과에는 여러 가지 요인들이 영향을 미쳤을 것으로 보이나, 각 지역별로 학생인권조례의 제정, 교사의 인권감수성 함양 그리고 교사와 학생 간의 상호 역할 인식 변화 등이 영향을 미쳤을 것으로 여겨진다.

표 1-5   학생의 학교생활 만족도

구분	2014년			2016년			2018년			2020년		
	만족	보통	불만족	만족	보통	불만족	만족	보통	불만족	만족	보통	불만족
전반적인 학교생활	49.7	43.8	6.4	52.3	41.8	6.0	58.0	37.3	4.6	59.3	36.2	4.5
교육 내용	47.7	42.5	9.8	48.6	42.3	9.1	53.1	38.7	8.2	57.2	34.7	8.2
교육 방법	44.0	41.6	14.4	42.9	43.3	13.8	44.7	41.9	13.4	48.9	35.9	15.2
교우 관계	69.5	26.8	4.6	68.8	27.1	4.1	76.6	21.3	2.0	73.3	23.7	3.0
교사와의 관계	50.8	42.1	7.1	53.1	40.4	6.5	61.1	34.0	4.9	64.8	31.6	3.6
학교 시설 및 설비	38.7	43.3	18.0	41.0	43.1	15.9	47.4	40.8	11.9	55.7	35.2	9.1
학교 주변 환경	37.5	44.7	17.7	39.8	42.8	17.4	47.1	41.9	11.0	55.1	35.7	9.2

※ 1) 통계청 '사회조사'의 학생의 학교생활 만족도는 2012~2016년까지는 13세 이상 재학생을 조사하였고, 2018년부터는 중·고등학교 재학생이 조사대상임.
   2) 만족은 '매우 만족'과 '약간 만족'이라고 응답한 비율을 합산한 것이고, 불만족은 '약간 불만족'과 '매우 불만족'이라고 응답한 비율을 합한 것임.
출처: 통계청(2023c).

한편, 여성가족부(2023b)의 '2023 청소년 통계' 결과에 따르면, 2022년 청소년(초·중·고) 중 73.4%가 '나는 학교 가는 것이 즐겁다'고 응답하여(초등학생 79.4%, 중학생 73.3%, 고등학생 67.1%), 상당수의 청소년들은 학교생활에 만족하고 있는 것으로 나타났다. 이러한 결과는 2021년보다 만족하는 정도가 2.2% 정도 감소한 것이다. 세부항목에 대한 만족도 결과에 대해 살펴보면(2022년 기준), '친구들의 나에 대한 존중과 배려'가 94.5%, '교사의 학생에 대한 존중'은 95.4%로 매우 높게 나타났다.

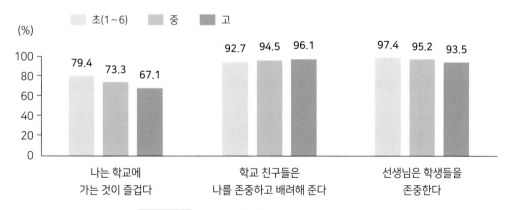

그림 1-7   학교급별 학교생활 만족도(2022년)

출처: 한국청소년정책연구원(2023).

표 1-6   학교생활 만족도*   (단위: %)

	나는 학교에 가는 것이 즐겁다		학교 친구들은 나를 존중하고 배려해 준다		선생님은 학생들을 존중한다	
	그렇다**	그렇지 않다***	그렇다**	그렇지 않다***	그렇다**	그렇지 않다***
2016	77.0	23.0	91.4	8.6	88.4	11.6
2017	76.0	24.0	92.7	7.3	90.3	9.7
2018	76.6	23.4	93.8	6.1	91.1	8.9
2019	76.5	23.5	93.3	6.7	92.7	7.2
2020	71.7	28.3	95.8	4.2	96.3	3.7
2021	75.6	24.4	95.1	4.9	96.3	3.7
2022	73.4	26.6	94.5	5.6	95.4	4.6
초(4~6)	79.4	20.5	92.7	7.3	97.4	2.6
중	73.3	26.7	94.5	5.5	95.2	4.8
고	67.1	32.9	96.1	3.9	93.5	6.4

* 최근 1년 동안의 학교생활에 대한 만족도.
** '매우 그렇다'와 '그런 편이다'를 합한 값.
*** '그렇지 않은 편이다'와 '전혀 그렇지 않다'를 합한 값.
출처: 한국청소년정책연구원(2023).

3) 직업 및 근로

(1) 청소년 경제활동

15세 이상 24세 이하의 청소년 생산가능인구 규모는 꾸준히 감소하는 추세이다. 베이비붐 세대의 자녀 세대인 에코붐 세대가 생산가능 연령대에 진입한 2010년 전반기를 제외하면, 2000년 이후 현재까지 전체 생산가능인구가 계속 증가하는 가운데 청소년 생산가능인구는 감소했다(여성가족부, 2023a). 청소년 생산가능인구의 감소와 더불어 청소년 경제활동 참가율도 감소하는 추세를 보이고 있다. 〈표 1-7〉에서 보는 바와 같이, 청소년 경제활동 참가율은 2005년까지만 해도 33%를 웃도는 등 청소년 3명 중 1명꼴로 경제활동에 참가했다. 그러나 2010년 이후부터 경제활동을 하는 청소년 인구비율이 25~26%대로 낮아졌으나 최근에는 30% 가까운 수준으로 회복하는 양상이다(여성가족부, 2023b). 이 같은 현상의 주원인으로 고등교육 진학자의 증가와 경기침체를 꼽을 수 있다.

OECD 국가 청소년들의 경제활동 참가율(OECD 평균 47.5%)과 비교했을 때 우리나라 청소년들(15~24세)의 수준은 최하위(29.6%) 수준으로 나타났다. 호주(68.6%), 캐나다(63.8%),

미국(55.5%) 등 서구 국가들뿐만 아니라 이웃나라인 일본(48.9%)보다도 현격히 낮은 참가율을 보여 주고 있다(여성가족부, 2023a).

표 1-7 청소년의 경제활동인구 및 참가율 추이　(단위: 천 명, %)

구분	2000	2005	2010	2011	2012	2013	2014	2015	2016	2017	2018	2019	2020	2021
생산가능 인구[1]	6,949	6,164	5,953	6,053	6,113	6,165	6,180	6,163	6,110	5,946	5,717	5,543	5,329	5,139
경제활동 인구[1]	2,295	2,074	1,503	1,544	1,617	1,628	1,758	1,841	1,843	1,801	1,672	1,641	1,501	1,519
경제활동 참가율[2]	33.0	33.7	25.2	25.5	26.5	26.4	28.5	29.9	30.2	30.3	29.3	29.6	28.2	29.6
남자	28.5	27.3	20.0	21.0	21.9	22.2	24.4	25.7	25.8	26.1	24.4	26.0	24.6	25.2
여자	37.0	39.2	30.1	29.8	30.7	30.3	32.3	33.8	34.3	34.3	33.7	32.9	31.5	33.5

※ 1) 15~24세 이상 인구 중 군인, 전투경찰, 공익근무요원, 형이 확정된 교도소 수감자 등은 제외.
　2) 경제활동 참가율=경제활동인구(=취업자＋실업자)/15세 이상 청소년×100.
출처: 통계청(2023c).

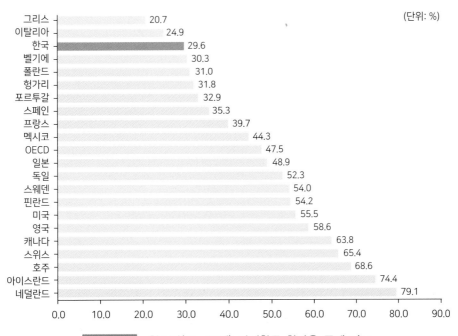

그림 1-8 청소년(15~24세) 경제활동 참가율 국제 비교
출처: OECD (2022).

(2) 청소년 아르바이트

한국청소년정책연구원이 2022년도에 실시한 '아동청소년인권실태조사' 결과에 따르면, 중·고등학생 100명 중 6명 이상(6.7%)은 최근 1년 내 아르바이트 경험이 있으며, 아르바이트 경험률은 '21년 대비 1.7%p 증가하였다. 학교급별 아르바이트 경험율의 경우 중학생은 100명 중 2명(2.3%), 고등학생은 100명 중 11명(11.2%) 수준으로 나타났고, 중·고등학생 모두 '21년보다 증가하였다. 고교 유형별로는 특성화고(27.0%)가 일반·특목·자율고(7.3%)보다 아르바이트 경험률이 높고, 성별로는 남자(8.2%)가 여자(5.2%)보다 높았다. 2021년 대비 중·고등학생인 13~18세 청소년의 아르바이트 경험률은 6.7%로 전년도의 5.0%에 비해 소폭 증가한 것으로, 이러한 경향은 코로나19가 어느 정도 안정화되면서 제한되어 있던 대외활동이 어느 정도 활성화된 점이 영향을 미친 것으로 볼 수 있다.

표 1-8   청소년 아르바이트 경험*   (단위: %)

	전체	남자	여자	중학교	고등학교	일반·특목·자율고	특성화고
2013	13.3	13.9	12.7	6.5	19.8	15.2	41.1
2014	13.5	15.2	11.6	6.7	19.9	15.1	42.2
2015	12.2	12.1	12.3	4.3	19.5	13.7	45.0
2016	13.5	15.1	11.8	5.1	21.0	14.4	48.1
2017	12.2	11.9	12.5	5.0	18.1	12.6	41.2
2018	11.0	11.4	10.5	3.1	17.5	13.2	35.7
2019	8.5	9.5	7.5	2.7	13.6	11.2	23.5
2020	5.3	5.6	4.9	1.1	9.1	6.6	19.6
2021	5.0	5.1	4.8	1.5	8.3	4.9	21.9
2022	6.7	8.2	5.2	2.3	11.2	7.3	27.0

* 최근 1년 동안 아르바이트를 한 적이 있는 사람의 분율.
출처: 한국청소년정책연구원(2023).

여성가족부(2023a)의 『2023 청소년백서』에서 청소년들이 종사하는 아르바이트 업종 분포를 살펴보면, 음식점·식당·레스토랑이 37.2%로 가장 높았으며, 그다음으로 배달/운전(오토바이 배달, 배달앱을 통한 배달 알바 등)이 15.2%, 편의점/소형마트 7.4% 순이었다.

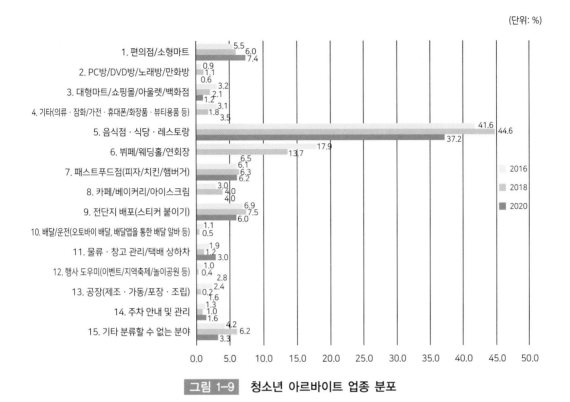

(단위: %)

그림 1-9 청소년 아르바이트 업종 분포

(3) 청소년의 직업의식

청소년의 직업의식의 특징을 알아보기 위해 실시한 가장 최근의 자료로는 여성가족부와 한국청소년정책연구원(2020)의 '2020년 청소년종합실태조사'를 들 수 있는데, 이 조사에서 청소년들이 직업을 선택함에 있어 무엇을 가장 중요하게 여기는지에 대해 조사한 결과, 자신의 능력(37.8%), 자신의 적성(16.8%), 안정성(15.6%), 직업의 장래성(11.4%), 경제적 수입(6.8%) 등의 순으로 나타났다. 이러한 결과는 2017년과 비교하면 자신의 능력을 중시하는 경향성이 더욱 강해진 반면(7.4%p 증가), 경제적 수입(4.1%), 적성(3.8%)은 감소하였다. 연령별로는 13~18세에서 자신의 적성 비율(18.8%)이 상대적으로 높고, 19~24세에서는 안정성 비율(17.7%)이 상대적으로 높게 나타났다. 성별로는 남성 청소년의 경우 자신의 능력 비율(38.9%)이 상대적으로 높게 나타난 반면, 여성 청소년의 경우 안정성 비율(17.2%)이 상대적으로 높았다.

표 1-9   청소년 직업선택 기준(1순위)   (단위: 명, %)

구분		사례수	자신의 능력	사회적 지위	대중적 인기	안정성	직업의 장래성	의사 결정권	경제적 수입	창의성 발휘	자신의 적성	자아 성취	사회에 대한 기여도
연도별	2017년	(6183)	30.4	4.1	1.0	17.6	11.3	0.4	10.9	1.3	20.6	2.2	0.2
	2020년	(5628)	37.8	4.7	2.1	15.6	11.4	1.2	6.8	1.4	16.8	1.7	0.4
연령별	13~18세	(2328)	38.8	4.2	2.5	12.6	11.2	1.2	6.4	1.8	18.8	2.2	0.5
	19~24세	(3300)	37.1	5.1	1.9	17.7	11.6	1.3	7.1	1.1	15.4	1.3	0.3
성별	남	(2940)	38.9	5.2	2.4	14.1	11.4	1.2	7.1	1.5	16.0	1.8	0.4
	여	(2689)	36.5	4.3	1.9	17.2	11.5	1.3	6.6	1.2	17.7	1.6	0.3
지역별	대도시	(2459)	43.0	3.6	1.2	14.8	11.8	1.0	4.7	1.2	16.9	1.3	0.3
	중소도시	(2192)	34.6	6.3	2.9	16.2	11.3	1.1	8.4	1.5	15.6	1.6	0.4
	농산어촌	(978)	31.7	4.0	2.8	16.2	10.9	2.0	8.6	1.7	19.3	2.6	0.3
가구 소득별	200만 원 미만	(274)	34.2	3.0	3.9	22.0	12.2	2.0	7.2	–	13.8	1.1	0.4
	200~400 만 원 미만	(1099)	39.7	6.1	2.2	15.1	9.5	0.9	8.2	1.1	15.8	1.3	0.1
	400~600 만 원 미만	(3054)	37.1	4.9	2.4	15.5	11.2	1.3	6.9	1.4	17.1	1.8	0.5
	600만 원 이상	(1202)	38.6	3.6	1.0	14.7	13.8	1.2	5.4	1.9	17.5	1.8	0.5
가구 구성별	양부모 가구	(4927)	37.8	4.9	2.0	15.0	11.7	1.2	6.5	1.6	17.3	1.7	0.4
	한부모 가구	(419)	40.2	3.6	2.2	17.0	7.3	1.8	10.8	0.3	15.3	1.3	0.2
	기타 가구	(283)	34.0	3.5	4.2	24.3	13.7	1.1	6.7	–	10.9	1.1	0.4
대학 진학 여부*	대학 진학	(2897)	37.1	5.0	1.7	18.1	12.2	1.0	6.4	1.2	15.6	1.4	0.3
	대학 비진학	(403)	37.3	5.9	2.9	14.6	7.6	3.5	12.2	0.7	14.3	0.6	0.4
가구원 수별*	1인가구	(260)	33.2	3.8	4.6	25.3	13.1	0.9	6.6	0.0	10.8	1.2	0.5
	2인 이상 가구	(3040)	37.4	5.3	1.7	17.1	11.5	1.3	7.2	1.2	15.8	1.3	0.3
전체		(5628)	37.8	4.7	2.1	15.6	11.4	1.2	6.8	1.4	16.8	1.7	0.4

* 대학 진학 여부, 가구원 수별 응답결과는 19~24세만 대상으로 산출.

4) 매체환경

(1) 인터넷 이용 실태

디지털 네이티브 세대인 청소년에게 있어 인터넷은 없어서는 안 될 매우 중요한 요소이
며, 일상생활에서 가장 많은 시간을 소비하는 매체이다. 초·중·고·대학생들을 대상으
로 실시한 인터넷 이용실태를 조사한 결과에 따르면, 우리나라 청소년들(10대)은 주 평균
24.3시간 동안 인터넷을 사용하는 것으로 조사되었다(여성가족부, 2023b). 이는 2014년의
14.4시간에 비해 크게 증가한 수치이며, 20대 청소년들은 주 평균 33.4시간 정도 인터넷을
이용하고 있으며, 이는 2014년의 20.5%에 비해 약 50% 정도 증가한 수치이다.

표 1-10   **인터넷 주평균 이용시간***   (단위: 시간)

	2014	2015	2016	2017	2018	2019	2020	2021	2022
10대	14.4	14.5	15.4	16.9	17.8	17.6	27.6	24.9	24.3
20대	20.5	21.0	22.8	23.6	24.2	24.3	29.5	30.4	33.4

* 이동전화, 스마트폰, 스마트패드, IPTV, 인터넷전화 등을 이용한 인터넷 접속을 모두 포함.
출처: 과학기술정보통신부, 한국지능정보사회진흥원(2023).

다음으로, 청소년들의 인터넷 이용 현황에 대해 살펴보면, 10대 청소년들의 인터넷 이
용목적은 여가활동, 커뮤니케이션, 자료 및 정보 획득, 교육·학습, 커뮤니케이션이었으
며, 20대 청소년도 10대 청소년과 거의 유사한 형태를 보이고 있다. 이러한 결과들은 10대,
20대 청소년 모두 약 3년간에 걸쳐 코로나19 시기 동안 비대면 상황이 지속되면서, 혼자 보
내는 시간이 증가하게 되었으며, 이로 인해 비교적 접근이 용이한 스마트폰을 자주 이용
하게 되었기 때문으로 해석할 수 있다. 또한 이러한 결과는 청소년들이 코로나19 시기 이
후부터 인터넷을 교육·학습의 주요 수단으로 사용하였기 때문이며, 20대 청소년의 경우
는 과제 작성 등에 필요한 자료 및 정보를 수집하기 위하여 인터넷을 적극적으로 활용하였
기 때문인 것으로 보인다. 그 밖에 10대, 20대 청소년 모두 커뮤니케이션, 여가활동의 목적
으로 인터넷을 사용하는 비율이 높다는 것은 청소년들이 학교 공부 이외에 활용 가능한 시
간이 제한되고, 활동한 공간 등이 제약되기 때문에 스마트폰을 이용하여 SNS를 통해 친구
들과 소통하거나, 유튜브(Youtube), 인스타그램 등과 같은 동영상 공유 채널을 통해 자신이
관심을 가지고 있는 분야의 동영상을 시청하고 있기 때문인 것으로 여겨진다.

표 1-11 인터넷 이용 목적(복수 응답) (단위: %)

		여가활동	커뮤니케이션	자료 및 정보 획득	교육·학습	홈페이지 등 운영	직업·직장
2016	10대	97.5	95.1	88.4	72.4	51.5	7.9
	20대	98.5	99.9	99.8	60.4	74.7	42.2
2017	10대	98.9	97.1	92.6	73.6	53.8	7.8
	20대	99.4	100.0	100.0	64.3	78.2	51.3
2018	10대	99.5	98.2	95.6	83.8	70.1	7.7
	20대	99.7	100.0	100.0	65.5	90.9	59.8
2019	10대	99.5	98.6	96.0	83.5	69.9	8.9
	20대	99.7	100.0	100.0	70.2	91.8	60.8
2020	10대	99.1	98.5	95.2	99.9	64.8	9.4
	20대	99.8	99.9	100.0	82.6	87.4	51.5
2021	10대	100.0	99.8	99.9	99.9	47.4	9.4
	20대	100.0	100.0	100.0	77.9	99.8	55.2
2022	10대	100.0	100.0	100.0	100.0	48.9	11.3
	20대	100.0	100.0	100.0	90.7	100.0	59.0

※ 최근 1년 이용자
출처: 과학기술정보통신부, 한국지능정보사회진흥원(2023).

(2) 스마트폰 과의존 실태

과학기술정보통신부와 한국지능정보사회진흥원(2023)이 실시한 '2023년 스마트폰 과의존 실태조사' 결과에 따르면, 청소년(10~19세) 스마트폰 과의존 위험군은 2021년 이후 30% 이상의 수준을 유지하고 있는 것으로 나타났다. 2021년의 경우 10대 청소년 10명 중 3.7명(37.0%)이 스마트폰 과의존 위험군(잠재적 위험군+고위험군)인 것으로 조사되었다. 이러한 수치는 전 연령대 평균치인 23.1%에 비해 크게 높은 수치이다. 성별로는 남자(40.5%)가 여자(39.6%)보다 스마트폰 과의존 위험군의 비중이 높았다. 그리고 학교급별로는 초등학생(42.1%), 중학생(42.1%)이 과의존 위험에 가장 취약하며, 고등학생(36.0%)이 상대적으로 과의존 비율이 낮은 것으로 나타났다. 한편, 부모가 맞벌이인 경우 40.8%의 청소년이 과의존 위험군으로 외벌이 가정(38.1%)에 비해 과의존에 취약한 것으로 나타났다.

그림 1-10 연도별 대상별 스마트폰 과의존* 위험군 현황

* 과의존이란 과도한 스마트폰 이용으로 스마트폰에 대한 현저성이 증가하고, 이용 조절력이 감소하여 문제적 결과를 경험하는 상태.
출처: 과학기술정보통신부(2023).

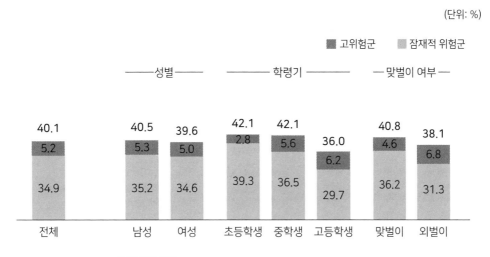

그림 1-11 청소년 스마트폰 과의존 위험군 현황

청소년들(과의존 위험군, 일반 사용자군)이 스마트폰을 통한 콘텐츠 이용현황의 차이를 타 연령대로 비교한 결과, 대상별로 이용형태에 차이가 존재하는 것으로 나타났다. 스마트폰 과의존 위험군이 일반 사용자군보다 많이 사용하는 콘텐츠는 청소년의 경우 '전자책(e-book)', 웹툰이며, 성인은 '사행성 게임', 60대 장년층은 '새로운 친구 만남'인 것으로 나타났다.

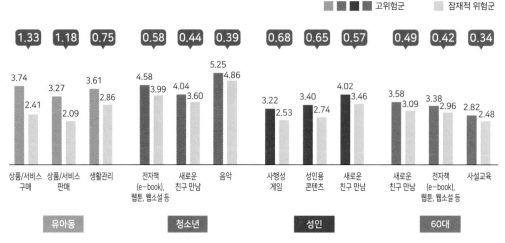

(콘텐츠 이용자, 7점 만점, 단위: 점)

■ ■ ■ 고위험군   ▨ 잠재적 위험군

그림 1-12 대상별 콘텐츠 이용 정도 격차

※ 10대 청소년의 스마트폰 이용률이 높은 상위 7개 콘텐츠.
출처: 과학기술정보통신부(2023).

5) 코로나19와 청소년의 삶의 변화

(1) 코로나19가 청소년활동에 미친 영향

코로나19는 청소년활동에도 여러 가지 영향을 미치고 있는데, 가장 큰 영향이라고 한다면 활동방식의 변화일 것이다. 즉, 기존의 청소년활동이 대면 방식 위주로 이루어졌다면 코로나19 이후에는 비대면 방식의 활동 비중이 크게 늘어났다는 것이다. 코로나19 감염 확산예방 및 방지 차원에서 청소년수련시설이 장기간 휴관함으로 인해 종래와 같이 대면, 집합, 접촉 형태로는 체험활동을 진행하기가 어려워졌다. 이에, 코로나19 확산 초기에는 일종의 궁여지책으로 언택트(untact)를 통해 청소년과 소통하고자 하는 노력을 하였으며, 코로나19가 장기화되면서 '온라인 비대면 형태'의 소통방식이 일상화되기 시작하였다. 최근에는 백신 접종률이 높아지면서 점차적으로 대면 활동의 비율이 증가할 것으로 보인다.

다음으로, 코로나19는 청소년에게만 영향을 미친 것이 아니라 청소년지도자(청소년지도사, 청소년상담사)에게도 영향을 미쳤다. 청소년지도사를 대상으로 코로나19 상황에서의 청소년활동에 대한 경험 연구를 실시한 장여옥(2021)의 연구에 따르면, 청소년지도사들은 코로나19 상황에서 민감해진 방역활동에 대해 상당한 심리적 부담감을 느꼈으며, 위기단계별로 활동방식(대면 → 비대면, 비대면 → 대면)과 활동규모 등이 시시각각으로 변화하는 상황에 순발력 있게 대처하는 데 어려움을 겪은 것으로 보인다. 또한 코로나19 상황 초기에는 청소년수련시설 내에 비대면활동을 진행할 설비가 갖추어져 있지 않고, 청소년지도사들도 비대면활동 프로그램을 진행해 본 경험이 부족하여 장비와 공간을 갖추고, 새로운 장비와 환경에 적응하는 데 어려움을 겪은 것으로 나타났다.

(2) 코로나19가 청소년의 정신건강에 미친 영향

이소희(2021)의 연구결과에 따르면, 청소년들은 코로나19가 장기화됨으로 인해 "게임을 많이 하게 되고 늦잠을 자게 되고 TV도 많이 보게 돼요. 코로나가 빨리 끝났으면 좋겠어요"라는 인터뷰 결과를 소개하면서 코로나19의 장기화가 청소년들에게 미치는 영향을 소개하고 있다. 그의 분석에 따르면, 코로나19는 청소년들에게 생활 리듬의 불규칙, 깨어진 수면 각성 주기, 활동저하로 인한 정서·행동의 불안정성 강화, 미디어 및 게임 과몰입 경향성 증가, 사회성 발달 제한 등과 같은 부정적인 영향을 미치는 것으로 보고 있다. 아울러 코로나19로 인해 아동 학대 위험성이 높아졌으며, 경제적 어려움 등으로 인해 가족 간 갈등은 아동 및 청소년들의 정서 및 행동에도 부정적인 영향을 미치고 있는 것으로 보고 있다.

보건복지부가 2021년 5월 6일 발표한 2021년도 1분기 '코로나19 국민 정신건강 실태조사'의 결과[5]에 따르면, 19~71세 성인을 대상으로 코로나19로 인한 두려움, 불안, 우울, 코로나19 감염에 대한 낙인, 일상생활 방해 정도, 심리적 지지 제공자, 필요한 서비스 등에 대해 조사한 결과, 20~30대가 타 연령대에 비해 정신건강 수준이 상대적으로 크게 악화된 것으로 나타났다. 세부적으로는 20~30대가 타 연령대에 비해 우울 위험군 비율이 가장 높게 나타났으며, 자살생각도 20대 남성과 30대 남성이 25.0%로 전 성별 및 연령대 중 가장 높게 나타났다.

김현수(2021)의 논문발표에 따르면, 코로나19로 인해 아동·청소년의 정신건강이 악화되었는데, 그 가운데 집중력의 저하, 떼쓰는 행동의 증가, 수면장애, 악몽, 식욕 저하, 초조, 분리 불안 등의 증상이 코로나19 이전에 비해 크게 악화된 것으로 보고하고 있다. 구체적으로는, 가족 또는 친구들이 언제 코로나19에 감염될지 모른다는 것에 공포와 두려움이 증가하는 양상을 나타내고 있으며, 확진 경험자의 경우 격리 조치 등으로 인해 외상후스트레스장애 증상을 보이기도 하였다. 그의 논문발표에 따르면, 코로나19는 아동 및 청소년들에게 우울, 기분 저하, 불면, 분노, 정서적 소진 등과 같이 정서적으로 부정적인 영향을 미치

----

5) 보건복지부 홈페이지.

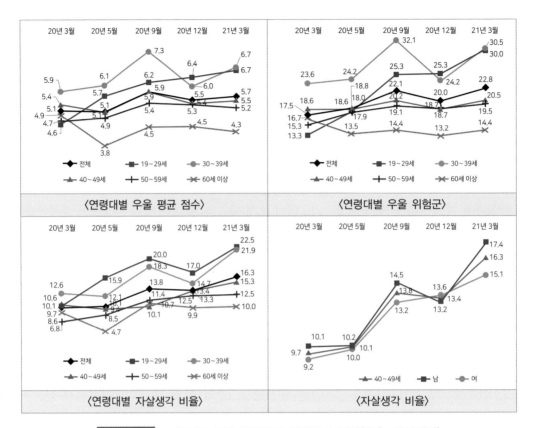

그림 1-13   코로나19 국민 정신건강 실태조사 결과(우울, 자살생각)

출처: 보건복지부(2021).

고 있으며, 사스(SARS) 등 감염병 대유행 시 격리된 아동·청소년의 30%에서 외상후스트
레스장애를 보였던 것으로 보고하고 있다.

한편, 김현수(2021)는 코로나19 이후 우리나라 아동 및 청소년들이 호소하는 심리적 부
담과 다섯 가지 트라우마로, 첫째, 외로움, 우울과 연관된 고립 및 단절 트라우마, 둘째, 위
생수칙 및 감염관리와 관련된 잔소리 트라우마, 셋째, 혼공, 혼밥, 혼활 등을 하면서 일상생
활을 유지해야 하는 생활 트라우마, 넷째, '제대로 한 것이 없다'라는 가족과 사회로부터 받
는 결손 트라우마, 다섯째, 스마트폰 및 여러 중독과 관련된 중독 트라우마를 들고 있다.

최지욱(2021)은 코로나19는 장·단기적 차원에서 청소년들의 심리사회적 발달과 정신건
강에 부정적인 영향을 미치는 것으로 보고 있다. 코로나19는 청소년 자신에게 직접 영향을
줄 뿐만 아니라 가족이나 학교, 지역사회에도 동시에 막대한 영향을 주어 환경 전체가 취약
해지기 때문에 이러한 사회생태학적 영향력을 최종적으로 받게 되는 청소년은 가장 취약
한 존재라고 할 수 있다. 그의 연구에 따르면, 코로나19는 사회·경제적으로 혜택을 받지

못하는 청소년들에게 더 큰 영향을 미치게 되는데, 코로나19로 인한 경제적 악화는 기존의 사회 불평등을 악화시켜 필요한 것을 제공하지 못하거나 보호받지 못하게 만든다. 또한 이런 경우 가정 내 폭력과 학대에 노출될 위험이 증가하게 된다.

(3) 기타 영향

코로나19가 장기화되면서 온라인 강좌의 비율이 늘어 가고, 자율학습에 대한 요구가 증대되면서 청소년들의 학업에 대한 스트레스도 증가하였다. 여성가족부와 한국청소년정책연구원(2020)에 실시한 '2020년 청소년종합실태조사'에 따르면, 코로나19 이후 학업 스트레스의 변화를 물어본 결과, 9세에서 24세 청소년 중 46.0%가 증가하였다고 응답하였다. 코로나19 이전과 이후에 변화가 없다는 응답은 45.9%였고 8.3%만이 학업 스트레스가 줄었다고 응답하였다. 그리고 코로나19 이후 청소년들은 자신의 삶에 대해 부정적으로 생각하게 되었다는 응답은 학교생활이 48.4%로 가장 높았고 가족관계가 9.6%로 가장 낮게 나타났다. 이 조사에서 청소년들이 학교생활에 대해 부정적인 태도를 보이는 것은 코로나19로 학교에 등교를 하지 않는 상황이 늘어나면서 청소년에게 부정적인 영향을 미쳤기 때문인 것으로 보고 있다.

한편, 장여옥과 조미영(2021)의 조사에서는 코로나19로 인해 부모와 자녀 간의 갈등이 심화되고, 정서적으로 취약한 가정의 청소년들은 우울감, 자해, 자살충동 등과 같은 정신병리적 문제를 경험한 것으로 나타났다. 또한 청소년들은 코로나19로 인해 자기관리에 어려움을 호소하기도 하며, 이러한 문제는 목표설정에 대한 두려움을 유발하기도 하고, 심지어는 진로선택의 불안으로 발전하기도 한다는 것이다. 이러한 결과와는 달리, 앞에서 언급한

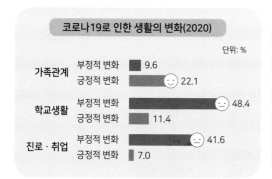
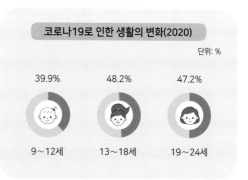

그림 1-14　코로나19가 청소년에게 미치는 영향

출처: 여성가족부(2021b).

여성가족부와 한국청소년정책연구원(2021)의 조사에서 코로나19로 인해 청소년들이 가족들과 함께하는 시간이 크게 증가한 것으로 나타났다. 이는 가족 간의 갈등을 증폭시키기보다는 가족 간의 친밀함을 높이는 방향으로 작용하여, 결과적으로 청소년들의 가족에 대한 만족도가 상승하는 결과로 이어진 것으로 볼 수 있다.

2. 청소년육성의 의미와 내용

육성(育成)이란 단어는 일상생활에서 널리 사용되는데, 운동선수 육성, 중소기업 육성, 기술자 육성 등과 같이 사람과 조직(집단)의 자질 또는 기술을 길러 자라나게 한다는 의미로 사용된다. 아울러 육성은 법률 용어로서 널리 사용되고 있는데, 법제처 국가법령정보센터에서 '육성'이라는 검색어로 법률명을 검색한 결과, 총 125개의 관련법률(시행령, 시행규칙 포함)이 존재하는 것으로 나타났다.[6] 구체적인 법률명으로는 「1인 창조기업 육성에 관한 법률」, 「곤충산업의 육성 및 지원에 관한 법률」, 「낚시 관리 및 육성법」, 「말산업 육성법」, 「한국청소년연맹 육성에 관한 법률」 등이 존재하고 있어, 육성이란 용어가 법률적으로도 매우 다양한 분야에 걸쳐 사용되고 있음을 알 수 있다.

이에, 청소년육성에 대한 의미를 사전적 의미의 차원과 법률적 의미의 차원으로 구분하여 살펴보고자 한다.

1) 사전적 의미

먼저, 육성을 사전적 의미의 측면에서 살펴보면, '육(育)'이란 글자는 엄마가 아이를 거꾸로 보듬어 안고 있는 형상으로, '아이를 낳다'는 의미를 가지고 있다. 즉, '육'은 인간이 1차적 자연이라 할 수 있는 생득적 요소를 돌본다는 의미가 강하며, 아울러 인간의 실천적 능력 내지 도덕적 능력을 발달시킨다는 의미를 내포하고 있다. 이때 '육'은 앞선 세대가 다음 세대에게 가르침을 준다는 의미를 지닌 '교(教)'와 합쳐져 '교육(教育)'적 맥락에서 사용되는 경향이 강했다.

성(成)은 '이루다'는 뜻으로, 창(과, 戈)이란 글자를 품고 있는 것에서 알 수 있듯이, 도구

---

6) 국가법령정보센터 홈페이지.

와 수단을 활용하거나 다양한 체험의 기회를 제공하여 인간의 잠재능력을 개발시킨다는 의미를 내포하고 있다고 할 수 있겠다. 이와 관련하여 한국청소년개발원(2006)은 청소년육성을 학교교육의 보완적 차원에서 접근하여 육성을 광의의 교육에서 '육(育)'을 강조함으로써 청소년을 돌보아 주어 스스로 성장하게 한다는 뜻을 갖는다고 하였다.

2) 법률적 의미

법률적 용어로서 육성의 개념은 1960년대부터 사용되기 시작하였는데, 구체적으로는 1961년에 제정된「아동복리법」제1조("아동이 건전하고 행복하게 육성되도록 그 복리를 보장함을 목적으로 한다"),「미성년자보호법」제1조("미성년자의 건강을 보호하며 그들을 선도·육성함을 목적으로 한다") 등에서 육성이란 단어를 사용하였다. 이 당시에는 육성이란 용어가 사용되었으나, 그 대상이 아동 또는 미성년자로 한정되어 있었다. 그러다가 육성의 대상으로 청소년이 처음 등장한 것이 1987년 제정된「청소년육성법」이라고 할 수 있는데, 동법 제1조에는 "이 법은 청소년의 인격형성을 도모하고, 청소년의 보호·육성·선도 및 지원에 관한 사업을 효율적으로 추진함으로써 건실하고 유능한 국민으로 성장하도록 함을 목적으로 한다"고 명시하고 있다. 하지만 동법에서는 구체적으로 육성의 법률적 개념을 명시하고 있지는 않다.

청소년육성에 대한 법률적 개념의 정의가 처음 제시된 것이 1991년에 제정된「청소년기본법」이라 할 수 있다. 동법 제3조에는 "청소년육성이라 함은 청소년의 복지를 증진하고, 청소년의 수련활동을 지원하며, 청소년교류를 진흥하고, 사회 여건과 환경을 청소년에게 유익하도록 개선하여 청소년에 대한 교육과 상호 보완함으로써 청소년의 균형 있는 성장을 돕는 것"이라고 정의하였다. 하지만 현행「청소년 기본법」제3조에서는 청소년육성을 "청소년활동을 지원하고 청소년의 복지를 증진하며 근로 청소년을 보호하는 한편, 사회 여건과 환경을 청소년에게 유익하도록 개선하고 청소년을 보호하여 청소년에 대한 교육을 보완함으로써 청소년의 균형 있는 성장을 돕는 것"이라고 정의하고 있다.

역사적 흐름의 맥락에서 이러한 조문을 비교해 보면, 청소년육성의 목표에는 변화가 없지만, 청소년육성이라고 하는 과제를 달성하는 방법에서는 변화를 엿볼 수 있다. 즉, 청소년육성의 궁극적 지향점이 청소년의 균형 있는 성장 지원이라는 점에서는 차이가 없다. 하지만 방법 면에서는 청소년수련활동에서 청소년활동으로 범위가 확대되었으며, 대상 면에서도 보다 일반 청소년과 더불어 보다 세심하고 적극적인 관심을 요하는 대상인 근로 청소년을 명시하고 있다는 점에서 차이를 나타내고 있다. 현행 법조문의 청소년육성의 정의에는 포함되어 있지 않지만, 청소년부모, 학교 밖 청소년 그리고 가정 밖 청소년을 청소년정책, 구체적으로는 청소년복지정책의 구체적인 대상으로 설정하고 있다.

표 1-12 청소년육성의 법률적 개념에 관한 신구 대조표

구 조문(1991년)	현행법(2024년 현재)	비고
청소년육성이라 함은 청소년의 복지를 증진하고, 청소년의 수련활동을 지원하며, 청소년교류를 진흥하고, 사회 여건과 환경을 청소년에게 유익하도록 개선하여 청소년에 대한 교육과 상호 보완함으로써 청소년의 균형 있는 성장을 돕는 것	청소년육성이란 청소년활동을 지원하고 청소년의 복지를 증진하며 근로 청소년을 보호하는 한편, 사회 여건과 환경을 청소년에게 유익하도록 개선하고 청소년을 보호하여 청소년에 대한 교육을 보완함으로써 청소년의 균형 있는 성장을 돕는 것	• 청소년수련활동 → 청소년활동(변경) • 청소년교류진흥(삭제) • 청소년보호(신설) • 근로 청소년보호(신설) ※ 조문에는 포함되어 있지 않지만, 육성대상에 청소년부모, 가정 밖 청소년 추가

오치선 등(1997)은 청소년육성의 개념을 청소년들이 학교교육 등에서 배양한 지적 능력을 바탕으로, 사회와 자연 속에서 도덕적 능력을 함양하도록 하고, 이러한 능력함양에 영향을 미치는 유익한 여건을 조성하거나 유해한 요인을 제거함으로써 지(知)·덕(德)·체(體)를 고루 갖추어 조화롭게 성장할 수 있도록 돕는 사회적 기능으로서 청소년에 대한 교육의 한 영역이라고 정의하고 있다.

3) 청소년육성의 내용

「청소년 기본법」이 제정된 이후부터 「청소년활동 진흥법」과 「청소년복지 지원법」이 제정되기 이전의 시기까지 청소년육성은 학교교육이 안고 있는 지식 위주의 주입식 교육, 경험 또는 체험보다는 교과서를 중심으로 이루어지는 분절(分節)형 교육, 교사중심의 주지주의(主知主義) 교육 등이 안고 있는 문제들을 보완하는 차원에서 접근하려는 경향을 보여 주고 있다. 이에 관련하여 오치선 등(1997)은 1990년대 시점에서 청소년육성의 내용을 다음의 다섯 가지로 정리하여 설명하고 있다.

첫째, 청소년의 성장발달을 지원하는 여러 가지 사회적 기능 중에서 '넓은 의미의 교육'에는 학교교육, 가정교육, 사회교육, 청소년육성 등이 있다.

둘째, 청소년육성은 도덕적 능력을 함양하거나, 도덕적 능력 함양에 영향을 미치는 여건을 조성하는 이론과 정책을 다룬다.

셋째, 청소년수련활동과 청소년교육활동이 도덕적 능력 함양 자체를 직접 목적으로 하는 '청소년육성'의 적극적 기능이고, 청소년복지, 청소년환경, 청소년문화, 청소년상담, 청소년문제는 도덕적 능력 함양을 위한 여건을 조성하는 '청소년육성'의 보완적 기능이다.

넷째, 청소년수련활동, 청소년교류활동, 청소년복지, 청소년환경, 청소년문화, 청소년상담은 전체 청소년을 대상으로 하며, 청소년문제는 일부 문제청소년을 대상으로 한다.

다섯째, 청소년의 도덕적 능력에 주안을 두는 청소년육성이 활성화되지 않으면 다른 교육기능도 활성화되지 못한다.

이러한 다섯 가지 청소년육성의 내용에서 알 수 있듯이, 1990년대에 청소년육성은 기존의 학교교육이 안고 있는 문제점을 보완하는 차원에서 청소년의 도덕적 능력의 함양을 주요 내용으로 설정하고 있다. 또한 청소년육성을 실현하는 방법에 있어서는 청소년수련활동, 청소년교류활동 등을 학교 밖 활동 또는 자연체험활동으로 제시하고 있다.

최근에는 청소년활동의 영역에서 기존의 수련활동, 교류활동과 더불어 청소년문화활동이 가미되었으며, 대상 면에서도 소위 위기청소년인 불안정가정 청소년, 탈학교청소년, 학교부적응청소년, 가출청소년, 인터넷·스마트폰·게임 중독 청소년 등과 같이 적극적인 복지서비스를 필요로 하는 청소년들이 강조되고 있는 추세이다.

마지막으로, 최근에 여성가족부는 청소년정책의 패러다임 전환을 강조하면서, 지금까지 청소년정책의 중요 개념이라고 할 수 있는 청소년육성을 대체하는 개념으로 '성장'을 강조하고 있다(여성가족부, 2020). 이처럼 청소년육성을 대체하는 새로운 개념으로 성장을 제시하게 된 배경으로는 선거연령의 하향 등 변화하는 사회 환경에 대응하여 청소년들이 공정하고 안전한 사회 환경에서 삶의 주인으로 인정받으며, 다양한 역량을 갖추고 성장할 수 있는 정책의 대전환이 필요하다는 점을 들고 있다. 즉, 육성에서는 청소년을 '객체'로 보며 이들의 균형 있는 성장을 위한 외부 환경의 조성을 강조한 측면이 강했다고 한다면, 성장의 관점에서는 청소년을 '주체'로 보며 그들의 주도성, 주체성을 강조하면서 스스로 결정하고 참여하는 과정을 통한 균형 있는 성장을 강조하고 있다고 볼 수 있다.

4) 청소년육성을 위한 법체계

청소년육성을 위한 법체계는 1987년 제정된 「청소년육성법」[7]을 출발점으로 보고 설명

---

7) 「청소년육성법」에 관한 세부적인 사항은 국가법령정보센터 「청소년육성법」(https://www.law.go.kr/lsInfoP. do?lsiSeq=2448#0000) 참조.

하는 것이 타당할 것이다. 하지만 이 법에서는 청소년 연령(9~24세 이하), 청소년시설 그리고 청소년단체에 대한 정의는 내리고 있으나, 육성에 대한 법적 개념을 정의하고 있지 않다. 아울러, 이 법에서는 청소년육성위원회, 청소년지도위원, 종합계획, 청소년시설, 청소년단체, 한국청소년연구원, 청소년육성기금 등을 설치 및 운영을 위한 법적 근거는 제시하고 있으나, 청소년지도사, 청소년상담사 등과 같은 청소년육성을 위한 전문인력의 양성 및 배치, 청소년활동시설의 유형 및 역할 등에 대한 세부적인 사항은 규정하고 있지 않다.

청소년육성을 위한 체계적인 법체계가 마련되기 시작한 시점은 「청소년 기본법」이 제정된 1991년으로 보는 것이 타당하며, 그 이후 「청소년 보호법」(1997년 제정), 「아동 · 청소년의 성보호에 관한 법률」(이하 「청소년성보호법」, 2000년 제정), 「청소년활동 진흥법」(2004년 제정), 「청소년복지 지원법」(2004년 제정) 그리고 「학교 밖 청소년 지원에 관한 법률」(이하 「학교밖청소년법」, 2014년 제정) 등이 제정되면서 청소년육성을 위한 법체계가 갖추어졌다고 볼 수 있다. 청소년육성을 위한 법체계를 정리하면 [그림 1-15]와 같다.

「청소년 기본법」
청소년육성
청소년육성정책의 총괄 · 조정
청소년시설
청소년지도자
청소년단체
청소년활동 및 복지 등
청소년육성기금

「청소년활동 진흥법」	「청소년복지 지원법」	「청소년 보호법」	「청소년성보호법」	「학교밖청소년법」
청소년활동의 보장	청소년의 우대	청소년유해매체물의 결정 및 유통 규제	아동 · 청소년 대상 성범죄의 처벌과 절차	학교밖청소년지원계획
청소년활동시설	청소년의 건강보장	청소년의 인터넷게임 중독 · 과몰입 예방	아동 · 청소년 대상 성범죄의 신고 · 응급조치와 피해아동 · 청소년의 보호 · 지원	학교밖청소년실태조사
청소년수련활동 지원	지역사회 청소년통합 지원체계	청소년유해약물 등, 청소년유해행위 및 청소년유해업소 등의 규제	아동 · 청소년의 선도보호	각종 지원 (교육, 상담, 직업체험 및 취업지원, 자립지원 등)
청소년교류활동 지원	위기청소년 지원			
청소년문화활동 지원	예방적 · 회복적 보호지원	청소년보호사업의 추진	성범죄로 유죄판결이 확정된 자의 신상정보 공개와 취업제한	학교밖청소년지원센터
청소년운영위원회	청소년복지지원기관	청소년보호위원회	보호관찰	청소년안전망과의 연계
	청소년복지시설			

그림 1-15 청소년육성을 위한 주요 법체계

(1) 「청소년 기본법」의 주요 내용

「청소년 기본법」은 총 10개의 장과 66개의 조와 부칙으로 구성되어 있다. 「청소년 기본법」은 1991년에 제정되었으며, 이 법은 청소년의 권리 및 책임과 가정 · 사회 · 국가 · 지방자치단체의 청소년에 대한 책임을 정하고 청소년육성정책에 관한 기본적인 사항을 규정하는 데 그 목적이 있다. 동법의 주요 내용에 대해 살펴보면 다음과 같다.

첫째, 이 법에서는 청소년의 연령을 9세 이상에서 24세 이하인 사람으로 정하고 있으며, 청소년육성을 "청소년활동을 지원하고 청소년의 복지를 증진하며 근로 청소년을 보호하는 한편, 사회 여건과 환경을 청소년에게 유익하도록 개선하고 청소년을 보호하여 청소년에 대한 교육을 보완함으로써 청소년의 균형 있는 성장을 돕는 것"으로 정의하고 있다.

둘째, 청소년의 자치권 확대를 위한 국가 및 지방자치단체의 책임을 규정하고 있다(제5조의2). 국가 및 지방자치단체는 청소년이 원활하게 관련 정보에 접근하고 그 의사를 밝힐 수 있도록 청소년 관련 정책에 대한 자문, 심의 등의 절차에 청소년을 참여시키거나 그 의견을 수렴하여야 하며, 청소년 관련 정책의 심의, 협의, 조정 등을 위한 위원회 · 협의회 등에 청소년을 포함하여 구성 · 운영하도록 해야 하는 책임을 명시하고 있다. 앞에서 말한 참여기구가 '청소년참여위원회'로, 위원회에서는 청소년 관련 정책에 관한 의견 제안을 위하여 필요한 경우에는 설문조사, 토론회 등을 통하여 여론을 수렴할 수 있도록 명시되어 있다(「청소년 기본법」시행령 제2조의2, 청소년참여위원회의 구성 및 운영).

셋째, 청소년육성정책의 총괄 · 조정에 대한 책임을 여성가족부장관으로 명시하고 있으며(제9조), 그 밖에 청소년정책위원회(제10조), 지방청소년육성위원회(제11조), 청소년특별회의(제12조), 청소년육성에 관한 기본계획(제13조), 청소년의 달 제정(제16조) 등에 관한 사항도 명시하고 있다.

넷째, 청소년시설은 청소년활동시설, 청소년복지시설, 청소년보호시설로 분류하며(제17조), 국가 및 지방자치단체가 시설의 설치 · 운영 및 지도 · 감독을 하도록 명시하고 있다(제18조, 제19조).

다섯째, 제5장(제20조~제27조)에서는 청소년지도자의 양성, 즉 청소년지도사 및 청소년상담사 자격검정제도 및 배치기준, 보수교육 등에 관한 사항을 명시하고 있다.

여섯째, 청소년단체의 역할(제28조)로 ① 학교교육과 서로 보완할 수 있는 청소년활동을 통한 청소년의 기량과 품성 함양, ② 청소년복지 증진을 통한 청소년의 삶의 질 향상, 그리고 ③ 유해환경으로부터 청소년을 보호하기 위한 청소년보호 업무 수행으로 제시하고 있다.

일곱째, 제7장에서는 청소년활동의 지원(제47조), 학교교육 등과의 연계(제48조), 청소년 방과후 활동의 지원(제48조의2), 청소년복지의 향상(제49조), 청소년 유익환경의 조성(제51조), 청소년 유해환경의 규제(제52조) 등에 사항을 명시하고 있다.

여덟째, 제8장은 청소년육성에 필요한 재원을 마련하기 위하여 청소년육성기금의 설치(제53조), 조성(제54조) 그리고 사용(제55조)과 지방청소년육성기금의 조성(제56조)에 관한 법적 근거를 제시하고 있다. 이 가운데 지방청소년육성기금은 지방자치단체에서 '조례'를 통해 세부 사항을 규정하도록 되어 있으며, 2024년 5월 현재 대전광역시를 비롯한 7개 지자체에서 「지방청소년육성기금 조성 및 운용에 관한 조례」를 제정하고 있다(국가법령정보센터 홈페이지).

(2) 「청소년 보호법」의 주요 내용

「청소년 보호법」은 1997년 청소년에게 유해한 매체물과 약물 등이 청소년에게 유통되는 것과 청소년이 유해한 업소에 출입 및 고용되는 것 등을 규제하고 청소년을 유해한 환경으로부터 보호·규제할 목적으로 제정되었으며, 2024년 5월 현재 47차례의 제·개정의 과정을 거쳤다. 「청소년 보호법」의 주요 내용에 대해 살펴보면 다음과 같다.

첫째, 이 법에서는 「청소년 기본법」과는 달리, 청소년의 연령을 만 19세 미만의 자로 정하고 있으며(제2조), 매체물과 유해약물, 유해물건의 개념 및 범위를 제시하고 있다. 이를 구체적으로 살펴보면, 유해 여부의 판정 대상이 되는 매체물에는 영화 및 비디오물, 게임물, 음반, 음악파일, 공연, 전기통신을 이용한 부호·문언·음향 또는 영상정보, 방송프로그램, 잡지 및 정기간행물, 광고선전물 등이 포함된다. 다음으로 유해약물에는 주류, 담배, 마약류, 환각물질과 그 밖에 중추신경에 작용하여 습관성, 중독성, 내성 등을 유발하여 인체에 유해하게 작용할 수 있는 약물 등이 포함된다. 유해물건에는 청소년에게 음란한 행위를 조장하는 성기구 및 성 관련 물건, 청소년에게 음란성·포악성·잔인성·사행성 등을 조장하는 완구류 등이 포함된다. 마지막으로, 유해업소는 청소년의 출입과 고용이 청소년에게 유해하다고 인정되는 업소로 단란주점, 유흥주점, 노래연습장, 무도장, 경마·경륜·경정 장외발매소 및 장외매장, 무도장, 성인용 오락실 등이 포함된다.

둘째, 제2장에서는 '청소년유해매체물의 결정 및 유통 규제'(제7조에서 23조)에 관한 사항을 명시하고 있다. 제7조(청소년유해매체물의 심의·결정)에 따르면, 기본적으로 청소년유해매체물의 심의·결정 권한은 청소년보호위원회에 있으며, 필요한 경우 법령이 정하는 바에 따라 해당 매체물의 윤리성·건전성을 심의할 수 있는 기관에 유해 여부를 의뢰할 수 있도록 명시하고 있다. 제9조에 따르면, 청소년유해매체물 심의 시 유해 여부는 매체물의 선정성·음란성·포악성·범죄 충동성, 폭력행위 미화·약물남용 자극, 도박 및 사행성 조장, 반사회성·비윤리성, 정신 및 신체 유해성 등 기준이 된다.

셋째, 청소년유해매체물은 자율 규제를 원칙으로 하고 있다(제11조). 즉, 매체물의 제작자·발행자, 유통행위자 또는 매체물과 관련된 단체는 자율적으로 청소년 유해 여부를 결정하고 결정한 내용의 확인을 청소년보호위원회나 각 심의기관에 요청할 수 있도록 명시하고 있다. 또한 매체물의 제작자·발행자 또는 유통행위자는 청소년보호위원회의 심의·결정에 대해 이의를 제기할 수 있다(제12조). 최종적으로 유해 판정을 받은 매체물에 대해서는 법령이 정하는 바에 따라 의무적으로 유해표시를 하여야 한다(제13조). 그 밖에 청소년유해매체물에 대해서는 의무적으로 포장(제14조) 및 구분·격리(제17조)해야 하며, 판매 시 연령 및 본인 여부를 확인해야 한다(제16조).

넷째, 제3장(제24조에서 제27조)에서는 청소년의 인터넷 게임 중독 예방에 관한 사항들을 명시하고 있다. 제24조에서는 16세 미만의 청소년이 인터넷 게임 서비스를 제공하는 회사가 제공하는 (게임) 서비스를 이용하고자 할 경우 친권자 등의 동의를 받도록 명시하고 있다. 그리고 인터넷 게임 제공자는 16세 미만의 청소년 회원가입자의 친권자 등에게 게임의 특성 및 등급, 비용, 결제정보 등을 고지하여야 한다(제25조). 제27조는 인터넷 게임 중독·과몰입 등의 예방 및 피해 청소년 지원에 관한 사항을 명시하고 있다.

한편, 여성가족부는 2011년부터 「청소년 보호법」의 개정을 통하여 청소년들의 수면권·건강권·학습권 보장 등의 차원에서 '청소년 인터넷 게임 건전이용제도'(일명 게임셧다운제)를 도입하여 운영하다가 여성가족부는 2021년 법 개정을 통하여 '셧다운(shutdown)제'라고 불리는 제도(「청소년 보호법」 제26조, 인터넷 게임의 제공자는 16세 미만의 청소년에게 오전 0시부터 오전 6시까지 인터넷 게임을 제공하여서는 아니된다)를 폐지[제26조(심야시간대의 인터넷 게임 제공시간 제한) 폐지]하고, '게임시간 선택제도'를 적용하기로 하였다. 참고로, 게임시간 선택제도는 청소년들의 게임 문화가 PC 중심에서 모바일 중심으로 변화하고 있다는 점, 선진국의 경우 게임 이용을 개인과 가정의 자율적 판단에 맡기고 있다는 점 그리고 이전에 비해 학부모의 게임 지도 역량이 높아진 점을 들어 기존의 16세 미만 청소년들에게 심야시간대 온라인 게임 제공 시간제한 및 위반 시 벌칙규정을 없애고, 청소년 본인 또는 법정대리인이 원하는 시간대(요일별 설정 가능, 24시간 대상)로 게임 이용시간을 설정할 수 있는 제도이다.

다섯째, 제28조에서는 청소년유해약물 등의 판매·대여 등의 금지, 제29조는 청소년 고용 금지 및 출입 제한 등, 제30조는 청소년유해행위의 금지, 제31조는 청소년 통행금지·제한구역의 지정 등, 제32조는 청소년에게 유해행위를 시킨 자가 청소년에 대하여 가지는 채권의 효력 제한 등에 관한 사항이 명시되어 있다.

마지막으로, 제5장(제33조에서 제35조)에서는 청소년 보호사업의 추진에 관한 사항으로, 여성가족부 장관은 3년마다 청소년보호종합대책을 수립하여야 하며(제33조), 여성가족부 장관은 청소년유해환경으로부터 청소년을 보호하고 피해 청소년의 치료와 재활을 지원하기 위하여 청소년보호·재활센터를 설치·운영할 수 있다(제35조)는 내용을 명시하고 있다. 제6장(제36조에서 제41조)은 청소년보호위원회의 설치·구성 등에 관한 사항을 명시하고 있다.

(3) 「청소년활동 진흥법」의 주요 내용

「청소년활동 진흥법」은 2003년에 제정(2004년 9월 시행)되었으며, 2024년 5월 현재까지 총 45차례의 제·개정 과정을 거쳤다. 이 법은 청소년활동을 적극적으로 진흥하기 위하여 필요한 사항을 정하는 데 그 목적이 있다. 이 법에서 명시하고 있는 주요 내용에 대해 살펴보면 다음과 같다.

첫째, 청소년활동의 유형을 청소년수련활동, 청소년교류활동, 청소년문화활동으로 분류하고 있는데, 이는 종래의 야외활동을 중심으로 이루어지는 청소년수련활동을 보다 확장한 개념으로 볼 수 있다. 또한 청소년수련활동을 숙박 유무에 따라 숙박형 청소년수련활동과 비숙박형 수련활동으로 분류하고 있으며, 적용 대상 연령은 「청소년 기본법」상의 연령과는 달리, 19세 미만의 청소년을 대상으로 하고 있다(제2조).

둘째, 청소년활동을 지원하기 위하여 한국청소년활동진흥원 설치에 대한 법적 근거(제6조)와 지방청소년활동진흥센터(제7조)의 설치에 관한 법적 근거를 마련하였고, 청소년수련활동의 안전성 확보를 위하여 활동계획의 사전신고제(제9조의2)를 확대, 강화하였다. 즉, 숙박형 및 비숙박형 청소년수련활동을 주최하려는 자는 여성가족부령으로 정하는 절차와 방법에 따라 사전에 지방자치단체의 장에게 계획을 신고하여야 한다는 것이다. 다만, 청소년수련활동에 부모 등 보호자가 함께 참여하는 경우, 종교단체가 운영하는 경우, 법적으로 승인된 단체가 운영하는 경우 등은 사전신고의 대상에서 제외된다.

셋째, 제3장 '청소년활동시설'(제10조에서 제33조의2)에서는 청소년활동시설을 청소년수련시설(청소년수련관, 청소년문화의집, 청소년특화시설, 청소년야영장, 유스호스텔)과 청소년이용시설(박물관, 미술관, 체육시설 등 청소년의 건전 이용을 권장할 만한 시설)과 구분하고 있으며, 그 밖에 청소년수련시설의 설치·운영, 수련시설의 허가요건, 수련시설의 등록, 수련시설의 운영대표자의 자격 및 결격사유, 보험가입, 수련시설의 안전점검 및 안전교육, 수련시설의 종합평가 등에 관한 사항을 제시하고 있다.

넷째, 청소년수련활동이 청소년의 균형 있는 성장에 기여할 수 있도록 그 내용과 수준을 향상시킬 목적으로 청소년수련활동 인증제도(제35조)와 인증절차(제36조), 인증의 사후 관리(제36조의2), 인증의 취소(제36조의3)에 관한 사항을 명시하고 있다. 그 밖에도 청소년교류활동의 지원(제5장), 청소년문화활동의 지원(제6장)을 위한 법적 근거의 마련과 국가·지방자치단체의 책임을 강조하고 있는데, 예를 들어 제58조에서는 청소년교류센터의 설치 및 운영에 관한 사항을, 제63조 및 제64조에서는 청소년축제의 발굴지원, 청소년동아리활동의 활성화에 관한 사항을 제시하면서, 이를 위해 국가 및 지방자치단체가 적절한 시책을 마련하고 다양한 지원방법을 강구해야 함을 명시하고 있다.

(4)「청소년복지 지원법」의 주요 내용

청소년복지의 향상을 위한 필요한 사항을 규정할 목적으로 2004년에 제정된 「청소년복지 지원법」은 총 45개 조문으로 구성되어 있으며, 2024년 5월 현재까지 24차례의 제·개정이 이루어졌다. 이 법에서 말하는 청소년복지(「청소년 기본법」 제3조의4)란 "청소년이 정상적인 삶을 누릴 수 있는 기본적인 여건을 조성하고 조화롭게 성장·발달할 수 있도록 제공되는 사회적·경제적 지원"을 말한다. 이 법에서 명시하고 있는 주요 내용에 대해 살펴보면 다음과 같다.

첫째, 청소년의 우대에 관한 사항(제3조)으로, 9세 이상 18세 이하의 청소년이 수송시설, 문화시설, 여가시설 등을 이용할 시 할인혜택을 주기 위하여 이들에게 '청소년증(제4조)'을 발급할 수 있도록 하였으며, 발급권자는 특별자치시장·도지사 또는 시장·군수·구청장으로 한다.

둘째, 지역사회 청소년통합지원체계(Community Youth Support-Net: CYS-Net)의 구축 및 운영에 관한 사항(제4장)을 명시하고 있다. 이 체계의 주요 지원대상 청소년은 위기청소년(제2조 제4호)이다. 여기서 말하는 위기청소년이란 "가정 문제가 있거나 학업 수행 또는 사회 적응에 어려움을 겪는 등 조화롭고 건강한 성장과 생활에 필요한 여건을 갖추지 못한 청소년"을 말한다. 그 밖에도 '가정 밖 청소년'(가정 내 갈등·학대·폭력·방임, 가정해체, 가출 등의 사유로 보호자로부터 이탈된 청소년으로서 사회적 보호 및 지원이 필요한 청소년)과 '청소년부모'(자녀를 양육하는 부모가 모두 청소년인 사람)도 지원의 대상이 될 수 있다.

셋째, 제5장(제13조~제18조)에서는 위기청소년 지원에 관한 사항을 명시하고 있는데, 이때 지원대상에는 가출 청소년, 학업중단 청소년, 이주배경청소년 등이 포함되며, 이들에 대한 (특별)지원내용에는 생활지원, 학업지원, 의료지원, 직업훈련지원, 청소년활동지원 등이 포함된다. 지원방식은 현물 및 서비스, 필요에 따라서는 금전의 방식으로 제공할 수 있도록 되어 있다. 한편, 제16조에서는 가정 밖 청소년에 대한 지원, 제18조에서는 이주배경청소년들(다문화가족의 청소년, 그 밖에 국내로 이주하여 사회 적응 및 학업 수행에 어려움을 겪는 청소년)의 사회 적응 및 학습 능력 향상을 위한 상담 및 교육 등 필요한 시책 마련에 대한 국가 및 지방자치단체의 지원을 위한 근거를 제시하고 있다.

넷째, 2021년 3월 23일 법 개정을 통하여 '청소년부모에 대한 지원'을 위한 법적 근거를 마련하였다(제18조의2~제18조의5). 여기서 말하는 청소년부모란 "자녀를 양육하는 부모가 모두 청소년인 사람"(제2조 제6호)을 말하며, 이들에 대한 가족지원서비스(제18조의2), 복지지원(제18조의3), 교육지원(제18조의4), 직업체험 및 취업지원(제18조의5) 등에 관한 사항이 명시되어 있다.

다섯째, 제8장(제31조~제36조)에서는 청소년복지시설에 관한 사항을 명시하고 있는데, 이때 청소년복지시설의 종류(제31조)는 크게 청소년쉼터, 청소년자립지원관, 청소년치료재활센터, 청소년회복지원시설로 분류된다. 이때 청소년쉼터는 가출 청소년에 대하여 가정·학교·사회로 복귀하여 생활할 수 있도록 일정 기간 보호하면서 상담·주거·학업·자립 등을 지원하는 시설이며, 2021년 12월 현재 전국에 133개소가 설치·운영되고 있다(여성가족부, 2023a). 다음으로, 청소년자립지원관은 일정 기간 청소년쉼터의 지원을 받았음에도 불구하고 가정·학교·사회로 복귀하여 생활할 수 없는 청소년에게 자립하여 생활할 수 있는 능력과 여건을 갖추도록 지원하는 시설이다. 2021년 12월 현재, 서울 지역 2개소를 비롯해 전국에 총 10개소의 청소년자립지원관이 설치·운영되고 있다.

마지막으로, 청소년치료재활센터는 학습·정서·행동상의 장애를 가진 청소년을 대상으로 정상적인 성장과 생활을 할 수 있도록 해당 청소년에게 적합한 치료·교육 및 재활을 종합적으로 지원하는 거주형 시설이다. 참고로, 2012년 12월에 개원한 '국립중앙청소년디딤센터'가 치료재활센터에 해당하며, 2021년 11월에 대구광역시 달성군 지역에 '국립대구청소년디딤센터'가 추가로 설치·운영되고 있다. 청소년회복지원시설이란 「소년법」 제32조 제1항 제1호에 따른 감호 위탁 처분을 받은 청소년에 대하여 보호자를 대신하여 그 청소년을 보호할 수 있는 자가 상담·주거·학업·자립 등 서비스를 제공하는 시설을 말한다(「청소년복지 지원법」 제31조 제4호). 여성가족부(2023a)의 자료에 따르면, 2022년 12월 현재 전국에 189개소의 청소년회복지원시설이 설치·운영되고 있다.

(5) 「아동·청소년의 성보호에 관한 법률」의 주요 내용

아동·청소년 대상 성범죄의 처벌과 절차에 관한 특례를 규정하고, 피해 아동·청소년을 위한 구제 및 지원 절차를 마련하며 아동·청소년 대상 성범죄자를 체계적으로 관리함으로써 아동·청소년을 성범죄로부터 보호하고 아동·청소년이 건강한 사회구성원으로 성장할 수 있도록 함을 목적으로 제정된 이 법은 2002년 2월 3일 제정되어 현재까지 시행되고 있으며, 2024년 현재까지 51차례의 제·개정을 거쳤다. 이 법은 총 67조로 구성되어 있으며, 주요 내용은 다음과 같다.

첫째, '아동·청소년'이란 19세 미만의 자를 말하며, "아동·청소년 대상 성범죄란 아동·청소년 대상 강간·강제추행(제7조), 장애 아동·청소년에 대한 간음(제8조), 강간 등 상해·치상(제9조), 강간 등 살인·치사(제10조), 아동·청소년이용음란물의 제작·배포(제11조), 아동·청소년 매매행위(제12조), 아동·청소년 성매매행위(제13조), 아동·청소년에 대한 강요행위(제14조), 알선영업행위(제15조) 등을 말한다.

둘째, 아동·청소년 성범죄에 대한 처벌로는 "아동·청소년에 대한 강간·강제추행"은 무기징역 또는 5년 이상의 유기징역, "장애 아동·청소년에 대한 간음"은 3년 이상의 유기징역, "아동·청소년에 대한 강간·강제 추행을 한 자가 다른 사람에게 상해·치상을 입힌 경우" 무기징역 또는 7년 이상의 징역, "(아동·청소년에 대한 강간·강제 추행을 한 자가) 다른 사람을 살해한 경우" 사형 또는 무기징역, "아동·청소년이용음란물을 제작·배포한 경우" 무기징역 또는 5년 이상의 유기징역, "아동·청소년의 성을 사는 행위를 한 자"는 1년 이상 10년 이하의 징역 또는 2천만 원 이상 5천만 원 이하의 벌금, "아동·청소년 성매매의 알선영업행위의 경우"는 7년 이상의 유기징역에 처하도록 명시되어 있다.

셋째, 제3장(제34조~제47조)에서는 아동·청소년 대상 성범죄의 신고·응급조치와 지원에 관한 사항을 명시하고 있다. 제34조는 아동·청소년 대상 성범죄의 신고에 관한 사항을, 제35조는 신고의무자에 대한 교육, 제36조는 피해아동·청소년의 보호, 제37조는 피해아동·청소년 등의 상담 및 치료에 관한 사항을 명시하고 있다. 여기에서 주목할 점으로는 누구든 아동·청소년 대상 성범죄 발생 사실을 알게 된 때에는 수사기관에 신고할 수 있으나, 유치원, 학교(초·중·고), 의료기관, 아동복지시설, 장애인복지시설, 어린이집, 교습소, 성매매피해상담소, 한부모가족복지시설, 가정폭력피해자 보호시설, 성폭력피해자보호시설, 청소년활동시설, 청소년쉼터, 청소년 보호·재활센터 등의 장 및 종사자는 직무상 아동·청소년 대상 성범죄의 발생 사실을 알게 된 즉시 수사기관에 신고하도록 하고 있다는 점이다(제34조).

넷째, 제4장(제49조~60조)에서는 성범죄로 유죄판결이 확정된 자의 신상정보 공개 및 취업제한 등에 관한 사항을 명시하고 있다. 먼저, 제49조에는 아동·청소년 대상 성범죄자, 성폭력 범죄자 등에 대한 신상정보(성명, 나이, 주소 및 실제 거주지, 신체정보, 사진, 등록대상 성범죄 요지 등)를 정보통신망(인터넷)을 통해 공개하는 내용이 명시되어 있다. 제50조에서는 아동·청소년 대상 성범죄자에 대한 등록정보의 고지, 제56조에서는 아동·청소년 관련기관 등의 취업제한에 관한 사항을 명시하고 있는데, 제1항에 따르면, 아동·청소년 성범죄자는 아동 및 청소년이 많이 이용하는 시설인 유치원, 학교, 교습소, 청소년보호·재활센터, 청소년활동시설, 청소년쉼터, 어린이집, 아동복지시설, 성매매피해상담소, 공동주택의 관리사무소, 체육시설, 의료기관, 게임장, PC방, 비디오방 등에 대해 취업이 제한된다. 단, 취업제한 기간은 10년을 초과하지 못하게 되어 있다. 마지막으로, 제5장(제61조~제64조)에서는 아동·청소년 대상 성범죄의 '보호관찰'에 관한 사항을 명시하고 있다.

(6) 「학교 밖 청소년 지원에 관한 법률」의 주요 내용

학교 밖 청소년들이 건강한 사회구성원으로 성장할 수 있도록 필요한 사항을 규정함을 목적으로 제정된 법률로 2014년 5월 29일에 제정되었다. 현재까지 총 6차례의 제·개정을 거쳤으며, 총 21개의 조문으로 구성되어 있다. 이 법에 명시된 주요 내용은 다음과 같다.

첫째, 학교 밖 청소년이라 함은 초·중학교에 입학한 후 3개월 이상 결석하거나 취학의무를 유예한 청소년, 고등학생 가운데 제적·퇴학처분을 받거나 자퇴한 청소년, 고등학교 비진학 청소년 등을 말한다(제2조).

둘째, 학교 밖 청소년 지원에 대한 국가 및 지방자치단체의 책무성을 명시하고 있다(제3조). 지원내용으로는 상담지원(심리상담, 진로상담, 가족상담 등)(제8조)), 교육지원(학업 복귀, 자립을 지원하기 위한 내용으로, 학교 재입학을 위한 지원, 대안학교 진학 지원, 검정고시 준비 지원 등)(제9조), 직업체험 및 취업지원(직업적성 검사 및 진로상담 프로그램, 직업체험 및 훈련 프로그램, 직업소개 및 관리, 그 밖에 학교 밖 청소년의 직업체험 및 훈련에 필요한 사항 등)(제10조), 자립지원 및 건강진단(제11조, 11조의2) 등이 포함된다.

셋째, 학교 밖 청소년 지원을 위한 지역 거점 기관을 설치·운영에 관한 사항으로(제12조), '학교 밖 청소년 지원센터'(일명 꿈드림센터) 설치를 위한 법적 근거를 명시하고 있다. 여성가족부(2023a)의 자료에 따르면, 2022년 기준으로 전국에 220개소의 학교 밖 청소년 지원센터가 설치·운영되고 있다. 이 법에서는 학교 밖 청소년 지원센터와 지역사회 청소년통합지원체계 및 학교와의 연계를 강조하고 있다(제14조, 제15조). 특히, 학교의 경우, 학교장은 소속 학교의 학생이 학교 밖 청소년이 되는 경우 해당 청소년에게 학교 밖 청소년 지원프로그램을 안내하고 지원센터로 연계하도록 되어 있다(제15조). 이때 학교장은 해당 청소년의 동의가 있을 경우, 학교 밖 청소년 지원센터에 청소년의 이름, 생년월일, 성별, 연락처등을 제공할 수 있다.

　학교 밖 청소년 지원센터에서는 청소년의 특성에 따라 맞춤형 서비스를 제공하고 있는데, 학업형 청소년에 대해서는 학습동아리, 멘토링, 검정고시, 대학입시설명회 등과 같이 진학 지원을 위한 서비스를 제공하고 있다. 직업형 청소년에게는 직업역량강화사업, 진로교육활동 또는 직장 체험 등과 같은 체험형 서비스를 제공하고 있다. 그 밖에도 꿈드림센터에서는 청소년들의 취업역량강화를 위하여 '내일이룸학교', 고용노동부의 '직업훈련 프로그램'과 연계하는 서비스도 제공하고 있다.

관련 토론/토의 주제

1. 1990년대 이후 청소년정책환경의 변화 및 특징들에 대해 생각해 봅시다.
2. 코로나19가 청소년정책에 미친 부정적 · 긍정적 영향에 대해 생각해 봅시다.
3. 청소년 '육성(育成)'과 청소년 '성장(成長)'의 개념상의 유사점 및 차이점에 대해 생각해 봅시다.

참고문헌

과학기술정보통신부(2023). 2023년 스마트폰 과의존 실태조사. https://kosis.kr/search/search.do?qu
ery=%EC%8A%A4%EB%A7%88%ED%8A%B8%ED%8F%B0

과학기술정보통신부, 한국지능정보사회진흥원(2023). 2023년 인터넷 사용 실태조사. https://korea.
kr/briefing/pressReleaseView.do?newsId=156622531

김진숙(2020). 포스트 코로나 시대 중요해진 역량, '디지털 시민성'. 월간 공공정책, 176, 22-25.

김현수(2021). 코로나19 이후 소아청소년 정신건강에서의 변화는? 대한소아청소년정신의학회 학술대
회논문집, 93-98.

김형주, 배상율, 강영배, 김정주, 김혁진, 이은미(2013). 대구광역시 청소년정책 중장기발전계획 수
립 연구. 한국청소년정책연구원.

보건복지부(2021). 코로나19 국민 정신건강 실태조사. https://www.mohw.go.kr/board.es?mid=
a10501010100&bid=0003

서동학(2021). 청소년지도자의 비대면 청소년활동 대응 실태 조사 연구: 수도권 지역 청소년시설을
중심으로. 명지대학교 사회교육대학원 석사학위논문.

여성가족부(2020). 포용국가 청소년정책 방향. https://www.cnyouth.or.kr/bbs/board.php?bo_
table=cnb_b404&wr_id=140

여성가족부(2021a). 2020년 가족실태조사 분석 연구.

여성가족부(2021b). 2020년 청소년종합실태조사. https://korea.kr/briefing/pressReleaseView.
do?newsId=156448077

여성가족부(2022). 2021년 한부모가족 실태조사. https://www.mogef.go.kr/nw/rpd/nw_rpd_s001d.
do?mid=news405&bbtSn=708567

여성가족부(2023a). 2023 청소년백서. 여성가족부.

여성가족부(2023b). 2023 청소년 통계.

여성가족부, 한국청소년정책연구원(2020). 2020년 청소년종합실태조사.

오치선 외(1997). 청소년지도학. 학지사.

이소희(2021). 지난 1년간 코로나19 유행이 소아청소년 정신건강에 미친 영향. 대한소아청소년정신의 학회 학술대회논문집.

장여옥(2021). 코로나19 상황에서의 청소년활동에 대한 청소년지도사의 경험 연구. 한국청소년활동 연구, 7(2), 47-71.

장여옥, 조미영(2021). 코로나19 상황에서 현장전문가가 지각한 위기청소년 지원방안에 관한 질적 연구: 군포시를 중심으로. 한국청소년연구, 32(3), 235-260.

전영욱, 손규태, 이미나, 이지은, 정은정, 조유담, 최선미(2021). 코로나19 상황에서 청소년지도자의 경험과 요구되는 역량. 한국청소년활동연구, 7(1), 1-27.

최지욱(2021). 코로나19가 성인 및 소아청소년에 미치는 영향과 지원 방안. 신경정신의학, 60(1), 2-10.

통계청(2020). 장래인구추계. https://kostat.go.kr/board.es?mid=a10301020600&bid=207&act=view &list_no=415453&tag=&nPage=1&ref_bid=

통계청(2021). 장래가구추계. https://kostat.go.kr/board.es?mid=a10301020600&bid=207&act=view &list_no=428476

통계청(2022). 인구총조사. https://kostat.go.kr/statDesc.es?act=view&mid=a10501010000&sttr_ cd=S001001

통계청(2023a). 2023 통계로 보는 1인가구. https://kostat.go.kr/board.es?mid=a10301010000&bid=1 0820&tag=&act=view&list_no=428414&ref_bid=

통계청(2023b). 각 년도 사회조사. https://kostat.go.kr/board.es?mid=a10301060300&bid=219

통계청(2023c). 사회조사 결과. https://kostat.go.kr/statDesc.es?act=view&mid=a10501010000&sttr_ cd=S004002

통계청(2023d). 장래인구추계. https://kostat.go.kr/board.es?mid=a10301020600&bid=207&act=vie w&list_no=428476

한국청소년개발원(2006). 청소년육성제도론. 교육과학사.

한국청소년정책연구원(2020). 코로나 시대의 청소년 성장지원. 한국청소년정책연구원 연구보고, 20-R26.

한국청소년정책연구원(2021). 포스트 코로나 시대의 청소년활동 활성화 방안. 한국청소년정책연구 원 연구보고, 21-R22.

한국청소년정책연구원(2023). 아동·청소년 인권실태조사.

Giddens, A. (2003). 현대사회학 (*Sociology*). (김미숙, 김용학, 박길성, 송호근, 신광영, 유홍준, 정 성호 역). 을유문화사. (원저는 2001년에 출판).

OECD (2022). *Labor market Statistics*. https://www.oecd.org/en/publications/oecd-labour- force-statistics-2022_dc0c92f0-en.html

국가법령정보센터 홈페이지 https://www.law.go.kr/
법무부 홈페이지 https://www.moj.go.kr/moj/index.do
보건복지부 홈페이지 https://www.mohw.go.kr/board.es?mid=a10501010100&bid=0003

제2장

법, 행정, 정책에 대한 이해

1. 법에 대한 이해
2. 행정에 대한 이해
3. 정책에 대한 이해

1. 법에 대한 이해

1) 법의 개념

사람들은 일상적 대화에서 '법 없이도 살 사람이다'라는 표현을 즐겨 사용하곤 한다. 이때 법이란 행위자의 의사, 의지와 상관없이 다른 사람과의 관계를 유지하고 사회생활을 영위함에 있어 중요한 판단의 기준이 되고 있음을 의미한다. 법(法)이란 사전적 의미에서 사회생활을 유지하기 위하여 국가기관에서 제정(制定)하고 채택된 지배적, 특히 국가적 규범(規範)을 의미한다. 김홍수 등(1994)은 법을 국가권력에 의해서 보장되는 조직적이고 강제적인 사회규범이라고 정의하고 있다. 김문현 등(1996)은 법이란 사회규범의 한 형태로서 사회통제 수단의 하나인 동시에 인간의 자유 보장 수단이며, 다른 사회규범들과는 달리 국가권력에 의하여 보장된 조직적·강제적 사회규범이라고 정의하고 있다. 법무부(2010)는 법을 사회구성원들 간에 발생하는 문제와 갈등을 해결하고, 문제 발생 자체를 예방하기 위하여 사회구성원들의 합의에 따라 만들어져 강제성을 가진 규칙을 법이라고 정의하고 있다.

한편, 김영규 등(2014)은 법의 개념을 동양적 관점과 서양적 관점으로 구별하여 설명하고 있는데, 먼저 동양적 관점에서 법은 어원상으로도 '물 수(水)' '갈 거(去)' 두 부분으로만 이루어져 있으며, 이 글자의 유래에 비추어 볼 때 법이란 물이 흘러가듯이 공평하게 분쟁을 해결하는 규범, 옳고 그름을 분별하여 악을 제거하는 규범이라는 의미를 내포하고 있다. 다음으로 서양적 관점에서 법이라는 말은 'nomos'라는 말에서 유래하며, 이는 자연의 성장 원리 또는 질서를 의미하는 'physis'에 대응되는 개념으로 인간의 행위를 규율하기 위한 규범을 지칭한다.

김영규 등(2014)은 '법이란 무엇인가'에 대한 다양한 견해를 다음과 같이 정리하여 제시하고 있다.

- 법은 공동체의 살아 있는 의지이다(Larenz).
- 법은 사회적 조직체의 공동정신이다(Henkel).
- 법은 법이념에 봉사한다는 의미를 지니는 현실이다(Radbruch).
- 법은 도덕의 최소한이다(Jellinek).
- 법은 주권자가 그에게 복종하는 국민에게 내린 명령이다(Austin).

- 법은 일정한 제약적 조건과 피제약적 조건으로서 강제효과를 결합시키는 강제규범이다.
- 법은 인간본성에 내재하고 있는 최고 이성으로서 행하여야 할 바를 명하고, 행하여서는 안 되는 것을 금지하는 규범이다(Cicero).
- 법은 도덕의 최대한이다(Schmoller).
- 법 개념 없이는 법 안으로 들어갈 수 없지만, 법 개념은 법을 알고 난 다음에야 비로소 형성될 수 있다(Zippelius).

법의 필요성을 강조하는 영국의 철학자 존 로크(John Locke, 1632~1704)는 "자신의 권리를 보다 효율적으로 누릴 수 있기 위해서는 법과 정부가 필요하다"고 말하였다. 즉, 사람들 사이의 분쟁을 해결하고 진정한 권리를 보호하기 위해서는 먼저 분쟁을 해결할 수 있는 기준이 있어야 하고(법의 필요성), 그 기준을 적용하여 진정한 권리자를 가려 줄 사람이 있어야 하며(법관의 필요성), 나아가 진정한 권리자의 권리를 보호하고 보장해 줄 권력이 있어야 한다는 것이다(집행력의 필요성)(법무부, 2009).

2) 법과 도덕, 관습

흔히 법과 관습(慣習) 그리고 법과 도덕(道德)의 개념상의 차이에 대해 혼란스러워하는 경우가 많다. 도덕이란 인간이 선(善)과 악(惡), 옳고 그름을 구분하여 올바른 행동을 하기 위하여 지켜야 하는 규범의 총체라고 할 수 있는데, 김홍수 등(1994)은 법과 도덕이 오래전부터 법철학상의 중심과제라는 점을 지적하면서 법과 도덕의 차이를 다음과 같이 설명하고 있다. 첫째, 법은 타율적인 규범임에 반하여 도덕은 자율적인 규범이다. 둘째, 법은 외부적인 행위에 대한 규범인 데 반해 도덕은 내부적인 의사에 의한 규범이다. 셋째, 권리와 의무에 있어 법은 양면적인 데 대하여 도덕은 단면적이다. 넷째, 법은 국가권력에 의해 강제되는 규범인 데 반해 도덕은 이러한 강제가 없는 규범이다.

김범주(2004)도 김홍수 등과 유사한 관점에서 법과 도덕의 차이를 설명하고 있는데, 그는 규율의 대상, 실효성 여부, 권리 및 의미관계 그리고 강제성 여부의 측면에서 법과 도덕에는 일정한 차이가 존재한다고 보고 있다. 먼저, 법은 주로 겉으로 드러나는 행위, 즉 외면적 및 물리적 행위를 규율의 대상으로 보고 있는 데 반해 도덕은 겉으로 쉽게 드러나지 않는 측면인 내면적이며 정신적인 사상(思想)을 규율의 대상으로 본다는 점에서 차이가 존재한다.

표 2-1   법과 도덕의 차이

구분	법	도덕	비판
규율대상	외면적 · 물리적 행위	내면적 · 정신적 사상	법이 인간의 내면적 행위나 상황에 대해서 소홀한 것도 아니고, 도덕 역시 외면적 행위에 대해서 관심을 갖지 않는 것도 아님
실효성	타율성	자율성	실제로 법이나 도덕은 모두 외부로부터 영향을 받거나 강요로써 성립되고, 그 실효성은 타율적인 것에 의해 이루어진다는 점에서 적합한 구분이라고 하기는 어려움
권리 · 의무관계	양면성	단면성	도덕도 사람과 사람 사이에 지켜야 할 도리인 이상 그 의무도 사회라는 대상이 있다고 해야 하고, 법에도 권리와 이에 따른 의무의 규정이 명확하지 아니하여 권리는 없고, 일방적인 의무만 존재하는 경우도 있음
강제성 여부	있음	없음	법이나 도덕에는 다 같이 강제가 있지만, 단 그 강제의 성질과 방법에는 차이가 존재함

출처: 김범주(2004).

관습(慣習)이란 어떤 사회에서 오래전부터 이어져 내려온 생활상의 규범 또는 습관을 말한다. 김홍수 등(1994)에 따르면, 관습이란 일정한 행위가 특정한 범위의 다수인, 예컨대 국민 전체 또는 여러 지방의 주민 또는 어느 직업의 종사자 사이에 반복하여 행하여짐으로써 그 구성원을 어느 정도 구속하기에 이른 사회규범을 말한다. 여기에서 법과 관습에 있어 가장 큰 차이점은 법이 국가권력에 의해 강제(强制)되는 데 반해 관습은 인간의 자유의사에 따라 이행된다는 점이다. 하지만 관습도 국가권력에 의한 강제력을 띠고 있지는 않지만 이를 지키지 않을 경우 사회적 비난을 피할 수 없다.

표 2-2   법과 관습의 차이

구분	특징
법	법은 인간 생활을 강제적으로 규율하는 하나의 규범으로서 강제성의 강약의 정도가 관습에 비해서 매우 강함
관습	사회적 관행이 계속되어 법적 확신 내지 법적 인식을 수반하여 대다수의 사람들에 의해 지켜질 정도로 된 것임

관습	일정한 행위가 사회구성원 사이에 한결같이 반복되어 감에 따라 점차 올바른 행위의 기준으로 인정되나, 아직 법으로까지는 이르지 못한 상태의 규범, 관습의 예로는 성년의식, 결혼의식, 제사의례, 장례의식 등이 있음
관습과 관습법	관심은 사회현상 속에 맹목적으로 고착되어 있으면서 스스로를 비판하지 않기 때문에 법적·도덕적 입장에서 보면 불법·부도덕한 것들도 존재할 수 있다. 관습법(慣習法)은 발생적으로 보면 관습으로부터 발달한 것이다. 또한 관습이라 하더라도 그 분야에 정해진 법규정이 없으면 관습법으로 인정되는 경우도 많다.

출처: 김범주(2004).

3) 법의 기능

법은 강제적 사회규범이자 국가 권력에 의해 보장되는 사회규범이기 때문에 사람들의 집합체인 사회의 유지와 존속에 필요불가결한 요소라 할 수 있다. 법은 다양한 기능을 수행하는데, 그 가운데 법의 대표적인 기능으로는 질서유지, 제도형성, 예측성 확보, 정당성 평가, 분쟁해결, 공익의 추구, 정의와 인권의 수호 등을 들 수 있다(김범주, 2004; 법무부, 2009). 각 기능을 보다 세부적으로 살펴보면 다음과 같다.

첫째, 법은 사회질서를 유지하는 기능을 수행한다. 법은 개인의 생명, 신체, 재산, 기타 권익을 폭력적 침해로부터 보호하고, 나아가 사회적·국가적 이익을 수호함으로써 사회적 공동생활에 있어서 안녕과 질서를 유지하는 기능을 한다.

둘째, 법은 제도를 형성하는 기능을 한다. 법치주의 국가에서 모든 사회제도는 법형식에 의하여 수립되고 촉진되기 때문에 정치, 경제, 교육, 문화, 가족제도 등의 사회제도는 사회규범의 복합체로 이루어져 있고, 또 이것을 제도화하고 운용의 기준을 마련하는 것이 법규범이다.

셋째, 법은 예측성을 확보하는 기능을 수행한다. 법은 일정한 행위의 결과를 규제하므로 결과에 대한 정확한 예측 내지 기대를 가능하게 한다. 이런 기능은 사회생활에서 나타나는 각종 관계를 확실하게 보장하는 규칙성을 확보함으로써 타인과의 분업과 협력을 가능케 하여 근대문명의 발전을 촉진시키는 요인이 되었다. 이런 법의 예측성을 확보하기 위한 조건으로는 법의 내용을 명확히 하고, 함부로 개정, 폐지하지 말아야 하며, 실제로 행해져야 하며, 국민의식에 합치되어야 한다.

넷째, 법은 정당성을 평가하는 기능을 수행한다. 법은 사회생활에 대한 인간행동의 준거가 되므로 인간행동이 타당성을 갖는가 여부에 대한 평가기준으로서의 기능을 갖는다. 특히, 권력행사에 있어서 일정한 기준을 제시하고 그 권력에 정당성을 부여하는 동시에 그 행사의 타당성 여부를 재는 것이다. 또 사회구성원에게 도덕적 기준을 효과적으로 전달하는 매체가 되어 교육적 기능을 아울러 수행하게 된다.

다섯째, 법은 분쟁을 해결하는 기능을 수행한다. 분쟁의 당사자들은 나름대로의 논리적 근거를 제시하면서 분쟁을 자신에게 유리한 방향으로 이끌어 가고자 할 것이다. 특히, 법적 분쟁의 경우 분쟁의 처리 기준은 매우 객관적이며 공정해야 할 것이다. 일반적인 분쟁의 경우 처리의 기준이 도덕, 관습, 종교 등이 될 수도 있다. 하지만 사회구성원들이 공유하고 있는 도덕, 관습, 종교 등은 그 내용이 명확하지 않고 상대적인 경우가 많아서 일반적으로 모든 경우에 일관되게 적용되기 힘들다. 따라서 객관적인 분쟁 처리 기준으로는 이성에 따라 제정된 법이 그 기능을 수행한다.

여섯째, 법은 공익(公益)을 추구하는 기능을 수행한다. 기본적으로 법은 공익과 공공복리를 추구한다. 법치주의 원리는 법을 마련하는 것 그 자체가 곧 공익을 달성하기 위한 적합한 수단이라는 생각을 담고 있다. 역사적으로도 권력자가 공적인 힘을 남용해서 자신의 사적 이익만을 추구하거나 국민의 뜻과는 다른 국가 정책을 펴서 큰 혼란을 불러일으킨 사례가 적지 않다. 이에 법을 통해 공익을 추구하려는 발상은 사회적 손실에 대한 책임 소재의 불명확성을 극복하기 위한 노력의 산물이라고 볼 수 있다.

마지막으로, 법은 사회 정의와 인권을 수호하는 기능을 수행한다. 일찍이 영국과 프랑스와 같은 나라는 혁명[영국의 명예혁명(1688), 프랑스의 프랑스혁명(1789)]을 통하여 사회 정의와 시민의 권리에 대한 법적 근거를 마련하는 데 힘을 쏟아 왔다. 전통적으로 법의 역사는 인권 보장의 역사이기도 하다. 특히 법이 정하고 있는 각종 재판제도와 청원(請願)제도 등은 정의와 인권의 수호를 위한 공식적인 절차라고 할 수 있다. 시민들은 법을 통하여 공권력에 의한 중대한 인권 침해에서부터 일상적인 거래 관계에서 발생할 수 있는 부당한 금전적 손해까지 보장받을 수 있다.

4) 법의 기본원리

법무부(2010)의 자료에 따르면, 법의 기본원리는 크게 비례의 원리, 적법절차의 원리, 죄형법정주의의 원리, 신의성실의 원리, 권리남용금지의 원리 등 다섯 가지 원리에 입각하여 설명할 수 있다.

첫째, 비례의 원리이다. 오늘날 공법과 사법 전반에 널리 통용되는 법의 일반 원칙을 들 수 있다. 비례의 원리는 두 이해관계가 충돌할 경우에 어느 한쪽에 치우치지 않고 균등하게 양자를 보장하기 위한 원칙이다. 특히 이는 헌법재판소가 법률의 위헌성 여부를 판단함에 있어, 당해 법률이 국민의 기본권을 제한하는 정도를 결정하는 기준으로 사용된다. 헌법재판소는 비례의 원리 내용을 다음과 같이 정하고 있는데, 국가가 정책 등의 달성을 위해 국민의 기본권을 법률로 제한할 경우에는 목적이 정당해야 하고, 그 방법이 적절해야 하며, 국민의 피해를 최소화하는 수단을 사용해야 한다. 또한 이러한 요건이 모두 충족된다고 하더라도, 국민의 권리 침해로 인한 마이너스 효과와 정책 달성으로 인한 플러스 효과를 최종적으로 저울질해 보아 국민의 권리 침해의 비중이 더 크다면 이는 비례의 원리에 위배되는 것이다.

둘째, 적법절차의 원리이다. 적법절차의 원리란 법령의 내용은 물론 그 집행 절차도 정당하고 합리적이어야 한다는 원칙으로, 헌법에 명시되어 있다. 원래 이 원리는 국가의 형벌권으로부터 국민의 신체의 자유를 보장하기 위한 목적에서 출발한 것이지만, 오늘날에는 공권력과 관련된 모든 행위에서 꼭 지켜져야 할 기본원리로 인정되고 있다.

셋째, 죄형법정주의의 원리이다. 죄형법정주의란 아무리 사회적으로 비난받을 만한 행위라고 할지라도 국회에서 제정한 법률이 그러한 행위를 범죄로 규정하고 있지 않으면 처벌할 수 없고, 범죄에 대해 법률이 정한 형벌 이외에는 부과할 수 없다는 원리로, 법치국가 형법의 기본원리이다. 이에 따라 국가는 형벌권을 자의적으로 행사할 수 없고, 국민은 자유와 권리는 보호받을 수 있다.

넷째, 신의성실의 원리이다. 민법은 권리의 행사와 의무의 이행을 신의에 따라 성실하게 할 것을 규정하고 있다. 예를 들면, 채무자가 채권자를 골탕 먹일 의도로 일부러 수십 개의 동전자루로 빚을 갚는 경우처럼 일반적인 상식이나 거래 관념에 비추어 납득하기 어려운 행동은 허용할 수 없다는 것이다. 따라서 신의성실의 원리는 법을 공유하는 법 공동체의 구성원들이 가져야 할 공동체 의식을 강조하는 원리라고 할 수 있다.

마지막으로, 권리남용금지의 원리이다. 권리남용금지의 원리는 겉으로 보기에는 권리를 행사하는 것 같지만 실제로는 타인에게 고통을 주기 위한 행위를 막기 위한 원리이다. 헌법에서도 권리의 행사는 공공복리에 어긋나지 않도록 해야 한다고 정하고 있다. 이 원리를 지키지 않는 권리 행사는 법이 보장하지 않으며, 경우에 따라서는 권리 행사 자체를 불법 행위로 보고 상대방에게 손해 배상을 하도록 한다.

5) 법의 종류 및 체계

일반적으로 법은 그 존재 형식에 따라 불문법(不文法)과 성문법(成文法)으로 나눌 수 있는데, 성문법은 법규범이 문장의 형태를 갖추고 있는 것으로 입법기관에서 일정한 절차를 거쳐 제정된 법으로 흔히 제정(制定)법이라 한다. 불문법은 성문법 이전의 모든 법원(法源)[1]을 포괄적으로 부르는 말이며, 그 가운데 가장 중요한 것이 관습법(慣習法)이다.

성문법에는 국가에서 최고의 지위를 가지는 헌법(憲法), 의회(議會)에서 일정한 절차를 거쳐 대통령이 공포한 법률(法律), 법으로부터 권한을 받은 기관이 만든 명령(命令), 자치법규와 국제조약 등이 포함된다. 다음으로 불문법에는 관습법, 판례법 그리고 조리 등이 포함되는데, 관습법이란 한 사회에서 그 구성원들에 의하여 장기간 반복적으로 행하여짐으로써 법적 확신을 얻게 되어 형성된 규칙을 말하며, 법원의 판결이 계속 쌓여서 만들어진 법을 판례법이라고 한다. 참고로 영국의 법원에서는 어떤 분쟁사건에 대하여 한번 판결이 내려지면 동일한 성격을 지닌 다른 사건들도 그 판결에 따라 결정을 내려야 한다. 즉, 판결이 곧 법과 같은 성격을 지니게 된다(법무부, 2010).

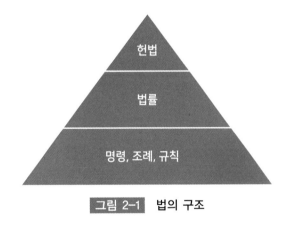

그림 2-1　**법의 구조**

(1) 성문법

① **헌법**

헌법은 국가의 기본법이자 기초법으로서, 국민의 기본권과 통치기구 및 그 작용에 관한 것을 규율하는 최고기본법이다. 모든 법의 제정은 헌법에 근거를 두고 있으며, 헌법을 만드

---

1) 법원이란 법의 존재형식을 말하는 것으로, 법규범이 문장의 형태를 갖추고 있느냐에 따라 성문법과 불문법으로 나눌 수 있다.

는 힘은 오직 국민이 갖는다. 또한 헌법은 가장 강한 효력을 갖는 최고법이므로 헌법 개정(改正)은 국회의원 재적 과반수 또는 대통령의 발의로 제안하고 이를 공고한 후, 국회 재적 의원 3분의 2 이상의 찬성을 얻어 국회의 의결을 거친 헌법개정안은 다시 국회의원 선거권자 과반수의 투표와 투표자 과반수의 찬성을 얻어 비로소 확정되도록 그 절차를 규정하고 있다(헌법 제128조, 제130조).

② 법률

법률은 입법기관인 국회가 제정한 성문법으로, 헌법 다음으로 효력을 지닌다. 국회의원과 정부는 법률안을 제출할 수 있고, 국회에서 법률안이 국회 재적의원 과반수의 출석과 출석의원 과반수의 찬성으로 의결된다(「헌법」제52조, 제49조). 의결된 법률안은 정부에 이송되어 15일 이내에 대통령이 이를 공포하며, 법률에 특별한 규정이 없는 한 공포한 날로부터 20일이 경과함으로써 효력을 발생하게 된다(「헌법」제53조).

③ 명령

명령은 국회의 의결을 거치지 않고 행정기관에 의해 제정되는 성문법으로, 그 형식적 효력은 법률의 하위(下位)에 위치한다. 명령은 그것을 발하는 주체에 따라 대통령령, 총리령, 부령으로 나뉘는데, 대통령령은 대통령이 법률에서 구체적으로 범위를 정하여 위임받은 사항과 법률을 집행하기 위하여 필요한 사항에 관하여 발하는 명령을 말한다(「헌법」제75조). 또한 총리령과 부령은 국무총리와 행정 각부의 장이 소관 사무에 관하여 법률이나 대통령령의 위임 또는 직권으로 발하는 명령이다(「헌법」제95조).

④ 규칙

규칙은 헌법에서 행정부 이외에 특별한 독립적 국가기관에 의하여 제정하게 한 명령으로서의 성격을 띠는 성문법으로, 행정권이나 국가기관의 자율성을 존중하여 그 소관 사무나 권한에 관하여 법령에 저촉되지 않는 범위 내에서 스스로 제정할 수 있는 내부 규율이나 사무처리준칙을 말한다(김범주, 2004). 이는 명령과 같은 효력을 갖는 것이라는 점에서, 조례와 더불어 자치법규로서 다루어지는 규칙과는 구별된다. 규칙은 헌법상 독립적 국가기관이 내부 규율과 사무처리에 관하여 자율권을 가지도록 법에 의하여 인정되는 것으로서, 이의 종류로는 국회, 대법원, 중앙선거관리위원회, 헌법재판소가 헌법에 근거하여 제정하는 국회규칙, 대법원규칙, 중앙선거관리위원회규칙, 헌법재판소규칙을 들 수 있다(「헌법」

제64조 제1항, 제108조, 제113조 제2항, 제114조 제6항).

⑤ 자치법규

자치법규란 지방자치단체가 법령의 범위 안에서 제정한 법령으로, 그 제정의 주체가 지방의회일 경우에는 조례(條例)라 하고, 그 주체가 지방자치단체의 장일 경우에는 규칙(規則)이라고 한다.「헌법」제117조 제1항에는 "지방자치단체는 주민의 복리에 관한 사무를 처리하고 재산을 관리하며, 법령의 범위 안에서 자치에 관한 규정을 제정할 수 있다"고 규정하고 있다.

⑥ 조약

조약(條約)은 문서에 의한 국가와 국가 간의 합의를 말하며, 일반적으로 조약은 협약, 헌장, 협정, 결정서, 의정서, 각서 등의 명칭으로 부른다. 조약은 대통령이 국무회의의 심의를 거쳐 체결하며(「헌법」제89조 3호), 상호원조 또는 안전보장에 관한 조약 등은 국회가 체결 비준에 대한 동의권을 갖는다(「헌법」제60조). 헌법에 의하여 체결 공포된 조약은 국내법과 동일한 효력을 가진다(「헌법」제6조 제1항).

(2) 불문법
① 관습법

관습법은 일상생활 속에서 자연적으로 발생하여 반복적으로 행하여 온 관행이 불특정 다수인에 의하여 법적 인식을 수반하게 된 것을 말한다. 관습법이 성립되기 위해서는 다음의 세 가지 요건을 충족할 필요가 있다(김영규 외, 2014). 첫째, 관행이 있어야 한다. 관습법이 성립하기 위해서는 먼저 관행이 존재하여야 한다. 여기서 관행의 존재는 법적 내용에 관한 관행이 상당히 오랜 기간 동안 넓은 지역에 걸쳐서 같은 행위가 반복적으로 행해지는 상태를 일컫는다. 둘째, 관행에 법적 확신이 존재해야 한다. 관습법이 성립하기 위해서는 관행에 대하여 불특정 다수인이 준수하여야 할 법규범, 즉 관행에 따라 행하는 것이 권리, 의무라는 확신이 있어야 한다. 이러한 법적 확신은 현실적으로 분쟁이 발생했을 때 판결을 통하여 평가된다. 셋째, 관행이 공서양속 및 강행법규에 합치해야 한다. 법은 국가와 사회의 공공질서를 유지하기 위하여 존재하는 것이므로 관습법이 앞의 요건을 갖추었더라도 이것이 선량한 풍속, 기타 사회질서에 어긋나는 것은 그 효력이 인정되지 않으므로 관습법이 법적 존재형식으로 인정되기 위해서는 공서양속(선량한 풍속, 기타 사회질서)에 부합하여야 한다. 아울러 선량한 풍속, 기타 사회질서와 관계있는 규정인 강행법규를 위반하면 무효가 되므로, 관습법은 강행법규를 위반하지 않는 경우에 한하여 법으로 인정된다. 마지막으로, 「민법」 제1조에는 "민사에 관하여 법률에 규정이 없으면 관습법에 의하고 관습법이 없으면 조리에 의한다"로 명시하고 있는 바와 같이, 관습법의 필요성을 강조하고 있다.

② 판례법

앞에서 언급한 바와 같이, 판례법은 법원에서 법관이 행한 판결의 내용이나 취지가 여러 판결을 통해 반복적으로 확인된 경우, 그 판결의 내용이나 취지를 일컫는 말이다. 불문법주의를 채택하고 있는 국가에서는 먼저 내려진 법원의 판결이 그 후 유사한 사건에 관하여 구속력을 갖게 되는 '선례구속의 원칙'이 적용되지만, 성문법주의를 채택하고 있는 우리나라에서는 판례법의 법원성(法源性)을 부정하는 것이 다수설이다(김영규 외, 2014). 우리나라 「법원조직법」 제8조는 "상급법원의 판단은 해당 사건에 관하여 하급심(下級審)을 기속(羈束)[2] 한다"라고 규정하고 있기 때문에 선례구속의 원칙이 제도적으로 보장되어 있지 않다. 그러나 하급법원에서 상급법원의 판례와 다른 판결을 하면 상급법원에서 파기되는 경우가 많기 때문에, 하급법원은 상급법원, 특히 대법원의 판례를 존중하게 된다. 그리고 또 대법원은 스스로의 판례를 변경할 때에는 신중한 절차를 요구하고 있다. 따라서 우리나라에서도 판례는 실질적인 규범성을 가진다고 할 수 있을 것이다(김홍수 외, 1994).

③ 조리

조리(條理)란 보통 사람의 생각으로 판단할 수 있는 사물의 이치나 도리로서, 경험칙, 사회관념, 정의, 형평, 이성 등의 모습으로 표시된다. 구체적인 조리의 사례로는, 「민법」 제840조에서 이혼의 사유로 다음의 여섯 가지 사항을 제시하고 있다.

1. 배우자의 부정한 행위가 있었을 때
2. 배우자가 악의로 다른 일방을 유기한 때
3. 배우자 또는 그 직계존속으로부터 심히 부당한 대우를 받았을 때
4. 자기의 직계존속이 배우자로부터 심히 부당한 대우를 받았을 때
5. 배우자의 생사가 3년 이상 분명하지 아니한 때
6. 기타 혼인을 계속하기 어려운 중대한 사유가 있을 때

----
2) 마음대로 행동할 수 없도록 강하게 구속한다는 뜻이다.

하지만 실제로 이혼 사유에는 남편의 도박, 게임중독 등과 같이 법조문에는 명시되어 있지는 않는 사항에 대하여 재판부가 판단하는 근거가 바로 조리이다.

그림 2-2   법의 체계

출처: 김범주(2004).

법은 보는 관점에 따라 다양한 방식으로 분류할 수 있는데, 일반적으로 실정법의 범주에서는 국내법과 국제법으로 분류한다. 국내법은 공법(헌법, 행정법, 형법, 민사소송법, 형사소송법)과 사회법(노동법, 경제법, 사회보장법), 사법(민법, 상법)으로 구분되며, 국제법에는 조약, 국제법규, 국제관습법이 포함된다. 이 가운데 공법은 기본적으로 국가와 국민 사이의 관계를 규율하는 법 규범이며, 이 가운데 형법이 가장 오래된 공법이고, 국가와 정부가 발달하면서 헌법이나 행정법 그리고 소송법(민사, 형사) 등의 공법이 발달하게 되었다. 사법은 개인과 개인 사이의 관계를 규율하는 법 규범이다. 사법으로는 재산과 가족에 대해 일반적인 규율을 하는 민법이 대표적이며, 상거래 등 특수한 거래에 적용되는 상법 등도 사법에 속한다. 마지막으로, 사회법은 기본적으로 사법에 속해야 하는 것이지만 자본주의의 진전에 따른 폐해 때문에 국가가 간섭하게 된 법 규범을 말한다. 사회법에는 근로기준법 등 노동에 관련된 법과, 사회보장에 관련된 법 그리고 독점규제 및 공정거래에 관한 법률 등 경제활동을 규율하는 법들이 속한다(법무부, 2013).

6) 법의 효력

법의 효력(效力)이란 법이 가지는 구속력을 말하는데, 효력의 개념 및 범위에 관해 다양한 견해가 존재하지만, 일반적으로 실질적 측면에서의 효력과 형식적 측면에서의 효력으로 분류할 수 있다.

(1) 실질적 효력

일상생활에서 법이 존재하기 위해서는 타당성(妥當性)과 실효성(實效性)의 두 가지 요소가 필요하고, 이 두 가지 요소를 구비하고 현실의 사회생활에 대하여 작용하고, 사실로서 행하여질 때 법은 효력을 갖고 타당하다고 한다(김범주, 2004). 여기에서 말하는 법적 타당성이란 법률에 대한 의무주체의 의사와는 상관없이 현실에서 행위의 규범으로서 작용하는 기능을 의미하며, 법적 실효성이란 법이 사람에 근거하여 현실에서 준수되는 것을 말한다.

(2) 형식적 효력

형식적 효력은 크게 때에 따른 효력, 사람에 따른 효력, 장소에 따른 효력으로 분류하여 설명할 수 있다.

① 때에 따른 효력

법의 때(時)에 따른 효력은 법이 언제부터 언제까지 효력을 갖는가의 시간적 한계에 관한 것이다. 성문법은 그 시행일부터 폐지일까지 효력을 갖는다. 법의 시행은 법이 제정(또는 개정) 공포와 동시에 효력을 가지는 것이 아니라, 원칙적으로 법이 공포된 후 국민들에게 이를 알리기 위한 일정한 기간, 즉 시행예정기간의 경과 후에 이루어진다(김영규 외, 2014). 특별한 규정이 없는 한, 법은 공포한 날로부터 20일이 경과한 날로부터 효력이 발생된다. 이때 법은 불소급(不遡及)의 원칙을 적용받게 되는데, 불소급의 원칙이란 법은 그 시행기간 중에 발생한 사항에 대해서만 적용되고, 그 시행일 이전에 발생한 사항에 대하여는 소급하여 적용되지 않는다는 원칙을 말한다(김영규 외, 2014). 이 원칙은 로마법에 근거하여 세계 각국이 예외 없이 채택한 것으로서, 재판은 과거의 사실을 심판하는 것이지만 법률은 장래의 사항을 규정하는 것을 의미한다. 그러므로 새로 제정된 법률은 그 시행 전의 사실에 적용할 수 없는데, 그것은 원래 이 원칙이 국민의 권리를 보전하며 공중의 안녕을 유지함에 매우 긴요하기 때문이다(최정일, 2015).

② 사람에 관한 효력

사람에 관한 효력은 어떠한 범위의 사람에게 법이 적용되는가에 관한 문제이다(최정일, 2015). 한 나라의 법은 국가의 영역 내에 있는 사람이면 자국민이든 외국이든 누구에게나 적용된다는 소위 속지주의(屬地主義)가 원칙이다. 이에 대하여 자국민에 대해서는 그가 어디에 있든 자국법을 적용한다는 주의를 속인주의(屬人主義)라 한다(김홍수 외, 1994). 이를 보다 구체적으로 설명하면, 속지주의는 국적에 관계없이 한국에 있는 일본인, 미국인, 중국인 등 모든 사람에 대하여 대한민국의 법을 적용하는 것을 의미하며, 속인주의는 한국, 일본, 미국, 중국 등에 관계없이 모든 한국인에 대하여 대한민국의 법을 적용하는 것이다.

대한민국은 속인주의를 원칙으로 하고 있으며 부분적으로 속지주의도 채택하고 있다. 그런데 예외적으로 법률의 적용을 받지 않는 사람 또는 일정한 범위의 사람만이 적용 대상이 되는 경우가 있다. 국내법상으로는 헌법상 대통령은 내란(內亂) 또는 외환(外患)의 죄를 범한 경우가 아니고는 재직 중 형사상의 소추(訴追)를 받지 아니하며, 국회의원은 불체포의 특권이 있고, 또 국회에서 직무상 행한 발언과 표결에 관하여 외부에서 책임을 지지 아니한다(김홍수 외, 1994). 한편, 우리나라에서 범죄를 저지른 외국인은 속지주의에 따라 대한민국 법에 의해 처벌받게 된다(법무부, 2010). 하지만 국제법상 외국 원수, 대통령, 국왕, 외교사절 및 그 가족과 수행원 등에 대해서는 우리 형법이 적용되어도 면책특권이 인정되기 때문에 처벌할 수 없다.

③ 장소에 관한 효력

장소에 관한 효력은 법이 어떠한 지역적 범위에서 적용되느냐에 관한 문제이다(최정일, 2015). 대한민국「헌법」제3조에 따르면, "대한민국의 영토는 한반도와 그 부속도서로 한다"라고 명시되어 있다. 즉, 이는 대한민국의 법은 영토, 영해, 영공 등 대한민국의 모든 영역에 그 효력이 미친다고 할 수 있다. 다만, 장소에 관한 효력에 있어 국제법 및 국내법상 예외가 존재한다. 국제법의 경우 자국의 군함, 선박, 항공기가 공해 또는 타국에 있을 때는 자국 영토의 연장으로서, 이곳에 대하여서도 대한민국 법의 효력이 미친다. 또한 외교사절의 공관, 주한미군의 주둔지에는 치외법권에 따라 대한민국 법의 효력이 제한된다. 국내법상으로는 성문법 중 지방의회 및 지방자치단체의 장이 제정하는 자치법규인 조례와 규칙은 성격상 해당 지방자치단체에만 적용되고, 다른 지역에는 적용되지 아니한다(김영규 외, 2014).

2. 행정에 대한 이해

1) 행정의 개념

행정(行政, administration)이란 일반적으로 입법(立法), 사법(司法)과 함께 국가 통치 작용의 한 형태로, 국가기관에서 법에 따라 행하는 정무(政務) 행위를 의미한다. Harmon과 Mayer(1986)는 행정이란 사람의 생활에 영향을 미치고, 공공의 이름으로 이루어진 그리고 공공자원을 사용하는 의사결정을 다루는 것이라고 보면서, 행정의 주요 관심사는 의사결정이며, 이러한 관심사는 항상 조직맥락 속에 포함되어 있다고 본다. Sergiovanni 등(2004)은 행정이란 조직목적을 효과적으로 달성하기 위하여 다른 사람들과 함께 그리고 다른 사람들을 통해서 일하는 과정이라고 정의한다. 김규정(2002)은 행정이란 정부, 준(準)정부, 비정부조직 등 공공조직이 공공서비스의 능력성, 형평성을 추구하면서 공익과 사회 정의의 실현을 위한 정책을 형성, 집행하고 공공성을 띤 인간의 집단적 행동을 관리하는 것이라고 정의하고 있다.

이종수(2009)는 "행정은 공익을 증진시키고 공공문제를 해결하기 위해 공공정책을 집행하는 공공 부분의 활동"이라고 정의하고 있다. 이때 행정의 개념이 갖는 속성에는 첫째, 행정은 공익을 증진시키고 공공문제를 해결하기 위한 활동이라는 점, 둘째, 행정은 공공정책을 형성하고 집행하는 활동이라는 점 그리고 행정은 공공 부문에서 이루어지는 활동이라는 점 등이 내포되어 있다.

한편, 신두범과 오무근(2010)은 행정을 공(公)행정이든 사(私)행정이든 간에 "2인 이상의 인간이 공동의 목표를 달성하기 위하여 행하여지는 행동적 집단행위" 또는 "행동적인 인간의 집단적 노력"이라고 정의하고 있다. 하지만 행정을 공공행정(public administration)의 영역으로 한정할 경우 행정을 다음과 같이 정의할 수 있다.

첫째, 행정은 본질적으로 정치적 환경 및 조건 아래서 생성되는 인간의 협동적 집단행위 내지 협동적 노력이다.

둘째, 행정은 일정하게 바람직한 목표를 실현하기 위한, 고도의 합리성을 지닌, 협동적인 인간의 노력 유형이다.

셋째, 행정은 공공정책의 형성에 있어서 중요한 역할을 담당하며, 정치체제(policy system)에 있어서 권위 있는 의사결정자(policy decision maker)가 수행하는 활동이다.

넷째, 행정은 국가 또는 지방공공단체를 구성하고 있는 시민들이 보편적 권위를 지니고 있는 정부를 통하여 사회 전체의 공동목표 또는 공동선(共同善)을 달성하고, 나아가 사회 정의를 실현하고자 하는 집합적 행위(collective behavior)이다.

이와 더불어 신두범과 오무근(2010)은 공공행정(公共行政, public administration)과 사(私) 기업 경영과의 차이점과 유사점을 다음과 같이 분류하여 제시하고 있다. 먼저, 공공행정과 사기업경영은 목적, 추구하는 가치, 권력수단의 유무, 법적 제약의 대소, 평등원칙의 유무, 행동규범의 차이, 활동의 범위와 영향력의 대소에서 차이가 존재하는 것으로 본다.

표 2-3　공공행정과 사기업경영 간의 차이점

구분	공공행정	사기업경영
목적	• 공공복리의 실현	• 사적 이익 추구
추구 가치	• 다원적	• 일원적(이윤의 극대화)
권력수단	• 법령에 입각하여 상대방의 의사에 관계 없이 강제나 제재를 행사할 수 있는 수단 보유	• 사기업 간의 관계는 항상 대등하며 상대방을 강제할 수 없음
법적 제약	• 법적 제약이 큼(법령 근거)	• 법령을 위반하지 않는 한, 원칙적으로 자유
평등원칙	• 법령에 의하거나 또는 명백한 사유가 있지 않는 한 차별 대우 금지 • 시민에 대한 평등원칙 적용	• 기여 정도에 따라 차별 대우 • 고객에 대하여 차등 대우 가능
행동규범	• 구성원은 사회 일반의 주시의 대상이 되므로 언동에 논란의 여지 많음	• 사기업체의 구성원은 법률에 의해서 금지되어 있지 않는 한, 어떤 행동도 합법적으로 인식됨
활동의 범위와 영향력	• 그 기능이 광범위하고 관할구역이 포괄적이어서 그 영향력도 모든 조직과 개인에게 미침	• 그 기능이 일정 물품의 생산 또는 판매 등에 한정되어 있으므로 그 영향력도 한정적임

2) 행정 개념의 접근법 및 기능

정용덕 등(1999)은 행정을 크게 국가의 일부로서의 행정, 조직관리로서의 행정, 공공성의 구현방식으로서의 행정으로 분류하여 설명하고 있다. 먼저, 국가의 일부로서의 행정은 행정이 국가를 구성하는 제도적 장치의 일부로서, 국가 기능의 일부를 수행한다는 입장이다. 이러한 관점은 주로 관료제적(bureaucratic) 특성에 근거하고 있다. 둘째, 조직관리로서의 행정은 조직의 목적을 달성하기 위한 조직구성원 간의 협동적 노력을 강조한다. 따라서 국가의 제도적 장치뿐만 아니라 입법부와 사법부를 포함한 모든 조직들의 관리적 문제가 행정의 범위에 포함된다. 민간기업의 경우도 마찬가지로 모든 조직 및 조직구성원들의 관리문제가 행정의 범위에 포함된다. 셋째, '공공성'의 구현방식으로서의 행정은 행정을 '공공'의 문제(public affairs)를 해결하기 위한 집합적 노력 가운데 하나로 정의하는 방식이다. 과거와 달리 최근에는 국가의 역할이 축소되는 반면, 시민사회의 역할은 증대되고 있으며, 행정도 국가와 시민사회가 연대하여 '공공의 문제'를 해결하고자 하는 경향으로 변화하고 있다. 그 대표적인 예가 '거버넌스(Governance)', 즉 공공기관과 시민사회가 같이 참여하여 문제를 해결해 나가는 협치(協治)로서의 행정이 강조되고 있다.

한편, 행정의 기능과 관련하여, 구조가 있으면 기능이 있게 마련이고 구조가 행하는 기능은 구조가 처한 환경 및 상황변수의 결과라고 할 수 있다(박동서, 1975). 행정구조도 환경적·시대적 변동에 그 기능이 달라지기 때문에 행정의 기능을 한마디로 정의하기는 어렵다. 하지만 일반적으로 행정의 기능을 사회 안정의 기능, 전통 보호의 기능, 변화를 선도하는 기능, 변화 관리의 기능 등으로 분류할 수 있다.

3) 행정의 원리

법무부(2009)의 자료에 따르면, 행정의 원리는 크게 민주행정의 원리, 복지행정의 원리, 법치행정의 원리, 사법국가주의의 원리, 지방 분권주의의 원리 다섯 가지로 분류하여 설명할 수 있다.

첫째, 민주행정의 원리이다. 민주행정의 원리는 국민주권의 원칙에 입각하여 법률을 집행하는 행정은 국가 최고의 법인 헌법의 정신을 수행해야 한다는 것이다. 헌법이 명시하고 있는 바와 같이, 대한민국의 주권은 국민에게 있다는 점을 고려했을 때 민주행정의 원리는 이에 따라 행정이 국민 모두의 이익과 의사에 반영되는 방향으로 이루어져야 한다는 것을 말한다. 행정에 대한 불만이나 정책에 대한 의견은 민원을 통해 접수, 처리된다. 최근에는 민주행정의 원리를 구현하기 위한 구체적인 노력으로 국민들의 의사와 권익을 보호하기 위하여 설치한 전문기구인 '국민권익위원회'를 들 수 있다.

둘째, 복지행정의 원리이다. 복지행정의 원리는 국민이 최소한의 인간다운 생활을 영위할 수 있도록 국가가 적극적으로 노력하는 행위를 말한다. 행정부의 권력이 확대된 이유가 환경문제, 경제문제 등으로 인해 어려움을 겪고 있는 국민의 생활을 개선하기 위한 활동임을 고려한다면 쉽게 이해할 수 있을 것이다.

셋째, 법치행정의 원리이다. 국민 생활을 보장하기 위한 국가의 권한이 커지면서 국민 생활이 개선된 측면도 있지만, 반대로 복지행정을 위한 것이라고 하여 국민의 권리를 침해할 수도 있다. 국민 복지를 이유로 세법에 의하지 않고 세금을 마음대로 부과하거나, 도로를 내면서 아무런 사전 논의 없이 국민 개인 소유의 땅 위를 지나가도록 건설하는 것이 그 예가 될 수 있다. 이를 예방하기 위해 행정법은 '법률에 의해서만 행정권이 발동되도록' 하는 법치행정의 원리를 적용한다.

넷째, 사법국가주의의 원리이다. 이는 국가와 국민 사이에 행정에 대한 문제로 분쟁이 발생하는 경우가 있는데, 이러한 분쟁이 발생했을 때 일반 재판과 마찬가지로 사법부에서 심판을 한다는 원리이다. 행정부에서 잘못한 일을 행정부에서 심판하게 된다면, '가재는 게 편이다'라는 속담처럼 공정한 심사를 기대하기가 어려울 것이다. 따라서 행정의 분쟁을 공정하게 해결하기 위한 원리가 사법국가주의의 원리이다.

다섯째, 지방 분권주의의 원리이다. 지방 분권주의는 각 지방자치단체들이 권한을 가지고 각 지방의 살림을 맡아서 하는 것을 의미한다. 지방 분권주의에 따르면 지역의 특색에 맞는 행정을 할 수도 있고 각 지역이 고루 성장할 수도 있어 부의 분배나 복지 향상에 도움이 될 수도 있다.

4) 행정의 분류

행정의 분류는 학자에 따라 다양하게 이루어지고 있는데, 일반적으로 행정의 주체(국가행정, 자치행정, 위임행정), 내용(질서행정, 급부행정, 재정행정, 조달행정, 유도행정, 계획행정), 법적 목적(질서행정, 급부행정, 유도행정, 계획행정, 규제행정, 공용부담행정), 법적 구속(기속행정, 재량행위) 등의 기준에 따라 분류할 수 있다. 청소년정책과 관련하여 행정을 분류한 김두현(1997)은 행정을 크게 주체, 수단, 내용, 목적에 따라 구분하고 있는데, 그 자세한 내용은 다음과 같다.

첫째, 주체에 의한 분류는 행정업무를 수행하는 주체에 따른 구분으로, 국가행정, 자치행정 그리고 위임행정으로 구분할 수 있다. 여기서 말하는 위임행정이란 국가나 공공단체가 자신의 업무를 다른 공공단체나 기관 또는 사람에게 위임하여 처리하는 행정을 말한다.

둘째, 수단에 의한 분류는 행정이 어떤 수단 또는 형식에 의하여 이루어지는가에 의한 분류로서 권력행정, 비권력행정으로 구분할 수 있다. 권력행정은 행정주체가 공권력을 발동하여 국민에게 일방적으로 명령하고 강제하는 행정작용을 말한다. 비권력행정이란 공익에 의해 사업을 경영 또는 관리하는 작용을 말한다.

셋째, 내용에 따른 분류는 질서행정, 급부행정, 유도행정, 계획행정, 공과행정, 조달행정, 군사행정 등으로 구분할 수 있다. 질서행정은 국가와 사회의 안전과 질서를 유지하기 위한 행정을 의미한다. 급부행정은 국민의 복지증진을 위하여 공적 서비스를 제공하는 비권력적 작용을 의미하며, 공급행정, 사회보장행정, 조성행정 등이 이에 해당한다.

넷째, 목적에 의한 분류는 조직행정, 재무행정, 사법행정 등으로 구분할 수 있다. 조직행정이란 행정주체의 조직 유지와 권리를 직접적인 목적으로 하는 행정을 말한다. 재무행정은 국가의 존립과 활동에 필요한 재원을 획득하고 관리하는 행정을 말한다. 사법행정은 재판에 필요한 인적·물적 자원의 취득과 관리, 사법적 질서를 유지하는 작용을 말한다.

5) 행정의 과정

고전적 관점에서 행정은 크게 계획, 조직화, 집행, 통제의 4단계로 분류되는데, 제1단계인 계획 단계에서는 상급관리자와 조직구성원들이 달성할 계획을 수립하는 작업을 공동으로 수행한다. 이때 주의할 점은 계획수립의 전제가 미래의 상태가 아닌 현재의 상태이어야 한다는 점이다. 제2단계인 조직화 단계에서는 수립된 계획을 집행하기 위한 행정구조, 인사, 업무의 배분, 권한위임, 예산 등을 포함한 조직활동을 전개한다. 제3단계인 집행 단계에서는 조직구성원이 각자 맡은 바 역할을 수행한다. 마지막 단계인 통제 단계에서는 계획된 업무가 적절하게 수행되고 있는가를 검토하고 필요에 따라 시정조치를 강구한다.

이와 관련하여, 고전적 행정이론가의 한 사람인 Fayol(1930)은 행정 과정을 크게 5단계로 나누어 설명하는데, 제1단계가 기획(planning) 단계로, 조직의 목적을 달성하기 위하여 미래를 예측하고 실천계획을 수립하는 일을 수행한다. 제2단계인 조직(organizing) 단계에서는 설정된 목표를 달성하기 위하여 조직 내의 인적·물적 자원을 확보하고 이를 구조화하는 일을 수행한다. 제3단계인 명령(commanding) 단계에서는 조직구성원으로 하여금 부과된 과업을 수행하도록 지시, 명령을 한다. 제4단계인 조정(coordinating) 단계에서는 각 부서별 활동을 조정하고 유기적으로 통합하는 일을 수행한다. 마지막 단계인 통제(controlling) 단계에서는 모든 활동이 사전에 정해진 규칙이나 지시에 따라 제대로 수행되었는가를 확인하는 작업을 수행한다.

앞의 Fayol의 5단계 과정설은 이후 여러 학자들에 의해 수용, 발전되었는데, 그 대표적인 학자로 Gulick을 꼽을 수 있다. Gulick(1937)은 앞의 5단계에 인사와 예산편성을 추가하여 총 7단계로 구성된 행정과정설(POSDCoRB)을 제시하였는데, 그 구체적인 내용은 다음의 〈표 2-4〉와 같다.

표 2-4 Gulick의 행정과정설

단계	과업	주요 내용
1단계	기획 (Planning)	조직의 목적을 달성하기 위한 조직의 미래 방향 설정
2단계	조직 (Organizing)	공식적인 권한 구조설정 및 직무의 규정과 조정
3단계	인사 (Staffing)	직원의 선발, 훈련 및 개발과 훌륭한 작업조건 유지
4단계	지시 (Directing)	의사결정, 의사소통, 지시이행 및 직원평가
5단계	조정 (Coordinating)	공동의 목표달성을 위하여 조직통합에 필요한 모든 활동과 노력
6단계	보고 (Reporting)	기록, 연구 및 조사 등을 통한 진척사항 보고
7단계	예산편성 (Budgeting)	재무기획, 회계 및 통제를 포함한 예산편성에 관한 모든 활동

하지만 앞과 같은 4단계 또는 5단계의 행정과정으로는 현대사회와 같이 정치사회적 그리고 경제적 환경의 변화에 부응하여 행정의 제 기능을 수행하기에는 역부족이라는 지적이 제기되기도 한다. 또한 권기헌(2014)는 Gulick의 7단계설이 각 단계 간 연계성이 부족하다는 점을 지적하면서, 행정과 외부환경과의 상호작용 그리고 각 단계별 연결성 등을 고려하여 행정의 과정을 7단계로 분류하여 제시하고 있다. 자세한 내용은 [그림 2-3]과 같다.

목표설정
- 목표설정은 바람직한 미래의 상태를 설정
- 정책내용이 정책목표와 일치함을 의미하는 '합목적성'이 요구됨

정책결정
- 정부기관에 의한 정부의 장래 활동지침의 결정
- 가치배분의 문제와 직결

기획
- 정책입안의 과정을 의미
- 목표를 구체화하고, 목표달성을 위한 합리적인 수단을 선택

조직화
- 행정목표 달성을 위한 인적 · 물적 자원의 동원과 배분

동기부여
- 자발성, 능동성, 적극성이 요구됨
- 조직화의 주요 내용으로는 의사소통, 참여, 인간관계를 들 수 있음

통제
- 조직의 목표를 위해 과업이 수행되도록 방향성을 조정하고 행위를 평가

피드백
- 피드백은 마지막 단계에서만 이루어지는 것이 아니라 단계별로 계속적으로 수행

그림 2-3 **행정과정 7단계**

출처: 권기헌(2014).

3. 정책에 대한 이해

1) 정책의 개념

정책(政策, policy)이란 일반적으로 정부, 단체, 개인이 정치적 목적을 실현, 달성하기 위하여 설정한 노선, 방침을 뜻하는데, 사전적 의미로는 정부나 정치 단체의 정치에 관한 방침과 그것을 이루기 위한 수단을 의미한다(동아출판사서편집국, 2010). 정책에 대한 한자적 의미로는 정(政)은 나라를 다스리는 일을 뜻하고, 책(策)은 꾀하고 기획한다는 뜻을 가지고 있다. 즉, 정책(政策)이란 정부 또는 국가가 정치적 목적을 실현하기 위하여 꾀하는 방법이라고 할 수 있다. 한편, 일본의 사회학사전에서는 정책이란 집단 또는 개인이 일정한 가치 또는 목표를 실현하기 위하여 준비한 활동계획, 활동방침을 통틀어 일컫기도 한다(森岡淸美, 1993).

한편, 사전적 정의와는 달리 학문적 차원에서 정책의 개념은 학자에 따라 다양하게 정의되고 있는데, 먼저 Lasswell(1951)은 정책이란 사회 변동의 계기로서 미래탐색을 위한 가치와 행동의 복합체임과 동시에 목표와 가치 그리고 실제를 포함하고 있는 고안된 계획이라고 정의하고 있다. Easton(1953)은 정책을 사회 전체를 위한 가치들의 권위적 배분이며, 정치체계가 내린 권위적 결정임과 동시에 권위적 산출물의 일종이라고 정의하고 있다. 또한 Drior(1986)는 정책을 정부기관에 의하여 결정된 미래의 활동지침이라고 정의하면서, 최선의 수단을 통한 공익의 달성이 정책의 목표라고 보고 있다.

　한편, 권기헌(2014)은 정책이란 미래의 바람직한 상태를 실현하기 위한 정책목표와 이를 달성하기 위해 강구된 과학적 정책수단에 대하여 권위 있는 정부기관이 내린 활동지침이라고 정의하고 있다. 그는 이때 미래의 바람직한 상태를 실현하기 위해서는 미래탐색을 위한 사회 변동의 정책목표가 추구되어야 하며, 분석과 예측을 기조로 하는 과학적 미래예측을 토대로 바람직한 정책수단이 강구되어야 한다는 점을 강조하고 있다.

　정정길 등(2011)은 정책이란 바람직한 사회상태를 이룩하려는 정책목표와 이를 달성하기 위해 필요한 정책수단에 대하여 권위 있는 정부기관이 공식적으로 결정한 기본방침이라고 정의할 수 있으며, 그 구성요소를 정책목표, 정책수단, 정책대상집단 등으로 구분하고 있다.

　마지막으로, Lasswell(1951)은 바람직한 방향이란 인간의 존엄성을 더욱 충실히 구현하는 데 기여하는 정책이며, 인간의 존엄성을 훼손하는 정책은 바람직한 정책이 아니라는 점을 지적하고 있다.

2) 정책의 구성요소

　학자에 따라 정책의 구성요소에 대한 견해는 매우 상이하지만, 정정길 등(2011)과 권기헌(2014) 등과 같은 학자들은 정책의 구성요소를 정책목표, 정책수단, 정책대상자로 본다. 정책목표는 경우에 따라 그 내용이 불명확한 경우도 있으나 정책을 통해 달성하고자 하는 목표를 의미한다. 정책수단은 정책목표를 달성하기 위한 수단이며, 정책대상자는 정책의 적용을 받는 집단 또는 사람을 말한다.

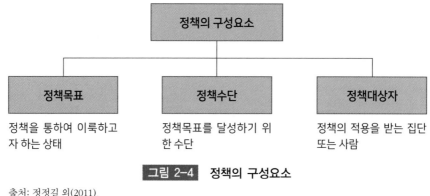

그림 2-4 **정책의 구성요소**

출처: 정정길 외(2011).

(1) 정책목표

Lasswell(1951)은 정책목표를 "현재는 존재하지 않으나 정책을 통하여 미래에 있어서 발생하도록 하는 상태"로 정의하고 있다. 정정길 등(2011)은 정책목표란 정책을 통하여 이룩하고자 하는 '바람직한 상태(desirable state)'라고 정의하고 있다. 예를 들면, 경제안정정책의 목표는 경제의 안정이고, 보건정책의 목표는 국민건강의 향상이며, 청소년정책의 목표는 청소년의 건전육성이며, 청소년보호정책의 목표는 유해한 환경으로부터 청소년의 보호인 것과 같다.

정책목표가 달성되어 나타나는 결과를 정책효과(policy effect)라고 부른다. 그러므로 효과성(effectiveness)은 정책목표 달성의 정도를 의미한다. 일반적으로 정의효과는 정책목표 달성 후 나타나는 상태 변화를 의미한다(정정길 외, 2011). 권기헌(2014)은 정책목표의 기능을 크게 세 가지로 분류하여 설명하고 있다.

첫째, 정책목표는 여러 가지 정책수단 가운데 최선의 건을 선택하는 기준으로 이용된다. 즉, 정책목표는 정책결정과정에서 가장 중요한 기준으로서의 역할을 한다.

둘째, 정책목표는 정책집행과정에서의 결정이나 활동에서의 지침으로서의 역할을 한다.

셋째, 정책목표는 정책평가과정에서 중요한 평가기준으로서의 역할을 한다. 정책평가는 정책의 바람직스러움을 사후적으로 평가하는 것인데, 일반적으로 정책집행과정에서의 평가(형성평가)와 정책목표 달성으로 나타난 정책효과의 발생 여부를 판단하는 평가(총괄평가)의 두 가지로 분류된다. 전자(前者)의 경우에는 정책목표가 그 평가기준이 되고, 후자(後者)의 경우에는 정책목표의 달성 여부가 가장 중요한 기준이 된다(정정길 외, 2011).

(2) 정책수단

정책수단이란 정책목표를 달성하기 위한 수단이다. 정책수단은 국민들에게 직접적인 영향을 미치기 때문에 이를 둘러싼 이해관계자들 간의 갈등과 대립은 첨예하다. 정책을 둘러싸고 일어나는 정치적인 갈등이나 타협에서는 정책수단을 무엇으로 하느냐에 관한 것이 핵심이며, 사실상 정책목표에 대한 갈등 역시 특정 목표가 결정될 경우 그에 따라서 채택될 가능성이 높은 정책수단에 관한 이해관계 때문에 일어난다(정정길 외, 2011).

일반적으로 정책수단은 크게 실질적 정책수단과 보조적 정책수단으로 분류할 수 있다. 먼저, 실질적 정책수단은 일반적으로 말하는 정책수단을 의미하는 것으로, 정책수단은 정책의 종류에 따라서 달라진다. 아울러, 정책수단은 구체적인 정책의 실질적 내용에 의해서 결정되기도 한다. 보조적 정책수단은 실질적 정책수단을 실현시키기 위하여 필요한 수단을 의미하는데, 다른 말로 정책집행수단이라고 한다. 실질적 정책수단을 실현시키기 위해서는 설득, 유인, 강압 등 정책집행 순응기제와, 이들을 담당할 집행조직, 집행인력, 집행자금, 집행권력 등이 필요한데, 이들이 보조적 정책수단이다(정정길 외, 2011).

(3) 정책대상자

정책대상집단이란 정책의 적용을 받는 집단이나 사람을 의미하는데, 정책대상집단은 다음과 같은 특징을 가진다(권기헌, 2014). 첫째, 정책대상집단의 그 규모에 따라 상이한 특성을 가진다. 정책대상집단의 규모가 작으며 격리되어 있는 경우에는 정책에 대한 정치적 지지를 얻기가 용이하며, 따라서 그 정책이 이룩하고자 하는 목표의 달성이 용이하다. 둘째, 정책대상집단이 조직화되어 있을수록, 정책과정에 영향을 크게 미치게 된다. 셋째, 정책대상집단의 과거 경험이 새로운 정책의 집행에 영향을 미친다. 대상집단이 과거에 정책의 영향을 받은 경험이 있느냐의 문제와, 그러한 정책에 대하여 대상집단이 어떠한 반응을 보였느냐 하는 문제는 새로운 정책의 성패에 영향을 미치게 된다.

3) 정책의 기능

정책은 정책문제를 해결하기 위하여 정부가 달성해야 할 목표와 그것의 실현을 위한 행동방안에 대한 지침(남궁근, 2009)이라고 볼 수 있다. 정책은 이러한 행동지침에 근거하여 다양한 기능을 수행하는데, 허범(1981)의 주장을 바탕으로 정책의 기능을 정리해 보면 다음과 같다.

첫째, 정책은 규범적 기능을 수행한다. 정책 형성을 정보 관련 입장에서 보면 정책은 당위성에 입각한 환경을 통제하는 역할, 규범적 기준의 저장과 공급, 목표를 다기(多技)화하는 등의 기능을 수행한다.

둘째, 정책은 서술적 기능을 수행한다. 모든 정책은 그의 구조화를 통하여 계속적인 현실의 재정의, 가능성의 모색, 문제 발견 등의 서술적 기능을 담당한다.

셋째, 정책은 전략적 기능을 수행한다. 정책은 가치관과 현실의 최적 결합을 목적으로 하고 있기 때문에 당위성과 현실성의 결합, 당위성과 능률성을 결합시키는 기능을 수행한다.

넷째, 정책은 변동유발 기능을 수행한다. 정책은 환경에 무엇인가 변화를 일으키려 하고 정책을 둘러싼 많은 이해 관련 당사자들은 각기 자신의 이익을 위해 노력을 경주하게 되는데, 이로써 이해의 갈등과 대립은 상호 완화되고 조정되어 비록 사회의 근본적인 변혁은 아니지만 그 테두리 내에서 끊임없는 변동이 발생한다.

다섯째, 정책은 정치적 기능을 수행한다. 정책은 '중요한 것'으로 간주되기 때문에 정치사회적인 정당성의 근거가 되고 그렇게 됨으로써 정책은 정치적 설득력을 가지게 된다. 또한 정책은 '권위 있는 것'으로 간주되기 때문에 구속력을 행사하고 '합리적인 것'으로 받아들여져 오히려 비합리성을 은폐시키는 등, 여러 가지 정치적 전략과 책략의 조작을 위한 수단이 되기도 한다.

4) 정책의 유형

정책유형의 분류는 모든 정책이 분류 범주 중 하나의 정책에만 포함되어야 한다는 점에서 '상호 배타적(mutually exclusive)' 성격을 띠고 있어야 하며, 다른 한편으로는 모든 정책이 분류 범주 중 하나에 포함될 수 있어야 한다는 '포괄적(collectively exhaustive)' 성격을 띠고 있어야 한다. 정책의 유형화 작업이 본격적으로 이루어진 시기는 1960년대 이후이며, 정책유형을 분류한 학자들로는 Lowi, Almond와 Powell, Ripley와 Franklin 등을 들 수 있다. 먼저, Lowi(1972)는 정책이 사회에 미치는 영향과 정책의 형성과 결정과정에 관여하게 되는 사람들 간의 관계적 특성을 기준으로 정책유형을 크게 분배정책, 구성정책, 재분배정책, 규제정책의 네 가지 유형으로 분류하고 있으며, Almond와 Powell(1980)은 기능주의 관점에서 정치체제의 기능적 특성에 따라 정책을 추출정책, 상징정책, 배분정책, 규제정책으로 분류하고 있다. 한편, Ripley와 Franklin(1982)은 관료제가 달성하려고 하는 사회적 목적의 특성을 기준으로 하여 정책을 경쟁적 규제정책과 보호적 규제정책으로 분류하고 있다.

이 절에서는 정책유형을 분류하고 있는 학자들 가운데 가장 널리 인용되는 학자 중 한 사람인 Lowi의 유형분류에 대해 자세히 살펴보고자 한다.

(1) 분배정책

분배정책(distributive policies)은 국가가 국민들이 필요로 하는 공공 서비스, 권리, 혜택 등을 제공하기 위해서 실시하는 정책으로, 분배정책의 예로는 하천, 항만사업, 군수품의 구매사업, 연구개발사업 및 기업, 농민 등과 같은 정책수혜집단을 위한 공공 서비스나 혜택을 제공하기 위한 각종 정책이나 프로그램을 들 수 있다(Lowi, 1964). 분배정책의 특징은 첫째, 대부분이 사업(program)으로 구성되어, 집합적으로 정책형성이 이루어진다는 점, 둘째, 세부사업 간 의사결정이 독립적으로 이루어지므로 이해 관계자 사이의 갈등이 적다는 점, 셋째, 세부 의사결정 과정상 돼지구유(pork-barrel)식 갈라 먹기 다툼[3]이 생기나 승자와 패자가 정면 대결을 벌일 필요가 없어 정책 결정 및 집행자들이 결탁하여 갈라 먹기(log-rolling)식 관계[4]가 형성된다는 점이다. 즉, 정책결정 단계에서는 수혜집단 간 직접적인 경쟁관계에 있지 않으나 집행 단계에서는 경쟁관계에 선다는 점(Ripley & Franklin, 1982) 등이다.

(2) 구성정책

구성정책(constituent policy)이란 정부기관의 시설이나 변경, 선거구의 조정과 같이 정부기구의 구성 및 조정과 관련된 정책이다(류지성 외, 2007). Lowi는 구성정책의 예로, 정부의 새로운 기구의 설립, 공직자의 보수 책정, 군인 퇴직연금에 관한 정책 등을 들고 있다. 또한 구성정책은 정부를 구조화하고 운영하는 일과 관련이 있을 뿐만 아니라 선거구의 고정과도 관련이 있기 때문에 모든 정당이 큰 관심을 가지고 영향력을 행사하려 한다(Lowi, 1972). 대체로 미국과 같이 안정된 나라에서는 헌정의 기본 틀이 확립되어 있기 때문에 헌정질서에 급격한 변동을 가져오는 새로운 정책은 거의 없는 편이다. 따라서 서구학자들은 구성정책을 크게 중요시하지 않았다(남궁근, 2009).

---

3) 정치나 사회적 문제를 해결하거나 의견을 나눌 때, 비효율적이고 소란스러운 방식으로 의견이 갈리거나 다툼이 일어나는 상황을 의미한다.
4) 국회의원 등이 이권이 결부된 법안을 통과시키기 위해 서로 간에 투표거래나 투표를 담합하는 행위를 말한다.

(3) 재분배정책

재분배정책(redistributive policy)은 고소득층으로부터 저소득층으로 소득이전을 목적으로 하는 정책으로 누진세에 의하여 고소득층으로부터 보다 많은 조세를 징수하여 저소득층에게 사회보장지출을 하여 소득의 재분배를 이룩하려는 정책이 대표적인 예에 해당한다. Lowi는 재분배정책의 사례로 누진소득세, 사회보장제도 등을 들고 있다(남궁근, 2009). Lowi는 재분배정책의 특징을 '가진 자'와 '못 가진 자'와 같은 사회계층 간의 대립에서 찾고 있으며, 재분배정책의 대상은 재산권의 행사가 아니라 재산 그 자체이며, 평등한 대우의 문제가 아니라 평등한 소유의 문제이다(Lowi, 1964).

(4) 규제정책

규제정책(regulatory policy)이란 사회구성원이나 집단의 활동을 통제하여 다른 사람이나 집단을 보호하려는 목적을 가진 정책유형을 말한다. 규제정책은 규제 대상이 되는 개인이나 집단이 있기 때문에, 정부의 규제정책의 내용에 따라 큰 갈등을 불러일으킬 수 있다. Lowi는 규제정책의 특성을 정부에 의한 강제력에서 찾고 있으며, 정부에 의한 강제력은 입법부의 의결을 필요로 한다(Lowi, 1964). 규제정책의 사례로는 정부가 설정한 기준을 충족하지 못하는 상품의 규제, 불공정경쟁 규제, 사기광고 규제 등을 들고 있다. 규제정책에서는 배분정책과는 달리 개인이나 집단의 행위를 통제하기 위하여 정부의 강제력이 직접 동원되는데, 강제력의 직접 동원이 바로 규제정책의 특징의 하나가 된다. 그리고 규제정책은 배분정책과는 달리 피규제자(피해자)와 수혜자가 명백하게 구분된다(남궁근, 2009).

5) 정책과정

정책의 궁극적 목표가 '바람직한 사회상태 구현'이라는 점에서 정책과정(政策過程, policy process)이란 이러한 정책목표를 달성하기 위하여 정책이 산출되고 집행되는 데 거쳐야 할 일련의 단계적 절차라고 할 수 있다. 이러한 단계적 절차는 먼저, 사회 속에서 존재하는 다양한 사회문제들이 사회적 쟁점으로 발전되고, 사회적 쟁점으로 발전된 문제들을 정책의제로 채택하는 것으로부터 출발한다. 이러한 정책의제로 채택된 문제들은 정책결정자들의 결정으로 인해 정책으로 만들어지고 집행된다. 그다음, 집행된 정책을 평가하여 피드백 및 학습의 과정이 이루어진다.

최봉기(1988)는 정책이 결정되어 그 본래의 목적을 달성하기까지는 문제의 발생 단계에서부터 정책의제의 형성, 정책의 결정, 그 정책의 집행, 집행 결과에 대한 평가, 정책결과의 피드백 등과 같은 일련의 과정을 거치게 되는데 이러한 일련의 과정을 정책과정이라고 보고 있다.

정정길 등(2011)은 정책과정의 성격을 다음의 세 가지로 정리하고 있다.

첫째, 정책과정은 정책연구를 위해 정책을 중심으로 하여 만들어진 것이다.

둘째, 정책결정자가 합리적 정책과정을 운영하기 위해 필요한 지식을 얻는 것을 목적으로 한다.

셋째, 정책과정 자체가 활동이기 때문에, 정책과정에서 정책목표의 합리적 달성을 위한 합리적 측면과 참여자들의 이해관계와 관련된 정치적 측면이 모두 포함된다.

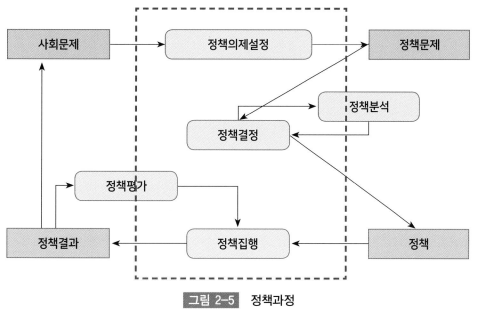

그림 2-5 정책과정

출처: 정정길 외(2011).

우리 사회에는 해결해야 할 무수한 사회문제가 존재한다. 이들 중에서 일부는 정부에서 정책적 해결을 위하여 신중한 검토를 하게 되는데 이렇게 검토하기로 결정한 사회문제를 정책문제라고 한다. 이때 사회문제 중에서 일부를 정책문제로 채택하고 다른 것은 방치하기로 결정하는 활동을 정책의제설정이라고 부른다.

어떤 문제가 정책문제로서 거론되면 이를 해결하여 달성할 정책목표를 설정하고 이 목표를 달성할 수 있는 여러 가지 대안들을 고안, 검토하여 하나의 정책대안을 채택하게 되는

데, 이러한 모든 활동이 결정이며 그 결과로서 나오는 산출물이 정책이다. 이때 보다 바람 직한 정책결정을 위하여 수행되는 지적 작업이 정책분석이며, 이는 정책결정에 필요한 지 식을 제공한다.

결정된 정책은 보다 구체화되어 현실적으로 실현되어야 하는데 정책의 실현활동을 정책 집행이라고 부르며, 그 결과 정책목표가 달성되는 등의 정책효과와 집행을 위하여 사용된 사회적 가치인 정책비용 등의 정책결과가 다시 정책환경으로 나가게 된다. 이때 정책집행 과정의 제 측면을 검토하여 보다 바람직한 집행전략을 제공하려는 지적 작업이 정책평가 의 일부이며, 집행 결과 정책효과의 발생 여부를 검토하는 것이 정책평가의 또 다른 중요한 작업이다. 정책평가는 정책의 종결이나 수정 등을 위한 지식을 제공하여 정책결정에 기여 한다(정정길 외, 2011).

(1) 정책의제형성

정책의제설정(policy agenda setting)이란 정부가 정책적 해결을 위하여 사회문제를 정책 문제로 채택하는 과정 또는 행위를 말한다. 즉, 정책의제설정이란 사회에 있는 개인 및 각 종 집단의 요구들이 정부의 진지한 관심대상으로 전환되어 가는 과정으로서, 정부가 사회 문제를 정책적으로 해결하기 위해서 심각하게 검토하기로 결정하는 행위 또는 과정을 의 미한다(유훈, 2007; 정정길 외, 2011). 또한 정책의제형성은 사회의 수많은 문제들 중에서 특 정한 사회문제가 정책적 해결을 위한 정책담당기구의 관심대상으로 부각되어 그것이 정책 결정대상항목으로 선정 혹은 채택되는 과정을 말한다(한국청소년개발원, 2006).

정책의제형성은 정책과정의 첫 번째 단계라는 점과 정책의 결정, 집행 그리고 평가에 영 향을 미친다는 점에서 매우 중요한 의미를 지닌다.

한편, 정책의제설정에 영향을 주는 요인에 대한 학자들의 견해는 다양하다. 먼저, Hogwood와 Gunn(1995)는 문제의 심각성과 특수성, 대중매체의 관심 정도, 영향력의 강도 및 범위 등이 정책의제의 채택 여부를 좌우한다고 보고 있다. Cobb과 Elder(1972)는 문제 성격의 구체성과 주도집단의 사회적 유의성이 정책의제설정을 좌우하는 요인이라고 주장 했다. 또한 Kingdon과 Stano(1984)는 정책의제형성의 요인으로 사회의 중요한 사건(event), 위기(crisis), 재난(disaster), 상징(symbols), 정책과정에 영향을 미칠 수 있는 사람들의 개인 적 경험(personal experiences) 등을 제시하고 있다. 이 가운데 상징이란 정책제안이나 정치 적 사건 등으로 인해 형성된 여론(public opinions)을 의미한다(류지성 외, 2007).

(2) 정책결정

　정책결정(policy making)과정은 미래의 새로운 정책의 창조라는 소망스러운 가치를 지닌 정책목표를 달성하기 위해서, 정책행위자들이 과학적이고 기술적인 방법으로, 정책수단 또는 정책대안을 개발하고 탐색하는 과정이다. 따라서 정책결정과정은 이 자체가 미래지향적이며 행동지향적이다. 정책을 통하여 만들고자 하는 바람직한 상태, 또는 미래의 비전을 의미하는 정책목표를 정책결정과정 단계에서 설정하기 때문에 미래지향적이라 할 수 있다(권기헌, 2014). 즉, 정책결정은 행동지향성과 미래지향성이라는 두 가지 특징을 내포하고 있다.

　이처럼 정책목표 달성을 위한 정책결정에 있어 무엇보다 중요한 요소로 합리적인 의사결정을 꼽을 수 있다. 정책결정과정에서의 합리성이란 정책목표 달성을 극대화시키기 위해 고안된 의사결정의 원리에 부합하는 행위이자, 목표 성취를 이끌어 내는 행위에서 찾아볼 수 있는 일련의 기술이나 성향이라고 볼 수 있다(Simon, 1993). 달리 설명하면, 합리적 의사결정이란 정책결정과정을 둘러싼 불확실성(uncertainty)과 예측불가능성(unpredictability)을 극복해 나가는 과정이자 기술이라고 할 수 있다.

(3) 정책집행

　정책집행(policy implementation)은 정책결정주체가 산출한 정책을 현실세계(환경)에 적용, 실현시켜 나가는 과정이다. 이 정책집행 과정에서는 계획수립, 조직구성, 인사배치, 재정과 자원의 배정, 문제의 해결 등이 이루어진다(한국청소년개발원, 2006). 노화준(2012)은 정책집행이란 결정된 정책내용, 즉 정책설계를 집행의 책임이 있는 개인이나 집단들이 실천해 나가는 동태적인 과정이며, 활동이라고 보고 있다. 정책을 건축설계에 비유한다면 정책집행은 건축설계에 따라 건축물을 만들어 가는 과정 및 활동에 비유할 수 있다. 이때 효과적인 정책집행을 위해서는 재정 자원, 인적 자원 그리고 구체적인 실행계획이 필요하다.

　이를 보다 구체적으로 설명하면, 정정길 등(2011)은 정책집행의 성패를 좌우하는 요인으로 정책내용의 명확성(clarity)과 일관성(consistency), 정책내용의 바람직성(desirability), 정책집행 수단 및 자원의 확보 등을 들고 있다. 정책내용의 명확성과 일관성이란 정책목표와 정책수단이 집행 관련자들에게 명확하게 전달, 이해되며, 정책내용이 추상적이지 않고 구체적임과 동시에 정책목표들이 상호관련성을 지니며 우선순위별로 나열되어 있는 정도를 의미한다. 정책집행의 바람직성을 높이기 위해서는 객관적으로 보아 정책의 실질적 내용이 바람직스러워야 하며, 절차적 측면에서 정책결정과정이 민주적이어야 한다. 마지막으로, 정책집행 수단 및 자원의 확보에서 정책집행을 위한 자원은 크게 물적 자원과 인적 자원으로 나눌 수 있는데, 물적 자원의 대표적인 요소가 예산지원이며, 인적 자원으로는 전문적인 지식 및 기술을 갖춘 사람들을 의미한다. 이들 두 가지 요소가 적절하게 결합되었을 때 정책집행은 성공적으로 이루어질 가능성이 높아진다.

(4) 정책평가

정책평가(policy evaluation)는 정책과정의 마지막 단계에 해당한다. 정책평가란 원래 가지고 있던 의도와 목표를 얼마나 효과적으로 달성했는가를 측정하는 활동이다(Gerston, 2010). 정책평가는 일반적으로 평가시기에 따라 형성평가와 총괄평가로 구분할 수 있는데, 형성평가는 정책과정의 전(全)단계에 걸쳐 이루어지는 평가이며, 총괄평가는 정책이 종료된 이후 정책의 종합적 효과를 측정하는 평가이다. 다음으로, 정책평가는 평가주체에 따라 내부평가와 외부평가로 분류할 수 있다. 내부평가는 정책의 결정 및 집행을 담당하고 있는 사람들이나 이들이 소속된 조직의 다른 구성원이 실시하는 평가이다. 외부평가는 정책의 결정 및 집행의 담당기관이 아닌 제삼자가 수행하는 평가이다(정정길 외, 2011).

정책평가의 목적은 향후 정책결정과 집행에 필요한 정보를 제공하고, 정책결정과 집행에 책임을 맡고 있는 공직자의 책임성을 확보하고, 나아가 이론 구축을 통한 학문적 기여에 있다. 다음으로 정책평가의 절차는 일반적으로 정책평가의 목적 확인과 평가유형의 결정, 정책구조의 파악과 평가대상의 구체적 확정, 평가방법의 결정, 자료의 수집과 분석, 평가결과의 제시 순으로 이루어진다.

관련 토론/토의 주제

1. 법이 가지고 있는 긍정적 측면과 부정적 측면에 대해 생각해 봅시다.
2. 청소년정책 수립 시 고려해야 할 사회환경적 요소들에 대해 생각해 봅시다.
3. 청소년정책 수립에 있어 청소년의 참여가 매우 중요한데, 청소년정책 수립에 있어 청소년 참여 기구의 성과 및 향후 보완해야 할 점들에 대해 생각해 봅시다.

참고문헌

권기헌(2014). 정책학강의. 박영사.

김규정(2002). 행정학원론. 법문사.

김두현(1997). 청소년법과 행정. 삼영사.

김문현, 박은정, 신인령, 장영민, 홍정선(1996). 법과 사회 정의. 이화여자대학교출판부.

김범주(2004). 법과 사회. 형설출판사.

김영규, 김정환, 나달숙, 박영준, 박종선, 안은진, 이우진, 최호진, 하정철(2014). 신(新)법학개론. 박영사.

김홍수, 한철, 김원규(1994). 상법강의. 세창출판사.

남궁근(2009). 행정조사방법론. 법문사.

노화준(2012). 정책평가론. 법문사.

동아출판사서서편집국(2010). 동아새국어사전. 두산동아.

류지성 외 (2007). 정책학원론. 대왕사.

박동서(1975). 한국행정론. 법문사.

백승기(2021). 정책학원론. 대영문화사.

법무부(2009). 한국인의 법과 생활. 법무부.

법무부(2010). 청소년의 법과 생활. 법무부.

법무부(2013). 한국인의 법과 생활. 법무부.

신두범, 오무근(2010). 최신 행정학원론. 박영사.

유훈(2007). 정책집행론. 다산출판사.

이종수(2009). 행정학사전. 대영문화사.

정용덕, 권영주, 배병룡, 염재호, 최창현, 하연섭(1999). 신제도주의연구. 대영문화사.

정정길 외(2011). 정책학원론. 대명출판사.

최봉기(1988). 정책의제형성론: 이론과 실제. 일신사.

최정일(2015). 행정법개론. 동방문화사.

한국청소년개발원(2006). 청소년정책론. 교육과학사.

허범(1981). 기본정책의 관점에서 본 한국행정의 감축관리. 김운태 외 공저, 한국행정의 체계. 박영사.

森岡淸美(編集)(1993). 新社会学辞典. 有斐閣.

Almond, G. A., & Powell, G, B. (1980). *Comparative Politics* (3rd ed.). Little Brown.

Cobb, R. W., & Elder, C. D. (1972). Individual orientations in the study of political symbolism. *Social Science Quarterly*, 79-90.

Drior, Y. (1986). *Public Policy Making Reexamined*. Chandler Publishing Co.

Easton, D. (1953). *The Political System*. Alfred A. Knopf.

Fayol, H. (1930). *Industrial and General Administration*. translated by Coubrough, J, A. International Management Institute.

Gerston, L. N. (2010). *Public Policy Making: Process and Principles* (3rd ed.). Routledge.

Gulick, L. (1937). Note on the theory of organization. In I. Guilick & L. Urwick (Eds.), *Papers on Science of Administration*. Institute of Public Administration.

Harmon, M., & Mayer, R. (1986). *Organization Theory for Public Administration*. Scott Foresman & Co.

Hogwood, B. W., & Gunn, L. (1995). *Policy Analysis for the Real World*. Oxford Press.

Kingdon, J. W., & Stano, E. (1984). *Agendas, alternatives, and public policies* (Vol. 45, pp. 165-169). Little, Brown.

Lasswell, H, D., & Kaplan, A. (1970). *Power and Society*. Yale Univ. Press.

Lasswell, H. (1951). *The Political Writings*. The Free Press a corporation.

Lowi, T. J. (1964). American Business, Public Policy, Case-Studies, and Political Theory. *World Politics, Vol. 16*, No.4.

Lowi, T. J. (1972). Four Systems of Policy, Politics and Choice. *Public Administration Review, Vol. 32*, No.4.

Ripley, R. B., & Franklin, G. A. (1982). *Bureaucracy and policy implementation*.

Sergiovanni, T. J. (2004). Collaborative Cultures and Communities of Practice. *Principal Leadership, 5*, 48-52.

Simon, H. A. (1993). Strategy and organizational evolution. *Strategic Management Journal, 14*(S2), 131-142.

국가법령정보센터 홈페이지 https://www.law.go.kr/

제3장

청소년육성정책의 역사적 변천과정

1. 청소년육성정책의 시작과 의미
2. 청소년육성정책의 변천
3. 청소년정책기본계획의 변화

1. 청소년육성정책의 시작과 의미

1) 청소년육성정책의 시작

청소년육성정책의 시작은 대체로 삼국시대 고구려의 경당(扃堂)이나 신라의 화랑도(花郎徒)를 그 시작으로 논의되고 있다. 그 배경은 5세기 전반에 설치된 고구려 경당의 경우 평민을 대상으로 한 청소년교육기관으로 경전을 읽고 활쏘기 등의 무예를 연마하는 수련활동이 이루어졌기 때문이다. 신라의 화랑도의 경우에도 화랑을 우두머리로 한 청소년수련단체로서 주로 자연을 수련 터전으로 하여 무사도와 풍류가 결합된 수련활동을 전개하여 왔다. 특히 화랑도는 일정한 기간을 정해 놓고 단체생활을 하는데, 통상 3년을 수련의 의무기간으로 정하고 명승지를 찾아다니며 사람으로 행하여야 할 도덕적 인성을 수련하였다. 신라의 화랑도는 세계적으로 그 유래를 찾아보기 어려운 청소년수련활동의 전형으로 평가되고 있다(한국청소년개발원, 2003). 이후 청소년육성정책으로 연결하여 살펴볼 수 있는 국가정책은 1895년 2월 2일 고종이 조칙(詔勅)으로 발표한 교육에 관한 교서인 교육조서(教育詔書)이다. 이는 교육에 의한 입국(立國)의 의지를 천명한 것으로 근대식 학제를 성립시킬 수 있는 기점을 마련하였다. 이 조서의 내용에는 교육은 국가 보존의 근본이며, 신교육은 과학적 지식과 신학문과 실용을 추구하고 있음을 밝혔다. 또한 덕육(도덕교육)과 체육 그리고 지육(지식의 습득 · 적용을 목적으로 하는 교육)을 교육의 3대 강령으로 제시하고 있다(한국민족문화대백과사전 홈페이지). 현재의 청소년육성정책이 궁극적으로 덕 · 체 · 지를 겸비한 청소년의 건전육성을 지향하고 있는 측면을 고려할 때, 과거의 제도는 사라졌지만 그 정신은 현 청소년육성정책 속에 내재되어 있음을 알 수 있다.

2) 청소년육성의 의미

'청소년육성'은 다양한 활동과 상담을 통해 청소년을 지도하는 청소년 현장에 대한 일정한 사회적 필요가 형성되고 이것이 국가의 정책으로 채택되면서 형성된 정책적 개념이다. 이러한 정책적 개념을 갖고 있는 청소년육성의 의미를 고찰하는 데 있어 주요한 기능이라고 볼 수 있는 교육적 의미를 통해 육성의 의미를 살펴보고자 한다.

현재 청소년육성(青少年育成)이라는 용어는 청소년교육(青少年教育)과 같은 의미로 혼용되거나 혹은 교육의 개념에 포함되는 부분개념으로 인식되고 있으므로 육성의 개념을 살펴볼 때, '교육(敎育)'의 개념을 통해 그 의미를 살펴보는 것이 필요하다. '敎'는 앞선 세대가 다음 세대에게 글로써 가르쳐 준다는 의미가 있다. '育'은 스스로 하는 것을 '돌본다'는 뜻이 있다. 교육의 '敎'는 지식, 기술, 정보 등 우리가 살아가는 환경인 문화에 관한 내용들을 가르치는 것이고, '育'은 건강, 정서, 품성, 자질 등 생득적 요소가 스스로 성장·발달하는 데 지장이 없도록 돌보는 것을 의미한다. 일반적인 교육의 의미는 '가르치다'와 '돌보다'의 두 가지 뜻을 다 포함하는 '광의의 교육'을 말한다고 볼 수 있다. 이를 통해 '청소년육성'에서의 육성(育成)은 '광의(廣義)의 교육(敎育)'에서 '육(育)'을 강조하여 '돌보아 주어서(育) 스스로 성장(成長)한다'는 뜻을 가지는 것으로 이해할 수 있다. 덧붙여 그 의미적인 측면을 고찰할 때, 교육과 육성은 '육(育)'이라는 공통적 의미를 통해 상호보완적인 관계로 볼 수 있다(한국청소년개발원, 2003).

그림 3-1   교육과 육성

그러나 학교정책에서의 교육과 청소년정책에서의 육성은 본질적인 차이가 있다. 기본적인 이념은 '조화로운 성장 및 발달'로 동일하다고 볼 수 있으나 그 정책 대상에 있어서 학교의 교육은 학생청소년을 대상으로 하는 반면, 청소년의 육성은 학교 안과 학교 밖의 모든 청소년을 대상으로 하고 있다. 청소년육성이 정책의 수요자를 더 포괄적으로 수용하고 있음을 알 수 있다. 정책을 실현하는 구성 요건에 있어서도 차이가 있는데, 학교의 교육은 학교라는 장소에서 교사라는 전문가가 교과서를 통해 교육정책을 실현한다면, 청소년육성은 청소년시설이라는 장소에서 청소년지도사라는 전문가가 프로그램을 통해 청소년정책을 실현하고 있다. 과목별 전문지식을 담고 있는 교과서와 비교하여 청소년지도사가 개발하는 프로그램은 보다 융합적이며 변화와 요구에 매우 민감하게 반응할 수 있다는 측면에서 차이가 있다고 하겠다. 또한 집단의 성격을 살펴보면 학교의 교육은 의무적이며 연령에 따른 동질성을 갖는다. 그러나 청소년의 육성은 자발적인 성격을 가지며 연령 및 생활환경이 다른 다양성을 가진다. 앞으로 더 다변화되어 가는 사회에서 다양성을 존중하는 태도는 매우 중요한 부분이다. 청소년육성은 다양성을 갖추고 자발적으로 모인 집단 속에서 다양한 청소년활동을 진행함으로써 타인을 존중하고 다양성을 존중하는 청소년으로 키워 내는 것을 가능하게 한다.

표 3-1 학교교육과 청소년육성의 차이

구분	학교교육	청소년육성
이념	조화로운 성장 및 발달	조화로운 성장 및 발달
대상	학생청소년	모든 청소년(학교 안과 밖의 청소년)
장소	학교	지역사회와 자연 속 청소년시설
교재	교과서	프로그램
방법	학업을 통한 학습(암기, 이해)	수련활동 등 다양한 활동을 통한 경험학습
목표	지적 능력 배양	도덕적 능력 함양
지도자	교사	청소년지도사
집단성격	연령에 따른 동질성, 의무적	연령 및 생활경험이 다른 다양성, 자발적
근거법령	「헌법」 제31조, 「교육기본법」, 「초·중등교육법」, 「고등교육법」 등	「헌법」 제31조 1항·4항 전단, 제34조 1항·4항, 「청소년 기본법」, 「청소년 보호법」 등

출처: 한국청소년개발원(2003).

청소년육성은 복지적 의미도 내포하고 있다. 청소년 비행을 예방하고 치료하며, 청소년의 성장 환경을 개선하고 청소년상담을 추진하는 등의 복지적 기능이 함께 그 역할을 수행할 때 청소년육성의 교육적 기능도 보다 더 활성화될 수 있을 것이다. 따라서 청소년육성의 의미는 '청소년들이 학교교육 등에서 배양한 지적 능력을 바탕으로 도덕적 능력을 함양하고 이러한 능력 함양에 영향을 미치는 유익한 여건을 조성하거나 유해한 요인을 개선함으로써 德/體/知를 고루 갖추어 조화롭게 성장할 수 있도록 돕는 사회적 기능으로 청소년에 대한 교육과 복지의 유기적 영역'이라고 정의할 수 있다(조영승, 1997).

2. 청소년육성정책의 변천

청소년육성정책의 특징은 교육정책과 차별되는 국가정책으로 청소년활동을 중심으로 하여 독자적인 영역을 형성해 오고 있다는 데 있다(김광웅 외, 2009). 청소년활동을 핵심 영역으로 하여 이후 청소년 참여의 증진과 권리보장, 역량 개발까지 관련 영역을 확대해 오고 있다. 그동안의 청소년육성정책의 변화를 살펴보는 것에는 각 정부의 정책기조, 관련법 제정 그리고 해당 시기의 사회문화적 특성 및 청소년과 관련한 사건 등 다양한 측면을 고려하여 분류하고 있다(김호순, 변윤언, 2006; 김희순, 2003; 조영승, 1998; 천정웅, 1999). 이 절에서는 김광웅 등(2009)이 정리한 내용을 근거로 김기헌 등(2019)에서 분류한 체계를 통해 청소년육성정책의 변화를 살펴보도록 하겠다.

1) 해방(1945년) 이후부터 「청소년육성법」 제정(1987년)

청소년육성정책 변화의 첫 시기는 1945년 해방 이후부터 1987년 「청소년육성법」이 제정되는 시기로 볼 수 있다. 이 시기는 그동안 청소년에 대한 별도의 육성정책이 없었으나 「청소년육성법」 제정을 기점으로 청소년을 독립적인 정책 대상으로 인식하여 청소년 관련 육성정책이 형성되는 시기로 볼 수 있다.

해방(1945년) 이후 다시 한국전쟁(1950~1953년)을 겪으면서 당시 정부의 청소년에 대한 육성정책은 지금의 개념과는 많은 부분 차이가 있었다. 정책 대상인 '청소년'에 대한 정책 개념도 분명하지 않았을 뿐만 아니라 '육성'이라는 개념도 형성되기 이전이라고 볼 수 있다. 청소년을 대상으로 하는 당시 정부의 정책은 요보호 대상으로의 인식이 강하여 보호를 필요로 하는 청소년을 구호하거나 시설에 보호하고, 생계의 어려움을 지원하는 차원에서의 정책이었다. 따라서 관련 법률적 지원체계는 부족한 부분이 많았다. 그러나 「미성년자보호법」과 「아동복지법」 제정(1961년)으로 청소년을 보호하고 선도하는 국가적 책임과 관련 지원체계가 구체화되었다.

청소년의 달 행사 개최(1964년)와 한국청소년단체협의회 설립(1965년), 스카우트활동에 관한 육성법 제정(1968년)을 계기로 그동안 학교교육을 중심으로 한 교육정책의 일부로 여겨졌던 청소년 분야에 대한 인식이 조금씩 변화되기 시작하였다. 또한 국무총리 소속으로 청소년에 관한 국가 차원의 종합적인 대책을 마련하기 위해 청소년보호대책위원회가 출범(1964년)되면서 중앙정부의 독자적인 정책 대상으로 청소년이 부각되었다. '청소년의 선도 및 보호에 관한 종합적인 대책'을 마련하고자 했던 청소년보호대책위원회는 청소년 관련 제반 사항을 심의·조정하는 기구로서 한국 청소년정책의 성격을 정하는 데 주요한 역할을 한 것으로 평가되고 있다. 이후 청소년보호대책위원회는 '청소년대책위원회'로 발전(1977년 8월)되면서 위원장을 국무총리로 격상하고 각 부처의 장·차관을 부위원장과 위원으로 구성하면서 조직 또한 중앙, 시·군·구에서 읍·면·동까지 확대 개편되었다. '청소년의 인격도야 및 심신단련과 민간청소년단체의 종합지도 및 육성에 관한 사항'을 추가하면서 청소년의 지도 · 육성 · 보호에 관한 기본계획과 종합적인 정책을 수립하였다(김광웅 외, 2009).

이 시기에 청소년과 관련된 사회문화적 측면에서 주목할 만한 사건은 '대구 디스코홀 화재사건'(1983. 4. 18.)과 '석관동 맥주홀 화재사건'(1984. 2. 3.)이다. 대구 디스코홀 화재사건을 계기로 미성년자의 유흥업소 출입 문제가 사회 이슈로 부상하였고, 다시 석관동 맥주홀 화재사건으로 많은 청소년들이 사망하게 되자 당국의 책임 있는 조치에 대한 요구가 강하게 일어났다. 이에 당시 정부에서는 청소년문제에 대한 종합적 · 체계적 대책을 마련하기 위하여 '미래사회에 효율적으로 적응할 수 있는 청소년의 육성, 건전한 청소년문화의 형성 · 정책, 청소년비행의 예방과 선도 · 교화'를 목표로 청소년문제개선종합대책을 수립(1984년)하게 된다. 청소년문제개선종합대책이 수립된 결과로, 청소년대책위원회의 기능이 강화되었으며 국무총리 소속의 청소년 전담기구가 설치되었고, 청소년 관계 법령의 입법 추진 및 청소년활동에 대한 지원이 이루어졌다. 특히, 청소년문제개선종합대책에 따라 입안된 「청소년육성법」(1987년)은 이후 「청소년 기본법」 등 청소년 관계 법령의 모태가 됨으로써 종합대책의 가장 큰 성과라고 할 수 있다(김기헌 외, 2019). 「청소년육성법」은 '청소년육성'이라는 용어가 처음으로 사용된 법률로, 법의 적용 대상인 청소년의 범위를 9세에서 24세로 규정하고 청소년정책의 총괄 조정 기능을 체육부에서 담당하도록 하였다. 「청소년육성법」 제정을 통해 청소년육성위원회 구성, 청소년시설의 확충, 청소년단체의 육성, 청소년지도자의 양성, 한국청소년연구원의 설립과 청소년육성기금 조성 등이 가능하게 되었다. 이상에서 제시한 주요 법 제정 및 관련 기구 설치 등에 대한 내용을 정리하면 다음과 같다.

• 「미성년자보호법(未成年者保護法)」 제정(1961. 12.)

미성년자의 흡연 · 음주 및 선량한 풍속을 행하는 행위를 금지하고 미성년자의 보호에 필요한 사항을 규정함으로써 미성년자의 건강을 보호하며 선도 · 육성함을 목적으로 제정된 법률이며, 「청소년보호법」 제정(1999)으로 폐기됨

• 「아동복리법」 제정(1961. 12. 30.)

아동이 그 보호자로부터 유실, 유기 또는 이탈되었을 경우, 그 보호자가 아동을 육성하기에 부적당하거나 양육할 수 없는 경우, 아동의 건전한 출생을 기할 수 없는 경우 또는 기타의 경우에 아동이 건전하고 행복하게 육성되도록 그 복리를 보장함을 목적으로 제정된 법률이며, 1981년 4월 전문을 개정하면서 「아동복지법」으로 변경됨

• 청소년의 달 지정(1964. 5.)

청소년의 능동적이고 자주적인 주인의식을 고취하고 청소년육성을 위한 국민의 참여 분위기를 조성하기 위하여 매년 5월을 청소년의 달로 지정함

• 청소년보호대책위원회 설치(1964. 9. 11.)

청소년의 선도 및 보호에 관한 종합적인 대책 심의에 관한 사무를 관장하기 위하여 국무총리 산하에 '청소년보호대책위원회'를 설치하였고, 이는 후에 청소년대책위원회로 명칭을 변경(1977년 8월)함. 이후 청소년대책위원회는 청소년육성위원회로 명칭을 변경(1988년 6월)함

• 한국청소년단체협의회 설립(1965. 12. 8.)

창립 당시 YMCA, RCY, 4-H클럽 등 국내 15개 청소년단체들의 자발적인 민간협의체로 설립됨. 국가 발전에 이바지할 수 있는 바람직한 청소년육성과 국내외 청소년단체 상호 간의 협력 및 교류와 지원을 목적으로 함. 「청소년 기본법」 제40조에 근거하여 2005년 특수법인 체제를 갖추고 한국청소년단체들의 협의체 역할 및 기능을 수행하고 있음

• 「스카우트활동 육성에 관한 법률」 제정(1969. 7. 28.)

대한민국 청소년의 스카우트활동을 지원하고 선도·육성함을 목적으로 제정됨

• 「한국청소년연맹육성에 관한 법률」 제정(1981. 4. 13.)

대한민국 청소년에 대한 전인교육과 훈련을 통하여 새로운 민족관과 국가관을 정립시켜 조국통일과 민족웅비의 새 역사 창조에 이바지할 수 있는 민족주체세력을 양성함과 동시에 세계로 향한 진취적 기상을 북돋우기 위하여 설립된 사단법인 한국청소년연맹을 지원·육성함으로써 민족의 번영과 국가·사회 발전에 기여함을 목적으로 제정됨

• 청소년문제개선종합대책 수립(1984)

청소년문제에 대한 종합적이고 체계적인 대책을 위하여 수립됨. 기본방향으로 청소년대책기구 개편, 청소년대책의 기획·조정·통제 기능 확립, 청소년보호윤리 형성, 건전한 청소년문화를 육성하기 위한 여건 조성, 가정과 학교 기능 강화, 유해환경의 정화, 비행청소년 선도 교화체제 정비 등을 제시함

• 「청소년육성법」 제정(1987. 11. 28.)

청소년의 인격형성을 도모하고, 청소년의 보호·육성·선도 및 지원에 관한 사업을 효율적으로 추진함으로써 청소년이 국가·사회발전에 이바지할 수 있는 건실하고 유능한 국민으로 성장하도록 함을 목적으로 제정됨. 1991년 「청소년 기본법」의 토대가 됨

2) 체육부 청소년국 설치(1988년) 이후부터 제1차 청소년육성5개년계획의 수립 및 시행(1997년)

청소년육성정책의 두 번째 변화 시기는 1988년 체육부에 청소년업무 전담부서인 청소년국이 설치된 이후부터 1997년 문화체육부 청소년정책실이 청소년업무를 담당하였던 시기로 볼 수 있다. 이 시기는 부처에 청소년 전담부서가 설치되고 시 · 도에 청소년과가 신설됨으로써 중앙과 지방을 연결하는 청소년정책의 전달체계가 확립되고 한국청소년기본계획 및 제1차 청소년육성5개년계획이 수립되는 등 청소년 관련 육성정책이 성장하는 시기로 볼 수 있다.

일련의 사고로 형성된 청소년문제에 대한 사회적 관심은 청소년의 건전육성으로 연결되어 이와 관련한 사회적 요구로 발현되었고, 신생 행정부서인 체육부 또한 독자적인 업무 영역 확보가 필요하였다(김기헌 외, 2019). 덧붙여 1988년 서울올림픽 개최로 체육부에서 청소년정책을 담당할 수 있는 타당성을 확보하게 되면서 서울올림픽 개최를 앞둔 1988년 6월에 청소년육성정책을 담당하는 최초의 전담부서인 청소년국이 체육부에 설치되었다. 체육부에 청소년국이 설치되면서 그동안 지속되어 온 '선도, 보호, 단속, 규제를 중심으로 하는 청소년대책'으로서의 청소년육성정책이 '청소년을 지원, 육성하는 청소년정책'으로 변화되는 획기적인 전기를 맞게 된다. 이렇듯 중앙정부의 청소년업무 전담부서가 설치되면서 지방자치단체에 청소년과가 신설됨으로써 중앙부처에서 지방까지 전달되는 청소년정책의 전달체계가 구축되었다. 서울올림픽의 성공적인 개최로 체육부 내 청소년 업무의 비중이 높아짐으로써 청소년국은 부서의 위상이 한 단계 높아진 청소년정책조정실로 조정되었으며, 동년 12월에 부처의 명칭이 체육청소년부로 변경되었다. 체육부는 청소년헌장의 제정을 결정(1989. 2.)하고 청소년단체 및 다양한 계층의 의견조사와 공청회를 통해 초안을 만든 후 청소년육성위원회의 심의와 국무회의의 의결을 거쳐 청소년헌장을 공포(1990. 5. 12.)하게 된다.

이 시기에 청소년 전문 국책연구기관인 한국청소년연구원이 개원(1989. 7.)되었다. 「청소년육성법」에 근거한 한국청소년연구원은 청소년 관련 조사 및 연구와 청소년수련거리 개발, 청소년지도자 연수 등을 담당하였다. 이와 함께 청소년문제의 효과적인 해결과 청소년의 건전한 성장을 뒷받침하기 위해서는 전문화된 청소년상담이 필요하다는 인식하에 '청소년 대화의 광장'이 출범(1991. 9. 9.)하게 된다. 또한 그동안 일부 문제청소년을 위주로 한 정책에서 벗어나 전체 청소년을 대상으로 한 장기적인 종합계획으로 '한국청소년기본계획'

이 수립(1991. 6. 27.)된다. 이에는 청소년수련시설의 확충·지원 및 전문적인 청소년지도사 양성과 함께 청소년복지사업의 확충, 국가 간, 지역 간 청소년교류사업에도 중점을 두고 있다. 한국청소년기본계획의 효과적 추진을 위한 법적 근거를 마련하기 위하여「청소년 기본법」을 공포(1991. 12.)하였다(김광웅 외, 2009).

문민정부가 출범(1993. 3.)하면서 정부 조직 개편이 단행되었고, 체육청소년부와 문화부가 문화체육부로 통합(1993. 6.)되면서 청소년업무는 문화체육부 청소년정책실로 이관되었다. 이와 함께 한국청소년기본계획의 내용을 수정 및 보완하여 제1차 청소년육성5개년계획(1993~1997)을 수립하고 시행하였다. 문민정부에서 추진한 5·31 교육개혁안(1995년)을 통해 학생자원봉사활동과 청소년수련활동의 시간 및 내용을 종합생활기록부에 작성할 수 있게 되었다. 이를 계기로 학생들의 자원봉사활동을 지원하기 위한 한국청소년자원봉사센터가 설립(1996. 6.)되었다.

이 시기에 주요한 정책적 변화 중 하나는「청소년 보호법」제정(1997. 3.)이다. 이를 계기로 청소년보호위원회가 설치(1997. 7.) 및 운영되었으며, 유해환경으로부터 청소년을 보호하기 위한 각종 계획 수립 및 추진, 유해매체물의 심의결정 및 유해약물·유해업소의 단속, 민간·시민활동 지원 등의 기능을 수행하였다.「청소년 보호법」제정과 관련하여 유해한 환경 및 매체로부터 청소년을 보호할 수 있다는 법의 취지를 근거로 긍정적으로 바라보는 시각도 있었다. 그러나 사회 일각에서는「청소년 보호법」이 청소년의 자유를 간접적으로 제한할 수 있다는 측면에서 우려의 시각도 나타났다. 이상에서 제시한 주요 법 제정 및 관련 기관 설치 등에 대한 내용을 정리하면 다음과 같다.

• **한국청소년연구원 설립(1989. 7.)**
청소년의 육성 등에 관한 조사·연구 및 연수를 담당하기 위해 설립됨. 청소년활동 실태에 관한 조사·연구, 청소년지도자의 양성 및 청소년단체의 육성에 관한 계획의 수립·시행, 청소년정책의 연구 등을 수행함.「청소년육성법」제19조에 의거 설립되었고, 이후「청소년 기본법」(1993) 제50조에 의해 한국청소년개발원으로 확대 개편됨.「정부출연연구기관 등의 설립·운영 및 육성에 관한 법률」개정(2007. 5.)에 따라 한국청소년정책연구원으로 명칭이 변경됨

• **청소년헌장 선포(1990. 5. 12.)**
미래사회를 이끌어 나갈 청소년들의 건전한 가치관을 정립하고 청소년의 건전육성을 위한 범국민적 공감대를 형성하기 위해 제정된 헌장. 청소년의 이상과 포부를 제시한 전문과 청소년의 권리·

의무, 가정의 기능, 학교의 사명, 청소년 건전육성을 위한 국가와 사회의 역할 및 책임을 담은 5개 항의 본문으로 구성됨

• 청소년 대화의 광장 출범(1991. 9. 9.)

청소년을 대상으로 하는 전문화된 상담을 담당하기 위해 설치됨. 1990년 체육부 산하 '청소년종합 상담실'이 설치되었고, 청소년상담 사업 및 상담기관으로서의 역할 강화를 위해 1991년 체육청소년부 '청소년 대화의 광장'으로 확대 개편됨. 1993년 '청소년 대화의 광장'으로 개원된 이후 1999년 한국청소년상담원으로, 2012년 한국청소년상담복지개발원으로 명칭이 변경됨

• 「청소년 기본법」 제정(1991. 12. 31.)

청소년의 권리 및 책임과 가정 · 사회 · 국가 · 지방자치단체의 청소년에 대한 책임을 정하고 청소년정책에 관한 기본적인 사항을 규정함을 목적으로 제정됨

• 제1차 청소년육성5개년계획 수립 및 시행(1993~1997)

우수한 전통문화를 바탕으로 건강한 청소년문화를 창달하고, 덕 · 체 · 지 · 예를 갖춘 전인적 민주시민의 자질을 함양하여, 청소년들이 신한국의 주인으로서 개혁의 성과를 계승 · 발전시켜 나가도록 하는 것을 기본이념으로 함

• 한국청소년자원봉사센터 개소(1996. 6.)

청소년자원봉사활동에 대한 체계적이고 종합적인 정보를 수집 및 제공하기 위한 기관으로 한국청소년개발원에서 위탁 운영함. 전국 16개 시 · 도에 청소년자원봉사센터가 단계적으로 설치되면서 중앙센터의 역할을 수행함. 현재는 한국청소년활동진흥원에서 청소년자원봉사활동 서비스를 제공하고 있으며, 시 · 도 청소년자원봉사센터 또한 시 · 도 청소년활동진흥센터로 명칭을 변경하여 각 지역에서 할 수 있는 자원봉사 기관 및 프로그램에 대한 정보를 제공하고 있음

• 「청소년 보호법」 제정(1997. 3. 7.)

청소년에게 유해한 매체물과 약물 등이 청소년에게 유통되는 것과 청소년이 유해한 업소에 출입하는 것 등을 규제하고 청소년을 유해한 환경으로부터 보호 · 구제함으로써 청소년이 건전한 인격체로 성장할 수 있도록 함을 목적으로 제정됨

• 청소년보호위원회 발족(1997. 7. 7.)

「청소년 보호법」 제27조에 따라 문화체육부 소속의 행정위원회로 발족됨. 유해환경으로부터 청소년을 보호하기 위한 청소년유해매체물, 청소년유해약물, 청소년유해물건, 청소년유해업소 등의 심의 및 결정 등에 관한 사항 등을 담당함

3) 청소년보호위원회 출범(1998년)부터 국가청소년위원회의 청소년업무 담당(2007년)

청소년육성정책의 세 번째 변화 시기는 1998년 국무총리 소속의 청소년보호위원회가 출범된 이후부터 2007년 국가청소년위원회가 청소년업무를 담당하였던 시기로 볼 수 있다. 이 시기는 청소년육성정책업무의 조직 축소에 따라 청소년보호업무가 국무총리실 소속으로 변경되면서 육성정책과 보호정책의 이원화 체제가 이루어지고, 이를 다시 통합하면서 별도의 청소년위원회가 출범된 시기이다. 이러한 과정에서 수련활동 중심의 청소년육성정책의 비중은 감소되었으나 「청소년 보호법」에 기초한 보호정책이 강화되는 등 청소년정책 방향 및 전담부서의 변화가 이루어진 전환기의 시기로 볼 수 있다.

「청소년 보호법」이 시행되면서 「청소년 보호법」 관련 업무를 추진하기 위해 문화체육부 소속의 행정위원회로 발족된 청소년보호위원회가 정부 조직 개편에 따라 국무총리 소속의 독립행정기관으로 재발족(1998. 2.)되었다. 또한 문화체육부가 문화관광부로 변경되면서 청소년정책실이 조직의 규모와 인력이 축소된 청소년국이 되었다. 「청소년 기본법」에 근거한 청소년육성정책은 문화관광부가 맡고, 「청소년 보호법」에 근거한 청소년보호정책은 국무총리실 소속의 청소년보호위원회가 맡게 되면서 청소년 관련 정책이 이원화되는 체제가 이루어졌다. 이러한 이원화된 정책 시스템으로 인하여 정책의 효율적 추진 및 환경 변화에 능동적인 대처가 어렵다는 문제가 제시되었다. 이러한 상황을 직시한 정부혁신위원회는 이원화된 청소년 행정조직을 '청소년위원회'로 통합하는 것을 확정(2004. 12.)하고 관련 법률 개정을 통해 국무총리 소속 청소년위원회가 출범(2005. 4. 27.)되었다. 이후 '청소년위원회'라는 명칭이 중앙행정조직으로서 부적절하다는 의견이 제시됨에 따라 '국가청소년위원회'로 명칭을 변경(2006. 3.)하게 된다(김기헌 외, 2019). 이 시기에 발생한 화성 씨랜드 청소년수련원 화재사건(1999. 6. 30.) 및 인천 인현동 호프집 화재사건(1999. 10. 30.) 등 청소년과 관련한 대형사건이 발생되면서 청소년보호에 대한 사회적 관심은 더 높아졌다.

제2차 청소년육성5개년계획이 수립되면서 청소년에 대한 인식 변화와 함께 정책적인 전환도 일어났다. 청소년을 보호하고 선도하는 대상이 아닌 독립적 인격체로서 인식하게 됨으로써 권리를 보장하고 참여의 기회를 확대하는 방향으로의 정책적 변화를 살펴볼 수 있다. 또한 '미래의 주역임과 동시에 현재 삶의 주체인 청소년의 권리와 책임'을 명시하는 방향으로 1990년에 제정된 '청소년헌장'의 개정도 이루어졌다(1998. 10.). '한국청소년진흥센터'가 설립되면서 청소년수련활동 인증제 시행, 청소년활동과 복지 및 보호에 관한 종합적인 정보 안내와 관련 서비스 제공, 청소년복지지원을 위한 사업 등의 업무를 담당하게 되었다. 「청소년의 성 보호에 관한 법률」이 제정(2000년)되었고, 「청소년 기본법」의 개정이 이루어지면서 이를 모법으로 하여 「청소년활동 진흥법」과 「청소년복지 지원법」이 제정(2004년)되었다. 「청소년 기본법」을 시작으로 「청소년 보호법」과 「청소년의 성 보호에 관한 법률」, 「청소년활동 진흥법」과 「청소년복지 지원법」이 제정됨으로써 청소년정책의 체계적인 법적 추진기반이 마련되었다. 이상에서 제시한 주요 법 제정 및 관련 기관 설치 등에 대한 내용을 정리하면 다음과 같다.

- **제2차 청소년육성5개년계획의 수립(1998~2002)**
청소년이 '오늘의 사회구성원'으로서 행복을 추구하며 스스로 생각하고 활동하는 주체적인 삶을 영위하도록 하고, 내일의 주역으로서 21세기 사회가 필요로 하는 인성과 자질을 함양하고, 건강한 정신과 체력을 가꾸어 건전하고 책임 의식 있는 민주시민으로 성장해 나갈 수 있도록 함을 비전으로 함

- **「청소년의 성 보호에 관한 법률」 제정(2000. 2. 3.)**
청소년의 성을 사거나 이를 알선하는 행위, 청소년을 이용하여 음란물을 제작 · 배포하는 행위 및 청소년에 대한 성폭력행위 등으로부터 청소년을 보호 · 구제하여 이들의 인권을 보장하고 건전한 사회구성원으로 성장할 수 있도록 함을 목적으로 제정됨

- **제3차 청소년육성5개년계획(2003~2007)**
청소년과 함께 꿈과 희망의 동북아 중심국가 실현이라는 거시적 지향점을 두고 '도전하는 청소년, 꿈이 있는 사회'를 비전으로 함

- **「청소년활동 진흥법」 제정(2004. 2. 9.)**
「청소년 기본법」 제47조 제2항의 규정에 따라 다양한 청소년활동을 적극적으로 진흥하기 위하여 필요한 사항을 정함을 목적으로 제정함. 청소년활동의 보장과 청소년활동시설, 청소년수련활동의 지원, 청소년교류활동의 지원, 청소년문화활동의 지원 등에 관한 사항을 규정하고 있음

- **「청소년복지 지원법」 제정(2004. 2. 9.)**
「청소년 기본법」 제49조 제4항에 따라 청소년복지 향상에 관한 사항을 규정함을 목적으로 제정함. 청소년의 우대, 청소년의 건강보장, 지역사회 청소년통합지원체계 등, 위기청소년지원, 청소년부모 지원, 예방적 · 회복적 보호지원, 청소년복지지원기관, 청소년복지시설 등에 관한 사항을 규정하고 있음

• **한국청소년진흥센터 설립(2005. 3. 11.)**

청소년수련활동 인증제 시행, 청소년활동과 복지 및 보호에 관한 종합적인 정보안내 및 서비스 제공, 청소년복지지원을 위한 사업 및 서비스 영역의 개발과 보급 등의 업무를 담당하기 위해 설립됨. 기존의 한국청소년자원봉사센터를 통합하고 시·도 청소년자원봉사센터를 시·도 청소년활동진흥센터로 명칭을 변경하여 기존 전국의 청소년자원봉사활동에 대한 지원과 함께 청소년활동정보를 종합적으로 제공함

• **청소년위원회(2005. 5. 2.) 및 국가청소년위원회 출범(2006. 3. 30.)**

이원화된 청소년 행정조직을 일원화한다는 취지에 국무총리 소속의 '청소년위원회'가 출범됨. 이후 「청소년 기본법」이 개정되어 '국가청소년위원회'로 명칭을 변경함

• **청소년수련활동 인증제 시행(2006. 3.)**

청소년수련활동이 청소년의 균형 있는 성장에 기여할 수 있도록 그 내용과 수준을 향상시키기 위한 방안으로 청소년수련활동 인증제도의 운영에 대한 국가의 의무를 「청소년활동 진흥법」 제35조에 규정하고 있음. 이를 운영하기 위하여 청소년활동진흥원에 청소년수련활동 인증위원회를 설치·운영하고 있음. 인증을 받은 청소년수련활동은 공개하여야 하며, 인증수련활동에 참여한 청소년의 활동기록을 유지·관리하고, 청소년이 요청하는 경우 이를 제공하여야 함

4) 청소년업무의 보건복지가족부 편입(2008년)부터 여성가족부로의 이관

청소년육성정책의 네 번째 변화 시기는 2008년 보건복지가족부가 청소년업무를 맡게 되는 시점부터 현재 여성가족부가 청소년업무를 담당하고 있는 시기로 볼 수 있다. 청소년육성정책업무를 1988년 체육부 청소년국에서 담당한 이후 부처명은 체육부에서 체육청소년부로, 이후 문화체육부를 거쳐 문화관광부로 변경되었으나 약 20년간 한 부처에서 독자적으로 추진되어 왔다. 그러나 2008년 보건복지가족부가 소관업무로 청소년업무를 맡게 되면서 주무부처의 변화가 시작되었다. 2010년 1월 「정부조직법」이 개편되면서 청소년업무는 여성가족부의 소관업무로 다시 이관된다. 이후 현 여성가족부가 청소년업무를 맡은 이래로 약 15년 동안 청소년정책에 대해 여성가족부가 주무부처로서의 역할을 수행하고 있다. 부처의 이동으로 인하여 청소년육성정책은 아동과 가족 그리고 여성 정책과 유기적으로 연계되어 추진되면서 청소년정책의 범위가 보다 넓어진 확장기의 시기로 볼 수 있다.

2008년 새 정부의 출범과 함께 청소년정책은 아동정책과 통합되어 보건복지가족부 아동청소년정책실에서 관련 업무를 담당하게 된다. 이후 2009년에 가족정책 관련 업무가 추가되면서 아동청소년가족정책실로 명칭이 변경되었다(김광웅 외, 2009). 따라서 2008년에 시행 예정이었던 제4차 청소년정책기본계획은 추진이 보류되었다. 보류된 이유는 새롭게 청소년정책 업무를 맡게 된 보건복지가족부가 이전부터 소관업무로 추진하고 있었던 아동정책과의 통합에 대한 논의가 추진되고 있었기 때문이다. 여러 논의 끝에 2009년에 '제1차 아동·청소년정책기본계획(안)'이 수립되었다. 그러나 2010년 청소년정책이 여성가족부로 이관되면서 '제1차 아동·청소년정책기본계획(안)'은 폐기되었고 이후 여성가족부는 정책환경의 변화를 고려하여 '제4차 청소년정책(수정·보완)기본계획(2008~2012)'을 수립하게 된다(한국청소년정책연구원, 2019). 청소년정책과 아동정책의 통합과 관련하여 '아동·청소년기본법(안)'도 추진되었으나 폐기되었다. 그러나 「아동·청소년의 성보호에 관한 법률」은 아동 또한 이 법에 따른 보호대상임을 명확히 하는 차원에서 기존의 「청소년의 성보호에 관한 법률」을 전면 개정하여 시행되고 있다. 여성가족부가 청소년업무를 맡게 된 이후 2010년 8월에 한국청소년활동진흥원이 설립되었다. 한국청소년활동진흥원은 기존의 한국청소년수련원과 한국청소년진흥센터를 통합하여 설립된 기관으로 여성가족부 산하 청소년활동정책의 중추기관으로서의 역할을 수행하고 있다.

이 시기에 이루어진 주무부처의 조직 변동에서 신설된 조직을 살펴보면, 학교밖청소년지원과(2015)와 청소년활동안전과(2016)가 있다. 청소년은 학교 안과 밖의 청소년 모두를 아우르는 개념으로 그동안의 청소년정책은 학교 안과 학교 밖의 청소년 모두를 대상으로 관련 정책을 펼치고 있었다. 그러나 학생청소년과 비교하여 상대적으로 소수에 해당하는 학교 밖 청소년에 대한 정책적 지원은 다소 미흡한 부분이 있었다. 이에 청소년정책의 사각지대에 놓여 있었던 학교 밖 청소년에게 보다 체계적인 지원을 하기 위하여 「학교 밖 청소년 지원에 관한 법률」을 제정하게 된다. 학교밖청소년지원과는 제정된 법을 근거로 학교 밖 청소년에 대한 정책적인 지원을 담당하고 있다. 이와 관련하여 여성가족부는 관계부처 합동으로 '학교 밖 청소년 지원 대책'을 발표(2015. 5. 22.)한다. 그리고 이 시기에 사설 해병대 체험 캠프 사고(2013. 7. 18.)와 세월호 참사 사건(2014. 4. 18.)이 발생하였다. 청소년 캠프 및 체험 활동에서의 연이은 사고로 인하여 사회적으로 청소년의 안전한 체험 활동에 대한 관심이 높아졌고, 청소년정책과 소속 조직으로 '청소년활동안전과'가 신설되었다. 또한 해병대 체험 캠프 사고 이후 19세 미만 청소년을 대상으로 하는 청소년수련활동의 경우, 실시하기 전에 실시 계획을 사전에 신고하도록 하는 '청소년수련활동 신고제'가 시행되었다.

제5차 청소년정책기본계획(2013~2017)과 제6차 청소년정책기본계획(2018~2022)이 수립 및 시행되었고, 이후 제7차 청소년정책기본계획(2023~2027)이 현재 추진 중이다. 이상에서 제시한 주요 법 제정 및 관련 제도 시행 등에 대한 내용을 정리하면 다음과 같다.

•「아동 · 청소년의 성보호에 관한 법률」 시행(2010. 1. 1.)
「청소년의 성보호에 관한 법률」을 전부 개정한 것임. 아동도 성보호 대상임을 명확히 하고 아동 · 청소년 대상 성범죄자 신상정보 인터넷 공개제도를 도입하는 등 아동 · 청소년이 성보호를 더욱 강화함

• 제4차 청소년정책(수정 · 보완)기본계획(2008~2012)
'꿈을 키우는 청소년, 희망을 더하는 가족, 밝은 미래'를 정책 비전으로 하고 정책의 기본방향을 통합적 정책, 보편적 정책, 수요자 중심의 정책으로 설정함

• 한국청소년활동진흥원 설립(2010. 8. 18.)
청소년활동 현장과 정책을 총괄하여 청소년육성을 지원하고자 설립됨. 청소년활동, 청소년복지, 청소년보호에 관한 종합적 안내 및 서비스를 제공하고, 청소년육성에 필요한 정보 등의 종합적인 관리와 제공이 이루어짐. 청소년수련활동 인증제, 국제청소년 성취포상제, 청소년자원봉사활동의 지원과 기록 · 관리, 청소년지도사 자격연수 등의 사업을 추진함

• 제5차 청소년정책기본계획(2013~2017)
'청소년이 행복한 세상, 청소년이 꿈꾸는 밝은 미래'를 정책 비전으로 하고, 정책의 추진방향을 선제적 정책, 포괄적 정책, 균형적 정책, 실질적 정책으로 설정함

• 청소년수련활동 신고제 시행(2014. 7. 22.)
청소년활동 과정에서 안전사고의 우려가 높은 청소년수련활동에 대해 '이동 · 숙박형 청소년활동 사전신고제'가 시행(2013. 5. 28. 개정, 2013. 11. 29. 시행)됨. 사설 해병대 체험 캠프의 사고가 발생된 후 현행 청소년 체험활동 관리에 대한 제도 개선 요구가 높게 나타나 기존의 '이동 · 숙박형 청소년활동 사전신고제'를 개선하여 '숙박형등 청소년수련활동 계획의 신고'로 개정(2014. 1. 21. 개정, 2014. 7. 22. 시행)함

•「학교 밖 청소년 지원에 관한 법률」 제정 및 시행(2015. 5. 28.)
학교 밖 청소년 지원에 관한 사항을 규정함으로써 학교 밖 청소년이 건강한 사회구성원으로 성장할 수 있도록 함을 목적으로 제정됨

- **제6차 청소년정책기본계획 수립(2018~2022)**
'현재를 즐기는 청소년, 미래를 여는 청소년, 청소년을 존중하는 사회'를 정책 비전으로 하고, 이를 위한 4대 정책목표와 12개 중점과제를 설정함

- **제7차 청소년정책기본계획 수립(2023~2027)**
'디지털 시대를 선도하는 글로벌 K-청소년'을 정책 비전으로 하고, 이를 위한 5대 정책목표와 14개 중점과제를 설정함

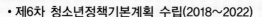

3. 청소년정책기본계획의 변화

청소년육성에 관한 기본계획의 수립은 「청소년 기본법」 제13조에 관련 규정이 있다. 현재 청소년육성정책의 주무부처인 여성가족부장관은 관계 중앙행정기관의 장과 협의한 후 청소년정책위원회(「청소년 기본법」 제10조)의 심의를 거쳐 청소년육성에 관한 기본계획을 5년마다 수립하여야 한다. 또한 기본계획에 포함되어야 할 사항에 대해서도 규정하고 있는데, 기본계획에는 이전 기본계획에 관한 분석·평가, 청소년육성에 관한 기본방향, 청소년육성에 관한 추진목표, 청소년육성에 관한 기능의 조정, 청소년육성의 분야별 주요 시책, 청소년육성에 필요한 재원의 조달 방법 그리고 그 밖에 청소년육성을 위하여 특히 필요하다고 인정되는 사항 등이 포함되어야 한다.

청소년육성정책은 청소년문제 개선 종합대책(1985~1987)의 수립을 그 시작으로 볼 수 있다. 1992년에 한국청소년기본계획(1992~2001)이 수립되었으나 문민정부의 출범에 따라 그 시행이 중지되고, 1993년도에 제1차 청소년육성5개년계획이 변경되어 수립되었다. 이후 5년마다 청소년육성에 관한 기본계획을 수립하고 있다. '청소년육성5개년계획'이 2008년에 수립된 '청소년정책기본계획'으로 변경되면서 현재는 제7차 청소년정책기본계획까지 수립되었다. 이 절에서는 1993년에 수립된 제1차 청소년육성5개년계획부터 제7차 청소년정책기본계획까지의 내용을 살펴보도록 하겠다.

1) 제1차 청소년육성5개년계획(1993~1997)

제1차 청소년육성5개년계획의 기본이념은 우수한 전통문화를 바탕으로 건강한 청소년 문화를 창달하고, 덕·체·지·예를 갖춘 전인적 민주시민의 자질을 함양하여, 청소년들이 신한국의 주인으로서 개혁의 성과를 계승·발전시켜 나가도록 하는 것이다. 이에 네 가지의 목표를 설정하였는데, 첫째, 투철한 윤리의식을 가진 정직한 청소년, 둘째, 산업사회 역군으로서의 근검·절약하는 청소년, 셋째, 신한국 건설을 계승할 진취적인 청소년, 넷째, 통일조국의 미래를 끌고 갈 유능한 청소년을 목표로 하고 있다.

제1차 청소년육성5개년계획의 기본방향을 살펴보면, ① 청소년 각자의 취미와 능력에 따라 자발적으로 심신을 단련하며 소질을 계발할 수 있는 여건 조성, ② 청소년의 활동공간을 확보하고 우수한 프로그램을 개발·보급하며, 청소년단체와 우수한 지도자 육성, ③ 청소년이 밝고 건강하게 성장할 수 있도록 건전한 사회 환경 조성, ④ 청소년에 대한 가정·학교·사회의 관심을 제고하고, 청소년대책에 대한 범국민적인 참여분위기 확산으로 제시되고 있다.

주요 정책과제는 가정과 학교의 역할 증대, 청소년보호 및 선도, 건전한 청소년활동의 지원, 청소년교류 확대 및 강화, 국민참여 확산 및 추진체제의 강화 등 5개 영역의 과제를 설정하였다. 정책과제의 주요 내용은 〈표 3-2〉와 같다.

표 3-2 **제1차 청소년육성5개년계획 주요 정책과제**

영역	세부과제
가정과 학교의 역할 증대	• 가정교육기능 회복 • 학교의 전인교육 및 문제학생 지도 강화
청소년보호 및 선도	• 어려운 청소년 지원 강화 • 청소년유해환경 정화 • 청소년비행의 예방 및 계도
건전한 청소년활동의 지원	• 수련거리의 개발 활용 • 청소년지도자 양성 및 단체 육성 • 청소년수련시설 확충 및 운영
청소년교류 확대 및 강화	• 청소년국제교류 활성화 • 남북청소년 동질성 회복
국민참여 확산 및 추진체제 강화	• 국민참여 확산 • 추진체제 강화

2) 제2차 청소년육성5개년계획(1998~2002)

　제2차 청소년육성5개년계획의 비전은 청소년이 '오늘의 사회구성원'으로서 행복을 추구하며 스스로 생각하고 활동하는 주체적인 삶을 영위하도록 하고, 내일의 주역으로서 21세기 사회가 필요로 하는 인성과 자질을 함양하고, 건강한 정신과 체력을 가꾸어 건전하고 책임 의식 있는 민주시민으로 성장해 나갈 수 있도록 함이다. 이에 두 가지의 정책목표를 설정하였는데, 첫째, 청소년의 삶의 질 향상과 건전한 민주시민의식 함양, 둘째, 21세기 사회를 주도할 수 있는 자질과 능력 배양이다.

　제2차 청소년육성5개년계획에서는 정책의 방향 전환이 일어났다. 지금까지의 청소년정책이 청소년을 보호·선도·교화의 대상으로 보고 정책을 수립했다면 제2차 청소년육성5개년계획에서는 청소년을 사회구성원으로서 독립된 인격체로 보고 참여의 기회를 확대하는 청소년정책을 지향하고 있다. 청소년에 대한 인식 전환에는 '청소년의 권리보장과 자율참여', 청소년정책의 전환에는 '수요자 중심의 질적 발전'을 정책적 방향으로 제시하고 있다. 제2차 청소년육성5개년계획에서의 청소년정책 방향 전환의 구체적 내용은 다음과 같다.

● **청소년에 대한 인식 전환**: 청소년의 권리보장과 자율참여
　　－ 미래의 주인공으로 권리 유보 → 오늘의 사회구성원으로 권리 보장
　　－ 성인주도의 선도·보호 → 청소년 스스로의 자율·참여
　　－ 소수 문제청소년 선도·보호 → 다수 건강한 청소년활동 지원
　　－ 정책 대상으로서의 청소년 → 정책주체로서의 청소년

● **청소년정책의 전환**: 수요자 중심의 질적 발전
　　－ 청소년에 대한 정책 개발 → 청소년과 함께하는 정책 개발
　　－ 시설 공급자 중심 → 프로그램 수요자 중심
　　－ 중앙 중심의 규제·통제 → 지역·현장 중심의 자율·책임
　　－ 닫힌 운영체제 → 정보화 네트워킹 중심의 열린 운영체제
　　－ 시설 위주의 양적 성장 → 프로그램과 청소년 중심의 질적 향상
　　－ 대규모 획일적 프로그램 → 소규모 다양화·특성화된 프로그램

　제2차 청소년육성5개년계획의 중점추진과제는 청소년의 권리 보장과 자율적인 참여 확

대, 청소년이 주체가 되는 문화·체육 중심의 수련활동 체제 구축, 국제화·정보화 시대의 주도 능력 배양, 청소년의 복지증진 및 자립지원, 가정과 지역사회의 역할 강화와 참여 확산으로 제시하고 있다.

표 3-3 **제2차 청소년육성5개년계획 주요 정책과제**

영역	세부과제
청소년의 권리 보장과 자율적인 참여 확대	• 청소년의 정책 참여 기회 확대 • 청소년의 자생·자율활동 지원 • 공동체의식을 함양하는 청소년 봉사활동 생활화 • 청소년의 권리와 시민권 신장
청소년이 주체가 되는 문화·체육 중심의 수련활동 체제 구축	• 청소년이 활동주체가 되는 공간 확충과 운영 활성화 • 특성화·차별화된 수련프로그램 개발·보급 • 청소년단체의 자율화·자기특성화 • 전문화된 청소년지도사의 양성·배치
국제화·정보화시대의 주도 능력 배양	• 청소년의 창조적 문화감수성 함양 • 지역 간, 국가 간 청소년교류의 내실화 • 남북청소년 교류 기반 조성 • 청소년의 정보능력 향상과 정보문화 육성
청소년의 복지증진과 자립지원	• 청소년상담활동의 강화 • 소외 및 농촌 청소년을 위한 복지증진 • 장애청소년의 자활지원 • 청소년의 직업 및 자립능력 향상
가정과 지역사회의 역할 강화와 참여 확산	• 올바른 자녀지도를 위한 부모 교육 • 도덕성 회복을 통한 시민의식 함양 • 문제청소년 선도 예방 • 청소년 유익환경 조성과 유해환경 정화

3) 제3차 청소년육성5개년계획(2003~2007)

제3차 청소년육성5개년계획의 정책 비전은 청소년과 함께 꿈과 희망의 동북아 중심국가 실현이라는 거시적 지향점을 두고 '도전하는 청소년, 꿈이 있는 사회'로 수립하였다. '참여, 소통, 체험'의 이념을 바탕으로 주류화(청소년의 에너지를 국가발전과 성장의 동력으로 활용), 지역화(지방자치단체와 지역사회의 역할 및 역량 강화), 차별화(맞춤형의 정책과 프로그램 발굴 및 추진), 파트너십(청소년과 기성세대, 중앙부처 및 지방자치단체 상호 간)을 전략으로 수립하였다. 정책 방향은, 첫째, 국가 청소년육성정책 총괄 기능 강화, 둘째, 문화예술 · 관광 · 체육 등과의 연계를 강화하여 시너지효과 극대화, 셋째, 청소년과 함께하는 청소년정책 추진, 넷째, 과학적 정책 입안 및 관리 시스템 도입이다.

제3차 청소년육성5개년계획의 주요 정책과제는 청소년 권리 신장 및 자발적 참여기반 구축, 주5일제 대비 창의적 청소년활동 여건 조성, 취약계층 청소년복지 지원 강화, 청소년 건강 보호 및 유해환경 정화, 추진체제 정비 및 범국민적 참여 확산이다.

표 3-4   **제3차 청소년육성5개년계획 주요 정책과제**

영역	세부과제
청소년 권리 신장 및 자발적 참여 기반 구축	• 청소년정책 참여 기회 확대 • 청소년의 시민 · 자치권 향상 • 청소년 자율 · 봉사활동 강화
주5일제 대비 창의적 청소년활동 여건 조성	• 청소년활동 시설 확충 및 운영 활성화 • 청소년단체 활성화 및 청소년지도자 양성 • 청소년활동 지원 및 특성화 • 청소년 문화 · 예술 활성화 • 창조적인 청소년 사이버문화 진흥 • 국내 · 외 청소년교류활동 지원
취약계층 청소년복지 지원 강화	• 청소년 사회진출 연계서비스 추진 • 소외계층 청소년의 학습권 보장 • 학교 밖 청소년 지원 확대 • 학교 부적응 청소년 지원체제 구축
청소년건강 보호 및 유해환경 정화	• 청소년 안전과 건강 증진 • 청소년 선도 · 보호 인프라 확충 • 청소년유해환경 정화 • 청소년 약물 오 · 남용 및 성비행 대책 추진 • 청소년 폭력 및 학대 예방
추진체제 정비 및 범국민적 참여 확산	• 청소년 관계 법령 및 조직 정비 • 청소년 원 스톱 지원체제 구축 • 청소년육성 재원의 획기적 확충 • 범국민적 참여 확산

4) 제4차 청소년정책(수정 · 보완)기본계획(2008~2012)

제4차 청소년육성에 관한 기본계획의 수립은 통합성과 보편성을 강조하기 위해 그동안 사용해 온 '육성계획'이라는 명칭을 '정책기본계획'으로 변경하였다. 따라서 제4차부터 '청소년정책기본계획'이란 말을 사용하고 있다. 제4차 청소년정책기본계획은 '역량 강화'와 '기회균등'을 핵심이념으로 '건강하고 행복한 청소년 희망세상 실현'이라는 비전을 실현하기 위하여 청소년 사회적 역량 강화, 청소년 인권 · 복지 증진, 청소년 친화적 환경 조성, 청소년정책 추진체계 정비를 정책과제로 설정하였다. 그러나 제4차 청소년정책기본계획은 정책환경에 대한 적절한 대응책을 포괄적으로 담는 데 한계가 있으며 청소년업무가 국가청소년위원회에서 보건복지가족부로(2008. 2.), 이후 여성가족부로 다시 이관(2010. 3.)되면서 2년간 시행계획 미수립 등 범부처 정책조정력과 실효성도 저조하였다. 이에 여성가족부장관을 위원장으로 하는 '청소년정책 관계기관협의회'를 개최(2010. 11.)하여 제4차 청소년정책(수정 · 보완)기본계획을 확정하였다.

제4차 청소년정책(수정 · 보완)기본계획의 비전은 청소년이 자기주도적 역량을 바탕으로 꿈을 키우고 실현할 수 있도록 하고, 꿈이 있는 청소년으로 성장하면서 건강한 가족 구성원으로 자리 잡으며, 행복하고 안정적인 가족관계를 형성하여 청소년과 행복한 가족을 통해 지속적으로 발전하는 미래사회를 실현하기 위하여 '꿈을 키우는 청소년, 희망을 더하는 가족, 밝은 미래사회'로 설정하였다. 정책의 기본방향은, 첫째, 통합적 청소년정책, 둘째, 보편적 청소년정책, 셋째, 수요자 중심의 청소년정책 등 세 가지를 제시하였다. 구체적 내용은 〈표 3-5〉와 같다.

표 3-5 정책의 기본방향

기본방향	내용
통합적 청소년 정책	• 가족, 학교, 지역사회가 함께 청소년을 보호 · 지원하는 정책 구현 • 청소년정책과 가족 · 여성정책을 연계하여 시너지 효과 창출 • 범부처적으로 교육 · 고용 · 복지 등 청소년을 둘러싼 모든 정책영역과의 연계 발전을 위한 실효성 있는 방안을 모색
보편적 청소년 정책	• 모든 청소년의 '역량 강화' 및 '기회균등'을 통한 미래 성장동력을 양성 • 성, 인종, 문화, 국적, 지역, 계층에 관계 없이 소외되거나 배제되지 않는 보편적인 서비스망을 구축
수요자 중심 청소년정책	• 중앙부처 중심에서 청소년 · 부모의 정책 체감도 제고를 위한 지역수요 맞춤형 정책 추진 • 청소년 · 부모 · 교사 · 청소년지도자 등 중간수요자, 지자체 등 다층적 수요자의 수요를 충족

제4차 청소년정책기본계획의 주요 정책과제는 청소년의 자기주도적 역량 증진, 가족 기능 및 사회안전망 강화, 건강하고 안전한 성장환경 조성, 청소년정책 추진체계 정비이다.

표 3-6 제4차 청소년정책기본계획 주요 정책과제

영역	세부과제
청소년의 자기주도적 역량 증진	• 다양한 체험활동 기회 확대 • 시민역량 증진 및 인성교육 강화 • 자기주도적 진로개척 지원
가족 기능 및 사회안전망 강화	• 건강한 가족기능 강화 • 청소년 사회안전망 강화 • 청소년 유형별 맞춤형 서비스 강화
건강하고 안전한 성장환경 조성	• 유해환경으로부터 보호 • 유익한 환경 조성 • 청소년 친화적 사회문화 조성
청소년정책 추진체계 정비	• 청소년시설 · 단체 · 전문인력의 역량 제고 • 지역 중심 추진체계 개편 • 범부처 총괄조정기능 강화

5) 제5차 청소년정책기본계획(2013~2017)

제5차 청소년정책기본계획의 정책 비전은 '청소년이 행복한 세상, 청소년이 꿈꾸는 밝은 미래'이다. 정책의 수립 방향을 살펴보면, 급변하는 사회 환경에 미리 대응하는 선제적 정책을 기본성격으로 하고 있으며, 정책 대상은 모든 청소년을 대상으로 하는 포괄적 정책을 설정하였다. 정책내용에는 정책영역 전반을 포괄하는 균형적 정책, 정책효과는 실제로 청소년이 체감할 수 있는 실질적 청소년정책을 정책의 수립 방향으로 설정하였다. 이에 정책목표를, 첫째, 청소년의 역량 함양 및 미래 핵심인재로 양성, 둘째, 청소년의 자기주도적 참여와 권리 증진, 셋째, 청소년의 균형 있고 조화로운 성장, 넷째, 청소년의 안전하고 건강한 생활환경에 두고 있다.

제5차 청소년정책기본계획의 주요 정책과제는 청소년의 다양한 역량 강화, 청소년 참여 및 권리 증진, 청소년복지 및 자립지원, 청소년 친화적 환경 조성, 청소년정책 추진체계 강화이다.

표 3-7   제5차 청소년정책기본계획 주요 정책과제

영역	세부과제
청소년의 다양한 역량 강화	• 청소년 역량증진 활동 활성화 • 글로벌 · 다문화 역량 강화 • 청소년의 인성 및 민주시민 교육 강화
청소년 참여 및 권리 증진	• 청소년의 참여 활성화 • 청소년의 건강권 보호 • 청소년의 권리 증진 기반 조성
청소년복지 및 자립지원	• 대상별 맞춤형 서비스 강화 • 위기청소년 보호 · 지원 강화 • 청소년 진로체험 및 자립지원
청소년 친화적 환경 조성	• 건강한 가정 및 지역사회 조성 • 안전한 생활환경 조성 • 건전한 매체환경 조성 및 의식 제고
청소년정책 추진체계 강화	• 범부처 정책 총괄 · 조정 기능 강화 • 청소년 지원 인프라 보강 • 청소년정책 추진기반 강화

6) 제6차 청소년정책기본계획(2018~2022)

제6차 청소년정책기본계획의 정책 비전은 '현재를 즐기는 청소년, 미래를 여는 청소년, 청소년을 존중하는 사회'이다. 청소년의 참여 및 권리를 증진하고 청소년 주도의 활동을 활성화하며 청소년의 자립을 지원하는 것을 정책의 수립 방향으로 설정하고 있다. 이에 정책 목표를 살펴보면, 첫째, 청소년 참여 및 권리 증진, 둘째, 청소년 주도의 활동 활성화, 셋째, 청소년 자립 및 보호지원 강화, 넷째, 청소년정책 추진체계 혁신을 목표로 두고 청소년 주도의 지원적 · 협업적 청소년정책으로의 전환을 모색하고 있다.

제6차 청소년정책기본계획의 주요 정책과제는 〈표 3-8〉과 같다.

표 3-8   제6차 청소년정책기본계획 주요 정책과제

영역	세부과제
청소년 참여 및 권리 증진	• 청소년 참여 확대 • 청소년 권리 증진 기반 조성 • 청소년 민주시민 성장 지원

청소년 주도의 활동 활성화	• 청소년활동 및 성장지원 체계 혁신 • 청소년 체험활동 활성화 • 청소년 진로교육 지원체제 강화
청소년 자립 및 보호지원 강화	• 청소년 사회안전망 확충 • 대상별 맞춤형 지원 • 청소년유해환경 개선 및 보호지원 강화
청소년정책 추진체계 혁신	• 청소년정책 총괄·조정 강화 • 지역 중심의 청소년정책 추진체계 강화 • 청소년지도자 역량 제고

7) 제7차 청소년정책기본계획(2023~2027)

제7차 청소년정책기본계획의 비전은 '디지털 시대를 선도하는 글로벌 K-청소년'이다. 정책의 수립 방향을 살펴보면, 첫째, 청소년의 역량 강화를 위한 플랫폼 기반 청소년활동 활성화, 둘째, 지원이 필요한 청소년을 촘촘히 지원할 수 있도록 데이터를 활용한 청소년 지원망 구축, 셋째, 증가하는 유해환경으로부터 청소년을 안전하게 보호할 수 있도록 유해환경 차단 및 보호 강화, 넷째, 청소년이 건강하고 균형 있게 성장할 수 있도록 참여·권리 보장 강화, 다섯째, 청소년정책의 효과성과 실효성을 높일 수 있도록 총괄·조정 기능 내실화를 제시하고 있다. 이에 정책목표를 청소년 성장 기회 제공과 안전한 보호 환경 조성으로 설정하였다.

제7차 청소년정책기본계획의 주요 정책과제는 플랫폼 기반 청소년활동 활성화, 데이터 활용 청소년 지원망 구축, 청소년 유해환경 차단 및 보호 확대, 청소년의 참여·권리 보장 강화, 청소년정책 총괄 조정 강화이다.

표 3-9   제7차 청소년정책기본계획 주요 정책과제

영역	세부과제
플랫폼 기반 청소년활동 활성화	• 청소년 디지털역량 활동 강화 • 청소년 미래역량 제고 • 다양한 체험활동 확대 • 학교 안팎 청소년활동 지원 강화
데이터 활용 청소년 지원망 구축	• 위기청소년 복지지원체계 강화 • 청소년 자립지원 강화 • 청소년 유형별 맞춤형 지원

청소년 유해환경 차단 및 보호 확대	• 청소년이 안전한 온 · 오프라인 환경 조성 • 청소년 범죄 예방 및 회복 지원 • 청소년 근로보호 강화
청소년의 참여 · 권리 보장 강화	• 청소년 참여 활동 강화 • 청소년 권익 증진
청소년정책 총괄 조정 강화	• 청소년정책 인프라 개선 • 지역 맞춤형 청소년정책 추진체계 구축

이상에서 제시한 제1차에서부터 제7차까지의 청소년정책기본계획의 정책 비전과 정책
과제를 정리하여 살펴보면 다음과 같다.

전체적으로 청소년정책의 육성정책 및 기본계획을 살펴보면, 1차에서는 청소년을 보호
와 선도 측면에서의 바라보는 시각을 발견할 수 있다. 그러나 제2차에서는 청소년이 주체
가 되고 권리를 보장하는 시각으로 변화되었다. 제3차에서는 청소년의 권리 신장과 함께
자발적 참여를 위한 제반 여건을 구축하고자 했던 노력이 엿보인다. 이후 4차와 5차에서는
청소년의 자기주도적 역량 및 다양한 역량을 증진하고 강화하기 위한 정책과제가 제시되
었다. 제6차에서는 청소년 참여가 다시 부각되었으며, 청소년의 자립에 대한 과제도 주요
하게 다뤄졌다. 제7차에 이르러서는 시대변화에 따라 데이터를 활용하거나 플랫폼을 활용
하여 청소년활동 및 지원체제를 구축하고자 하는 과제가 제시되었다.

종합적으로 청소년의 보호에서 참여 및 권리 보장으로 변화된 면모를 발견할 수 있으며,
이후에는 역량 개발 및 증진으로의 변화를 엿볼 수 있다. 최근에는 디지털 환경이 더 성장
하게 됨에 따라 디지털 환경의 여건을 최대한 활용하여 청소년의 건강한 성장을 지원하고
자 하는 정책의 변화를 살펴볼 수 있다. 제1차에서 제7차까지 청소년정책기본계획에서 제
시하고 있는 정책 비전과 정책과제를 정리하면 〈표 3-10〉과 같다.

표 3-10 청소년정책기본계획의 정책 비전과 정책과제

청소년 정책기본계획	정책 비전	정책과제
제1차	• 건강한 청소년 문화 창달 • 전인적 민주시민의 자질 함양 • 신한국의 주인으로서 개혁의 성과 계승	• 가정과 학교의 역할 증대 • 청소년보호 및 선도 • 건전한 청소년활동의 지원 • 청소년교류 확대 및 강화 • 국민참여 확산 및 추진체제 강화

제2차	• '오늘의 사회구성원'으로서 행복 추구와 주체적인 삶 영위 • 내일의 주역으로서 21세기 사회가 요구하는 인성과 자질 함양 • 건전하고 책임 의식 있는 민주시민으로 성장	• 청소년의 권리 보장과 자율적인 참여 확대 • 청소년이 주체가 되는 문화 · 체육 중심의 수련활동 체제 구축 • 국제화 · 정보화시대의 주도 능력 배양 • 청소년의 복지증진과 자립지원 • 가정과 지역사회의 역할 강화와 참여 확산
제3차	• '도전하는 청소년, 꿈이 있는 사회'	• 청소년 권리 신장 및 자발적 참여 기반 구축 • 주5일제 대비 창의적 청소년활동 여건 조성 • 취약계층 청소년복지 지원 강화 • 청소년건강 보호 및 유해환경 정화 • 추진체제 정비 및 범국민적 참여 확산
제4차	• '꿈을 키우는 청소년, 희망을 더하는 가족, 밝은 미래사회'	• 청소년의 자기주도적 역량 증진 • 가족 기능 및 사회안전망 강화 • 건강하고 안전한 성장환경 조성 • 청소년정책 추진체계 정비
제5차	• '청소년이 행복한 세상, 청소년이 꿈꾸는 밝은 미래'	• 청소년의 다양한 역량 강화 • 청소년 참여 및 권리 증진 • 청소년복지 및 자립지원 • 청소년 친화적 환경 조성 • 청소년정책 추진체계 강화
제6차	• '현재를 즐기는 청소년, 미래를 여는 청소년, 청소년을 존중하는 사회'	• 청소년 참여 및 권리 증진 • 청소년 주도의 활동 활성화 • 청소년 자립 및 보호지원 강화 • 청소년정책 추진체계 혁신
제7차	• '디지털 시대를 선도하는 글로벌 K-청소년'	• 플랫폼 기반 청소년활동 활성화 • 데이터 활용 청소년 지원망 구축 • 청소년 유해환경 차단 및 보호 확대 • 청소년의 참여 · 권리 보장 강화 • 청소년정책 총괄 조정 강화

관련 토론/토의 주제

1. 학교교육과 청소년육성의 공통점과 차이점에 대해 생각해 봅시다.
2. 청소년육성정책의 변천 속에서 주목할 만한 사회적 현상 및 사건은 무엇인지 생각해 봅시다.
3. 청소년정책기본계획의 변화에서 청소년을 바라보는 시각이 어떻게 변화되고 있는지에 대해 생각해 봅시다.

참고문헌

관계부처 합동(2010). 제4차 청소년정책(수정·보완)기본계획(2008~2012).

관계부처 합동(2012). 제5차 청소년정책기본계획(2013~2017).

관계부처 합동(2018). 제6차 청소년정책기본계획(2018~2022).

관계부처 합동(2023). 제7차 청소년정책기본계획(2023~2027).

김광웅, 이종원, 천정웅, 이용교, 길은배, 전명기, 정효진(2009). 한국 청소년정책 20년사: 한국 청소년정책의 성과와 전망. 한국청소년정책연구원.

김기헌, 최정원, 변금선, 이종원, 이민정, 정지희(2019). 청소년정책 재구조화 방안연구. 한국청소년정책연구원.

김호순, 변윤언(2006). 청소년정책변화에 따른 청소년수련활동 의미에 관한 연구. 청소년학연구, 13(4), 103-125.

김희순(2003). 청소년정책과 행정, 그 틈을 위해 필요한 노력. 청소년문화포럼, 7, 108-156.

문화관광부(1998). 제2차 청소년육성5개년계획(1998~2002).

문화체육부(1993). 1993 청소년백서(부록: 청소년육성5개년계획).

여성가족부(2023). 2023 청소년백서. 여성가족부.

조영승(1997). 청소년학총론. 교육과학사.

조영승(1998). 청소년육성법론. 교육과학사.

천정웅(1999). 청소년정책의 발전과 특성. 한국청소년학회 편, 청소년학총론(pp. 441-475). 양서원.

청소년육성위원회(2003). 제3차 청소년육성기본계획(2003~2007).

한국청소년개발원(2003). 청소년정책론. 교육과학사.

한국청소년상담복지개발원(2023). 한국청소년상담복지개발원 30년사(1993~2023). 한국청소년상담복지개발원.

한국청소년정책연구원(2019). 청소년정책 30년, 청소년이 희망이다. 한국청소년정책연구원.

국가법령정보센터 홈페이지 https://www.law.go.kr/
한국민족문화대백과사전 홈페이지 https://encykorea.aks.ac.kr
한국청소년활동진흥원 홈페이지 https://kywa.or.kr/

1. 청소년정책의 전달체계

청소년정책은 여성가족부에서 수립하고 있다. 청소년정책 분야 중 국제교류 및 봉사활동 등 다양한 청소년활동 관련 정책은 한국청소년활동진흥원에서 시행된다. 청소년상담 및 복지 관련한 청소년정책은 한국청소년상담복지개발원에서 시행하고 있다. 이와 같이 청소년활동과 청소년상담 및 복지의 청소년정책이 한국청소년활동진흥원과 한국청소년상담복지개발원을 주축으로 추진되고 있으며, 두 기관은 각각 시·도에 설치된 청소년활동진흥센터, 청소년상담복지센터와 연계하여 전국으로 청소년정책을 전달하여 시행한다. 시·도의 청소년활동진흥센터와 청소년상담복지센터는 각 시·도에 조직된 청소년 관련 부서와 협업하여 청소년정책을 추진하고 있다.

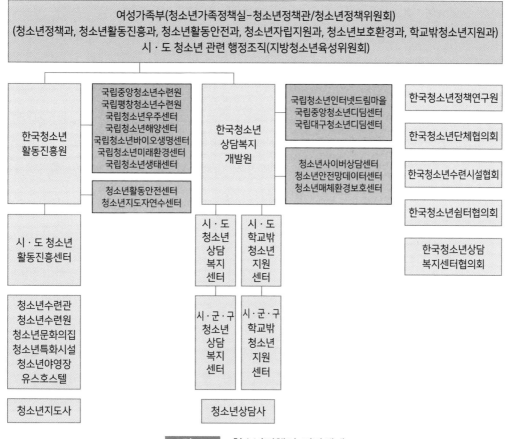

그림 4-1 청소년정책의 전달체계

출처: 강병연, 황수주(2016).

이러한 체계를 중심으로 지역을 근거로 하는 다양한 청소년시설과 청소년상담 및 복지
시설이 연계하여 청소년정책을 추진하고 있으며, 청소년 관련 시설에 종사하고 있는 청소
년지도사와 청소년상담사가 청소년정책을 실현하고 있다.

2. 청소년정책 관련 행정기관

1) 여성가족부

현재 청소년육성정책의 주무부처인 여성가족부는 2010년 1월 18일 「정부조직법」의 개정
으로 여성부가 여성가족부로 개편되면서 가족정책과 함께 청소년육성 및 보호 기능을 수
행하고 있다. 그러나 그동안 청소년정책의 주무부처는 몇 번의 변화가 있었다. 청소년정
책과 관련하여 「청소년육성법」(1988)이 시행되었을 때의 청소년 업무 전담 부서는 체육부
의 청소년국이었다. 체육부가 문화체육부로 그리고 다시 문화광광부로 부처명이 변하였
으나 2005년 4월 27일 국무총리 산하 '청소년위원회'가 발족되기 전까지 약 15년간 청소년
육성정책의 업무를 담당하였다. 청소년위원회가 '국가청소년위원회'로 명칭을 변경(2006년
3월 30일)한 이후 2008년 3월 정부의 조직 개편에 따라 청소년정책 업무가 보건복지가족부
로 이관되었다. 2010년 가족과 관련한 당시의 현안에 적극적으로 대응하기 위해 여성가족
부에 청소년 및 다문화가족의 업무가 이관되면서 현재까지 청소년육성 및 보호를 포함하
는 청소년정책의 업무는 여성가족부가 담당하고 있다.

(1) 여성가족부의 조직 구조
여성가족부의 청소년가족정책실 소속 청소년정책관에서 청소년정책을 담당하고 있다.
청소년정책관은 청소년정책과, 청소년활동진흥과, 청소년활동안전과, 청소년자립지원과,
학교밖청소년지원과, 청소년보호환경과 그리고 위기청소년통합지원정보시스템 구축 TF
가 있다. 청소년정책 주무부처의 조직명을 살펴보면, 청소년정책의 구체적 사항들을 알 수
있다. 즉, 청소년정책의 업무는 청소년정책의 수립, 청소년활동의 진흥 및 안전을 지원하
는 것과 함께 청소년의 자립과 학교 밖 청소년을 지원하고 있으며 청소년을 보호하기 위한
환경을 조성하면서 위기청소년의 통합지원을 위한 시스템을 마련하고 있다는 것을 알 수
있다.

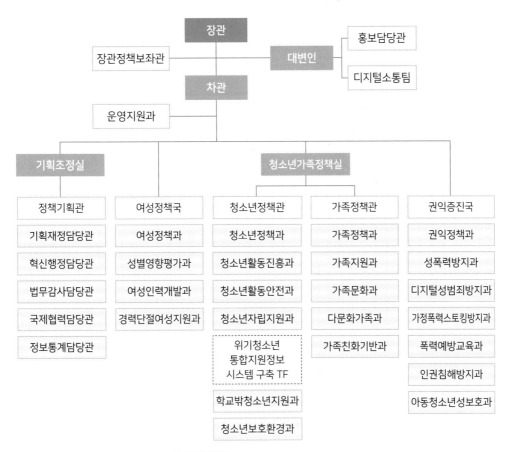

그림 4-2 여성가족부의 조직도

출처: 여성가족부 홈페이지.

(2) 청소년정책 관련 부서별 업무

① 청소년정책과

청소년정책과는 주로 청소년정책 수립 및 평가, 청소년의 정책참여 등에 관한 업무를 담당하고 있다. 주요 업무에는 청소년정책에 관한 중장기 기본계획 수립 및 조정 업무가 있으며, 이와 함께 청소년정책 관련 법령의 관리 및 운영과 청소년정책의 평가 및 지원에 관한 사항을 담당하고 있다. 또한 청소년정책 관련 조사 및 연구도 추진하고 있다. 특히, 청소년정책참여기구(청소년 특별회의 및 참여위원회 등)의 구성과 운영을 지원하는 업무와 함께 청소년정책참여 활성화와 관련한 프로그램을 개발 및 보급하는 업무를 담당하고 있다.

표 4-1	**청소년정책과의 담당업무**

부서	담당업무
청소년 정책과	• 청소년정책에 관한 중장기 기본계획의 수립 및 조정 • 중앙부처 및 지방자치단체 청소년정책의 협의 · 조정 총괄 • 청소년정책 관련 법령의 관리 · 운영 • 청소년정책위원회의 운영 • 청소년정책 전담 기구 · 공무원 등 전달체계에 관한 사항 • 관계 기관 청소년정책의 평가 및 지원에 관한 사항 • 청소년의 달 등 청소년 관련 행사 및 포상에 관한 사항 • 청소년정책 관련 조사 · 연구 및 제도개선 • 청소년 관련 통계의 유지 및 백서 등의 발간 • 청소년 관련 산하기관 및 법인 관리 총괄 • 청소년 관련 기관 · 단체 종사자의 교육 · 훈련 • 청소년지도자 자질 향상에 관한 사항 • 청소년 인권 보호 등 청소년 권리증진에 관한 사항 • 청소년 특별회의 및 참여위원회 등 청소년정책참여기구 구성 · 운영 지원 • 청소년정책참여 활성화 프로그램의 개발 · 보급 • 청소년 우대정책의 수립 및 교육 · 홍보 • 청소년증의 발급 및 운영에 관한 사항 • 한국청소년활동진흥원의 지도 · 감독 • 그 밖에 실내 다른 과의 주관에 속하지 아니하는 사항

출처: 여성가족부 홈페이지.

② 청소년활동진흥과

　　청소년활동진흥과는 주로 청소년활동의 진흥 및 국제교류에 관한 계획 수립과 시행, 청소년활동과 관련한 프로그램 개발 및 청소년의 활동 지원을 담당하고 있다. 주요 업무에는 청소년 수련 프로그램의 개발 및 보급과 함께 수련활동 및 문화 · 예술체험의 활성화, 동아리 발굴 및 지원, 청소년의 국제교류를 위한 프로그램 개발 등의 업무를 담당하고 있다. 또한 청소년지도사의 자격검정 및 연수 지원과 함께 청소년지도사의 다양한 활동을 지원하는 업무를 담당하고 있다.

표 4-2　청소년활동진흥과의 담당업무

부서	담당업무
청소년활동 진흥과	• 청소년활동진흥, 역량개발 및 국제교류에 관한 계획의 수립·시행 • 청소년활동 관련 법령(청소년수련활동 안전 관련 법령은 제외한다)의 관리·운영 • 지방청소년활동진흥센터의 설치·운영 지원 • 청소년수련 프로그램·사업의 개발·보급 및 평가 • 청소년의 수련활동 및 문화·예술체험 활성화에 관한 사항 • 청소년 축제 및 동아리 발굴·지원에 관한 사항 • 청소년활동정보 제공·지원 • 청소년 자원봉사활동에 관한 사항 • 청소년지도사의 자격검정, 연수 및 활동 등 지원 • 학교교육·평생교육과 연계한 청소년 능력개발 프로그램의 개발 및 시행 • 청소년 방과 후 아카데미 등 방과 후 활동 프로그램의 개발·지원 • 청소년의 국제교류를 위한 프로그램 개발 및 운영 지원 • 청소년 관련 국제행사 개최 및 국제교류에 관한 사항 • 교포청소년 및 남북 청소년 교류활동 지원 • 청소년교류센터의 설치·운영에 관한 사항 • 세계청소년축제 및 국제청소년 야영대회 개최에 관한 사항 • 소외계층 청소년의 해외연수 지원에 관한 사항 • 지방자치단체 및 청소년단체의 국제교류활동 협력·지원에 관한 사항

출처: 여성가족부 홈페이지.

③ 청소년활동안전과

청소년활동안전과는 주로 청소년수련활동을 진행하는 과정에서 필요한 안전과 관련한 정책의 총괄 및 계획의 수립과 함께 청소년수련활동 인증제, 청소년수련시설의 평가 및 관리에 관한 업무를 담당하고 있다. 주요 업무에는 숙박형 및 비숙박형 청소년수련활동 계획의 신고업무의 관리 및 운영, 청소년수련활동 인증제도의 운영 및 관리, 청소년수련시설 종합 안전점검과 종합평가 실시, 청소년수련시설 종사자의 안전교육 등에 관한 업무를 담당하고 있다.

표 4-3　청소년활동안전과의 담당업무

부서	담당업무
청소년활동 안전과	• 청소년수련활동 안전에 관한 정책의 총괄 및 계획의 수립·시행 • 청소년수련활동 안전 관련 법령의 관리·운영 및 제도 개선에 관한 사항 • 숙박형 청소년수련활동 및 비숙박형 청소년수련활동 계획의 신고업무 관리 및 운영

- 숙박형 청소년수련활동 및 비숙박형 청소년수련활동 관련 정보 공개를 위한 온라인 종합 정보제공 시스템 구축·운영
- 청소년수련활동 인증제도의 운영·관리에 관한 사항
- 청소년수련활동 이행 실태 점검 및 안전관리에 관한 사항
- 청소년활동 안전문화 확산에 관한 사항
- 청소년수련시설 운영관리, 지도·감독 및 제도 개선에 관한 사항
- 국립청소년수련원의 지도·감독
- 국립청소년수련시설의 국유재산·물품의 취득 및 관리에 관한 사항
- 청소년수련시설 종합 안전점검 실시 및 공개에 관한 사항
- 청소년수련시설 종합평가 실시 및 결과 공개에 관한 사항
- 청소년수련시설 종사자 안전교육에 관한 사항
- 국립 청소년수련시설 확충계획 수립 및 건립에 관한 사항
- 청소년수련시설 운영 모델 개발 및 보급
- 청소년수련지구의 지정·관리 및 조성에 관한 사항
- 한국청소년수련시설협회 지도·관리 및 감독에 관한 사항

출처: 여성가족부 홈페이지.

④ 청소년자립지원과

청소년자립지원과는 주로 청소년복지 정책의 총괄 및 계획의 수립과 취약계층 청소년의 보호 및 상담 등에 관한 계획 수립 그리고 위기청소년을 위한 사회안전망 구축을 위한 종합 대책의 수립 및 조정에 관한 사항을 담당하고 있다. 주요 업무에는 청소년복지에 관한 정책의 총괄 및 계획의 수립 및 시행, 청소년복지시설의 운영 및 지원, 취약계층 및 가정 밖 청소년의 보호 및 자립지원, 위기청소년을 위한 사회안전망 구축을 위한 종합대책의 수립 및 조정 그리고 청소년상담사의 자격검정 및 연수 등에 관한 업무를 담당하고 있다.

표 4-4 청소년 자립지원과의 담당업무

부서	담당업무
청소년자립지원과	• 청소년복지에 관한 정책의 총괄 및 계획의 수립·시행 • 청소년복지 관련 법령의 관리·운영 • 청소년복지서비스의 조사·연구 및 통계에 관한 사항 • 청소년복지시설의 운영·지원 및 청소년복지·지원업무 종사자의 교육·훈련 • 한국청소년상담복지개발원의 지도·감독 • 청소년상담사의 자격검정·연수 등에 관한 사항 • 취약계층 청소년의 보호·상담·자립 등에 대한 계획의 수립·조정 및 시행 • 가정 밖 청소년에 대한 보호 및 자립지원에 관한 사항

- 청소년 비행·폭력 등의 예방 및 선도에 관한 사항
- 폭력, 학대 등에 노출된 청소년의 상담, 치료 및 법률 서비스 지원
- 위기청소년을 위한 사회안전망 구축을 위한 종합대책의 수립·조정
- 청소년상담복지센터 등 청소년상담·구조 관련 기관·단체에 대한 지도·지원
- 청소년 전화, 청소년 모바일 상담 및 청소년동반자 프로그램의 운영
- 청소년의 사회진출 및 취업·창업 지원에 관한 사항

출처: 여성가족부 홈페이지.

⑤ 학교밖청소년지원과

학교밖청소년지원과는 주로 학교 밖 청소년 정책의 총괄, 학교 밖 청소년을 지원하기 위한 프로그램 개발 및 상담 그리고 학교 밖 청소년의 취업 및 자립지원에 관한 사항을 담당하고 있다. 주요 업무에는 학교 밖 청소년에 관한 정책의 총괄, 계획의 수립 및 시행, 학교 밖 청소년 지원을 위한 프로그램 개발, 실태조사, 지원위원회 운영, 상담 및 교육지원 등에 관한 사항 그리고 이주배경청소년의 사회 적응 및 학습능력 향상을 위한 지원 등의 업무를 담당하고 있다.

표 4-5   학교밖청소년지원과의 담당업무

부서	담당업무
학교밖청소년 지원과	• 학교 밖 청소년에 관한 정책의 총괄 및 계획의 수립·시행 • 학교 밖 청소년 관련 법령의 관리·운영 및 제도 개선에 관한 사항 • 학교 밖 청소년에 대한 사회적 편견과 차별 예방 및 사회적 인식 개선에 관한 사항 • 학교 밖 청소년 지원 프로그램의 개발 및 지원에 관한 사항 • 학교 밖 청소년 지원을 위한 관련 기관 간 협력체계 및 지역사회 중심의 지원체계 구축·운영에 관한 사항 • 학교 밖 청소년 지원을 위한 실태조사 및 결과 공표에 관한 사항 • 학교 밖 청소년 지원 위원회 운영에 관한 사항 • 학교 밖 청소년 지원을 위한 상담 및 교육지원에 관한 사항 • 학교 밖 청소년의 취업 및 자립지원에 관한 사항 • 학교 밖 청소년 지원센터의 설치·운영에 관한 사항 • 이주배경청소년의 사회 적응 및 학습능력 향상을 위한 지원에 관한 사항 • 특별지원 대상 청소년에 대한 지원계획의 수립 및 시행

출처: 여성가족부 홈페이지.

⑥ **청소년보호환경과**

청소년보호환경과는 주로 청소년보호와 관련한 업무의 총괄, 청소년 유해환경에 대한 계획 수립 및 점검·단속 그리고 매체물 역기능 피해의 예방 및 치료에 관한 업무를 담당하고 있다. 주요 업무에는 청소년 보호 관련 업무의 총괄 및 계획의 수립, 청소년보호위원회 및 청소년유해환경감시단 운영, 청소년 유해매체물·유해업소·유해약물·유해행위 등 유해환경의 개선과 점검 및 단속, 약물 남용 및 중독 청소년에 대한 치료 및 재활, 청소년의 건전한 매체 활용능력 증진 및 문화 조성 등에 관한 업무를 담당하고 있다.

표 4-6   청소년보호환경과의 담당업무

부서	담당업무
청소년보호 환경과	• 청소년보호 관련 업무의 총괄 및 계획의 수립·시행 • 청소년보호 관련 법령의 관리·운영 및 제도 개선에 관한 사항 • 청소년보호위원회의 운영에 관한 사항 • 청소년보호 관계자 교육 등 청소년보호 중앙점검단의 운영 지원에 관한 사항 • 청소년보호에 관한 관계 부처 간 조정·실태조사 및 연구개발에 관한 사항 • 청소년보호와 관련된 기관·단체 협력 등에 관한 사항 • 청소년보호 관련 교육 및 홍보에 관한 사항(제7조 제8항 제11호에 따른 교육 및 홍보는 제외) • 청소년치료재활센터의 운영에 관한 사항 • 청소년 유해매체물, 유해업소, 유해 약물·물건, 유해행위 등 유해환경 개선에 관한 계획의 수립·시행 • 청소년 유해매체물, 유해업소, 유해약물·물건, 유해행위 등 유해환경에 대한 점검, 단속 등에 관한 사항 • 매체물·업소·약물·물건 등의 청소년 유해성 여부의 심의·결정 등에 관한 사항 • 청소년 유해약물 남용 및 중독 청소년에 대한 예방·치료·재활 지원 • 청소년 유해약물·유해업소 등의 피해예방 및 보호 지원 • 청소년유해환경감시단의 운영 및 유해환경 개선 관련 시민단체의 지원 등에 관한 사항 • 청소년 유해매체물에 대한 표시·포장·전시·진열 및 판매금지 등에 관한 사항 • 청소년 유해 외국매체물의 국내 유통 차단에 관한 사항 • 매체물에 대한 청소년 유해성 모니터링에 관한 사항 • 청소년 유해매체물의 자율규제 및 개선활동 지원에 관한 사항 • 청소년의 건전한 매체 활용능력 증진 및 건전한 매체 문화 조성 등에 관한 사항 • 청소년 대상 인터넷게임 제공시간 제한제도 등의 운영 및 평가에 관한 사항 • 청소년 인터넷 중독 등 매체물 역기능 피해의 예방·치료 및 재활 지원 등에 관한 사항 • 청소년 유익매체물 제작·보급 등 지원에 관한 사항

출처: 여성가족부 홈페이지.

(3) 청소년정책위원회

　여성가족부에는 청소년정책위원회를 두도록 되어 있다(「청소년 기본법」 제10조). 청소년
정책위원회는 청소년정책에 대한 주요 사항을 심의 및 조정하는 기구이다. 청소년정책위
원회에서는 청소년육성에 관한 기본계획의 수립, 청소년정책의 분야별 주요 시책, 청소년
정책의 제도 개선, 청소년정책의 분석 및 평가, 행정기관 간 청소년정책의 조정에 관한 사
항 등을 심의 및 조정한다. 청소년정책위원회는 위원장 1명을 포함하여 30명 이내의 위원
으로 구성하도록 하는데, 청소년정책위원장은 여성가족부장관이 되고 교육부, 과학기술정
보통신부, 고용노동부 등 중앙행정기관의 차관 및 차관급 공무원이 위원으로 포함된다. 또
한 청소년정책에 관하여 학식과 경험이 풍부한 사람과 청소년정책과 관련된 활동 실적 등
이 풍부한 청소년 중에서 여성가족부장관이 위촉한 사람도 위원으로 참여하게 되는데, 학
식과 경험이 있는 전문가 위원과 청소년 위원의 임기는 2년으로 한다. 청소년정책위원회
의 운영을 지원하기 위한 청소년정책실무위원회를 청소년정책위원회에 둘 수 있도록 하고
있다.

　2022년 3월에 구성된 청소년정책위원회는 만 24세 이하의 청소년위원 6명이 포함되었다
(여성가족부 보도자료, 2022. 3. 16.). 청소년참여위원회, 청소년의회, 청소년정책연결망(네트
워크) 등 다양한 활동 실적을 인정받아 선발된 청소년 위원의 참여로 '청소년이 직접 만들어
가는 정책'이 실현되는 측면에서 청소년정책 대상자인 청소년의 시각에서의 정책 제안이
가능하게 되었다.

2) 지방자치단체

(1) 시 · 도 청소년 관련 행정조직

　청소년 관련 정책의 업무를 담당하는 각 시 · 도의 행정조직을 살펴보면, 각 시와 도별로
여러 부서에서 추진되고 있다는 것을 알 수 있다. 과거 국가청소년위원회에서 보건복지부
로 보건복지부에서 여성가족부로 청소년정책업무가 이관되면서 각 시 · 도의 행정조직도
그 담당국의 영역이 다르게 추진되고 있는 것으로 보인다. 대체적으로 현 주무부서의 정책
영역에 맞춘 지방자치단체는 여성 분야에 조직되었고, 그 외는 복지 분야 및 평생교육 분야
등으로 청소년업무의 추진체계가 구축되어 있다.

표 4-7 **시 · 도 청소년 관련 행정조직**

구분	담당 국	청소년육성정책 담당 부서
서울	평생교육국	청소년정책과
부산	여성가족국	아동청소년과
대구	청년여성교육국	청소년과
인천	여성가족국	청소년정책과
광주	행정자치국	평생교육과
대전	복지국	여성가족청소년과
울산	복지보훈여성국	여성가족청소년과
세종	보건복지국	아동청소년과
경기	평생교육국	청소년과
강원	보건복지여성국	여성청소년가족과
충북	-	양성평등가족정책관
충남	-	여성가족정책관
전북	교육소통협력국	교육협력추진단
전남	자치행정국	희망인재육성과
경북	-	여성아동정책관
경남	복지여성국	보육정책과
제주	복지위생국	여성가족과

출처: 각 지방자치단체 홈페이지(2024. 2. 기준).

(2) 지방청소년육성위원회

특별시장 · 광역시장 · 특별자치시장 · 도지사 · 특별자치도지사 및 시장 · 군수 · 구청장
(자치구의 구청장에 한함)은 청소년육성에 관한 지방자치단체의 주요 시책을 심의하기 위하
여 지방자치단체장 소속하에 지방청소년육성위원회를 두도록 되어 있다(「청소년 기본법」
제11조). 지방청소년육성위원회의 구성, 조직, 그 밖의 운영에 관하여 필요한 사항은 조례
로 정하도록 되어 있다.

각 시 · 도의 청소년육성위원회의 관련 조례 및 성격은 〈표 4-8〉과 같다.

표 4-8 시 · 도 지방청소년육성위원회 관련 조례 및 성격

지방자치단체	청소년육성위원회 관련 조례	성격
서울시	서울특별시 청소년 기본 조례	심의
부산시	부산광역시 청소년육성 및 지원에 관한 조례	심의
대구시	대구광역시 청소년육성 및 지원에 관한 조례	심의
인천시	인천광역시 청소년보호 및 육성에 관한 조례	심의
광주시	광주광역시 청소년 기본 조례	심의
대전시	대전광역시 청소년 기본 조례	심의
울산시	울산광역시 청소년활동 지원 등에 관한 조례	자문
세종시	세종특별자치시 청소년육성위원회 및 단체협의회 구성 · 운영에 관한 조례	자문
경기도	경기도 청소년 보호 및 육성에 관한 조례	심의
강원도	강원특별자치도 청소년육성 및 지원 조례	심의 또는 자문
충청북도	충청북도 청소년육성위원회 조례	심의 또는 자문
충청남도	충청남도 청소년육성 및 지원 조례	자문
전라북도	전북특별자치도 청소년육성 및 지원 조례	심의
전라남도	전라남도 청소년육성 및 활동 지원 조례	심의 또는 자문
경상북도	경상북도 청소년육성 및 지원 조례	자문
경상남도	경상남도 청소년육성위원회 구성 및 운영 조례	자문
제주도	제주특별자치도 청소년육성 및 지원 조례	심의

출처: 국가법령정보센터 홈페이지, 각 지방자치단체의 관련 조례(2024. 2. 기준).

3) 청소년 관련업무 추진기관

청소년정책의 주무부처는 여성가족부이다. 그러나 청소년을 대상으로 하는 국가의 정책은 중앙정부의 각 부처마다 고유한 영역에 따라 청소년과 관련한 업무를 추진하고 있다. 따라서 국가의 청소년정책을 추진함에 있어 관계 행정기관의 장과 협의하여 총괄 · 조정하는 역할은 여성가족부장관이 하도록 되어 있다(「청소년 기본법」 제9조). '제7차 청소년정책기본계획(2023~2027)'을 추진하는 데 있어 각 부처의 청소년 관련업무를 정책 영역별로 분류하면 〈표 4-9〉와 같다. '제7차 청소년정책기본계획(2023~2027)'의 세부과제를 추진하는 데 분류된 소관부처를 살펴보면, 정책의 영역 특성에 따라 다양한 부처가 포함되어 있다. 청소년정책의 원활한 추진을 위해서는 각 부처의 매우 긴밀한 협업이 필요하다.

표 4-9	제7차 청소년정책 기본계획의 세부과제와 소관부처

영역	세부과제		소관부처
1. 플랫폼 기반 청소년 활동 활성화	1-1. 청소년 디지털역량 활동 강화	1-1-1. 디지털 활동 및 교육 지원	여가부, 과기정통부, 교육부, 문체부, 방통위
		1-1-2. 청소년활동 지원체계 디지털 기반 개선	여가부, 지자체
	1-2. 청소년 미래역량 제고	1-2-1. 미래역량 제고 활동 확대	여가부, 과기정통부, 해수부, 환경부, 지자체, 금융위, 기재부, 교육부
		1-2-2. 진로체험 및 교육 지원	과기정통부, 해수부, 농림부, 산림청, 여가부, 교육부, 지자제
	1-3. 다양한 체험활동 확대	1-3-1. 테마별 활동기회 제공	여가부, 외교부, 환경부, 문체부, 교육부, 지자체
		1-3-2. 자기주도적 활동 프로그램 확대	여가부, 교육부, 지자체, 행안부
		1-3-3. 안전한 청소년활동 기반 마련	여가부, 교육부, 해수부
	1-4. 학교 안팎 청소년활동 지원 강화	1-4-1. 학교 연계 청소년활동 지원	여가부, 교육부(교육청), 지자체
		1-4-2. 지역사회 연계 학교 안팎 청소년활동 강화	여가부, 지자체, 교육부, 복지부, 교육청
2. 데이터 활용 청소년 지원망 구축	2-1. 위기청소년 복지지원체계 강화	2-1-1. 위기청소년 발굴 및 치유 지원 강화	여가부, 교육부, 교육청, 산림청
		2-1-2. 지역 중심 위기청소년 지원 확대	여가부, 지자체, 교육부(교육청), 복지부
		2-1-3. 정보시스템 기반 위기청소년 지원체계 운영	여가부
	2-2. 청소년 자립지원 강화	2-2-1. 학교 밖 청소년 지원 사각지대 해소	여가부, 교육부(교육청), 지자체, 문제부
		2-2-2. 가정 밖 청소년 보호 및 자립지원 확대	여가부, 교육부, 지자체, 국토부
		2-2-3. 후기 청소년(19~24세) 안정적 삶 지원	여가부, 중기부, 고용부, 복지부, 국방부, 국토부
	2-3. 청소년 유형별 맞춤형 지원	2-3-1. 다문화청소년 지원 강화	여가부, 교육부, 통계청, 법무부, 통일부
		2-3-2. 청소년(한)부모 생활·양육 지원	여가부, 교육부

		2-3-3. 신 소외 청소년 발굴 및 지원	복지부, 법무부, 지자체, 여가부, 법무부
		2-3-4. 장애 및 경계선지능 청소년 지원	복지부, 교육부, 여가부
3. 청소년 유해환경 차단 및 보호 확대	3-1. 청소년이 안전한 온·오프라인 환경 조성	3-1-1. 디지털 역기능 예방	여가부, 방통위, 개인정보보호위
		3-1-2. 사이버 및 학교폭력 예방 강화	교육부, 여가부, 경찰청
		3-1-3. 청소년 유해환경 차단	경찰청, 여가부, 방통위, 사감위, 식약청, 교육부, 지자체, 복지부,
		3-1-4. 청소년 친화형 생활 환경 구축	지자체, 경찰청
	3-2. 청소년 범죄 예방 및 회복 지원	3-2-1. 청소년 대상 성범죄 대응 강화	여가부, 방통위, 경찰청
		3-2-2. 청소년 성범죄 피해 지원 및 예방교육 확대	여가부, 경찰청, 방통위, 지자체, 교육부
		3-2-3. 청소년 선도보호 및 회복 지원	여가부, 경찰청, 법무부
	3-3. 청소년 근로보호 강화	3-3-1. 근로유형별 청소년 보호 강화	고용부, 교육부, 문체부, 방통위
		3-3-2. 근로청소년 부당처우 예방 및 보호	여가부, 고용부
		3-3-3. 청소년과 사용자의 근로보호 인식 확산	여가부, 고용부, 교육부
4. 청소년의 참여·권리 보장강화	4-1. 청소년 참여 활동 강화	4-1-1. 청소년의 다양한 참여기회 활성화	지자체, 여가부, 교육청, 교육부, 법제처
		4-1-2. 청소년 참여 역량 제고 및 소통 강화	여가부, 지자체
	4-2. 청소년 권익 증진	4-2-1. 청소년 권리 보장 및 대표성 제고	복지부, 여가부, 지자체, 관련 부처
		4-2-2. 청소년 건강 및 생활 지원	여가부, 교육부, 질병청, 복지부, 식약청, 지자체

5. 청소년 정책 총괄 조정 강화	5-1. 청소년정책 인프라 개선	5-1-1. 법·재원 등 청소년정책 기반 체계화	여가부, 지자체, 교육부(교육청)
		5-1-2. 청소년지도자 지원 및 전문성 제고	여가부
		5-1-3. 청소년 시설·기관·단체 운영 개선·지원	여가부, 지자체
	5-2. 지역 맞춤형 청소년정책 추진체계 구축	5-2-1. 지자체 청소년정책 전달체계 내실화	여가부, 지자체
		5-2-2. 지역 단위 청소년정책 협력 강화	여가부, 지자체, 교육부(교육청)
		5-2-3. 인구감소 지역 청소년 지원	행안부, 여가부, 지자체

출처: 여성가족부 홈페이지.

4) 정부 산하 및 출현 기관

(1) 한국청소년활동진흥원

① 설립근거 및 목적

청소년활동진흥원은 청소년활동을 진흥하여 청소년 스스로 성장할 수 있는 역량을 키우도록 지원하기 위해 설립된 여성가족부 산하 공공기관이다. 「청소년활동 진흥법」 제6조에 따른 설립근거를 두고 있으며, 청소년활동·청소년복지·청소년보호에 관한 종합적 안내 및 서비스를 제공하고 청소년육성에 필요한 정보 등을 종합적으로 관리 및 제공하며 청소년수련활동 인증제도의 운영, 청소년 자원봉사활동의 활성화, 청소년활동 프로그램의 개발과 보급, 국제교류 및 협력사업 그리고 청소년지도자 연수 등의 사업을 진행하고 있다.

한국청소년활동진흥원은 청소년의 균형 있는 성장에 필요한 활동을 종합적으로 지원함으로써 궁극적으로는 청소년의 삶의 질 향상에 기여하는 것을 목적으로 두고 있다(한국청소년활동진흥원 정관 제3조). 주요 기능은 관련 프로그램의 개발·보급 및 시범운영, 청소년지도사의 양성 및 교육, 참여기구 및 청소년수련활동 인증제도 운영 등이다. 상세한 내용은 〈표 4-10〉과 같다(한국청소년활동진흥원 정관 제4조).

표 4-10	한국청소년활동진흥원의 주요 기능
주요 기능	
• 청소년의 다양하고 창의적인 체험활동 활성화	
• 청소년활동 프로그램의 개발 · 보급 · 평가 및 시범운영	
• 청소년육성에 필요한 정보 등의 종합적 관리 및 제공	
• 청소년 관련 제 기관 및 시설과의 상호 연계지원 · 지도 · 평가	
• 국가 · 지방자치단체가 설치하는 청소년수련시설의 위탁유지 · 관리 및 운영	
• 청소년지도자의 양성 · 교육 및 교류 진흥	
• 국내 · 외 청소년 교류활동의 진흥 및 지원	
• 청소년자원봉사활동 및 참여 · 권리증진활동의 활성화 지원	
• 청소년특별회의, 청소년수련활동 인증제도, 청소년성취포상제도, 청소년 방과 후 활동의 운영 및 지원	
• 청소년 프로그램 공모, 청소년 어울림마당 · 동아리활동 및 청소년의 달 행사의 운영 및 지원	
• 수련시설 종합 안전 · 위생점검 지원 및 안전 관련 컨설팅 · 홍보	
• 숙박형 등 청소년수련활동 계획의 신고 지원에 대한 컨설팅 및 교육	
• 그 밖에 여성가족부장관이 지정하거나 활동진흥원의 목적을 수행하기 위하여 필요한 사업	

② 주요 업무

주요 업무를 영역별로 살펴보면, 청소년의 역량 증진 영역, 청소년 안전 확보 영역, 청소년 참여 확산 영역, 국제활동 활성화 영역, 정책사업 지원 영역 등이 있다. 청소년 역량 증진 영역에서는 시범수련활동 운영 및 프로그램 개발, 취약 및 위기청소년의 균형적인 성장 지원 그리고 전국 청소년지도자 지도역량 증진 및 국가자격 관리 등의 사업을 추진하고 있다. 청소년 안전 확보 영역에서는 수련활동 인증제를 통한 국가 차원의 청소년활동 품질 및 안전 검증과 '청소년활동정보시스템'을 통한 활동 정보 제공, 청소년수련시설 종합 안전 · 위생점검 및 안전컨설팅을 지원하고 있다. 청소년 참여 확산 영역에서는 청소년의 자원봉사활동을 지원하기 위한 '청소년자원봉사 포털사이트 Dovol'을 운영하고 있으며 청소년의 정책 참여기구인 '청소년특별회의'의 운영을 지원하고 있다. 국제활동 활성화 영역에서는 국가간 교류, 해외자원봉사단 파견 등 다양한 국제교류활동을 통한 청소년의 글로벌 역량 함양을 지원하고 있으며, '국제청소년성취포상제'를 지원하고 있다. 이 외에도 다양한 정책사업도 지원하고 있는데 취약계층 청소년의 방과 후 돌봄서비스인 '방과 후 아카데미' 운영과 청소년활동 추진에 필요한 '사전신고제'의 홍보 그리고 지방청소년활동진흥센터의 운영 지원 등의 사업을 추진하고 있다.

한국청소년활동진흥센터는 정책기획과 활동사업으로 나누어 기획조정본부, 경영지원본부, 활동사업본부, 안전연수본부가 있으며, 전국에 7개의 국립청소년수련원을 운영하고 있다. 충남 천안에 소재한 국립중앙청소년수련원, 강원도 평창에 소재한 국립평창청소년수련원, 전남 고흥에 소재한 국립청소년우주센터, 전북 김제에 소재한 국립청소년바이오생명센터, 경북 영덕에 소재한 국립청소년해양센터, 경북 봉화에 소재한 국립청소년미래환경센터 그리고 부산에 소재한 국립청소년생태센터가 있다. 해당 지역별 특색을 반영하여 각 청소년수련원별 특성에 맞도록 운영하고 있다.

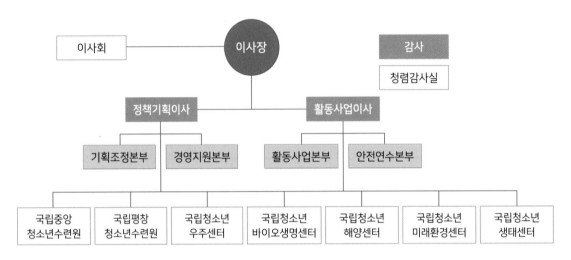

그림 4-3 한국청소년활동진흥원의 조직도

출처: 한국청소년활동진흥원 홈페이지.

(2) 한국청소년상담복지개발원

① 설립근거 및 목적

한국청소년상담복지개발원은 청소년의 건강한 성장과 행복한 꿈의 실현을 위해 다양한 상담 및 복지 사업을 수행하고 있는 여성가족부 산하 공공기관이다. 「청소년복지 지원법」 제22조에 설립근거를 두고 있으며, 청소년의 삶의 질 향상을 위한 사업개발 및 운영, 전국 청소년상담복지기관의 총괄 및 지원, 청소년상담복지 전문인력의 양성 및 교육, 청소년상담복지 프로그램 개발 및 보급 그리고 전문상담을 통한 청소년의 문제 해결 및 예방을 목적으로 하고 있다.

② 주요 업무

주요 업무로는 전국 시·도 청소년상담복지센터, 학교 밖 청소년 지원센터(청소년지원센터 꿈드림), 청소년쉼터 및 청소년자립지원관 등 청소년회복지원시설을 총괄하고 있다. 또한 학교 밖 및 가정 밖 청소년, 스마트폰 과의존 청소년 등 위기청소년에 대한 지원과 함께 관련 정책 연구 및 프로그램 개발 그리고 상담복지 전문인력을 양성하는 등의 다양한 사업을 추진하고 있다.

「청소년복지 지원법」 제22조에 제시된 주요 업무는 청소년상담 및 복지와 관련된 정책 연구, 관련 사업의 개발 및 운영, 청소년 및 청소년 가족에 대한 상담 및 교육 그리고 청소년상담 및 복지 관련 기관 간의 연계 및 지원이다. 상세한 내용은 〈표 4-11〉과 같다(「청소년복지 지원법」 제22조).

표 4-11   한국청소년상담복지개발원의 주요 업무

주요 업무
• 청소년상담 및 복지와 관련된 정책의 연구
• 청소년상담 · 복지 사업의 개발 및 운영 · 지원
• 청소년상담 기법의 개발 및 상담자료의 제작 · 보급
• 청소년상담 · 복지 인력의 양성 및 교육
• 청소년상담 · 복지 관련 기관 간의 연계 및 지원
• 청소년상담복지센터, 청소년복지시설 및 「학교 밖 청소년 지원에 관한 법률」 제12조에 따른 학교 밖 청소년 지원센터에 대한 지도 및 지원
• 청소년 가족에 대한 상담 · 교육
• 통합정보시스템의 운영
• 그 밖에 청소년상담원의 목적을 수행하기 위하여 필요한 부수사업

한국청소년상담복지개발원은 경영기획본부, 통합지원본부, 상담역량개발본부, 복지지원본부 등 4개의 본부와 함께 3개의 관련 시설을 운영하고 있다. 전북 무주에 소재한 국립청소년인터넷드림마을은 인터넷 · 스마트폰 과의존 청소년을 대상으로 치료 및 상담을 지원한다. 경기도 용인시에 소재한 국립중앙청소년디딤센터와 대구시에 소재한 국립대구청소년디딤센터는 정서 · 행동 면에서 어려움을 겪는 청소년을 대상으로 상담, 치료, 보호, 자립 그리고 교육을 지원하고 있다. 한국청소년상담복지개발원은 청소년안전망운영사업, 청소년안전망데이터 활용 · 관리 사업, 학교 밖 청소년 지원사업, 청소년 미디어 과의존 예방 및 해소 사업, 청소년폭력예방지원사업, 적용 연구 및 프로그램 개발사업, 청소년상담사 자격연수 · 보수교육사업, 직무연수사업, 전문연수사업, 전문상담사업, 청소년권리교육사업, 청소년복지시설 운영지원사업 등을 추진하고 있다.

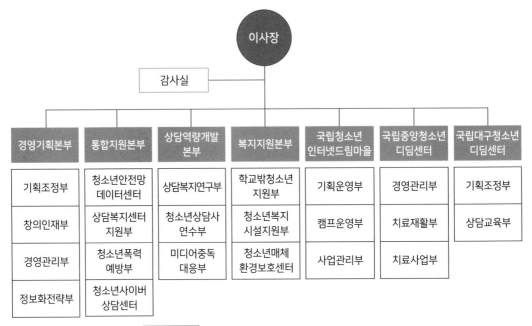

그림 4-4   **한국청소년상담복지개발원의 조직도**

출처: 한국청소년상담복지개발원 홈페이지.

(3) 한국청소년정책연구원

① 설립근거 및 목적

한국청소년정책연구원은 청소년 분야 국책연구기관으로 1989년 설립 당시에는 「청소년육성법」 제19조에 근거하였으나, 현재는 「정부출연연구기관 등의 설립·운영 및 육성에 관한 법률」에 설립근거를 두고 있다. 한국청소년정책연구원의 설립목적은 청소년 분야와 관련하여 정책 개발에 필요한 기초연구와 자료 축적을 통하여 미래사회의 새로운 국가 발전의 동력 창조에 기여하는 것이다. 청소년 분야와 관련되는 영역은 청소년의 올바른 인성 함양과 잠재력 계발, 청소년의 디지털·글로벌 역량 강화, 청소년 인권과 참여를 위한 사회환경 개선 그리고 소외계층 청소년복지·지원 등이 포함된다.

② 주요 기능 및 업무

한국청소년정책연구원의 주요 기능은 기초연구 및 미래전망, 정책연구 및 정책 평가, 교류협력 및 홍보 확산으로 구분할 수 있다. 기초연구 및 미래전망에서는 청소년의 육성과 보호를 위한 기초조사 및 이론 연구가 수행된다. 정책연구 및 정책 평가에서는 청소년정책 연구와 평가분석을 통한 고객만족이 수행된다. 교류협력 및 홍보 확산에서는 국내·외 교류

협력과 연구결과 홍보를 통한 위상 제고가 수행된다.

　이러한 기능에 따른 주요 업무는 기초조사, 정책 연구 및 개발, 정책 평가 및 자문, 대외교류 및 협력사업, 정책 및 연구자료 제공 등 다섯 가지로 구분할 수 있다. 기초조사 업무에서는 청소년 생활 · 의식 실태와 변화양상에 대한 종합적 조사연구를 통한 청소년정책 수립의 시계열적 기초자료를 축적하며, 청소년패널조사, 청소년개발지표연구, 전국청소년생활실태조사 등이 이루어진다. 정책 연구 및 개발 업무에서는 국가 · 지방자치단체의 청소년 관련 정책 수립을 위한 연구 및 정책 현안에 대한 대응 방안과 프로그램 개발이 이루어지며, 청소년육성기본계획 관련 기초연구 및 청소년일탈행동 연구 등의 업무가 추진된다. 정책 평가 및 자문 업무에서는 국가 · 지방자치단체의 청소년정책 효과분석을 위한 평가사업 및 자문 · 지원(청소년정책 · 사업 평가모형 개발)이 이루어지며, 청소년육성기금사업 성과평가 등이 추진된다. 대외교류 및 협력사업에서는 국내외 청소년 전문기관 및 관련기관과의 교류 · 협력이 이루어지며, 청소년 관련 국제 교류와 학술 심포지엄, 세계청소년연구개발협의회(WARDY) 운영 등이 추진된다. 정책 및 연구자료 제공 업무에서는 청소년 연구 및 정책 개발의 방향제시 · 의견수렴을 위한 세미나 · 협의회 개최, 연구자료 및 정책 관련 정보 제공 등이 이루어지며 학술세미나 개최, 연구 · 사업보고서 발간, 『한국청소년연구』 발간, 국내외 청소년 관련 저널 · 논문집 · 단행본의 수집 · 제공 등이 추진된다.

　한국청소년정책연구원은 기획조정본부와 5개의 실로 조직되어 있다. 기획조정본부에 청소년정책분석평가센터, 글로벌청소년연구센터, 아동 · 청소년 · 청년 통계센터를 두고 있다. 5개의 실은 경영지원실을 포함하여 청소년미래생태연구실, 청소년미디어문화연구실, 청소년삶의질연구실, 청년정책연구실로 구성되어 있다. 청소년미래생태연구실에 학교폭력예방교육지원센터와 청소년인성교육연구센터를 두고 있으며 청소년미디어문화연구실에 청소년진로개발센터를 두고 있다. 청소년삶의질연구실에는 학업중단예방 · 대안교육지원센터, 위(Wee)프로젝트 연구 · 지원센터, 이주배경청소년연구센터, 학교 밖 청소년 연구센터, 장애아동 · 청소년연구센터를 두고 있다. 청년정책연구실에는 청년자립지원연구센터가 있다.

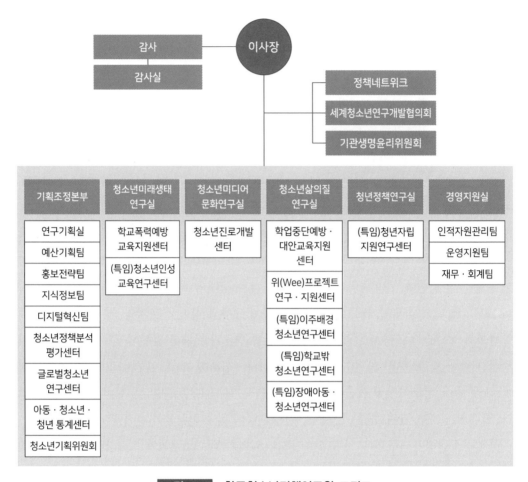

그림 4-5 **한국청소년정책연구원 조직도**

자료: 한국청소년정책연구원 홈페이지.

3. 청소년시설 · 단체와 청소년지도자

1) 청소년시설

(1) 청소년활동시설

청소년활동시설은 청소년수련활동, 청소년교류활동, 청소년문화활동 등 청소년활동에 제공되는 시설로서 그 종류는 청소년수련시설과 청소년이용시설로 구분된다(「청소년활동 진흥법」 제10조). 청소년수련시설에는 청소년수련관, 청소년수련원, 청소년문화의집, 청소년특화시설, 청소년야영장과 유스호스텔이 있다.

청소년이용시설은 수련시설이 아닌 시설로서 그 설치 목적의 범위에서 청소년활동의 실시와 청소년의 건전한 이용 등에 제공할 수 있는 시설이다. 여기에는 문화예술시설, 공공체육시설 그 외 기타 청소년이용시설이 포함된다.

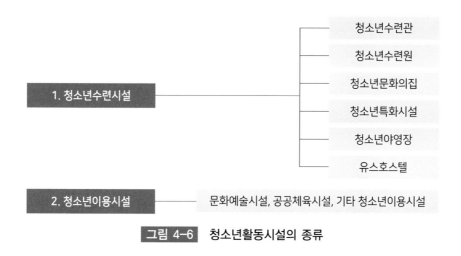

그림 4-6　청소년활동시설의 종류

① 청소년수련시설

청소년수련시설은 청소년의 수련활동에 필요한 여러 시설, 설비, 프로그램 등을 갖추고 청소년지도자의 지도하에 체계적이고 조직적인 수련활동을 실시하는 시설을 말한다. 청소년수련시설 중 청소년수련원과 청소년야영장은 산이나 바다에 인근한 자연권에 소재하고, 청소년수련관(청소년센터), 청소년문화의집, 청소년특화시설 등은 청소년들이 살고 있는 지역사회인 생활권에 소재하고 있다. 청소년수련원은 숙박기능을 갖춘 생활관과 다양한 청소년수련거리를 실시할 수 있는 각종 시설과 설비를 갖춘 종합수련시설이다. 청소년야영장은 야영에 적합한 시설 및 설비를 갖추고, 청소년수련거리 또는 야영 편의를 제공하는 수련시설이다. 청소년수련관은 다양한 청소년수련거리를 실시할 수 있는 각종 시설 및 설비를 갖춘 종합수련시설이다. 청소년문화의집은 간단한 청소년수련활동을 실시할 수 있는 시설 및 설비를 갖춘 정보 · 문화 · 예술 중심의 수련시설이다. 청소년특화시설은 청소년의 직업체험, 문화예술, 과학정보, 환경 등 특정 목적의 청소년활동을 전문적으로 실시할 수 있는 시설과 설비를 갖춘 수련시설이다. 그리고 유스호스텔은 청소년의 숙박 및 체류에 적합한 시설 · 설비와 부대 · 편익시설을 갖추고, 숙식편의 제공, 여행청소년의 활동 지원을 기능으로 하는 시설이다. 「청소년활동 진흥법」 제11조(수련시설의 설치 · 운영 등)에는 각 시설에 따른 설치 및 운영과 관련한 규정을 두고 있다.

청소년수련관과 관련하여 특별시장·광역시장·특별자치시장·도지사·특별자치도지사 및 시장·군수·구청장은 각각 청소년수련관을 1개소 이상 설치·운영하여야 한다. 청소년문화의집과 관련하여 시·도지사 및 시장·군수·구청장은 읍·면·동에 청소년문화의집을 1개소 이상 설치·운영하여야 한다. 또한 시·도지사 및 시장·군수·구청장은 청소년특화시설, 청소년야영장 및 유스호스텔을 설치·운영할 수 있도록 규정하고 있다. 이러한 설치 및 운영 규정에 따라 전국 시·도에는 837개의 청소년수련시설이 운영되고 있다. 청소년문화의집이 읍·면·동 단위의 지역을 근거로 설치되고 있어 전체적으로 가장 많은 시설이 운영되고 있음을 알 수 있다. 경기 지역의 경우, 수련관과 비교하여 2배가 넘는 청소년문화의집이 운영되고 있어 다른 지역보다 가장 많은 청소년문화의집이 운영되고 있으며, 다음으로 강원, 서울·제주, 전남 순으로 청소년문화의집이 운영되고 있다. 청소년문화의집은 제시한 청소년활동시설 중 가장 작은 규모의 청소년시설로서 청소년들의 일상생활권에 가장 근접하여 설치되어 도보로 접근 가능한 곳에 위치하는 것을 그 특징으로 볼 수 있다(여성가족부, 한국청소년수련시설협회, 2018). 따라서 다른 청소년시설과 비교하여 그 수가 더 증가될 가능성이 높다.

표 4-12 시·도별 청소년수련시설 현황 (단위: 개소)

구분	총계	수련관	문화의집	수련원	야영장	유스호스텔	특화시설
계	850	199	346	152	35	104	14
서울	75	32	28	3	0	4	8
부산	26	9	11	3	1	2	0
대구	22	5	10	3	0	2	2
인천	22	9	8	2	0	3	0
광주	18	5	11	1	0	0	1
대전	15	4	9	2	0	0	0
울산	14	4	7	1	2	0	0
세종	5	2	3	0	0	0	0
경기	177	37	83	32	10	14	1
강원	77	16	35	12	3	10	1
충북	49	8	16	19	1	5	0
충남	46	11	15	12	2	6	0
전북	57	11	22	13	3	7	1
전남	62	9	25	13	6	9	0

경북	61	16	19	12	1	13	0
경남	75	18	19	20	4	14	0
제주	49	3	25	4	2	15	0

출처: 여성가족부(2023).

② 청소년이용시설

청소년이용시설은 청소년수련시설이 아닌 시설이지만, 설치 목적의 범위 내에서 청소년활동 실시와 청소년의 건전한 이용 등을 위하여 제공할 수 있는 시설이다. 청소년이용시설에는 문화시설(「문화예술진흥법」 제2조 제1항 제3호), 과학관(「과학관의 설립·운영 및 육성에 관한 법률」 제2조 제1호), 체육시설(「체육시설의 설치·이용에 관한 법률」 제2조 제1호), 평생교육시설(「평생교육법」 제2조 제3호), 자연휴양림(「산림 문화·휴양에 관한 법률」 제13조, 제14조 및 제19조), 수목원(「수목원·정원의 조성 및 진흥에 관한 법률」 제2조 제1호), 사회복지관(「사회복지사업법」 제2조 제5호), 시민회관·어린이회관·공원·광장·고수부지와 그 밖에 이와 유사한 공공시설로서 수련활동 또는 청소년 여가선용을 위한 이용에 적합한 시설, 그 밖에 다른 법령에 따라 청소년활동과 관련되어 설치된 시설 등이 해당된다. 시장·군수·구청장은 청소년이용시설 중 상시 또는 정기적으로 청소년의 이용에 제공할 수 있는 시설로서 청소년지도사를 배치한 시설에 대해서는 청소년이용권장시설로 지정하여 다른 청소년이용시설에 우선하여 지원할 수 있다(「청소년활동 진흥법 시행령」 제17조).

(2) 청소년보호시설

청소년보호시설은 청소년을 유해한 환경으로부터 보호하고 피해 청소년의 치료와 재활을 지원하기 위한 시설로 「청소년 보호법」 제35조에 근거한 '청소년보호·재활센터'가 있다. 청소년에게 유해한 환경이란 청소년유해매체물, 청소년유해약물, 청소년유해업소 및 청소년폭력·학대를 말한다(「청소년 보호법」 제2조). 청소년보호에는 위기청소년에 대한 보호와 청소년에게 유해한 매체 및 환경에 대한 보호뿐만 아니라 인터넷 게임 중독 등에 대한 보호도 포함된다.

관련시설에는 가정 밖 청소년과 성매매 피해 청소년 등 위기청소년의 긴급구조와 일시보호를 위한 드롭인센터(drop-in center)가 있으며, 인터넷·스마트폰 과의존 청소년에 대해 종합적·전문적 치유 프로그램(상담·치유·활동·보호)을 제공하기 위한 '국립청소년인터넷드림마을'이 있다. '국립청소년인터넷드림마을'에서는 인터넷·스마트폰 과의존 정도에 따라 1주(7박8일)에서 4주(25박26일)까지의 과정으로 숙박하며 진행하는 맞춤형 치유 프로그램을 운영하고 있다. 개인·집단 및 가족 상담, 대안활동, 체험활동 등을 통해 참가 청소년들의 인터넷·스마트폰 과의존을 해소하고 올바른 이용습관을 길러 주기 위해 다양한 프로그램을 진행하고 있다. 최근 온라인도박으로 인해 일상생활에 어려움을 겪는 청소년이 늘어남에 따라 청소년 대상 기숙형 온라인도박 치유캠프를 운영하고 있다.

또한 정서·행동 면에서 어려움을 겪는 청소년을 대상으로 '상담·치료·보호·자립·교육' 등의 전문적이고 종합적인 서비스를 제공하기 위해 설립한 거주형 치료·재활 시설인 국립중앙청소년디딤센터, 국립대구청소년디딤센터가 있다. 주요 프로그램에는 상담(개인, 집단, 부모) 및 치료(음악, 미술, 동작, 정서, 명상, 원예, 승마, 통합예술, 놀이, 모래놀이 등)와 대안교육으로서 학습권 보장을 위한 초·중·고 대안교육 및 검정고시 준비, 공동가정생활 및 자치·동아리활동, 자립을 위한 개인의 관심·적성에 맞는 진로교육, 보호적 측면인 생활습관 및 사회적응행동, 대인관계기술 습득 등이 있다. 이 외에 「성매매방지 및 피해자 보호 등에 관한 법률」에 근거한 '청소년 지원시설'과 「청소년복지 지원법」에 근거한 '청소년 상담복지센터' 및 '청소년쉼터', 학교 밖 청소년 지원에 관한 법률에 근거한 '학교 밖 청소년 지원센터' 등도 청소년을 보호하기 위한 다양한 역할을 하고 있다.

(3) 청소년복지지원기관·시설

청소년복지란 청소년이 정상적인 삶을 누릴 수 있는 기본적인 여건을 조성하고 조화롭게 성장 및 발달할 수 있도록 제공되는 사회적·경제적 지원을 말한다(「청소년 기본법」제3조제4호). 이러한 청소년복지의 향상을 목적으로 청소년복지 지원기관 및 시설은 설립되었다. 청소년복지지원기관으로는 한국청소년상담복지개발원과 이주배경청소년지원센터가 있다. 청소년복지시설에는 청소년쉼터, 청소년자립지원관, 청소년치료재활센터, 청소년회복지원시설 등이 있다(「청소년복지 지원법」제31조).

청소년쉼터는 가정 밖 청소년에 대하여 가정·학교·사회로 복귀하여 생활할 수 있도록 일정 기간 보호하면서 상담·주거·학업·자립 등을 지원하는 시설이다. 청소년쉼터는 가정 밖 청소년의 일시보호 및 숙식 제공과 함께 상담, 학업 및 직업훈련 지원 등을 추진하고 있다. 청소년쉼터는 일시(7일 이내) 쉼터, 단기(3개월) 쉼터, 중장기(3년) 쉼터의 형태로 운영되고 있으며, 각 유형의 특성에 따른 지원활동을 하고 있다.

청소년자립지원관은 일정 기간 청소년쉼터 또는 청소년회복지원시설의 지원을 받았는데도 불구하고 가정·학교·사회로 복귀하여 생활할 수 없는 청소년에게 자립하여 생활할 수 있는 능력과 여건을 갖추도록 지원하는 시설이다.

　청소년치료재활센터는 학습 · 정서 · 행동상의 장애를 가진 청소년을 대상으로 정상적인 성장과 생활을 할 수 있도록 해당 청소년에게 적합한 치료 · 교육 및 재활을 종합적으로 지원하는 거주형 시설이다.

　청소년회복지원시설은 감호 위탁 처분(「소년법」 제32조 제1항 제1호)을 받은 청소년에게 보호자를 대신하여 그 청소년을 보호할 수 있는 자가 상담 · 주거 · 학업 · 자립 등 서비스를 제공하는 시설이다.

2) 청소년단체

(1) 한국청소년단체협의회
① 설립근거 및 목적

　한국청소년단체협의회는 국내 · 외 청소년단체의 협의기구로서 「청소년 기본법」 제40조의 규정에 근거하여 설립되었다. 바람직한 청소년육성과 국내외 청소년단체 간의 협력 및 교류와 지원을 목적으로 하고 있다. 한국청소년단체협의회는 국내 15개 민간청소년단체들의 자발적인 협의체로 창설(1965. 12. 8.)되었다. 이후 청소년문제에 대한 공동연구와 정보교환 및 상호협력을 도모하고, 청소년 관련 행정부처와 유관사회단체, 각급 학교 그리고 세계의 청소년 기구와 연계적인 협력체계를 구축하기 위해 청소년 및 지도자들을 위한 연합활동을 전개하기 시작하였다. 2005년 특수법인 체제를 갖추고 우리나라 청소년단체들의 협의체 역할 및 기능수행을 위한 활동을 추진하고 있다.

② 주요 기능 및 업무

　한국청소년단체협의회의 목적 사업으로는 회원단체가 행하는 사업과 활동에 대한 협조 · 지원, 청소년육성을 위한 홍보 및 실천운동, 우수청소년단체와 모범청소년지도자 및 청소년포상, 청소년 관련 도서 출판 및 정보 지원이 있으며, 국제기구(WAY, AYC 등) 활동, 청소년활동에 대한 조사 · 연구 · 지원 사업, 국제청소년센터 운영에 관한 사업 등이 있다. 또한 지방청소년단체협의회에 대한 협조 및 지원, 외국 청소년단체와의 교류 및 지원, 청소년지도자의 연수와 권익 증진 그리고 남 · 북청소년 및 해외교포청소년과의 교류 · 지원이 있다.

표 4-13	한국청소년단체협의회의 사업
목적 사업	

1. 회원단체의 사업과 활동에 대한 협조 · 지원
2. 청소년지도자의 연수와 권익증진
3. 청소년 관련 분야의 국제기구활동
4. 외국 청소년단체와의 교류 및 지원
5. 남 · 북청소년 및 해외교포청소년과의 교류 · 지원
6. 청소년활동에 관한 조사 · 연구 · 지원
7. 청소년 관련 도서 출판 및 정보 지원
8. 청소년육성을 위한 홍보 및 실천 운동
9. 제41조에 따른 지방청소년단체협의회에 대한 협조 및 지원
10. 그 밖에 청소년육성을 위하여 필요한 사업

출처: 국가법령정보센터 홈페이지.

연구 및 연수 활동의 중점사항은 청소년지도자의 업무역량 강화를 통한 청소년활동 역량 제고와 함께 청소년 관련 정책 이슈 발굴 및 청소년활동에 대한 정보를 제공하는 것이며 청소년단체활동 활성화를 위한 연계협력 방안을 모색하는 것이다. 이를 위해 청소년단체 전문연수, 청소년정책 연구세미나, 청소년단체활동 개선 · 발전연구사업을 추진하고 있다.

정보지원활동의 중점사항은 홈페이지를 통한 청소년활동 및 정책홍보의 기능 강화와 청소년단체활동 지원을 위한 온라인 인력풀 구축, 동영상 강의 확대를 통한 청소년지도자 온라인 교육환경 개선이다. 이를 위해 청소년단체활동의 대내 · 외 홍보를 연간 진행하고, 청소년정보콘텐츠 온라인 지원활동, 청소년활동 및 청소년정책홍보 지원활동을 추진하고 있다.

국제교류활동의 중점사항은 국제기구와 연대를 통한 국제협력의 확대, 국제교류 확대를 통한 청소년 및 지도자의 글로벌 역량 강화, 사업 내실화를 통한 효율적인 활동 체계 구축이다. 이를 위해 청소년 국제기구활동과 함께 청소년 및 청소년지도자 국제교류 초청, 글로벌 청소년 서밋 등 국제청소년행사를 국내에서 개최하고 있다.

대외협력의 중점사항은 청소년단체활동 내실화를 위한 단체 지원 강화와 청소년지도자 간 화합 · 교류의 장 마련 및 유기적 협력관계의 구현이며 청소년활동 활성화를 위한 자문 및 협력 방안 모색이다. 이를 위해 회원단체협력활동 프로그램 공모지원사업, 전국청소년지도자대회, 실무위원회 정책연구 간담회, 지방청소년단체협의회 네트워크 강화 및 활성화 지원, 청소년정책연대 운영 등을 추진하고 있다.

(2) 한국청소년수련시설협회

① 설립근거 및 목적

한국청소년수련시설협회는 전국의 청소년수련시설의 발전을 진흥하고 청소년수련시설 간 연계협력을 위한 협의기구로서 「청소년활동 진흥법」 제40조에 근거하여 설립되었다. 한 국청소년수련시설협회의 설립 목적은 청소년시설의 전문화 및 선진화를 통하여 청소년활 동의 활성화와 건전한 청소년육성에 기여하는 것이다. 이에 따라 청소년수련시설의 발전 진흥을 위한 지원, 청소년수련시설 간 연계협력을 위한 협의와 조정, 청소년수련시설운영 활성화정책 개진 및 유관단체와의 협력을 설립 이념으로 한다.

② 주요 기능 및 업무

한국청소년수련시설협회의 목적 사업으로는 청소년수련시설(위탁단체)에서 실시하는 사 업에 대한 협력 및 지원, 청소년지도자의 연수와 권익 증진 및 교류사업, 청소년수련활동의 활성화 및 수련시설의 안전에 관한 홍보 및 실천 운동, 청소년수련활동에 대한 조사 및 연 구와 지원사업 등이 있다.

표 4-14 한국청소년수련시설협회의 사업

목적 사업
1. 시설협회의 회원인 수련시설 설치 · 운영자 및 위탁운영단체가 실시하는 사업과 활동에 대한 협력 및 지원
2. 청소년지도자의 연수, 권익 증진 및 교류사업
3. 청소년수련활동의 활성화 및 수련시설의 안전에 관한 홍보 및 실천운동
4. 청소년수련활동에 대한 조사 · 연구 · 지원사업
5. 지방청소년수련시설협회에 대한 지원
6. 그 밖에 수련시설의 운영 · 발전을 위하여 필요하다고 여성가족부장관이 인정하는 사업

출처: 국가법령정보센터 홈페이지.

한국청소년수련시설협회가 추진하고 있는 주요 사업으로는 청소년수련시설의 실태를 조사하고 관리하며 관련 통계를 분석하는 것과 청소년수련시설의 투명성 및 서비스의 질 향상을 위한 평가 및 컨설팅 지원이 있다. 그리고 청소년수련시설의 안전성 확보를 위한 안 전관리지원이 진행되고 있으며 청소년활동 및 시설의 정보제공을 위한 시설정보시스템을 운영하고 있다. 또한 청소년수련시설 종사자의 전문성 향상을 위한 교육연수와 함께 청소 년수련시설 종사자의 권익옹호와 복지증진, 청소년지도사의 취업정보제공을 추진하고 있다. 더하여 예비 청소년지도사의 전문성 및 역량 강화를 위한 현장실습 지원도 이루어지고 있다.

3) 청소년지도자

청소년지도자란 「청소년 기본법」 제21조와 제22조에 근거한 청소년지도사와 청소년상담사를 포함하여 청소년 시설 및 단체 등에서 청소년육성과 청소년지도 업무에 종사하는 자를 말한다.

(1) 청소년지도사
① **개념 및 역할**

청소년지도사란 청소년지도사 자격검정에 합격하고 청소년지도사 연수기관에서 실시하는 연수과정을 모두 마쳐 주무부처장관(여성가족부장관)으로부터 청소년지도사의 자격을 부여받은 전문가이다(「청소년 기본법」 제21조 제1항).

청소년지도사의 역할은 주로 청소년활동 프로그램 및 사업을 운영하며 청소년의 수련활동, 교류활동(지역 및 국가 간), 동아리활동, 봉사활동, 예술활동 등을 지도하는 것이다. 청소년지도사의 역할과 직무를 구체적으로 살펴보면, 첫째, 청소년활동의 운영적인 측면을 살펴볼 수 있다. 청소년지도사는 청소년활동 프로그램을 기획하고 운영하는 전문가이다. 프로그램을 기획하는 데에는 요구분석과 프로그램의 설계 및 개발의 역할이 필요하다. 기획한 프로그램을 실제 운영하는 측면에서는 프로그램의 운영과 평가의 역할이 필요하다. 둘째, 청소년활동 프로그램에 참가한 청소년 참여자와의 관계 형성 측면에서의 역할이 있다. 청소년지도사는 교육자로서의 역할과 함께 청소년의 적극적인 참여를 이끌어 내는 활동촉진자로서의 역할을 수행할 필요가 있다. 청소년교육을 수행하는 교육자로서의 역할과 함께 청소년상담, 참여 촉진, 참가자 조직 등의 활동촉진자로서의 역할을 수행한다. 셋째, 행정업무 수행 측면에서의 역할이 있다. 행정업무 수행에 있어서 관리행정가로서의 역할과 변화촉진자로서의 역할을 살펴볼 수 있다. 기관의 운영 및 프로그램 예산의 관리ㆍ집행에 따른 관리행정가로서의 역할이 있고, 조직 구조 및 풍토의 개선에 따른 변화촉진자로서의 역할이 있다. 넷째, 네트워크 실행 측면에서의 역할이다. 네트워크 구축자로서의 역할과 네트워크 운영자로서의 역할이 있다. 네트워크 구축자로서는 인적 네트워크 구축과 조직 간 협력 체계 구축의 역할이 있고, 네트워크 운영자로서의 역할은 동아리 조직과 운영에 필요한 역할이다(서희정 외, 2016).

이렇듯 청소년지도사의 역할은 청소년활동의 운영적인 측면, 참여자와의 관계 형성 측면, 행정업무 수행 측면, 네트워크 실행 측면 등 다양한 영역에서 수행 역할을 살펴볼 수 있다. 다양한 역할을 수행할 수밖에 없는 청소년지도사의 현실적인 상황을 고려할 때, 이에 대하여 산만하고 보편적인 역할을 수행하게 된다는 시각이 있다. 관련법에서는 청소년지도사의 역할을 특수한 또는 전문적인 역할로 명시하고 있으나 실제 청소년 지도 현장에서 수행하는 역할을 살펴보면, 다양한 역할에 따라 담당자에게 부여된 직무에 상당한 차이가 있다는 것이다. 따라서 이에 대한 요구를 한 명의 청소년지도사가 수행하게 된다면 특수하고 전문적인 청소년지도사의 역할이 산만하고 보편적인 역할로 변화되는 측면을 살펴볼 수 있다(길은배 외, 2005).

② 청소년지도사의 활동 분야

청소년지도사의 활동 분야는 국가정책 차원의 청소년활동, 교육 차원의 청소년활동 그리고 민간 차원의 청소년활동으로 구분할 수 있다. 국가정책 차원의 청소년활동 분야에는 한

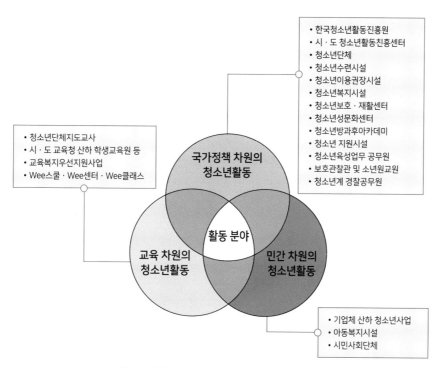

그림 4-7 청소년지도사의 활동 분야

출처: 한국청소년활동진흥원 홈페이지.

국청소년활동진흥원 및 시·도 청소년활동진흥센터, 청소년수련시설 및 단체, 청소년복지시설, 청소년성문화센터, 청소년 지원시설과 함께 청소년육성업무 공무원이 포함된다. 교육차원의 청소년활동 분야에는 청소년단체지도교사, 시·도 교육청 산하 학생교육원 등이 포함되며, 민간 차원의 청소년활동 분야에는 아동복지시설 및 시민사회단체 등이 해당된다.

③ 청소년지도사의 배치기준

청소년지도사의 배치는 청소년수련시설의 특성 및 규모, 청소년단체의 규모에 따라 각각 다른 기준으로 청소년지도사를 배치하도록 규정하고 있다. 「청소년 기본법 시행령」 제25조제2항에 제시된 청소년시설 및 청소년단체의 청소년지도사 배치기준은 〈표 4-15〉, 〈표 4-16〉과 같다.

표 4-15 청소년수련시설의 청소년지도사 배치기준

배치대상	배치기준
청소년 수련관	• 1급 또는 2급 청소년지도사 각각 1명 이상을 포함하여 4명 이상의 청소년지도사를 두되, 수용인원이 500명을 초과하는 경우에는 500명을 초과하는 250명당 1급, 2급 또는 3급 청소년지도사 중 1명 이상을 추가로 둔다.
청소년 수련원	• 1급 또는 2급 청소년지도사 1명 이상을 포함하여 2명 이상의 청소년지도사를 두되, 수용정원이 500명을 초과하는 경우에는 1급 청소년지도사 1명 이상과 500명을 초과하는 250명당 1급, 2급 또는 3급 청소년지도사 중 1명 이상을 추가로 둔다. • 지방자치단체에서 폐교시설을 이용하여 설치한 시설로서 특정 계절에만 운영하는 시설의 경우에는 청소년지도사를 두지 않을 수 있다.
유스 호스텔	• 청소년지도사를 1명 이상 두되, 숙박정원이 500명을 초과하는 경우에는 1급 또는 2급 청소년지도사 1명 이상을 추가로 둔다.
청소년 야영장	• 청소년지도사를 1명 이상 둔다. • 다만, 설치·운영자가 동일한 시·도 안에 다른 수련시설을 운영하면서 청소년야영장을 운영하는 경우로서 다른 수련시설에 청소년지도사를 둔 경우에는 그 청소년야영장에 청소년지도사를 별도로 두지 않을 수 있다. • 국가, 지방자치단체, 그 밖에 공공법인이 설치·운영하는 청소년야영장으로서 청소년수련거리의 실시 없이 이용 편의만 제공하는 경우에는 청소년지도사를 두지 않을 수 있다.
청소년 문화의집	• 청소년지도사를 1명 이상 둔다.
청소년 특화시설	• 1급 또는 2급 청소년지도사 1명 이상을 포함하여 2명 이상의 청소년지도사를 둔다.

※ 청소년수련시설은 「청소년활동 진흥법」 제10조 제1호에 따른 청소년수련시설을 말한다.
출처: 국가법령정보센터 홈페이지.

표 4-16　청소년단체의 청소년지도사 배치기준

배치대상	배치기준
청소년 단체	• 청소년회원 수가 2천 명 이하인 경우에는 1급 청소년지도사 또는 2급 청소년지도사 1명 이상을 두되, • 청소년회원 수가 2천 명을 초과하는 경우에는 그 초과하는 2천 명마다 1급 청소년지도사 또는 2급 청소년지도사 1명 이상을 추가로 두며, • 청소년회원 수가 1만 명 이상인 경우에는 청소년지도사의 5분의 1 이상은 1급 청소년지도사로 두어야 한다.

출처: 국가법령정보센터 홈페이지.

④ 자격검정 변천과정

　청소년지도사 자격검정제도는 그동안 몇 번의 제도적 변화를 거쳤다. 1993년 처음으로 자격검정제도가 시행된 시기에는 사전연수를 통하여 자격증 취득이 가능하도록 제도화되었다. 대학의 청소년(지도)학과에서 교육과정을 이수한 지원자를 제외하고 시행 당시 청소년육성 현장에서 일하고 있는 전문가들을 대상으로 사전연수를 실시하여 청소년지도사라는 국가자격을 취득할 수 있는 기회가 제공되었다. 이렇게 시작한 사전연수제도는 1999년 개정을 통해 폐지되었으며, 자격검정시험 합격 후 합격자 대상으로 하는 자격연수가 실시되었다. 이와 함께 2급과 3급에 청소년지도사의 전문화 강화 방안에 따른 전문선택 영역(13개)이 추가되었다. 전문선택 과목을 응시과목에 포함하여 시험이라는 과정을 통해 해당 전문성을 함양할 수 있도록 제도화하였으나 문제 출제의 어려움 및 응시과목의 복잡성, 전문성 함양의 실효성 등이 검토되면서 2005년도에 2급과 3급의 전문선택 영역이 폐지되고 등급에 따른 시험과목이 1급 5과목, 2급 8과목, 3급 7과목으로 조정되었다. 이후 응시자격요건 및 자격연수 등 제도적 측면에서의 변화는 없었으나 2010년 시험운영을 담당한 위탁기관이 한국산업인력공단으로 변경되었다.

표 4-17　청소년지도사 자격검정의 제도 변화

구분	1993년 시행	1999년 개정	2005년 개정
자격 제도 특성	• 사전연수제도 • 양성기관 지정(대학 및 청소년 단체) ※ 사전연수 후 자격검정	• 사전연수제도 폐지 • 2 · 3급에 13개 전문선택 영역 추가(전문성 강화) • 응시자격 개방체제 ※ 자격검정 후 합격자 연수	• 2 · 3급 전문선택 영역 폐지 • 대학에서 시험과목 이수자 필기시험 면제(2008년) • 시험과목 조정(1급 5과목, 2급 8과목, 3급 7과목) • 응시자격 강화(종사경력 1년씩 추가) ※ 자격검정 후 합격자 연수

연수	사전연수	• 대학의 청소년(지도)학과 (이수과정 면제) • 한국청소년개발원, 한국보이·걸스카우트 연맹, 한국청소년연맹	-	-
	자격연수	-	• 자격연수 선택: 한국청소년 개발원 * (1999~2002년) 구제도 경과 조치 • 자격연수 의무: 한국청소년 수련원 * (2002~2005년) 신제도	• 자격연수 의무: 연수시간 상향 (20시간 → 30시간 이상) 한국청소년수련원
	전문연수	-	• 청소년 관련 단체 및 대학 (문화관광부 지원) • 2002년 연수과정 시범 운영(한국청소년수련원) • 2003년 전문연수운영 기관 • 공모선정시스템 도입 운영	• 국비지원 전문연수 폐지(전문연수과정 → 청소년지도사 연수과정) • '한국청소년수련원' 자체 예산 편성 운영

출처: 한국청소년활동진흥원 홈페이지.

(2) 청소년상담사

① 개념 및 역할

청소년상담사란 청소년상담사 자격검정에 합격하고 청소년상담사 연수기관에서 실시하는 연수과정(100시간 이상)을 모두 마쳐 주무부처장관(여성가족부장관)으로부터 청소년상담사의 자격을 부여받은 전문가이다(「청소년 기본법」 제22조 제1항).

청소년상담사의 역할은 주로 기본적인 청소년상담 업무 및 집단상담의 지도 업무를 수행하는 것이다. 이와 관련하여 매체상담 및 심리검사 등도 실행하게 된다. 청소년상담의 실행 역할로서 일정 경력을 쌓게 되면 청소년의 문제영역에 따라 전문적 개입을 하는 역할과 함께 청소년상담과 관련한 독자적 연구 수행의 역할도 수행하게 된다.

② 활동 분야

청소년상담사의 활동 분야는 국가정책 차원의 청소년상담, 교육 차원의 청소년상담 그리고 민간 차원의 청소년상담으로 구분할 수 있다. 국가정책 차원의 청소년상담 분야에는 한국청소년상담복지개발원 및 시·도 센터, 경찰청 및 법무부, 사회복지기관, 청소년수련관, 청소년쉼터와 함께 청소년 관련 복지시설이 포함된다. 교육 차원의 청소년상담 분야에는 학교청소년상담사, 초 · 중 · 고등학교 상담교사, 대학의 학생상담센터 등이 포함되며, 민간 차원의 청소년상담 분야에는 개인 상담연구소, 기업상담실, 사회복지기관 등이 해당된다.

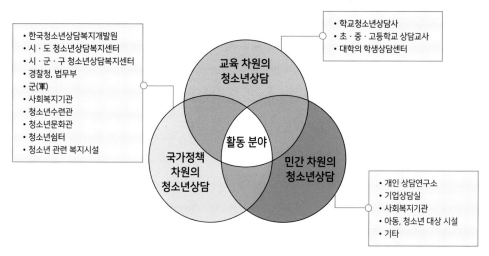

그림 4-8 청소년상담사의 활동 분야

출처: 한국청소년상담복지개발원 홈페이지.

③ 청소년상담사의 배치기준

청소년상담사의 배치는 청소년상담기관의 특성 및 규모에 따라 각각 다른 기준으로 청소년상담사를 배치하도록 규정하고 있다. 「청소년 기본법 시행령」 제25조 제2항에 제시된 청소년상담사 배치기준은 〈표 4-18〉과 같다.

표 4-18 청소년상담사 배치기준

배치대상 청소년시설	배치기준
「청소년복지 지원법」 제29조에 따라 특별시 · 광역시 · 도 및 특별자치도에 설치된 청소년상담복지센터	청소년상담사 3명 이상을 둔다.
「청소년복지 지원법」 제29조에 따라 시 · 군 · 구에 설치된 청소년상담복지센터	청소년상담사 1명 이상을 둔다.
「청소년복지 지원법」 제31조 제1호부터 제3호까지의 규정에 따른 청소년복지시설	청소년상담사 1명 이상을 둔다.

출처: 국가법령정보센터 홈페이지.

관련 토론/토의 주제

1. 주무부처와 각 시·도 청소년 관련 행정조직의 담당 역할을 고찰하여 청소년육성정책 추진의 일관성에 대해 생각해 봅시다.
2. 한국청소년활동진흥원과 한국청소년상담복지개발원에서 맡고 있는 기능과 역할의 실효성에 대해 생각해 봅시다.
3. 청소년지도사와 청소년상담사의 전문성 신장을 위해 필요한 정책에 대해 생각해 봅시다.

참고문헌

강병연, 황수주(2016). 청소년육성제도론. 양성원.
길은배, 문성호, 이미리(2005). 청소년지도사 근로실태 및 전문화 방안 연구. 한국청소년정책연구원.
서희정, 구경희, 이은진(2016). 청소년지도사의 활동역량 탐색. 청소년문화포럼, 48, 29-60.
여성가족부(2022). 2022 청소년백서. 여성가족부.
여성가족부(2022. 3. 16.). '제4기 청소년정책위원회' 신규 위원 13명 위촉. 여성가족부.
여성가족부(2023). 2023 청소년백서. 여성가족부.
여성가족부, 한국청소년수련시설협회(2018). 2019 청소년문화의 집 운영매뉴얼.

각 시·도 지방자치단체 홈페이지(2024. 2. 기준).
국가법령정보센터 홈페이지 https://www.law.go.kr/
국립대구청소년디딤센터 홈페이지 http://www.youthfly.or.kr
국립중앙청소년디딤센터 홈페이지 http://www.nyhc.or.kr
국립청소년인터넷드림마을 홈페이지 https://www.nyit.or.kr
여성가족부 홈페이지 https://www.mogef.go.kr
한국청소년단체협의회 홈페이지 https://ncyok.or.kr/
한국청소년상담복지개발원 홈페이지 https://www.kyci.or.kr/
한국청소년수련시설협회 홈페이지 http://youthnet.or.kr/
한국청소년정책연구원 홈페이지 https://www.nypi.re.kr/
한국청소년활동진흥원 홈페이지 https://kywa.or.kr/

제5장

청소년육성정책

1. 청소년육성과「청소년육성법」

1) 청소년육성의 개념

청소년육성은 1987년「청소년육성법」이 제정되면서 '육성'이라는 개념이 법·제도적으로 처음 등장하였으며, 1991년 우리나라에서「청소년 기본법」이 제정되면서 청소년을 대상으로 한 별도의 정책영역으로 부각되었다고 할 수 있다. 이는 기존의 학교 공교육제도의 본질적 한계를 인정하고, 이를 보완하는 데 중점을 두며 청소년의 전인적 성장과 변화를 지원하는 새로운 국가 정책의 영역으로 청소년복지, 청소년보호와 함께 확립되었다고 할 수 있다.

청소년육성의 법적 개념은 "청소년활동을 지원하고 청소년의 복지를 증진하며 사회 여건과 환경을 청소년에게 유익하도록 개선하고 청소년을 보호하며 청소년에 대한 교육을 보완함으로써 청소년의 균형 있는 성장을 돕는 것을 말한다."고「청소년 기본법」에서 규정하고 있다.

청소년육성과 학교교육이 상호보완적 관계에 있으며, 청소년육성은 청소년들에게 인간답게 살아가는 여러 가지 정서적인 능력과 도덕적인 능력을 함양시키는 데 중요한 역할을 한다. 이 과정에서 청소년 관련 사회제도와 법적 제도가 마련되어, 청소년수련활동을 포함한 청소년활동, 청소년복지, 청소년보호, 청소년 환경, 청소년문화, 청소년상담활동 등이 포함된다는 것을 의미한다. 또한 청소년육성은 사회와 자연 속에서 청소년의 도덕적 능력을 함양하고 이에 영향을 미치는 여건과 환경을 조성하는 기능을 포함하여 학교교육과는 대비되는 체험 중심의 각종 활동을 통해 지성, 덕성과 체력 함양에 중점을 두고 있으며, 심신 단련, 자질 배양, 취미 개발, 정서 함양, 사회봉사 등을 통해 청소년의 균형 있는 성장을 지원한다는 의미를 가지고 있다.

과거 가정의 교육적 기능 약화와 함께 가정과 학교 외의 사회교육의 필요성이 대두되면서, 청소년육성은 학교교육을 보완하고 청소년이 사회의 구성원으로서 필요한 덕성과 체력, 도덕적 능력을 함양하는 데 중점을 두고 있다. 이를 통해 청소년활동의 활성화, 청소년복지 증진, 청소년 유해환경 개선 및 유익환경 조성, 청소년문화 지원, 비행 등의 선도, 교류 확대, 상담, 청소년을 위한 제반 과제에 대한 통합적 접근이 가능하다고 할 수 있다.

따라서 청소년육성은 단순히 이념적·개념적 선언에 그치지 않고, 실제 우리 청소년의 삶과 연결되어 그 이념과 목적이 청소년 개개인에게 긍정적 성장과 변화를 지원할 수 있도록 다양한 조건과 방침, 제도 등이 마련되어야 한다. 또한 청소년육성정책과 제도는 청소년의 균형 있는 성장과 조화로운 발달을 지원하는 방향으로 구체적으로 제시되어야 한다.

2) 「청소년육성법」의 제정 의의

1987년 제정된 「청소년육성법」의 의의는 청소년의 건전한 성장과 발달을 지원하고 보호하기 위한 법적 · 사회적 기반을 마련하는 데에 있다. 또한 「청소년육성법」은 이후 「청소년기본법」 제정의 토대가 되었고 법명에 '청소년'과 '육성'이라는 용어가 최초로 들어간 청소년 관련법이라는 의의를 가지고 있으며 「청소년 기본법」의 제정으로 폐지된 법이다.

「청소년육성법」에서는 청소년이 사회의 건강한 구성원으로 성장할 수 있도록 다음과 같은 여러 측면의 제정 의의를 가지고 있다.

(1) 청소년의 보호와 권리

청소년이 신체적 · 정신적으로 건강하게 성장할 수 있는 환경을 보장한다. 이는 부적절한 정보로부터 청소년을 보호하고 교육받을 권리, 안전한 생활환경 등을 제공한다는 의미이다.

(2) 청소년의 교육과 발달

청소년의 전인적 발달과 성장을 지원하기 위한 교육적 조치들을 마련한다. 이는 학교교육뿐만 아니라 사회적 · 문화적 · 신체적 활동을 기반으로 한 비형식적 교육 기회의 확대를 의미한다.

(3) 청소년의 참여와 소통

청소년이 사회적으로 참여하고 자신의 의견을 표현할 수 있는 기회를 제공함으로써, 자아정체성의 확립과 사회적 책임감을 높이는 데 기여한다. 이는 청소년의 사회적 참여를 장려하고, 청소년이 자신들의 의견을 사회에 전달할 수 있는 채널을 만들 수 있는 기회를 제공한다.

(4) 청소년의 복지와 지원

경제적 · 사회적 어려움에 처한 청소년을 지원하기 위한 복지정책을 마련한다. 이는 빈곤, 학대, 방임 등 다양한 위험으로부터 청소년을 보호하고, 필요한 지원을 제공하여 모든 청소년이 동등한 기회를 가질 수 있도록 한다.

(5) 청소년의 법적 보호

청소년 관련 범죄와 학대로부터 청소년을 보호하고, 청소년의 법적 권리를 신장하기 위한 조치를 포함한다. 이는 청소년을 대상으로 한 범죄에 대한 엄격한 처벌과 예방 조치뿐만 아니라, 청소년이 법적 문제에 직면했을 때 적절한 지원을 받을 수 있도록 하는 것을 의미한다.

「청소년육성법」의 제정은 청소년이 보호받고, 건강하게 성장하며, 사회적으로 책임감 있는 구성원으로 자라날 수 있는 기반을 마련하는 중요한 역할을 했다. 이를 통해 사회 전반에 걸쳐 청소년의 권리와 복지가 강화되고, 청소년이 자신의 잠재력을 최대한 발휘할 수 있는 환경을 조성하려는 시도와 함께「청소년 기본법」탄생에 큰 기반이 되었다. 또한 국가의 행정이 종래의 소극적인 청소년보호, 규제대책에서 벗어나 그들의 건전한 성장과 발달을 위하여 적극적으로 육성하려는 정책과 제도를 시행하게 되고 이것이 법에 반영되어「청소년육성법」을 형성하게 되었다(강병연, 황수주, 2016).

「청소년육성법」과「청소년 기본법」은 청소년이 건강하게 성장하고, 사회의 책임 있는 구성원으로 자립할 수 있도록 국가가 지원해야 하는 당위성과 함께 국가의 책임이라고 규정하고 있다. 더불어「청소년육성법」을 시작으로「청소년 기본법」의 제정은 법적인 틀을 통해 청소년의 권리를 보호하고, 청소년의 전반적인 복지를 증진시키기 위해 다양한 조치와 정책을 수립하는 근거와 함께 향후 청소년지도 분야의 양적·질적 성장과 발전에 큰 기여를 했다고 할 수 있다.

2.「청소년 기본법」

1)「청소년 기본법」의 제정 의의

「청소년 기본법」의 제정은 한국에서 청소년정책과 관련한 법적·제도적 기반을 마련했다는 아주 중요한 의미를 가지고 있다.「청소년 기본법」은 청소년의 권리와 복지를 증진하고, 청소년이 건강하게 성장할 수 있는 사회적 환경을 조성하는 데 목적을 두고 있다.

「청소년 기본법」의 제정은 여러 가지 측면에서 중요한 의의가 있으며, 중요한 내용은 다음과 같다.

(1) 청소년의 권리와 복지 강조

「청소년 기본법」은 청소년을 독립적인 권리의 주체로 인정하며, 청소년이 인격적으로 존중받고, 건강하게 성장할 수 있는 권리를 명시하고 있다. 이는 청소년을 단순히 보호해야 할 대상이 아닌 자신의 권리를 가진 주체로 보는 인식의 전환을 의미한다.

(2) 청소년지도와 정책의 법적 기반 마련

「청소년 기본법」은 청소년 관련 정책을 수립하고 실행하는 데 있어 법적 기반을 제공하고, 청소년지도를 위한 정책 용어의 정의, 청소년단체와 시설의 개념, 청소년지도자 양성 등의 법적 기반을 제공하고 있다. 이 법에 의해 청소년 관련 정책과 사업, 프로그램은 보다 체계적이고 일관된 방향으로 수립, 개발, 적용될 수 있다.

(3) 청소년의 전인적 발달 지원

「청소년 기본법」은 청소년의 신체적(육체적)·정신적·심리적·사고적·인지적·도덕적·사회적 발달을 종합적으로 지원하는 것을 목적으로 한다. 이는 활동, 복지, 보호, 교육, 문화, 예술, 체육, 취미 등 다양한 분야에서 청소년의 잠재력을 개발하고, 창의적인 역량을 키울 수 있는 기회를 제공한다.

(4) 청소년의 참여와 소통의 확대

「청소년 기본법」은 청소년의 사회 참여를 장려하고, 청소년의 의견이 정책 수립 과정에 참여, 반영될 수 있는 메커니즘을 마련하는 데 중점을 두고 있다. 이는 청소년이 자신들의 삶과 직접 관련된 사항에 대해 목소리를 낼 수 있는 기회를 확대하고, 청소년과 사회 간의 소통을 촉진하는 역할을 한다.

(5) 가정, 사회, 국가와 지방자치단체의 책임 명시

「청소년 기본법」은 국가와 지방자치단체가 청소년의 건전한 성장을 지원하고, 청소년 관련 정책을 적극적으로 추진할 책임이 있음을 명시하고 있다. 이는 청소년복지와 관련된 정책 및 프로그램이 일관되고 지속적으로 지원받을 수 있는 구조적 기반을 마련한다고 할 수 있으며, 청소년을 둘러싸고 있는 가정, 사회, 국가의 책임을 정확히 명시하고 있다.

종합하면, 「청소년 기본법」의 제정을 통해 한국 사회에서 청소년을 바라보는 관점과 접근 방식에 중요한 변화를 가져왔으며, 청소년의 권리 보호와 발달 지원을 위한 법적·제도적 기반을 강화하는 데 크게 기여했다고 할 수 있다.

2) 「청소년 기본법」의 제정 목적

「청소년 기본법」의 제정 목적은 청소년의 권리 및 책임과 가정, 사회, 국가 및 지방자치단체의 청소년에 대한 책임을 정하고, 청소년육성정책에 관한 기본적인 사항을 규정함을 목적으로 한다(법 제1조). 이는 청소년의 건전한 성장과 발달을 지원하고, 청소년이 사회의 건강한 구성원으로 성장할 수 있도록 하는 데 중점을 둔다는 것이며, 청소년의 권리와 복지를 보장하고, 청소년에 대한 사회적 지원체계를 강화한다는 의미이다. 구체적으로 「청소년 기본법」이 담고 있는 주요 제정 목적은 다음과 같다.

(1) 청소년의 권리 보호와 증진

청소년의 기본적 권리를 보장하고, 청소년보호를 증진하기 위해 청소년이 인격적으로 존중받으며, 가정과 사회 등 건강하고 안전한 환경에서 성장할 수 있도록 법적 기반을 마련한다.

(2) 청소년의 전인적 발달 지원

청소년의 신체적·정신적·심리적·사회적·사고적·인지적·도덕적 발달을 촉진하기 위한 법적·제도적 지원체계를 구축한다. 이를 통해 청소년이 자신의 소질을 개발하고 잠재력을 최대한 발휘하여 다양한 역량을 갖춘 인재로 성장할 수 있도록 지원한다.

(3) 청소년의 복지 증진

청소년이 건강하고 문화적인 생활을 영위할 수 있도록 조화로운 성장을 증진하고, 청소년의 복지 증진을 위한 다양한 정책을 개발하고 관련 사업과 프로그램을 시행한다.

(4) 청소년의 사회 참여 확대

청소년이 우리 사회의 다양한 사회적·지역적 문제에 관심을 가지고 이에 대해 적극적으로 의견을 표현하고 참여할 수 있는 기회를 제공함으로써 청소년의 사회적 역량과 리더십을 강화한다.

(5) 청소년 관련 정책의 체계적 수립 및 추진

청소년 관련 정책의 체계적인 수립, 조정, 평가를 위한 법적 기반을 마련한다. 이를 통해 청소년정책의 일관성과 효율성을 높이고, 청소년정책에 대한 국가와 지방자치단체의 책임을 강화하고자 한다.

이상에서 살펴본 「청소년 기본법」은 제정 목적을 바탕으로 청소년이 건강하게 성장하고, 다양한 사회적 기회에 참여할 수 있는 환경을 조성하는 데 중요한 역할을 하며, 청소년활동과 청소년의 권리 및 복지를 증진하고 가정과 사회, 국가가 함께 책임지고 보호해야 한다는 인식을 법적으로 명확히 하고 있다고 할 수 있다. 이를 기반으로 청소년의 전인적(신체적·정신적·심리적·사고적·인지적·도덕적) 발달을 도모하고 청소년의 긍정적인 변화(성장과 발전)를 위한 다양한 법적·제도적 조치를 규정하고 있다고 할 수 있다.

3) 「청소년 기본법」의 주요 내용

1991년 제정된 「청소년 기본법」은 청소년의 권리와 복지 증진을 위해 제정된 법률로, 청소년활동을 통해 청소년을 건강하게 성장시키고, 그들의 권익을 보호하며 청소년문제를 예방하고 해결하고 개선하기 위한 법적 근거를 가지고 있는 법이다.

이러한 「청소년 기본법」의 주요 내용은 정리하면 다음과 같다.

(1) 청소년의 법적 정의와 권리

「청소년 기본법」은 특정 나이(9~24세)의 인구를 '청소년'으로 규정, 정의하고 있으며 청소년의 인권과 복지를 증진시키기 위한 청소년의 권리를 명시하고 그 권리에는 건강, 교육, 참여의 권리 등을 포함하고 있다.

(2) 청소년의 건강과 안전

청소년의 신체적(육체적)·정신적(심리적) 건강을 보호하고 증진하기 위한 규정을 가지고 있으며 그 규정에는 불법 마약, 알코올, 흡연 및 성적 학대로부터의 보호를 포함하고 있다.

(3) 청소년의 교육과 직업훈련

모든 청소년이 질 높은 교육을 받을 권리와 함께 직업훈련과 경력개발의 기회를 갖도록 하고 있으며 이는 청소년이 사회의 유용한 구성원으로 성장할 수 있도록 지원한다는 의미를 가지고 있다.

(4) 청소년활동의 보장

문화 활동과 여가 시간을 활용한 수련활동, 교류활동을 권장하고 있다. 청소년이 문화 활동에 참여하고 건전한 여가 시간을 갖도록 장려하고 있음을 의미하며 이는 청소년의 창의력과 사회성 발달에 중요한 역할을 하고 있다.

(5) 청소년 참여의 보장

청소년이 자신들의 삶과 관련된 결정 과정에 참여할 수 있도록 청소년 참여를 보장하고 있다. 이는 청소년이 사회적·정치적 문제에 대해 의견을 표현하고 국가의 청소년정책에 참여하는 것을 의미한다.

(6) 청소년 보호조치

청소년을 범죄와 학대로부터 보호하기 위한 다양한 조치를 의미한다. 이는 청소년을 유해 환경으로부터 적극적으로 보호하고 청소년에 대한 폭력, 학대, 착취를 예방하는 목적이 있다.

(7) 청소년복지 증진

청소년의 조화로운 성장을 위해 청소년의 복지를 증진하고 다양한 청소년복지 정책과 제도를 마련하는 근거를 제시하고 있으며 이를 통해 경제적·사회적 취약계층의 청소년을 지원하는 데 중점을 두고 있다.

(8) 청소년 관련 기관의 역할 제시

정부와 지방자치단체, 비정부기구(NGO) 등 청소년 관련 기관의 역할과 책임을 명시하고 있다. 이를 통해 청소년의 복지와 권리 보호를 위한 협력과 조정을 강조하고 있다.

「청소년 기본법」은 청소년이 모든 면에서 건강하고 안전하게 성장할 수 있는 환경을 조성하는 데 중점을 두고 있으며 국가와 사회 전체가 청소년의 성장과 발전을 지원하고 그들이 직면한 다양한 문제를 해결하는 데 필요한 기본적인 법적 근거와 틀을 제공한다고 할 수 있다.

「청소년 기본법」에서는 청소년의 권리와 복지를 증진하기 위해 다양한 조항을 포함하고 있는 데 이를 좀 더 구체적으로 정리하면 다음과 같다.

(9) 청소년의 권리 보장

모든 청소년은 인간으로서 존엄과 가치를 가지며, 그 인권이 존중되어야 한다는 인권 존중의 정신과 성별, 연령, 종교, 사회적 신분 등에 따른 차별 없이 모든 청소년이 동등한 권리를 누릴 수 있어야 한다는 의미를 가지고 있다.

또한 모든 청소년이 질 높은 교육을 받을 권리가 있으며, 개인의 능력과 적성에 맞는 교육의 기회와 사회에 진출하기 위해 필요한 직업 교육 및 훈련을 받을 수 있어야 한다는 내용과 함께 신체적 · 정신적 건강과 학교와 지역사회에서의 유해환경으로부터 보호받아야 하는 권리를 가지고 있다고 할 수 있다.

(10) 청소년활동과 여가활동 지원

청소년수련활동, 청소년문화활동, 청소년교류활동을 포함한 다양한 문화 활동과 예술활동에 참여할 수 있는 기회를 보장하고 이를 통해 건전한 여가활동을 향유할 수 있도록 다양한 사업과 프로그램, 청소년시설 등을 제공, 지원한다.

(11) 청소년 참여 보장

청소년이 자신들의 삶과 관련된 의사 결정 과정에 참여하고, 사회적 · 정치적 문제에 대해 의견을 낼 수 있도록 청소년 참여를 보장하고 청소년이 지역사회 봉사활동에 참여함으로써 사회적 책임감을 기를 수 있도록 한다.

(12) 위기청소년 보호 및 지원

가정 내 폭력, 학대, 사회적 · 경제적 빈곤 등으로 위기에 처한 청소년을 위한 특별한 지원을 마련하고 이러한 청소년의 건강, 교육, 안전 등을 위한 다양한 복지 · 보호 프로그램을 제공한다.

(13) 청소년 관련 기관의 책임

정부(여성가족부)는 청소년의 권리와 복지를 보호하고 증진하기 위한 정책을 수립하고 실행해야 하며 지역사회와 가족은 청소년이 건강하고 안전한 환경에서 성장할 수 있도록 적극적으로 지원해야 한다.

이러한 「청소년 기본법」의 조항들이 담고 있는 내용은 청소년이 건강하게 성장하고, 그들의 잠재력을 최대한 발휘할 수 있는 사회적 기반을 마련하기 위한 것이다. 「청소년 기본법」은 이러한 권리와 지원체계를 법적으로 보장함으로써 청소년이 사회의 책임 있는 구성원으로 성장할 수 있도록 지원하는 법이라고 할 수 있다.

3. 「청소년 기본법」의 주요 조문

제1장 총칙
「청소년 기본법」 제1장은 총칙이다. 「청소년 기본법」의 목적, 기본이념, 용어의 정의, 다른 법률과의 관계 그리고 청소년을 각계각층에 청소년에 대한 책임 부여와 청소년 교류의 진흥에 대해서 규정하고 있다.

제1조(목적)
「청소년 기본법」은 청소년의 권리 및 책임과 가정·사회·국가·지방자치단체의 청소년에 대한 책임을 정하고, 청소년정책에 관한 기본적인 사항을 규정함을 목적으로 한다.

제2조(기본이념)
① 이 법은 청소년이 사회구성원으로서 정당한 대우와 권익을 보장받음과 아울러 스스로 생각하고 자유롭게 활동할 수 있도록 하며 보다 나은 삶을 누리고 유해한 환경으로부터 보호될 수 있도록 함으로써 국가와 사회가 필요로 하는 건전한 민주시민으로 자랄 수 있도록 하는 것을 기본이념으로 한다.

② 제1항의 기본이념을 구현하기 위한 장기적·종합적 청소년정책을 추진할 때에는 다음 각 호의 사항을 그 추진 방향으로 한다. 〈개정 2015. 2. 3.〉

   1. 청소년의 참여 보장

   2. 창의성과 자율성을 바탕으로 한 청소년의 능동적 삶의 실현

   3. 청소년의 성장 여건과 사회 환경의 개선

   4. 민주·복지·통일조국에 대비하는 청소년의 자질 향상

제3조(정의)

이 법에서 사용하는 용어의 뜻은 다음과 같다.

1. "청소년"이란 9세 이상 24세 이하인 사람을 말한다. 다만, 다른 법률에서 청소년에 대한 적용을 다르게 할 필요가 있는 경우에는 따로 정할 수 있다.

2. "청소년육성"이란 청소년활동을 지원하고 청소년의 복지를 증진하며 근로 청소년을 보호하는 한편, 사회 여건과 환경을 청소년에게 유익하도록 개선하고 청소년을 보호하여 청소년에 대한 교육을 보완함으로써 청소년의 균형 있는 성장을 돕는 것을 말한다.

3. "청소년활동"이란 청소년의 균형 있는 성장을 위하여 필요한 활동과 이러한 활동을 소재로 하는 수련활동·교류활동·문화활동 등 다양한 형태의 활동을 말한다.

4. "청소년복지"란 청소년이 정상적인 삶을 누릴 수 있는 기본적인 여건을 조성하고 조화롭게 성장·발달할 수 있도록 제공되는 사회적·경제적 지원을 말한다.

5. "청소년보호"란 청소년의 건전한 성장에 유해한 물질·물건·장소·행위 등 각종 청소년 유해 환경을 규제하거나 청소년의 접촉 또는 접근을 제한하는 것을 말한다.

6. "청소년시설"이란 청소년활동·청소년복지 및 청소년보호에 제공되는 시설을 말한다.

7. "청소년지도자"란 다음 각 목의 사람을 말한다.

   가. 제21조에 따른 청소년지도사

   나. 제22조에 따른 청소년상담사

   다. 청소년시설, 청소년단체 및 청소년 관련 기관에서 청소년육성에 필요한 업무에 종사하는 사람

8. "청소년단체"란 청소년육성을 주된 목적으로 설립된 법인이나 대통령령으로 정하는 단체를 말한다.

제4조(다른 법률과의 관계)

① 이 법은 청소년육성에 관하여 다른 법률보다 우선하여 적용한다.

② 청소년육성에 관한 법률을 제정하거나 개정할 때에는 이 법의 취지에 맞도록 하여야 한다.

제5조(청소년의 권리와 책임)

① 청소년의 기본적 인권은 청소년활동·청소년복지·청소년보호 등 청소년육성의 모든 영역에서 존중되어야 한다.

② 청소년은 인종·종교·성별·나이·학력·신체조건 등에 따른 어떠한 종류의 차별도 받지 아니한다.

③ 청소년은 외부적 영향에 구애받지 아니하면서 자기 의사를 자유롭게 밝히고 스스로 결정할 권리를 가진다.

④ 청소년은 안전하고 쾌적한 환경에서 자기발전을 추구하고 정신적·신체적 건강을 해치거나 해칠 우려가 있는 모든 형태의 환경으로부터 보호받을 권리를 가진다.

⑤ 청소년은 자신의 능력을 개발하고 건전한 가치관을 확립하여 가정·사회 및 국가의 구성원으로서 책임을 다하도록 노력하여야 한다.

제5조의2(청소년의 자치권 확대)

① 청소년은 사회의 정당한 구성원으로서 본인과 관련된 의사결정에 참여할 권리를 가진다.

② 국가 및 지방자치단체는 청소년이 원활하게 관련 정보에 접근하고 그 의사를 밝힐 수 있도록 청소년 관련 정책에 대한 자문·심의 등의 절차에 청소년을 참여시키거나 그 의견을 수렴하여야 하며, 청소년 관련 정책의 심의·협의·조정 등을 위한 위원회·협의회 등에 청소년을 포함하여 구성·운영할 수 있다. 〈개정 2017. 12. 12.〉

③ 국가 및 지방자치단체는 청소년과 관련된 정책 수립 절차에 청소년의 참여 또는 의견 수렴을 보장하는 조치를 하여야 한다.

④ 국가 및 지방자치단체는 청소년 관련 정책의 수립과 시행과정에 청소년의 의견을 수렴하고 참여를 촉진하기 위하여 청소년으로 구성되는 청소년참여위원회를 운영하여야 한다. 〈신설 2017. 12. 12.〉

⑤ 국가 및 지방자치단체는 제4항에 따른 청소년참여위원회에서 제안된 내용이 청소년 관련 정책의 수립 및 시행과정에 반영될 수 있도록 적극 노력하여야 한다. 〈신설 2017. 12. 12.〉

⑥ 제4항에 따른 청소년참여위원회의 구성과 운영에 필요한 사항은 대통령령으로 정한다. 〈신설 2017. 12. 12.〉

제2장 청소년정책의 총괄·조정

제9조(청소년정책의 총괄·조정)

청소년정책은 여성가족부장관이 관계 행정기관의 장과 협의하여 총괄·조정한다.

제10조(청소년정책위원회)

① 청소년정책에 관한 주요 사항을 심의·조정하기 위하여 여성가족부에 청소년정책위원회를 둔다.

② 청소년정책위원회는 다음 각 호의 사항을 심의·조정한다.

1. 제13조 제1항에 따른 청소년육성에 관한 기본계획의 수립에 관한 사항
2. 청소년정책의 분야별 주요 시책에 관한 사항
3. 청소년정책의 제도 개선에 관한 사항
4. 청소년정책의 분석·평가에 관한 사항
5. 둘 이상의 행정기관에 관련되는 청소년정책의 조정에 관한 사항
6. 그 밖에 청소년정책의 수립·시행에 필요한 사항으로서 대통령령으로 정하는 사항

③ 청소년정책위원회는 위원장 1명을 포함하여 30명 이내의 위원으로 구성한다. 이 경우 제4항 제15호 및 제16호에 따라 위촉되는 위원이 각각 전체 위원의 5분의 1 이상이어야 한다. 〈개정 2018. 12. 18.〉

④ 위원장은 여성가족부장관이 되고, 위원은 다음 각 호의 사람이 된다. 이 경우 복수 차관이 있는 기관은 해당 기관의 장이 지명하는 차관으로 한다. 〈개정 2018. 12. 18.〉

1. 기획재정부차관
2. 교육부차관

3. 과학기술정보통신부차관

4. 통일부차관

5. 법무부차관

6. 행정안전부차관

7. 문화체육관광부차관

8. 산업통상자원부차관

9. 보건복지부차관

10. 고용노동부차관

11. 중소벤처기업부차관

12. 방송통신위원회부위원장

13. 경찰청장

14. 그 밖에 대통령령으로 정하는 관계 중앙행정기관의 차관 또는 차관급 공무원

15. 청소년정책에 관하여 학식과 경험이 풍부한 사람 중에서 여성가족부장관이 위촉하는 사람

16. 청소년정책과 관련된 활동 실적 등이 풍부한 청소년 중에서 여성가족부장관이 위촉하는 청소년 등이 포함된다.

⑤ 제4항제15호 및 제16호에 따른 위원의 임기는 2년으로 한다. 〈개정 2018. 12. 18.〉

⑥ 청소년정책위원회에서 심의·조정할 사항을 미리 검토하거나 위임된 사항을 처리하는 등 청소년정책위원회의 운영을 지원하기 위하여 청소년정책위원회에 청소년정책실무위원회를 둔다.

⑦ 제1항부터 제6항까지에서 규정한 사항 외에 청소년정책위원회 및 청소년정책실무위원회의 구성, 운영 및 위촉기준 등에 필요한 사항은 대통령령으로 정한다. 〈개정 2018. 12. 18.〉

[전문개정 2015. 2. 3.]

제11조(지방청소년육성위원회의 설치)

① 청소년육성에 관한 지방자치단체의 주요 시책을 심의하기 위하여 특별시장·광역시장·특별자치시장·도지사·특별자치도지사(이하 "시·도지사"라 한다) 및 시장·군수·구청장(자치구의 구청장을 말한다. 이하 같다)의 소속으로 지방청소년육성위원회를

둔다.

② 지방청소년육성위원회의 구성ㆍ조직 및 운영 등에 필요한 사항은 조례로 정한다.

[전문개정 2014. 3. 24.]

제12조(청소년특별회의의 개최)

① 국가는 범정부적 차원의 청소년정책과제의 설정ㆍ추진 및 점검을 위하여 청소년 분야의 전문가와 청소년이 참여하는 청소년특별회의를 해마다 개최하여야 한다. 〈개정 2015. 2. 3.〉

② 청소년특별회의의 참석대상ㆍ운영방법 등 세부적인 사항은 대통령령으로 정한다.

제13조(청소년육성에 관한 기본계획의 수립)

① 여성가족부장관은 관계 중앙행정기관의 장과 협의한 후 제10조에 따른 청소년정 책위원회의 심의를 거쳐 청소년육성에 관한 기본계획(이하 "기본계획"이라 한다)을 5년마다 수립하여야 한다. 〈개정 2015. 2. 3.〉

② 기본계획에는 다음 각 호의 사항이 포함되어야 한다.

  1. 이전의 기본계획에 관한 분석ㆍ평가

  2. 청소년육성에 관한 기본방향

  3. 청소년육성에 관한 추진목표

  4. 청소년육성에 관한 기능의 조정

  5. 청소년육성의 분야별 주요 시책

  6. 청소년육성에 필요한 재원의 조달방법

  7. 그 밖에 청소년육성을 위하여 특히 필요하다고 인정되는 사항

③ 여성가족부장관은 기본계획을 수립한 때에는 지체 없이 이를 국회 소관 상임위원 회에 보고하여야 한다. 〈신설 2020. 5. 19.〉

[전문개정 2014. 3. 24.]

제14조(연도별 시행계획의 수립 등)

① 여성가족부장관 및 관계 중앙행정기관의 장과 지방자치단체의 장은 기본계획에 따라 연도별 시행계획(이하 "시행계획"이라 한다)을 수립ㆍ시행하여야 한다.

② 관계 중앙행정기관의 장과 지방자치단체의 장은 다음 연도 시행계획 및 전년도 시행계획에 따른 추진실적을 대통령령으로 정하는 바에 따라 매년 여성가족부장관에게 제출하여야 한다.

③ 여성가족부장관은 전년도 시행계획에 따른 추진실적을 분석·평가하고, 그 결과를 관계 중앙행정기관의 장과 지방자치단체의 장에게 통보한다.

④ 여성가족부장관 및 관계 중앙행정기관의 장과 지방자치단체의 장은 제3항에 따른 분석·평가 결과를 다음 연도 시행계획에 반영하여야 한다.

⑤ 여성가족부장관은 제3항에 따른 추진실적의 분석·평가를 위하여 필요한 경우에는 국공립 연구기관 또는 「정부출연연구기관 등의 설립·운영 및 육성에 관한 법률」에 따른 정부출연연구기관을 청소년정책 분석·평가에 관한 전문지원기관으로 지정하여 분석·평가 업무를 지원하게 할 수 있다.

⑥ 시행계획의 수립, 추진실적의 분석·평가 및 제5항에 따른 전문지원기관의 지정 등에 필요한 사항은 대통령령으로 정한다.

[전문개정 2015. 2. 3.]

4. 청소년시설

1) 청소년시설 관련 조문

제17조(청소년시설의 종류)
청소년활동에 제공되는 시설, 청소년복지에 제공되는 시설, 청소년보호에 제공되는 시설에 관한 사항은 따로 법률로 정한다.

제18조(청소년시설의 설치·운영)
① 국가 및 지방자치단체는 청소년시설을 설치·운영하여야 한다.
② 국가 및 지방자치단체 외의 자는 따로 법률에서 정하는 바에 따라 청소년시설을 설치·운영할 수 있다.

③ 국가 및 지방자치단체는 제1항에 따라 설치한 청소년시설을 청소년단체에 위탁하여 운영할 수 있다.

[전문개정 2014. 3. 24.]

제19조(청소년시설의 지도·감독)

국가 및 지방자치단체는 청소년시설의 적합성·공공성·안전성에 대한 국민의 신뢰를 확보하고, 그 설치와 운영을 지원하기 위하여 필요한 지도·감독을 할 수 있다.

2) 청소년기관의 정의

청소년 관련 법령 또는 지방자치단체의 조례에 적합한 요건을 갖추고 청소년의 균형 있고 조화로운 성장을 위해 청소년활동·청소년보호·청소년복지에 관련된 시설과 단체이다.

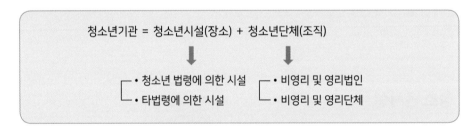

그림 5-1 **청소년기관의 개념**

출처: 권두승, 최운실(2009).

3) 청소년단체와 청소년시설의 개념

(1) 청소년단체

'청소년육성을 주된 목적으로 설립된 법인 또는 대통령령이 정한 단체'를 말한다.

(2) 청소년시설

'청소년활동, 청소년복지, 청소년보호에 제공되는 시설'을 의미하며 청소년시설은 청소년활동시설, 청소년복지시설, 청소년보호시설로 법적으로 구분한다. 국가 및 지방자치단체는 청소년시설을 설치·운영할 수 있으며, 청소년단체에 위탁하여 운영할 수 있다. 국가 및 지방자치단체는 청소년시설의 적합성·공공성·안전성에 대한 국민의 신뢰를 확보하고, 그 설치와 운영을 지원하기 위하여 필요한 지도·감독을 해야 한다.

(3) 청소년단체의 역할

제28조(청소년단체의 역할)
① 청소년단체는 다음 각 호의 역할을 수행하기 위하여 최선의 노력을 하여야 한다.
　1. 학교교육과 서로 보완할 수 있는 청소년활동을 통한 청소년의 기량과 품성 함양
　2. 청소년복지 증진을 통한 청소년의 삶의 질 향상
　3. 유해환경으로부터 청소년을 보호하기 위한 청소년보호 업무 수행
② 청소년단체는 제1항에 따른 역할을 수행할 때에 청소년의 의견을 적극 반영하여야
　한다.
[전문개정 2014. 3. 24.]

4) 한국청소년단체협의회 관련 조문

제40조(한국청소년단체협의회)
① 청소년단체는 청소년육성을 위한 다음 각 호의 활동을 하기 위하여 여성가족부장
　관의 인가를 받아 한국청소년단체협의회를 설립할 수 있다.
　1. 회원단체의 사업과 활동에 대한 협조·지원
　2. 청소년지도자의 연수와 권익 증진
　3. 청소년 관련 분야의 국제기구활동
　4. 외국 청소년단체와의 교류 및 지원
　5. 남·북청소년 및 해외교포청소년과의 교류·지원
　6. 청소년활동에 관한 조사·연구·지원
　7. 청소년 관련 도서 출판 및 정보 지원
　8. 청소년육성을 위한 홍보 및 실천 운동
　9. 제41조에 따른 지방청소년단체협의회에 대한 협조 및 지원
　10. 그 밖에 청소년육성을 위하여 필요한 사업

② 한국청소년단체협의회는 법인으로 한다.

③ 한국청소년단체협의회는 주된 사무소의 소재지에서 설립등기를 함으로써 성립한다.

④ 한국청소년단체협의회에 관하여 이 법에 규정된 것을 제외하고는 「민법」 중 사단법인에 관한 규정을 준용한다.

⑤ 국가는 한국청소년단체협의회의 운영과 활동에 필요한 경비를 지원할 수 있다.

⑥ 한국청소년단체협의회는 설립 목적에 지장이 없는 범위에서 수익사업을 할 수 있으며, 발생한 수익은 한국청소년단체협의회의 운영 또는 한국청소년단체협의회의 시설 운영 외의 목적에 사용할 수 없다.

⑦ 개인·법인 또는 단체는 한국청소년단체협의회의 운영과 사업 등을 지원하기 위하여 금전이나 그 밖의 재산을 출연하거나 기부할 수 있다.

⑧ 한국청소년단체협의회는 제1항에 따른 활동의 일부를 정관에서 정하는 바에 따라 회원단체에 위탁할 수 있다.

[전문개정 2014. 3. 24.]

5) 지방청소년단체협의회 관련 조문

제41조(지방청소년단체협의회)

① 특정지역을 활동 범위로 하는 청소년단체는 청소년육성을 위하여 그 지역을 관할하는 시·도의 조례로 정하는 바에 따라 시·도지사의 인가를 받아 지방청소년단체협의회를 설립할 수 있다.

② 지방자치단체는 예산의 범위에서 해당 지방청소년단체협의회 운영경비의 전부 또는 일부를 지원할 수 있다.

[전문개정 2014. 3. 24.]

6) 청소년기관의 분류와 종류

표 5-1   청소년기관(단체, 시설)의 분류

분야	대분류	중분류		
활동	지원중심 활동기관	준정부 한국청소년활동진흥원	광역자치단체 지방청소년활동진흥센터	기초자치단체 시군구청소년지원기관
	협의회중심 활동기관	한국청소년단체협의회		한국청소년수련시설협회 (지방청소년수련시설협회)
	교류활동 지원	청소년교류센터의 설치운영 (기본법 제58조)		
	시설중심형 활동기관	청소년수련시설		국립청소년시설
		청소년수련원, 청소년수련관, 청소년문화의집, 청소년특화시설, 청소년야영장, 유스호스텔		국립평창, 국립중앙, 국립우주, 국립해양, 국립농ㆍ생명
복지	지원중심 복지기관	준정부 한국청소년상담복지개발원	광역자치단체 시ㆍ도 청소년상담복지센터	기초자치단체 시ㆍ군ㆍ구 청소년상담복지센터
	복지시설	**청소년쉼터** • 일시: 24시간 이내 일시보호, 최장 7일까지 연장 가능 • 단기: 3개월 이내 단기보호, 최장 9개월까지 연장 가능 • 중장기: 3년 이내 중장기 보호, 필요시 1년 단위 연장 가능(최장 4년) **청소년 자립지원관**: 일정 기간 청소년쉼터의 지원을 받았는데도 가정ㆍ학교ㆍ사회로 복귀하여 생활할 수 없는 청소년에게 자립하여 생활할 수 있는 능력과 여건을 갖추도록 지원하는 시설 **청소년치료재활센터**: 학습ㆍ정서ㆍ행동상의 장애를 가진 청소년을 대상으로 정상적인 성장과 생활을 할 수 있도록 해당 청소년에게 **적합한 치료ㆍ교육 및 재활을 종합적으로 지원하는 거주형 시설** * 국립중앙청소년디딤센터 (「청소년복지 지원법」 제31조에 의해 설립된 국립기숙형 청소년치료재활센터) **청소년회복지원시설**: 「소년법」에 따른 감호 위탁 처분을 받은 청소년에 대하여 보호자를 대신하여 그 청소년을 보호할 수 있는 자가 상담ㆍ주거ㆍ학업ㆍ자립 등 서비스를 제공하는 시설		
	이주배경 청소년	「청소년복지 지원법」 제18조 기준 **이주배경청소년지원센터**: 이주배경청소년을 위한 시설		
보호	유해환경 피해 청소년	**청소년보호ㆍ재활센터**(「청소년 보호법」 33조) 청소년유해환경으로부터 청소년을 보호하고 피해청소년의 치료와 재활을 지원하기 위한 청소년보호ㆍ재활센터		

기타	분석 · 평가	「청소년 기본법」 14조 5항, 청소년정책 분석 · 평가 전문기관 – **청소년정책 분석 · 평가센터**
	방과후 활동 지원	「청소년 기본법 시행령」 33조의 5, **청소년방과후활동지원센터**
	학교밖 청소년 지원	「학교 밖 청소년 지원에 관한 법률」 제12조 – (학교 밖) **청소년 지원센터(꿈드림센터)**
	청소년활동 안전	「청소년활동 진흥법」 제18조의 3(감독기관의 종합 안전점검)에 제시 한국청소년활동진흥원 내 **청소년활동안전센터 설치** 운영 중

출처: 하중래(2024).

7) 청소년시설의 분류와 종류

(1) 청소년활동시설

청소년수련활동, 청소년교류활동, 청소년문화활동 등 청소년활동에 제공되는 시설이다.

1. 청소년수련시설	청소년수련관
	청소년수련원
	청소년문화의집
	청소년특화시설
	청소년야영장
	유스호스텔
2. 청소년이용시설	문화예술시설, 공공체육시설, 기타 청소년이용시설

그림 5-2 **청소년활동시설의 분류**

출처: 여성가족부(2022).

① 청소년수련시설

표 5-2   청소년수련시설의 종류

시설 종류	시설 개념(기념 및 특성)
청소년수련관	• 다양한 수련거리를 실시할 수 있는 각종 시설 및 설비를 갖춘 종합수련시설 • 입지조건은 일상생활권, 도심지 근교 및 그 밖의 지역 중 수련활동 실시에 적합한 곳으로서 청소년이 이용하기에 편리한 지역 • 시설은 연건축면적이 1,500제곱미터 이상이어야 하며, 둘째 150인 이상을 수용할 수 있는 실내집회장, 연면적 150제곱미터 이상의 실내체육시설, 2개소 이상의 자치활동실, 2개 이상의 특성화 수련활동장, 1개소 이상의 상담실, 1개소 이상 휴게실, 1개소 이상 지도자실이 필수 • 시ㆍ도지사 및 시장ㆍ군수ㆍ구청장은 시ㆍ군ㆍ구에 1개소 이상씩의 청소년수련관을 설치ㆍ운영해야 함(「청소년활동 진흥법」 제11조) * 서울특별시 및 일부 지자체에서는 청소년수련관의 명칭을 청소년센터로 사용하지만 법적으로는 청소년수련관 또는 청소년문화의집으로 등록된 시설임
청소년수련원	• 숙박 기능을 갖춘 생활관과 다양한 수련거리를 실시할 수 있는 각종 시설과 설비를 갖춘 종합수련시설 • 입지는 자연경관이 수려한 지역, 국립ㆍ도립ㆍ군립공원, 구 밖의 지역 중 자연과 더불어 행하는 수련활동 실시에 적합한 곳으로서 청소년이 이용하기에 편리한 지역 • 시설기준으로 100명 이상을 수용할 수 있는 생활관, 식당, 실내집회장, 야외집회장, 체육활동장, 수련의 숲, 강의실, 특성화 수련활동장, 지도자실, 휴게실, 비상설비, 기타 시설 등을 설치하도록 규정 • 기본적인 기능은 청소년들에게 자연과 더불어 숙박을 하며 단체 수련활동을 제공하는 것
청소년문화의집	• 간단한 수련활동을 실시할 수 있는 시설 및 설비를 갖춘 정보ㆍ문화ㆍ예술 중심의 수련시설 • 다양한 유형의 청소년수련시설 중 가장 작은 규모의 시설로 지역사회에 가장 근접한 지역에 위치하며 청소년들이 일상적으로 이용할 수 있는 시설 • 시ㆍ도지사 및 시장ㆍ군수ㆍ구청장은 읍ㆍ면ㆍ동에 청소년문화의집을 1개소 이상 설치ㆍ운영해야 함(「청소년활동 진흥법」 제11조)
청소년야영장	• 야영에 적합한 시설 및 설비를 갖추고 수련거리 또는 야영 편의를 제공하는 수련시설 100명 이상 야영 가능 • 입지조건은 자연경관이 수려한 지역, 국립ㆍ도립ㆍ군립공원, 그 밖의 지역 중 자연과 더불어 행하는 수련활동 실시에 적합한 곳으로서 청소년이 이용하기에 편리한 지역

| 유스호스텔 | • 청소년의 숙박 및 체류에 적합한 시설·설비와 부대·편익시설을 갖추고, 숙식편의 제공, 여행청소년의 활동지원(청소년수련활동 지원은 「청소년활동 진흥법」 제11조에 따라 허가된 시설·설비의 범위에 한정한다)을 기능으로 하는 시설(2014. 7. 22. 시행)
• 입지조건은 명승고적지, 역사유적지 부근 및 그 밖의 지역 중 청소년이 여행활동 시 이용하기에 편리한 지역 |
| 청소년특화시설 | • 청소년의 직업체험·문화예술·과학정보·환경 등 특정 목적의 청소년활동을 전문적으로 실시할 수 있는 시설과 설비를 갖춘 수련시설
• 입지조건은 일상생활권, 도심지 근교 및 그 밖의 지역 중 수련활동 실시에 적합한 곳으로서 청소년이 이용하기에 편리한 지역
• 사례로는 청소년문화교류센터, 청소년미디어센터, 청소년직업체험센터 등 |

출처: 하중래(2024).

표 5-3　청소년수련시설 설치 현황　　　　　　　　　　　　　　(단위: 개소)

구분	총계	수련관	문화의집	수련원	야영장	유스호스텔	특화시설
계	813	195	314	154	33	103	14
공공	622	193	310	62	19	25	13
민간	191	2	4	92	14	78	1

출처: 여성가족부(2022).

② 청소년이용시설

수련시설이 아닌 시설로서 그 설치 목적의 범위에서 청소년활동의 실시와 청소년의 건전한 이용 등에 제공할 수 있는 시설(문화예술시설, 공공체육시설, 기타 청소년이용시설 등)

③ 청소년이용권장시설

● 청소년의 이용에 제공할 수 있는 시설로서 청소년지도사를 배치한 시설

● 시·군·구청장은 청소년이용시설 중 청소년지도사를 배치한 시설에 대해서는 청소년이용권장시설로 지정하여 다른 청소년이용시설에 우선하여 지원할 수 있다.

(2) 청소년복지시설

표 5-4   청소년복지시설의 분류(「청소년복지 지원법」)

청소년 복지시설	**청소년쉼터**: 가출청소년에 대하여 가정 · 학교 · 사회로 복귀하여 생활할 수 있도록 일정 기간 보호하면서 상담 · 주거 · 학업 · 자립 등을 지원하는 시설 • 일시: 24시간 이내 일시보호, 최장 7일까지 연장 가능 • 단기: 3개월 이내 단기보호, 최장 9개월까지 연장 가능 • 중장기: 3년 이내 중장기보호, 필요시 1년 단위 연장 가능(최장 4년)
	청소년 자립지원관: 일정 기간 청소년쉼터의 지원을 받았는데도 가정 · 학교 · 사회로 복귀하여 생활할 수 없는 청소년에게 자립하여 생활할 수 있는 능력과 여건을 갖추도록 지원하는 시설(숙박형 생활시설, 비숙박 이용시설, 혼합형 시설)
	청소년치료재활센터: 학습 · 정서 · 행동상의 장애를 가진 청소년을 대상으로 정상적인 성장과 생활을 할 수 있도록 해당 청소년에게 적합한 치료 · 교육 및 재활을 종합적으로 지원하는 거주형 시설 * 국립중앙청소년디딤센터: 「청소년복지 지원법」 제31조에 의해 설립된 국립기숙형 청소년치료재활센터
	청소년회복지원시설: 「소년법」에 따른 감호 위탁 처분을 받은 청소년에 대하여 보호자를 대신하여 그 청소년을 보호할 수 있는 자가 상담 · 주거 · 학업 · 자립 등 서비스를 제공하는 시설

출처: 하중래(2024).

① 청소년쉼터의 유형 및 기능

표 5-5   청소년쉼터의 유형 및 기능

구분	일시쉼터(32개소)	단기쉼터(67개소)	중장기쉼터(39개소)
기간	24시간~7일 이내 일시보호	3개월 이내 단기보호 (최장 9개월까지 연장 가능)	3년 이내 중장기보호 (필요시 1년 연장 가능)
이용대상	가정 밖 · 거리 배회 · 노숙 청소년	가정 밖 청소년	가정 밖 청소년
주요 기능	• 가정 밖 청소년 조기 구조 · 발견, 단기 · 중장기 청소년 쉼터와 연결 • 위기 개입 상담, 진로지도, 적성검사 등 상담 서비스 제공 • 먹거리, 음료수 등 기본적인 서비스 제공 등	• 가정 밖 청소년 문제 해결을 위한 상담 · 치료 서비스 및 예방 활동 • 의식주 및 의료 등 보호 서비스 제공 • 가정 및 사회복귀 대상 청소년 분류, 전문기관 연계 · 의뢰 서비스 제공 등	• 가정복귀가 어렵거나 특별히 보호가 필요한 위기청소년을 대상으로 장기간 안정적인 보호 서비스 제공

위치	이동형(차량), 고정형(청소년 유동지역)	주요 도심별	주택가
지향점	가출 예방, 조기 발견, 초기 개입	보호, 가정 및 사회복귀	자립지원

출처: 여성가족부(2022).

참고로 청소년 중장기쉼터는 3년 이내 중장기보호시설이지만 퇴소 청소년 보호를 위한 '청소년자립지원관'이 아직 개소 운영되지 않는 시 · 도에서는 청소년자립지원관 개소 시까지 한시적으로 쉼터운영위원회의 의결을 거쳐 '1년 단위'로 계속 연장을 허용할 수 있다.

(3) 청소년보호시설

> **가. 청소년보호 · 재활센터(「청소년 보호법」 33조)**
> 청소년 유해환경으로부터 청소년을 보호하고 피해 청소년의 치료와 재활을 지원하기 위한 시설을 '청소년보호 · 재활센터'라 한다. 대표적인 시설로는 국립청소년인터넷드림마을이다. 이 시설은 「청소년 보호법」에 근거하여 청소년의 심리 · 정서적 치료 및 전문적인 치유 프로그램을 지원하기 위하여 운영하고 있는 시설이다.

5. 청소년지도자

1) 청소년지도자 관련 조문

> **제20조(청소년지도자의 양성)**
> ① 국가 및 지방자치단체는 청소년지도자의 양성과 자질 향상을 위하여 필요한 시책을 마련하여야 한다.
> ② 제1항에 따른 청소년지도자의 양성과 자질 향상을 위한 연수 등에 관한 기본방향과 내용은 대통령령으로 정한다.
>
> **제21조(청소년지도사)**
> ① 여성가족부장관은 청소년지도사 자격검정에 합격하고 청소년지도사 연수기관에

서 실시하는 연수과정을 마친 사람에게 청소년지도사의 자격을 부여한다.

② 누구든지 제1항에 따라 발급받은 자격증을 다른 사람에게 빌려주거나 빌려서는 아니 되며, 이를 알선하여서도 아니된다. 〈신설 2020. 5. 19.〉

③ 여성가족부장관은 청소년지도사 자격검정에 합격한 사람의 연수를 위하여 필요한 경우에는 대통령령으로 정하는 바에 따라 청소년지도사 연수기관을 지정할 수 있다. 〈개정 2020. 5. 19.〉

④ 다음 각 호의 어느 하나에 해당하는 사람은 청소년지도사가 될 수 없다. 〈개정 2015. 6. 22., 2020. 5. 19.〉

1. 미성년자, 피성년후견인 또는 피한정후견인

2. 파산선고를 받고 복권되지 아니한 사람

3. 금고 이상의 형을 선고받고 그 집행이 끝나거나 집행을 받지 아니하기로 확정된 후 3년이 지나지 아니한 사람

4. 금고 이상의 형을 선고받고 그 집행유예의 기간이 끝나지 아니한 사람

4의2. 제3호 및 제4호에도 불구하고 다음 각 목의 어느 하나에 해당하는 죄를 저지른 사람으로서 형 또는 치료감호를 선고받고 확정된 후 그 형 또는 치료감호의 전부 또는 일부의 집행이 끝나거나(집행이 끝난 것으로 보는 경우를 포함한다) 집행이 유예 · 면제된 날부터 10년이 지나지 아니한 사람

가. 「아동복지법」 제71조 제1항의 죄

나. 「성폭력범죄의 처벌 등에 관한 특례법」 제2조의 성폭력범죄

다. 「아동 · 청소년의 성보호에 관한 법률」 제2조 제2호의 아동 · 청소년 대상 성범죄

5. 법원의 판결 또는 법률에 따라 자격이 상실되거나 정지된 사람

⑤ 청소년지도사 자격검정의 최종 합격 발표일을 기준으로 제4항 각 호의 어느 하나에 해당하는 사람은 청소년지도사 자격검정에 응시할 수 없다. 〈신설 2020. 5. 19.〉

⑥ 여성가족부장관은 제1항에 따른 자격검정을 대통령령으로 정하는 바에 따라 청소년단체 또는 「한국산업인력공단법」에 따른 한국산업인력공단에 위탁할 수 있다. 〈신설 2015. 2. 3., 2020. 5. 19.〉

⑦ 제1항에 따른 청소년지도사의 등급, 자격검정, 연수 및 자격증 발급 절차 등에 필요한 사항은 대통령령으로 정한다. 〈개정 2015. 2. 3., 2020. 5. 19.〉

제22조(청소년상담사)

① 여성가족부장관은 청소년상담사 자격검정에 합격하고 청소년상담사 연수기관에서 실시하는 연수과정을 마친 사람에게 청소년상담사의 자격을 부여한다.

② 제1항에 따른 청소년상담사의 자격검정, 연수 및 결격사유 등에 관하여는 제21조 제2항부터 제7항까지, 제21조의2 및 제21조의3을 준용한다.

〈개정 2015. 2. 3., 2015. 6. 22., 2020. 5. 19.〉

[전문개정 2014. 3. 24.]

제23조(청소년지도사 · 청소년상담사의 배치 등)

① 청소년시설과 청소년단체는 대통령령으로 정하는 바에 따라 청소년육성을 담당하는 청소년지도사나 청소년상담사를 배치하여야 한다.

② 국가 및 지방자치단체는 제1항에 따라 청소년단체나 청소년시설에 배치된 청소년지도사와 청소년상담사에게 예산의 범위에서 그 활동비의 전부 또는 일부를 보조할 수 있다.

③ 국가와 지방자치단체는 제1항에 따른 청소년지도사 및 청소년상담사의 보수가 제25조에 따른 청소년육성 전담공무원의 보수 수준에 도달하도록 노력하여야 한다.

〈신설 2015. 2. 3.〉

[전문개정 2014. 3. 24.]

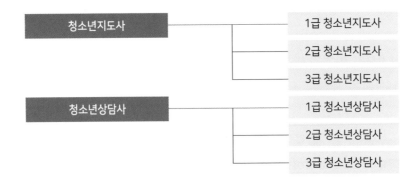

그림 5-3 청소년지도자의 분류

출처: 여성가족부(2022).

표 5-6　청소년지도사의 응시자격

등급	응시자격 기준
1급 청소년지도사	2급 청소년지도사 자격 취득 후 청소년활동 등 청소년육성업무에 종사한 경력이 3년 이상인 사람
2급 청소년지도사	1. 대학 졸업(예정)자 또는 이와 같은 수준 이상의 학력이 있는 사람으로서 2급 청소년지도사 자격검정에 필요한 과목 모두를 전공과목으로 이수한 사람 2. 2006년 12월 31일 이전에 대학을 졸업하였거나 이와 같은 수준 이상의 학력을 취득한 사람으로서 [별표 1]의 2에 따른 과목을 이수한 사람 3. 대학원의 학위과정 수료(예정)자로서 2급 청소년지도사 자격검정에 필요한 과목 모두를 전공과목으로 이수한 사람 4. 2006년 12월 31일 이전에 대학원의 학위과정을 수료한 사람으로서 [별표 1]의 2의 규정에 따른 과목 중 필수영역 과목을 이수한 사람 5. 대학 졸업 또는 이와 같은 수준 이상의 학력이 있다고 다른 법령에서 인정받은 후 청소년활동 등 청소년육성업무에 종사한 경력이 2년 이상인 사람 6. 전문대학 졸업 또는 이와 같은 수준 이상의 학력이 있다고 다른 법령에서 인정받은 후 청소년활동 등 청소년육성업무에 종사한 경력이 3년 이상인 사람 7. 3급 청소년지도사 자격 취득 후 청소년활동 등 청소년육성업무에 종사한 경력이 2년 이상인 사람 8. 고등학교 졸업 또는 이와 같은 수준 이상의 학력을 인정받은 후 청소년활동 등 청소년육성업무에 종사한 경력이 8년 이상인 사람
3급 청소년지도사	1. 전문대학 졸업(예정)자 또는 이와 같은 수준 이상의 학력이 있는 자로서 3급 청소년지도사 자격검정에 필요한 과목 모두를 전공과목으로 이수한 사람 2. 2006년 12월 31일 이전에 전문대학을 졸업하였거나 이와 같은 수준 이상의 학력을 취득한 사람으로서 [별표 1]의 2에 따른 과목을 이수한 사람 3. 전문대학 졸업 또는 이와 같은 수준 이상의 학력이 있다고 다른 법령에서 인정받은 후 청소년활동 등 청소년육성업무에 종사한 경력이 2년 이상인 사람 4. 고등학교 졸업 또는 이와 같은 수준 이상의 학력이 있다고 다른 법령에서 인정받은 후 청소년활동 등 청소년육성업무에 종사한 경력이 3년 이상인 사람

※ 청소년지도사는 청소년활동(프로그램, 사업)을 전담하여 청소년의 수련활동, 교류활동, 동아리활동, 봉사활동, 예술활동 등을 지도한다.
출처: 국가법령정보센터 홈페이지.

표 5-7　청소년지도사 자격검정의 과목 및 방법

구분	검정과목	검정방법	
1급	청소년연구방법론, 청소년 인권과 참여, 청소년정책론, 청소년기관운영, 청소년지도자론	주·객관식 필기시험	
2급	청소년육성제도론, 청소년지도방법론, 청소년심리 및 상담, 청소년문화, 청소년활동, 청소년복지, 청소년프로그램 개발과 평가, 청소년문제와 보호	객관식 필기시험	면접 (3급 청소년지도사 자격증 소지자는 면접시험 면제)

| 3급 | 청소년육성제도론, 청소년활동, 청소년심리 및 상담, 청소년문화, 청소년지도방법론, 청소년문제와 보호, 청소년프로그램 개발과 평가 | 객관식 필기시험 | 면접 |

※ 청소년지도사 자격검정의 과목과 관련된 전공과목의 인정범위는 여성가족부장관이 별도로 정하여 고시함.
출처: 국가법령정보센터 홈페이지.

표 5-8   청소년상담사 급수별 자격검정 응시기준

등급	응시자격 기준
1급 청소년상담사	1. 대학원에서 청소년(지도)학 · 교육학 · 심리학 · 사회사업(복지)학 · 정신의학 · 아동(복지)학 · 상담학 분야 또는 그 밖에 여성가족부령으로 정하는 상담 관련 분야(이하 "상담 관련 분야"라 한다)의 박사학위를 취득한 사람 2. 대학원에서 상담 관련 분야의 석사학위를 취득한 후 상담 실무경력이 4년 이상인 사람 3. 2급 청소년상담사로서 상담 실무경력이 3년 이상인 사람 4. 제1호 및 제2호에 규정된 사람과 같은 수준 이상의 자격이 있다고 여성가족부령으로 정하는 사람
2급 청소년상담사	1. 대학원에서 상담 관련 분야의 석사학위를 취득한 사람 2. 대학 또는 다른 법령에 따라 이와 동등한 학력을 인정받는 기관에서 상담 관련 분야 학사학위를 취득한 후 상담 실무경력이 3년 이상인 사람 3. 3급 청소년상담사로서 상담 실무경력이 2년 이상인 사람 4. 제1호부터 제3호까지에 규정된 사람과 같은 수준 이상의 자격이 있다고 여성가족부령으로 정하는 사람
3급 청소년상담사	1. 대학 및 「평생교육법」에 따른 학력이 인정되는 평생교육시설의 상담 관련 분야의 학사학위를 취득한 사람 2. 전문대학 또는 다른 법령에 따라 이와 동등한 학력을 인정받는 기관에서 상담 관련 분야 전문학사를 취득한 사람으로서 상담 실무경력이 2년 이상인 사람 3. 대학 또는 다른 법령에 따라 이와 동등한 학력을 인정받는 기관에서 학사학위를 취득한 후 상담 실무경력이 2년 이상인 사람 4. 전문대학 또는 다른 법령에 따라 이와 동등한 학력을 인정받는 기관에서 전문학사 학위를 취득한 후 상담 실무경력이 4년 이상인 사람 5. 고등학교를 졸업하고 상담 실무경력이 5년 이상인 사람 6. 제1호부터 제4호까지에 규정된 사람과 같은 수준 이상의 자격이 있다고 여성가족부령으로 정하는 사람

※ 1) 상담 실무경력의 인정 범위와 내용은 여성가족부장관이 별도로 정하여 고시한다.
   2) 고등학교, 대학, 전문대학 및 대학원은 [별표 1]의 비고 제4호와 같다.
   3) 응시자격을 갖추었는지 여부는 자격검정 공고에서 정하는 서류제출 마감일을 기준으로 판단한다.
출처: 국가법령정보센터 홈페이지.

표 5-9 청소년상담사 자격검정 과목 및 방법

등급	검정과목			검정방법	
	구분	과목			
1급 청소년상담사	필수	• 상담사 교육 및 사례지도 • 청소년 관련 법과 행정 • 상담연구방법론의 실제		필기 시험	면접 시험
	선택	• 비행상담 · 성상담 · 약물상담 · 위기상담 중 2과목			
2급 청소년상담사	필수	• 청소년상담의 이론과 실제 • 상담연구방법론의 기초 • 심리측정 평가의 활용 • 이상심리		필기 시험	면접 시험
	선택	• 진로상담 · 집단상담 · 가족상담 · 학업상담 중 2과목			
3급 청소년상담사	필수	• 발달심리 • 집단상담의 기초 • 심리측정 및 평가 • 상담이론 • 학습이론		필기 시험	면접 시험
	선택	• 청소년이해론 · 청소년수련활동론 중 1과목			

※ "청소년 관련 법"이란「청소년 기본법」,「청소년복지 지원법」,「청소년 보호법」,「아동 · 청소년의 성보호에 관한 법률」,「청소년활동 진흥법」,「학교폭력예방 및 대책에 관한 법률」,「소년법」을 말하며, 그 밖의 법령을 포함하는 경우 여성가족부장관이 고시함.

출처: 국가법령정보센터 홈페이지.

2) 청소년지도자 구분

표 5-10 청소년 전문 지도자의 구분

구분	청소년지도사	청소년상담사
급수	1급, 2급, 3급	1급, 2급, 3급
자격검정	시험 _ 한국산업인력공단 연수 _ 한국청소년활동진흥원	시험 _ 한국산업인력공단 연수 _ 한국청소년상담복지개발원
자격연수	30시간 이상	100시간 이상
보수교육	2년 내 15시간 이상	매년 8시간 이상
	보수교육 미 이수/1차 30만 원, 2차 50만 원	
	부수교육을 이유로 불리한 처우를 한 경우 1차 50만 원, 2차 100만 원	
1급	2급 취득 후 3년 이상 종사자	박사학위 취득자 석사학위 취득 후 실무경력 4년 이상 2급 취득 후 실무경력 3년 이상

2급	3급 취득 후 2년 이상 비전공 _ 대학 졸업 후 경력 2년 이상 비전공 _ 고등학교 졸업 후 경력 8년 이상	석사학위 취득자 학사학위 취득 후 실무경력 3년 이상 3급 취득 후 실무경력 2년 이상
3급	비전공 _ 전문대학 졸업 후 2년 이상 비전공 _ 고등학교 졸업 후 경력 3년 이상	학사학위 취득자 전문학사 취득 후 실무경력 2년 이상 비전공 학사학위 취득 후 실무 2년 비전공 전문학사 취득 후 실무 4년 고등학교 졸업 후 실무경력 5년
면접	면접시험은 다음의 사항에 관하여 평가한다. 1. 청소년지도자로서의 가치관 및 정신자세 2. 예의 · 품행 및 성실성 3. 의사발표의 정확성 및 논리성 4. 청소년에 관한 전문지식과 응용능력 5. 창의력 · 의지력 및 지도력	
지도사가 될 수 없는 사람	1. 미성년자, 피성년후견인 또는 피한정후견인 2. 파산선고를 받고 복권되지 아니한 사람 3. 금고 이상의 형을 선고받고 그 집행이 끝나거나 집행을 받지 아니하기로 확정된 후 3년 　이 지나지 아니한 사람 4. 금고 이상의 형을 선고받고 그 집행유예의 기간이 끝나지 아니한 사람 5. 법원의 판결 또는 법률에 따라 자격이 상실되거나 정지된 사람	

출처: 하중래(2024).

「청소년 기본법」에 근거해 청소년지도자를 분류해 보면, 청소년지도사, 청소년상담사 그리고 청소년시설, 청소년단체, 청소년관련기관 종사자로 구분한다. 이 중에서 청소년지도사는 다른 청소년지도자보다 점점 심각해지고 있는 청소년문제의 해결과 체계적인 청소년활동에 있어서 보다 중요한 역할을 하고 있다고 할 수 있다(하중래, 2014).

이러한 요구에 따라 청소년지도사의 체계적이고 전문적인 양성을 위해「청소년 기본법」에서는 그에 관한 내용을 규정하여 국가 공인 청소년지도사를 양성하고 있다. 청소년지도사란 청소년 관련 분야의 경력이나 기타 자격을 갖춘 자로서 자격검정에 합격하고 소정의 연수를 마친 자를 의미한다. 청소년지도사는 1, 2, 3급으로 구분되며 모두 합쳐 2024년 기준 총 66,096명이 배출되었다(여성가족부, 2022).

청소년상담사는 2022년 기준 총 2회의 자격검정이 있었으며, 청소년상담사 1급 1,194명, 2급 13,077명, 3급 19,546명으로 총 33,817명의 청소년상담사를 양성하였다(여성가족부, 2022).

3) 청소년지도사의 배치기준

(1) 청소년수련시설 배치기준

표 5-11　청소년수련시설별 청소년지도사 배치기준

배치대상	배치기준
청소년수련관	• 1급 청소년지도사 1명, 2급 청소년지도사 1명, 3급 청소년지도사 2명 이상 • 수용인원 500명 초과 시, 250명당 1급~3급 중 1명 이상 추가 배치
청소년수련원	• 2급 청소년지도사 및 3급 청소년지도사를 각각 1명 이상 • 수용정원 500명 초과하는 1급 청소년지도사 1명 이상 • 500명을 초과하는 250명당 1급~3급 중 1명 이상 추가 배치 • 지방자치단체 내 폐교시설-특정 계절에만 운영: 청소년지도사를 두지 않을 수 있음
유스호스텔	• 청소년지도사 1명 이상 배치 • 숙박정원이 500명 초과 시, 2급 청소년지도사 1명 이상 추가 배치
청소년야영장	• 청소년지도사 1명 이상 배치 • 다만, 설치·운영자가 동일한 시·도 안에 다른 수련시설을 운영하면서 청소년야영장을 운영하는 경우 청소년지도사를 별도로 두지 않을 수 있음 • 국가, 지방자치단체, 그 밖에 공공법인이 설치·운영하는 청소년야영장으로서 청소년수련거리의 실시 없이 이용 편의만 제공 시 청소년지도사를 두지 않을 수 있음
청소년문화의집	청소년지도사 1명 이상 배치
청소년특화시설	2급 및 3급 청소년지도사를 각각 1명 이상 배치

출처: 하중래(2024).

(2) 청소년단체의 배치기준

표 5-12　청소년단체의 청소년지도사 배치기준

청소년단체	• 청소년회원 2천 명 이하: 1급 또는 2급 청소년지도사 1명 이상 배치 • 청소년회원 2천 명 초과 시: 1급 또는 2급 청소년지도사 1명 이상 추가 배치 • 청소년회원 수 1만 명 이상: 청소년지도사의 5분의 1 이상은 1급 청소년지도사 배치

출처: 하중래(2024).

(3) 청소년상담사의 배치기준

표 5-13   청소년상담복지센터의 청소년상담사 배치기준

배치대상 청소년시설	배치기준
특별시 · 광역시 · 도 및 특별자치도에 설치된 청소년상담복지센터	청소년상담사 3명 이상
시 · 군 · 구에 설치된 청소년상담복지센터	청소년상담사 1명 이상
「청소년복지 지원법」에 따른 청소년복지시설	청소년상담사 1명 이상

출처: 하중래(2024).

(4) 수련시설 종류 및 수용정원별 청소년지도사 배치기준

표 5-14   청소년시설 수용정원별 청소년지도사 배치기준

시설 종류	수용정원 500명 이하				수용정원 250명당 배치기준(추가)			
	소계	1급	2급	3급	소계	1급	2급	3급
청소년 수련관	4명	1명	1명	2명	1명	1명		
	4명	1명	2명	1명				
	4명	1명	3명	–				
	4명	2명	2명	–				
	4명	3명	1명	–				
청소년 수련원	2명	–	1명	1명	1명	1명 ※ 최초 500명 초과 시 1급 배치		
	2명	–	2명	–				
	2명	1명	1명	–				
	2명	1명	–	1명				
	2명	2명	–	–				
유스호스텔	1명	1명			1명	1명(1급 또는 2급)		
청소년 야영장	1명	1명			–	–		
청소년 문화의집	1명	1명			–	–		
청소년 특화시설	2명	–	1명	1명	–	–		
	2명	–	2명	–				
	2명	1명	1명	–				
	2명	1명	–	1명				
	2명	2명	–	–				

출처: 하중래(2024).

4) 청소년육성 전담공무원

제25조(청소년육성 전담공무원)

① 특별시·광역시·특별자치시·도·특별자치도(이하 "시·도"라 한다), 시·군·구 (자치구를 말한다. 이하 같다) 및 읍·면·동 또는 제26조에 따른 청소년육성 전담기 구에 청소년육성 전담공무원을 둘 수 있다.

② 제1항에 따른 청소년육성 전담공무원은 청소년지도사 또는 청소년상담사의 자격 을 가진 사람으로 한다.

③ 청소년육성 전담공무원은 관할구역의 청소년과 청소년지도자 등에 대하여 그 실 태를 파악하고 필요한 지도를 하여야 한다.

④ 관계 행정기관, 청소년단체 및 청소년시설의 설치·운영자는 청소년육성 전담공 무원의 업무 수행에 협조하여야 한다.

⑤ 제1항에 따른 청소년육성 전담공무원의 임용 등에 필요한 사항은 조례로 정한다.

지역 내 청소년의 육성업무는 지방자치단체의 주요한 고유사업이었다. 지방자치단체에 서 주로 국고보조금으로 지역청소년 육성사업을 추진해 왔으나 이 조항에 의해 지방자치 단체가 주도적으로 지역 내 청소년육성을 위해 조직과 공무원을 배치할 수 있도록 하여 지 역 실정에 적합한 청소년육성시책을 추진하도록 하였다. 청소년육성 전담기구의 설치와 청소년육성 전담공무원의 배치 제도는 지역사회에서 청소년업무의 역할이 강조되고 전문 화되어야 하는 현실을 감안하면 상당히 중요한 입법 조치라 할 수 있다.

6. 청소년활동 및 청소년복지 등

제47조(청소년활동의 지원)

① 국가 및 지방자치단체는 청소년활동을 지원하여야 한다.

② 제1항에 따른 청소년활동의 지원에 관한 사항은 따로 법률로 정한다.

제48조(학교교육 등과의 연계)

① 국가 및 지방자치단체는 청소년활동과 학교교육·평생교육을 연계하여 교육적 효

과를 높일 수 있도록 하는 시책을 수립·시행하여야 한다.

② 여성가족부장관이 제1항에 따른 시책을 수립할 때에는 미리 관계 기관과 협의하여야 하며, 전문가의 의견을 들어야 한다.

③ 제2항에 따른 협의를 요청받은 관계 기관은 특별한 사유가 없으면 이에 따라야 한다.

[전문개정 2014. 3. 24.]

제49조(청소년복지의 향상)

① 국가는 청소년들의 의식·태도·생활 등에 관한 사항을 정기적으로 조사하고, 이를 개선하기 위하여 청소년의 복지향상 정책을 수립·시행하여야 한다.

② 국가 및 지방자치단체는 기초생활 보장, 직업재활훈련, 청소년활동 지원 등의 시책을 추진할 때에는 정신적·신체적·경제적·사회적으로 특별한 지원이 필요한 청소년을 우선적으로 배려하여야 한다.

③ 국가 및 지방자치단체는 청소년의 삶의 질을 향상하기 위하여 구체적인 시책을 마련하여야 한다.

④ 제1항부터 제3항까지의 규정에 관하여는 따로 법률로 정한다.

제51조(청소년 유익환경의 조성)

① 국가 및 지방자치단체는 청소년이 정보화 능력을 키울 수 있는 환경을 조성하기 위하여 노력하여야 한다.

② 국가 및 지방자치단체는 청소년에게 유익한 매체물의 제작·보급 등을 장려하여야 하며 매체물의 제작·보급 등을 하는 자에게 그 제작·보급 등에 관한 경비 등을 지원할 수 있다.

③ 국가 및 지방자치단체는 주택단지의 청소년시설 배치 등 청소년을 위한 사회환경과 자연환경을 조성하기 위하여 노력하여야 한다.

[전문개정 2014. 3. 24.]

제52조(청소년 유해환경의 규제)

① 국가 및 지방자치단체는 청소년에게 유해한 매체물과 약물 등이 유통되지 아니하

도록 하여야 한다.

② 국가 및 지방자치단체는 청소년이 유해한 업소에 출입하거나 고용되지 아니하도록 하여야 한다.

③ 국가 및 지방자치단체는 폭력·학대·성매매 등 유해한 행위로부터 청소년을 보호·구제하여야 한다.

④ 제1항부터 제3항까지의 규정에 따른 청소년에게 유해한 매체물·약물·업소·행위 등의 규제에 관하여는 따로 법률로 정한다.

[전문개정 2014. 3. 24.]

7. 청소년육성기금

제53조(기금의 설치 등)

① 청소년육성에 필요한 재원을 확보하기 위하여 청소년육성기금(이하 "기금"이라 한다)을 설치한다.

② 기금은 여성가족부장관이 관리·운용한다.

③ 여성가족부장관은 기금의 관리·운용에 관한 사무의 전부 또는 일부를 다음 각 호의 기관 중에서 선정하여 위탁할 수 있다.

    1. 제40조에 따른 한국청소년단체협의회

    2. 「청소년활동 진흥법」 제6조에 따른 한국청소년활동진흥원

    3. 「정부출연연구기관 등의 설립·운영 및 육성에 관한 법률」에 따라 설립된 한국청소년정책연구원

    4. 「국민체육진흥법」 제36조에 따른 서울올림픽기념국민체육진흥공단

④ 기금의 관리·운용에 필요한 사항은 대통령령으로 정한다.

제54조(기금의 조성)

① 기금은 다음 각 호의 재원으로 조성한다. 〈개정 2014. 12. 23.〉

    1. 정부의 출연금

2. 「국민체육진흥법」 제22조 제4항 제1호 및 「경륜 · 경정법」 제18조 제1항 제1호
   에 따른 출연금

3. 개인 · 법인 또는 단체가 출연하는 금전 · 물품이나 그 밖의 재산

4. 기금의 운용으로 생기는 수익금

5. 그 밖에 대통령령으로 정하는 수입금

② 제1항 제3호에 따라 출연하는 자는 용도를 지정하여 출연할 수 있다. 다만, 특정
단체 또는 개인에 대한 지원을 용도로 지정할 수 없다.

[전문개정 2014. 3. 24.]

제55조(기금의 사용 등)

1. 청소년활동의 지원

2. 청소년시설의 설치와 운영을 위한 지원

3. 청소년지도자의 양성을 위한 지원

4. 청소년단체의 운영과 활동을 위한 지원

5. 청소년복지 증진을 위한 지원

6. 청소년보호를 위한 지원

7. 청소년정책의 수행 과정에 관한 과학적 연구의 지원

8. 기금 조성 사업을 위한 지원

9. 그 밖에 청소년육성을 위하여 대통령령으로 정하는 사업

② 국가나 지방자치단체는 제53조 제2항 및 제3항에 따른 기금의 관리기관(이하 "기금
관리기관"이라 한다)의 기금 조성을 지원하기 위하여 기금관리기관에 국유 또는 공
유의 시설 · 물품이나 그 밖의 재산을 그 용도나 목적에 지장을 주지 아니하는 범위
에서 무상으로 사용 · 수익하게 하거나 대부할 수 있다.

③ 기금관리기관은 청소년육성 또는 기금의 조성을 위하여 기금의 일부 또는 기금관
리기관의 시설 · 물품 등 재산의 일부를 청소년단체의 기본재산에 출연하거나 출자
할 수 있다.

④ 기금관리기관은 기금 조성의 전망을 고려하여 기금 사용을 조절함으로써 궁극적
으로 청소년육성을 위한 재원 확보에 기여할 수 있는 장기계획을 수립하여 시행하
여야 한다.

마지막으로, 「청소년 기본법」의 제정 의미를 정리하면, 「청소년 기본법」은 청소년육성정책의 개념을 정립하였다는 데 의미가 크다. 청소년활동, 청소년복지와 함께 청소년보호를 포함함으로써 청소년육성의 개념을 명확하게 정리하였다. 예를 들면, 청소년육성과 청소년보호가 별개의 정책으로 비춰지고 있는 것처럼 보이고 있었으나 청소년보호가 미래지향적인 청소년육성의 큰 틀 안에서 추진될 수 있도록 청소년에서 '청소년육성'의 개념을 보다 명확히 한 것은 바람직하다고 할 수 있다. 현재 청소년육성은 국가적으로 중요한 정책 분야임에도 불구하고 국가 재정 형편상 정책 우선순위에서 후순위로 밀려 제대로 지원되지 못하고 사회적으로도 관심을 받지 못하고 있는 것이 현실이다. 앞으로 청소년육성과 관련된 정책 중 추진이 필요하거나 사회적인 공론화가 필요한 정책에 대해서는 청소년을 비롯한 청소년지도자, 교육계, 학부모, 시민단체, 지방자치단체, 정부관계 부처 등이 참여하여 사회적 관심을 불러일으키고 범정부적으로 청소년육성에 다 함께 협조하는 것이 중요하다. 이를 위해선 「청소년 기본법」에서 명시하고 있는 '청소년특별회의' '청소년정책위원회' '청소년참여위원회' 등을 실질적으로 운영하고 활성화할 필요가 있다.

관련 토론/토의 주제

1. 청소년육성의 개념과 특징에 대해 논의해 봅시다.
2. 청소년특별회의의 기능에 대해 생각해 봅시다.
3. 청소년단체와 청소년시설의 법적 분류에 대해 논의해 봅시다.

참고문헌

강병연, 황수주(2016). 청소년육성제도론. 양성원.

권두승, 최운실(2009). 평생교육경영론. 교육과학사.

문화관광부(2004). 청소년관련법 제(개)정 설명자료. 문화관광부.

여성가족부(2022). 2022년 청소년백서. 여성가족부.

임동호, 류동수, 성시한, 이경민, 정정란, 차승준, 최용희(2017). 청소년육성제도론. 지식공동체.

하중래(2014). 청소년지도사의 직무만족 잠재계층유형 분석과 변인간 차이에 관한 연구. 명지대학
　　　교 대학원 박사학위논문.

하중래(2017). 청소년(활동)정책의 이해를 통한 사업기획 강의원고. 국립중앙청소년수련원.

하중래(2024). 청소년지도사 역량강화교육 원고(청소년기관운영론). 한국청소년수련시설협회.

국가법령정보센터 홈페이지 https://www.law.go.kr/

제6장

청소년보호정책

1. 「청소년 보호법」의 특성과 구성

1) 법 제정의 배경 및 의의

대한민국의 「청소년 보호법」은 청소년을 사회적으로 유해하거나 부적절한 영향으로부터 보호하기 위해 1997년 3월 7일 법률 제5297호로 제정·공포된 법률로, 같은 해 7월 1일부터 시행되었다(법제처 홈페이지). 「청소년 보호법」의 제정 배경과 의의는 다음과 같다.[1]

첫째, 산업화와 도시화로 인한 청소년문제가 증가하였다. 1960년대 이후 대한민국은 급격한 근대화와 산업화의 물결을 맞으면서, 경제 성장과 함께 사회 변화가 빠르게 진행되었다. 그 속에서 청소년들은 새로운 환경에 적응해야 하는 어려움을 겪었으며, 부정적인 결과로 청소년의 비행 및 범죄가 증가하는 현상을 경험하게 되었다. 이에 청소년보호의 필요성이 제기되었다.

둘째, 대중매체의 발달로 인한 유해매체물이 확산되고, 유해한 정보와 콘텐츠에 대한 접근성이 높아졌다. 이 때문에 음란물, 폭력물, 선정물 등 청소년에게 부정적인 영향을 미치는 매체물이 유통되기 시작했고, 이로 인해 청소년의 건강한 성장을 위협하는 환경이 조성되었다. 유해매체물은 청소년의 올바른 성장과 발달을 저해하고, 부정적인 영향을 미치는 것으로 지적되기 시작했다. 따라서 이러한 유해한 정보로부터의 보호가 필요하다는 의견이 많아졌다.

셋째, 청소년 권리에 대한 인식 변화가 이루어졌다. 1980년대 이후 청소년은 단순히 보호 대상이 아닌 사회구성원으로서 권리를 존중받아야 한다는 인식이 확산되었다. 이에 청소년의 자율성과 주체성을 존중하고, 건강한 성장을 위한 사회적 지원을 강화해야 한다는 목소리를 높이기 시작했다.

넷째, 유엔아동권리협약 채택 등 국제 사회의 청소년보호를 위한 노력이 증진되었다. 1989년 유엔아동권리협약이 채택되면서 국제 사회의 청소년 권리와 보호를 위한 노력이 확산되기 시작했다. 이는 대한민국의 「청소년 보호법」 제정에도 영향을 미쳤다. 국제 사회의 청소년보호 기준을 국내 법률에 반영하여 청소년의 권리를 보호하고 건강한 성장을 지원해야 한다는 인식이 확산됨에 따라 국내 대응이 시작되었다.

---

1) https://www.moleg.go.kr/mpbleg/mpblegInfo.mo?mid=a10402020000&mpb_leg_pst_seq=129764

대한민국「청소년 보호법」은 청소년의 건전한 성장을 보장하고 사회적 안전을 강화하는데 중요한 역할을 하는 중요한 법률이다. 1997년「청소년 보호법」제정 당시 제정배경에 대해 국가법령정보센터는 다음과 같이 제정 이유를 기술하고 있다. "우리 사회의 자율화와 물질만능주의 경향에 따라 날로 심각해지고 있는 음란 · 폭력성의 청소년 유해매체물과 유해약물 등의 청소년에 대한 유통과 유해한 업소에의 청소년 출입 등을 규제함으로써, 성장과정에 있는 청소년을 각종 유해한 사회 환경으로부터 보호 · 구제하고 나아가 건전한 인격체로 성장할 수 있도록 하려는 것이다."

이처럼「청소년 보호법」이 제정됨에 따라, 청소년보호정책이 청소년정책의 한 분야로서 중요하게 다뤄지고 청소년을 유해환경으로부터 보호하려는 법적 근거를 마련하게 되었다는 것과, 그에 따른 정책이 본격적으로 구체화되기 시작했다는 것에 큰 의의가 있다고 할 수 있다(청소년보호위원회, 한국청소년정책연구원, 2014, p. 11).

2)「청소년 보호법」의 주요 개정내용

「청소년 보호법」은 최초 법률 제정 이후, 사회와 환경의 급속한 발달과 변화로부터 청소년보호의 목적을 달성하기 위해 여러 차례 법률안 개정을 추진해 왔다(청소년보호위원회, 2002). 최초 1997년 3월 7일「청소년 보호법」이 공포된 이후(법률 제5297호, 1997. 7. 1. 시행) 현재까지 개정안이 수시로 발의되었으나 크게 변화된 것은 1999년 2월 5일 제1차「청소년 보호법」개정법률안(법률 제5817호, 1999. 7. 1. 시행)과, 이후 2001년 5월 24일 제2차「청소년 보호법」개정법률안이 공포된 것이었다(법률 제6479호, 2001. 8. 25. 시행).

제1차「청소년 보호법」개정법률안의 주요 개정내용은 청소년의 연령을 고3이 포함될 수 있도록 '만 18세 미만'에서 '만 19세 미만'으로 조정한 것, 유해매체물, 유해업소, 유해약물, 유해물건 등의 개념과 대상을 명확히 하는 것 등(제2조 제2호 내지 제5호)이다. 이 외에도「미성년자보호법」폐지에 따른 동법상 외국 불량만화 등에 대한 규정 흡수(제23조의2), 청소년통행금지구역 및 청소년통행제한구역 지정 · 운영(제25조), 청소년유해행위 금지규정 신설(제26조의 2), 과징금 처분에 대한 이중행정처분 논란소지 제거를 위한 다른 법률상의 행정처분 대상 시 다른 법률에 의한 처분을 우선적용(제49조 단서) 등의 내용이 개정안에 포함되었다.

제2차「청소년 보호법」개정법률안의 주요 개정내용은 다음과 같다. 가장 먼저, 청소년보호연령을 조정하였으며 '만 19세 미만'으로 명시되었으나 만 19세가 도달되는 해의 1월

1일을 맞이한 자는 제외(제2조의제1호)되었다. 또한 청소년 유해약물·물건으로 결정된 약물·물건 중 청소년유해표시가 되지 않은 약물·물건도 수거·파기 대상에 포함(제36조 제1항) 등이 개정사항에 포함되었다.

2000년대 이후 동법은 제정 이후 현행 제도의 운영과정에서 나타난 미비점을 개선, 보완하는 작업을 거쳤다. 유해행위에 대한 구체적인 내용을 추가하여 청소년유해환경에 대한 내용 및 규정을 상세화하거나, 사회 변화에 따른 새로운 유해업소, 청소년유해환경의 변화 및 국제 사회의 동향 변화, 법적인 연령의 변경, 주무부처의 변경 등의 많은 이유로 잦은 개정과정을 거쳐 청소년보호정책 추진의 근간이 되어 왔다.

청소년보호정책과 법은 「청소년 기본법」, 「정부조직법」, 「국가공무원법」, 「풍속영업의 규제에 관한 법률」, 「마약류 관리에 관한 법률」, 「담배사업법」, 「영화 및 비디오물의 진흥에 관한 법률」, 「출판문화산업 진흥법」, 「화학물질관리법」, 「지방세외수입금의 징수 등에 관한 법률」 등의 다른 법률들과 연동하여 제정작업이 이루어져 왔다(국가법령정보센터 홈페이지). 이처럼 동법 6조5)에 의하면, 청소년유해환경 규제와 관련해서 동법이 우선 적용됨에도 불구하고 관련된 다른 법이 많은 관계로 타법개정이 개정 사유가 되는 경우가 많은 것이 특징이라 할 수 있다(국가법령정보센터 홈페이지).

3)「청소년 보호법」의 구성

「청소년 보호법」은 총 8장 64조로 구성되어 있다. 제1장은 총칙으로 제1조부터 제6조로 구성되며, 「청소년 보호법」의 목적과 정의, 가정, 사회, 국가와 지방자치단체의 책임, 다른 법률과의 관계에 대해 명시하고 있다.

제2장은 청소년유해매체물의 결정 및 유통 규제에 대한 내용으로 제7조부터 제23조까지이며, 청소년에게 유해한 매체물을 결정 및 심의하고, 유통을 규제하여 청소년을 보호하기 위한 법률로 구성되어 있다.

제3장은 제24조부터 제27조로 구성되며, 청소년의 인터넷게임 중독을 예방하기 위한 방안으로 이용시간 제한, 게임물 등급제 운영, 유해게임물 차단, 중독 예방교육 실시 등의 내용을 명시하고 있다.

제4장은 청소년 유해약물 등, 청소년 유해행위 및 청소년 유해업소 등의 규제에 대한 내용이며 제28조부터 제32조로 세분화되어 있고, 청소년 유해약물, 유해행위, 유해업소, 판매, 입소, 출입 등을 금지하는 내용으로 정리되어 있다.

제5장은 청소년보호사업의 추진에 관한 것으로 제33조부터 제35조까지이며, 청소년의 건전한 성장을 위한 다양한 사업을 추진하는 내용이 포함되어 있다. 자세히는 유해환경에 대한 청소년의 대응능력 제고, 환각물질 중독치료, 청소년 보호·재활센터의 설치와 운영에 대한 내용으로 구성되어 있다.

제6장은 청소년보호위원회에 대한 내용으로 청소년보호위원회의 설치부터 위원회의 구성, 위원의 임기, 회의 및 운영에 대한 사항을 포함하며, 청소년보호정책을 수립하고 추진하는 것, 유해매체물 결정, 보호사업 추진 등의 내용을 명시하고 있다. 마지막 제7장 보칙, 제8장 벌칙으로 구성되어 있다. 자세한 「청소년 보호법」의 내용 구성은 〈표 6-1〉과 같다.

표 6-1 「청소년 보호법」 구성과 내용

구분	구성
제1장 총칙	제1조 목적 제2조 정의 제3조 가정의 역할과 책임 제4조 사회의 책임 제5조 국가와 지방자치단체의 책임 제6조 다른 법률과의 관계
제2장 청소년유해매체물의 결정 및 유통 규제	제7조 청소년유해매체물의 심의·결정 제8조 등급 구분 등 제9조 청소년유해매체물의 심의 기준 제10조 심의 결과의 조정 제11조 청소년유해매체물의 자율 규제 제12조 청소년유해매체물의 재심의 제13조 청소년유해표시 의무 제14조 포장 의무 제15조 표시·포장의 훼손 금지 제16조 판매 금지 등 제17조 구분·격리 등 제18조 방송시간 제한 제19조 광고선전 제한 제20조 청소년유해매체물의 결정 취소 제21조 청소년유해매체물 결정 등의 통보·고시 제22조 외국 매체물에 대한 특례 제23조 정보통신망을 통한 청소년유해매체물 제공자 등의 공표

제3장 청소년의 인터넷게임 중독 · 과몰입 예방	제24조 인터넷게임 이용자의 친권자 등의 동의
	제25조 인터넷게임 제공자의 고지 의무
	제26조 (삭제)
	제27조 인터넷게임 중독 · 과몰입 등의 예방 및 피해 청소년 지원
제4장 청소년유해약물 등, 청소년유해행위 및 청소년유해업소 등의 규제	제28조 청소년유해약물 등의 판매 · 대여 등의 금지
	제29조 청소년 고용 금지 및 출입 제한 등
	제30조 청소년유해행위의 금지
	제31조 청소년 통행금지 · 제한구역의 지정 등
	제32조 청소년에 대하여 가지는 채권의 효력 제한
제5장 청소년보호 사업의 추진	제33조 청소년보호종합대책의 수립 등
	제34조 청소년의 유해환경에 대한 대응능력 제고 등
	제34조의2 환각물질 중독치료 등
	제35조 청소년 보호 · 재활센터의 설치 · 운영
제6장 청소년보호위원회	제36조 청소년보호위원회의 설치
	제37조 위원회의 구성
	제38조 위원장의 직무 및 회의
	제39조 위원의 임기
	제40조 위원의 직무상 독립과 신분보장
	제41조 회의 및 운영
	제41조의2 유해매체물 심의 분과위원회
제7장 보칙	(생략) 제42조~제54조
제8장 벌칙	(생략) 제55조~제64조

4) 「청소년 보호법」의 목적과 용어 정의

(1) 목적

「청소년 보호법」의 제1조는 목적에 관한 사항으로 청소년에게 유해한 매체물과 약물 등이 청소년에게 유통되는 것과 청소년이 유해한 업소에 출입하는 것 등을 규제하고 청소년을 유해한 환경으로부터 보호 · 구제함으로써 청소년이 건전한 인격체로 성장할 수 있도록 함을 목적으로 한다. 이는 청소년의 건전한 인격체로의 성장을 위해 유해환경에 대한 관리 및 규제를 하는 것으로, 청소년에게 유해매체물, 유해약물, 유해물건의 유통을 금지해야 하며, 청소년의 유해업소 출입 금지, 청소년의 폭력 및 학대 등 우리 사회로부터 만들어진 모든 유해환경으로부터 보호하는 것을 목적으로 둔다. 주로 이 법의 주체는 청소년 개인뿐만 아니라 가정, 학교, 언론, 시민단체, 정부 등 모든 사회의 구성원과 공동체가 함께 참여하여야 한다는 것을 강조하고 있다.

(2) 용어의 정의
「청소년 보호법」에서 정의하는 용어는 다음과 같다.

① 청소년
"청소년"은 만 19세 미만인 사람을 말한다. 다만, 만 19세가 되는 해의 1월 1일을 맞이한 사람은 제외한다. 제정 초반 「청소년 보호법」에서 의미하는 청소년의 연령은 18세 미만이었으나, 개정 이후 19세에 도달하는 1월 1일을 제외한다는 조항으로 변경되었다. 이에 「청소년 보호법」에서는 '연 나이' 기준으로 청소년을 정의하였다.

② 매체물
"매체물"이란 다음 각 목의 어느 하나에 해당하는 것을 말한다. 각 목을 상세히 살펴보면 다음과 같다. 가. 「영화 및 비디오물의 진흥에 관한 법률」에 따른 영화 및 비디오물, 나. 「게임산업진흥에 관한 법률」에 따른 게임물, 다. 「음악산업진흥에 관한 법률」에 따른 음반, 음악파일, 음악영상물 및 음악영상파일, 라. 「공연법」에 따른 공연(국악공연은 제외한다), 마. 「전기통신사업법」에 따른 전기통신을 통한 부호·문언·음향 또는 영상정보, 바. 「방송법」에 따른 방송프로그램(보도 방송프로그램은 제외한다), 사. 「신문 등의 진흥에 관한 법률」에 따른 일반일간신문(주로 정치·경제·사회에 관한 보도·논평 및 여론을 전파하는 신문은 제외한다), 특수일간신문(경제·산업·과학·종교 분야는 제외한다), 일반주간신문(정치·경제 분야는 제외한다), 특수주간신문(경제·산업·과학·시사·종교 분야는 제외한다), 인터넷신문(주로 보도·논평 및 여론을 전파하는 기사는 제외한다) 및 인터넷뉴스서비스, 아. 「잡지 등 정기간행물의 진흥에 관한 법률」에 따른 잡지(정치·경제·사회·시사·산업·과학·종교 분야는 제외한다), 정보간행물, 전자간행물 및 그 밖의 간행물, 자. 「출판문화산업 진흥법」에 따른 간행물, 전자출판물 및 외국간행물(사목 및 아목에 해당하는 매체물은 제외한다), 차. 「옥외광고물 등의 관리와 옥외광고산업 진흥에 관한 법률」에 따른 옥외광고물과 가목부터 자목까지의 매체물에 수록·게재·전시되거나 그 밖의 방법으로 포함된 상업적 광고선전물, 카. 그 밖에 청소년의 정신적·신체적 건강을 해칠 우려가 있어 대통령령으로 정하는 매체물을 의미한다.

③ 청소년유해매체물

"청소년유해매체물"이란 다음 각 목의 어느 하나에 해당하는 것을 말한다. 가. 제7조 제1항 본문 및 제11조에 따라 청소년보호위원회가 청소년에게 유해한 것으로 결정하거나 확인하여 여성가족부장관이 고시한 매체물, 나. 제7조 제1항 단서 및 제11조에 따라 각 심의기관이 청소년에게 유해한 것으로 심의하거나 확인하여 여성가족부장관이 고시한 매체물이다. 이처럼 청소년보호위원회가 청소년에게 유해한 것이라고 결정하거나 판단한 것을 확인하여 여성가족부장관이 고시한 매체물, 각 심의기관이 심의한 결과를 확인하여 고시한 매체물을 의미하는 용어이다.

④ 청소년유해약물 등

"청소년유해약물 등"이란 청소년에게 유해한 것으로 인정되는 다음 가목의 약물(이하 "청소년유해약물"이라 한다)과 청소년에게 유해한 것으로 인정되는 다음 나목의 물건(이하 "청소년유해물건"이라 한다)을 말한다. 가목의 약물에 해당하는 청소년유해약물은 주류, 담배, 마약류, 환각물질, 중추신경에 작용하여 습관성 · 중독성 · 내성을 유발하여 신체를 유해하게 하는 약물 또는 심신을 심각하게 손상시킬 우려가 있는 약물로서 대통령령으로 정하는 기준에 따라 관계기관의 의견을 들어 청소년보호위원회가 결정하고 여성가족부장관이 고시한 것을 말한다. 나목의 해당하는 청소년유해물건에 해당하는 것은 청소년에게 음란한 행위를 조장하는 성기구, 청소년의 심신을 심각하게 손상시킬 우려가 있는 성관련 물건, 청소년에게 음란성 · 포악성 · 잔인성 · 사행성 등을 조장하는 완구류, 청소년유해약물과 유사한 형태의 제품으로 청소년의 사용을 제한하지 아니하면 청소년의 약물 이용습관을 심각하게 조장할 우려가 있는 물건(대통령령으로 정하는 기준에 따라 청소년보호위원회가 결정하고 여성가족부장관이 고시한 것)을 의미한다. 예를 들어, 남성용 성기확대 기구류, 남성용 여성 성기자극 기구류, 남성 및 여성용 자위행위 기구류 등이 있다.

⑤ 청소년유해업소

"청소년유해업소"란 청소년의 출입과 고용이 청소년에게 유해한 것으로 인정되는 "청소년 출입 · 고용금지업소"와 청소년의 출입은 가능하나 고용이 청소년에게 유해한 것으로 인정되는 "청소년고용금지업소"를 말한다. 예로는 사행행위 영업, 식품접객업, 노래연습장, 무도학원업, 성적 행위가 이루어지거나 유사한 행위가 이루어지는 서비스를 제공하는 영업, 유해약물을 제작 · 생산 · 유통하는 영업 등 청소년의 출입과 고용이 유해하다고 인정되는 영업, 장외 매장(경마장) 등이 있다.

⑥ 유통

"유통"이란 매체물 또는 약물 등을 판매 · 대여 · 배포 · 방송 · 공연 · 상영 · 전시 · 진열 · 광고하거나 시청 또는 이용하도록 제공하는 행위와 이러한 목적으로 매체물 또는 약물 등을 인쇄 · 복제 또는 수입하는 행위를 말한다.

⑦ 청소년폭력 · 학대

"청소년폭력 · 학대"란 폭력이나 학대를 통하여 청소년에게 신체적 · 정신적 피해를 발생하게 하는 행위를 말한다.

⑧ 청소년유해환경

"청소년유해환경"이란 청소년유해매체물, 청소년유해약물 등, 청소년유해업소 및 청소년폭력 · 학대를 말한다.

(3) 가정 · 사회 · 국가 · 지방자치단체의 역할

「청소년 보호법」의 제1장 총칙에는 가정(제3조 가정의 역할과 책임), 사회(제4조 사회의 책임), 국가와 지방자치단체(제5조 국가와 지방자치단체의 책무) 등에 대해 명시되어 있다.

제3조(가정의 역할과 책임)에는 청소년에 대하여 친권을 행사하는 사람 또는 친권자를 대신하여 청소년을 보호하는 사람이 청소년유해환경에 접촉하거나 출입하지 못하도록 필요한 노력을 하는 것을 의미한다. 또한 유해한 매체물이나 유해한 약물 등을 이용하고 있거나, 유해한 업소에 출입하려고 하면 즉시 제지하여야 한다. 1항에 따른 노력이나 제지를 할 때 청소년보호와 관련된 상담기관이나 단체에 상담을 받을 수 있고, 청소년의 가출 및 비행의 우려가 있다고 인정되면 청소년보호와 관련된 지도 · 단속 기관에 협조를 요청하여야 한다.

제4조(사회의 책임)에는 누구든지 청소년보호를 위하여 다음 각 호의 조치 등 필요한 노력을 하여야 한다(제1항). 청소년이 유해환경에 접할 수 없도록 하거나 출입을 하지 못하도록 해야 하며(1호), 청소년이 유해한 매체물 또는 약물 등을 이용하고 있거나 청소년폭력 · 학대 등을 하고 있음을 알게 되었을 때 이를 제지하고 선도해야 한다(2호). 청소년에게 유해한 매체물과 약물 등이 유통되고 있거나, 청소년유해업소에 청소년이 고용되어 있거

나 출입하고 있음을 알게 되었을 때는 관계기관[2] 등에 신고 · 고발 등의 조치를 해야 한다 (3호). 사회는 매체물과 약물 등의 유통을 업으로 하거나 청소년유해업소의 경영을 업으로 하는 자와 이들로 구성된 단체 및 협회 등은 청소년유해매체물과 청소년유해약물 등이 청소년에게 유통되지 아니하도록 하고 청소년유해업소에 청소년을 고용하거나 청소년이 출입하지 못하도록 하는 등 청소년을 보호하기 위하여 자율적인 노력을 다하여야 한다 (제2항).

제5조(국가와 지방자치단체의 책무)에는 국가가 청소년보호를 위한 노력에 대해 어떤 역할과 노력을 해야 하는지 명시되어 있다. 청소년유해환경의 개선에 필요한 시책을 마련하고 시행하며, 지방자치단체는 해당 지역의 청소년유해환경으로부터 청소년을 보호하기 위하여 필요한 노력을 하여야 한다(제1항). 이 외에도 전자 · 통신기술 및 의약품 등의 발달에 따라 등장하는 새로운 형태의 매체물과 약물 등이 청소년의 정신적 · 신체적 건강을 해칠 우려가 있음을 인식하고 이로부터 청소년을 보호하기 위하여 필요한 기술 개발, 연구사업의 지원, 국가 간의 협력체계 구축 등 필요한 노력을 하여야 한다(제2항). 마지막으로, 청소년 관련 단체 등 민간의 자율적인 유해환경 감시 · 고발 활동을 장려하고 이에 필요한 지원을 할 수 있으며 민간의 건의사항을 관련 시책에 반영할 수 있다(제3항). 국가와 지방자치단체는 청소년을 보호하기 위한 청소년유해환경을 규제하며, 그 의무를 충실히 수행하여야 한다(제4항).

2. 「청소년 보호법」의 청소년유해매체물

1) 청소년유해매체물의 결정 및 유통 규제

(1) 청소년유해매체물의 심의 · 결정

제7조에서는 청소년유해매체물의 심의 · 결정에 대해 명시하고 있다. 제7조의 주요 항은 다음과 같다. 제1항 청소년보호위원회는 매체물이 청소년에게 유해한지를 심의하여 청

---

[2] 「청소년 보호법」 제21조(청소년유해매체물 결정 등의 통보 · 고시) ③ 여성가족부장관은 청소년유해매체물 목록표를 각 심의기관, 청소년 또는 매체물과 관련이 있는 중앙행정기관, 지방자치단체, 청소년보호와 관련된 지도 · 단속 기관, 그 밖에 청소년보호를 위한 관련 단체 등(이하 "관계기관 등"이라 한다)에 통보하여야 하고, 필요한 경우 매체물의 유통을 업으로 하는 개인 · 법인 · 단체에 통보할 수 있으며, 친권자 등의 요청이 있는 경우 친권자 등에게 통지할 수 있다.

소년에게 유해하다고 인정되는 매체물을 청소년유해매체물로 결정하여야 한다. 다만, 다른 법령에 따라 해당 매체물의 윤리성·건전성을 심의할 수 있는 기관(이하 "각 심의기관"이라 한다)이 있는 경우에는 예외로 한다. 제2항 청소년보호위원회는 매체물이 청소년에게 유해한지를 각 심의기관에서 심의하지 아니하는 경우 청소년보호를 위하여 필요하다고 인정할 때에는 심의를 하도록 요청할 수 있다. 제3항 청소년보호위원회는 각 심의기관이 심의를 요청한 매체물이나 청소년에게 유해한지에 대하여 각 심의기관이 심의를 받지 아니하고 유통되는 매체물에 대하여 청소년에게 유해한지를 심의하여 유해하다고 인정하는 경우에는 그 매체물을 청소년유해매체물로 결정할 수 있다. 제4항 청소년보호위원회나 각 심의기관은 매체물 심의 결과 그 매체물의 내용이 「형법」 등 다른 법령에 따라 유통이 금지되는 내용이라고 판단하는 경우에는 지체 없이 관계기관에 형사처벌이나 행정처분을 요청하여야 한다. 다만, 각 심의기관별로 해당 법령에 따로 절차가 있는 경우에는 그 절차에 따른다. 제5항 청소년보호위원회나 각 심의기관은 제작·발행의 목적 등에 비추어 청소년이 아닌 자를 상대로 제작·발행된 매체물, 또는 매체물 각각을 청소년유해매체물로 결정하여서는 청소년에게 유통되는 것을 차단할 수 없는 매체물에 대하여는, 신청을 받거나 직권으로 매체물의 종류, 제목, 내용 등을 특정하여 청소년 유해매체물로 결정할 수 있다.

대한민국 매체물을 심의하는 기관은 〈표 6-2〉와 같다. 여성가족부(2022)에 의하면 우리나라 매체물 심의기관은 각 정부기관의 산하에 심의하는 매체물을 대상으로 분리되어 있다. 여성가족부는 「청소년 보호법」에 의거한 청소년보호위원회를 운영하고 있으며 주로 '음반'에 대해 사후심의를 진행한다. 이 외에도 문화체육관광부의 간행물윤리위원회, 게임물관리위원회, 방송통신심의위원회, 영상물등급위원회에서 간행물, 게임물, 정보통신물·방송프로그램, 영화·비디오를 각각 심의하고 있다. 공통적으로 심의하는 것은 청소년 유해성에 대한 사항이다. 모든 심의의 과정에서 적용되는 것은 연령등급제로, 기본적으로 국가가 지정한 연령등급을 채택하고 있으며, 우리나라의 현행 연령등급은 「청소년 보호법」상의 청소년유해매체물 제도와 문화 관련법의 등급분류 제도를 병행한다. 그러나 심의 및 등급 분류의 기능을 수행하는 심의기관의 법적 성격은 일원화되어 있지 않다(여성가족부, 2022).

표 6-2	청소년유해매체물 심의기관 현황		
구분	담당매체	심의형태	심의내용
간행물윤리위원회	간행물(소설, 만화, 정기간행물 등)	사후심의	• 청소년 유해성 • 유해성
게임물관리위원회	게임물	사전 등급분류	• 청소년 유해성
방송통신심의위원회	정보통신물	사후심의	• 청소년 유해성 • 불온성(불법성)
	방송프로그램	사후심의	• 청소년 유해성 • 공공성, 공정성
영상물등급위원회	영화·비디오·영상물	사전 등급분류 사후심의(공연의 경우)*	• 청소년 유해성 제한 상영제 • 연소자 유해성
청소년보호위원회	모든 매체물(음반)	사후심의(신청 시 사전심의)	• 청소년 유해성

* 신청 시 사전심의로 진행할 수 있음
출처: 여성가족부(2022).

(2) 청소년유해매체물의 등급 구분과 심의 기준

청소년유해매체물의 등급 구분은 다음과 같다. 제1항 청소년보호위원회와 각 심의기관은 제7조에 따라 매체물을 심의·결정하는 경우 청소년유해매체물로 심의·결정하지 아니한 매체물에 대하여는 그 매체물의 특성, 청소년 유해의 정도, 이용시간과 장소 등을 고려하여 이용 대상 청소년의 나이에 따른 등급을 구분할 수 있다. 제2항은 제1항에 따른 등급 구분의 종류 및 방법 등에 필요한 사항은 대통령령으로 정한다.

청소년유해매체물의 심의 기준에 대한 조는 청소년보호위원회와 심의기관이 심의를 할때 유해매체물로 결정하는 기준을 명시한 조이다. 제1항 청소년보호위원회와 각 심의기관은 제7조에 따른 심의를 할 때 해당 매체물이 다음 각 호의 어느 하나에 해당하는 경우에는 청소년유해매체물로 결정하여야 한다(제1항). 각 호의 내용은 〈표 6-3〉과 같다.

이 외에도 제2항에서 제1항에 따른 기준을 구체적으로 적용할 때에는 사회의 일반적인 통념에 따르며 그 매체물이 가지고 있는 문학적·예술적·교육적·의학적·과학적 측면과 그 매체물의 특성을 함께 고려하여야 하며, 제3항의 구체적인 심의 기준과 적용에 필요한 사항은 대통령령으로 정한다고 규정되어 있다. 만일 청소년보호위원회가 청소년보호와 관련하여 각 심의기관이 동일한 매체물을 심의한 결과에 상당한 차이가 있을 경우 심의 결과의 조정을 요구할 수 있다(제10조).

표 6-3 청소년유해매체물의 심의 기준

구분	내용
1	청소년에게 성적인 욕구를 자극하는 선정적인 것이거나 음란한 것
2	청소년에게 포악성이나 범죄의 충동을 일으킬 수 있는 것
3	성폭력을 포함한 각종 형태의 폭력 행위와 약물의 남용을 자극하거나 미화하는 것
4	도박과 사행심을 조장하는 등 청소년의 건전한 생활을 현저히 해칠 우려가 있는 것
5	청소년의 건전한 인격과 시민의식의 형성을 저해(沮害)하는 반사회적·비윤리적인 것
6	그 밖에 청소년의 정신적·신체적 건강에 명백히 해를 끼칠 우려가 있는 것

(3) 청소년유해매체물의 자율 규제

청소년유해매체물의 자율규제는 청소년의 건전한 성장을 위한 매체물의 제작, 발행, 유통 과정에서 심의위원회의 개입 없이 매체물과 관련한 단체들이 스스로 유해성을 판단하고 관리하는 활동을 말한다. 즉, 자율규제를 통해 매체물의 제작자·발행자, 유통행위자 또는 매체물과 관련된 단체는 자율적으로 청소년 유해 여부를 결정하고 결정한 내용의 확인을 청소년보호위원회나 각 심의기관에 요청할 수 있다(제1항). 또한 자율규제를 통해 청소년보호위원회 또는 각 심의기관의 심의 결과, 그 결정 내용이 적합한 경우에는 이를 확인하여야 하며, 청소년보호위원회는 필요한 경우 이를 각 심의기관에 위탁하여 처리할 수 있다(제2항).

자율규제의 특성상 정부의 개입을 최소화하고 매체물 시장의 자율성을 존중하는 것, 신속하고 효율적으로 청소년유해매체물을 관리하는 것, 사회적 책임을 분담한다는 것 등에 장점이 있다. 반면, 심의를 위한 기준의 일관성이나 객관성을 확보하기 어렵고, 자율성을 악용한 유해매체물 유통의 가능성이 있으며, 시스템 운영에 필요한 추가적인 비용이 발생한다는 점에 있어서 보완해야 할 과제가 남아 있다.

(4) 청소년유해매체물 유통에서의 법적 규제
① 청소년유해매체물의 청소년유해표시 의무

「청소년 보호법」의 제13조 청소년유해표시 의무의 1항에는 다음과 같은 내용을 다루고 있다. 다음 각 호의 구분에 따른 자는 청소년유해매체물에 대하여 청소년에게 유해한 것임을 나타내는 표시(이하 "청소년유해표시"라 한다)를 하여야 한다. 다만, 다른 법령에서 청소년유해표시를 하여야 할 자를 따로 정한 경우에는 해당 법령에서 정하는 바에 따른다(제1항). 이처럼 청소년유해매체물이라고 생각되는 것에는 반드시 청소년유해표시를 해야 한다는 것이다. 유해표시 의무가 있는 각 호의 상세한 내용은 〈표 6-4〉와 같다.

| 표 6-4 | 청소년유해표시 의무 |

내용
• 영화상영업자
• 비디오물을 제작 · 수입 · 복제한 자 또는 제공하는 자
• 게임물을 제작 · 수입 · 복제한 자 또는 제공하는 자
• 음반, 음악파일, 음악영상물 및 음악영상 파일을 제작 · 수입 · 복제한 자 또는 제공하는 자
• 공연자 중 공연을 주재(主宰)하는 자
• 전기통신을 통한 부호 · 문언 · 음향 또는 영상 정보를 제공하는 자
• 방송프로그램인 경우 방송사업자
• 신문, 인터넷신문인 경우 법령에 따른 발행인
• 잡지, 정보간행물, 전자간행물, 기타 간행물을 제작 · 수입 · 발행한 자 또는 제공하는 자
• 간행물, 전자출판물, 외국간행물을 제작 · 수입 · 발행한 자 또는 제공하는 자
• 광고선전물 중 간행물의 표시의무자

② 포장의무 및 표시 · 포장의 훼손금지

청소년유해매체물은 포장 없이 유통이 불가하다. 이는 제14조(포장의무)에 의거하여 제1항에는 청소년유해매체물은 포장하여야 하며, 이 경우 매체물의 특성으로 인하여 포장할 수 없는 것은 포장에 준하는 보호조치를 마련하여 시행하여야 한다고 되어 있다. 포장하여야 할 매체물의 종류, 포장에 준하는 보호조치, 포장의무자, 포장방법, 그 밖에 포장에 필요한 사항을 대통령령으로 정한다(제2항). 제15조(표시 · 포장의 훼손 금지)에 따라 어느 누구든지 청소년 유해표시와 제14조의 포장의무에 따른 포장을 훼손하여서는 아니된다. 청소년유해매체물에 해당하는 것의 포장 시 사용하는 포장용지는 불투명한 용지를 사용하여 내용물이 드러나지 않도록 하는 것이 중요하다. 또한 포장에 이용되는 용지는 훼손하지 아니하고서는 그 내용물을 열람할 수 없도록 포장에 대한 철저한 의무가 필요하다.

③ 청소년유해매체물 판매금지 · 구분 · 격리

청소년유해매체물은 유해표시의무 및 포장의무와 더불어 판매금지와 구분 · 격리에 대한 사항도 명시하고 있다. 제16조에 의하면 청소년유해매체물로서 대통령령으로 정하는 매체물을 대여 · 배포하거나 시청 · 관람 · 이용하도록 제공하려는 자는 그 상대방의 나이 및 본인 여부를 확인하여야 하고, 청소년에게 판매 · 대여 · 배포하거나 시청 · 관람 · 이용하도록 제공하여서는 아니 된다. 특히 청소년유해표시를 해야 하는 매체물 중 청소년유해표시가 되지 아니한 상태로 판매나 대여를 위해 전시하거나 진열하여서는 아니되며(제16조 2항), 포장을 해야 할 매체물은 포장을 하지 아니한 상태로 판매나 대여를 위해 전시하거나 진열해서도 아니 된다(제16조 제3항).

다음으로 제17조(구분 · 격리 등)에 대해서는 청소년유해매체물을 청소년에게 유통이 허용된 매체물과 구분 · 격리하지 아니하고서는 판매나 대여를 위해 전시하거나 진열하여서는 아니 된다고 명시되어 있다(제17조 제1항). 특히, 청소년유해매체물에 해당하는 매체물은 자동기계장치 또는 무인판매장치를 통하여 유통시킬 목적으로 전시하거나 진열하여서는 아니 된다. 다만, 각 호의 어느 하나에 해당하는 경우에는 제외한다. 1. 자동기계장치나 무인판매장치를 설치하는 자가 이를 이용하는 청소년의 청소년유해매체물 구입행위 등을 제지할 수 있는 경우, 2. 청소년출입 · 고용금지업소 안에 설치하는 경우 등이 이에 해당된다. 「청소년 보호법 시행령」(제18조 구분 · 격리 방법)에는 청소년에 대하여 해당 매체물의 판매나 대여가 금지된 것임을 나타내는 표시를 부착하여야 하며, 청소년유해매체물을 구분 · 격리하여 전시 · 진열할 장소 또는 시설은 그 업소에서 영업자가 맨눈으로 확인할 수 있으면서 청소년의 이용을 통제하기 가장 쉬운 곳이어야 한다(시행 2024. 3. 29., 대통령령 제34373호, 2024. 3. 29., 일부개정)는 내용으로 개정되었다.

하지만 최근 코로나19 이후 무인 점포가 급속하게 늘어나게 되면서 청소년유해매체물인 무인성인용품판매점,[3] 무인전자담배판매점[4] 등의 판매점이 자유업종으로 등록되어 청소년의 출입이 제한적으로 허용되는 사각지대가 발견되고 있다. 이에 청소년유해매체물 유통 및 판매에 대한 법령과 제도가 개정되어야 할 필요성이 제기되고 있다.

④ 방송시간 · 광고선전 제한

청소년유해매체물은 법적으로 방송시간대가 제한되어 있다. 청소년유해매체물로서 제2조 제2호 바목[바. 「방송법」에 따른 방송프로그램(보도 방송프로그램은 제외한다)]에 해당하는 매체물, 〈표 6-5〉에 해당하는 매체물과 같은 호 차목, 카목에 해당하는 매체물 중 방송을 이용하는 매체물은 대통령령으로 정하는 시간에는 방송하여서는 아니 된다(제18조)고 명시되어 있다. 「청소년 보호법 시행령」에 따르면 제19조(청소년 시청 보호시간대)에 따라 청소년유해매체물을 방송해서는 아니 되는 시간을 평일 오전 7시부터 오전 9시까지, 오후 1시부터 오후 10시까지로 하고 있으며, 토요일과 공휴일, 방학기간에는 오전 7시부터 오후 10시까지를 보호시간대로 지정하고 있다.

---

3) TV조선(2024. 4. 2.). 무인성인용품점 가보니…성인 인증 없이 청소년도 입장 https://news.tvchosun.com/site/data/html_dir/2024/04/02/2024040290210.html
4) 국민일보(2024. 3. 19.). 학생에게도 문 열리는 전자담배 무인매장… 학교 앞 떡하니 https://www.kmib.co.kr/article/view.asp?arcid=1710659233&code=14130000&cp=nv

표 6-5 「청소년 보호법」 제2조 제2호 매체물의 정의

내용
2. "매체물"이란 다음 각 목의 어느 하나에 해당하는 것을 말한다.
• (생략)
• 바. 「방송법」에 따른 방송프로그램(보도 방송프로그램은 제외한다)
• (생략)
• 차. 「옥외광고물 등의 관리와 옥외광고산업 진흥에 관한 법률」에 따른 옥외광고물과 가목부터 자목까지의 매체물에 수록 · 게재 · 전시되거나 그 밖의 방법으로 포함된 상업적 광고선전물
• 카. 그 밖에 청소년의 정신적 · 신체적 건강을 해칠 우려가 있어 대통령령으로 정하는 매체물

추가로 청소년유해매체물에 대한 광고선전도 제한하고 있다. 제19조(광고선전 제한)의 조항에 의거, 청소년유해매체물 중 제2조 제2호 차목에 해당하는 매체물 중 「옥외광고물 등의 관리와 옥외광고산업 진흥에 관한 법률」에 따른 옥외광고물을 다음 각 호의 어느 하나에 해당하는 장소에 공공연하게 설치 · 부착 또는 배포하여서는 아니 되며, 상업적 광고선전물을 청소년의 접근을 제한하는 기능이 없는 컴퓨터 통신을 통하여 설치 · 부착 또는 배포하여서도 아니 된다(제1항).

3. 「청소년 보호법」상 청소년의 인터넷게임 중독 · 과몰입 예방

1) 청소년의 인터넷게임 중독 · 과몰입 예방

(1) 인터넷게임 이용자의 친권자 등의 동의

「게임산업진흥에 관한 법률」에 따른 게임물 중 「정보통신망 이용촉진 및 정보보호 등에 관한 법률」 제2조 제1항 제1호에 따른 정보통신망을 통하여 실시간으로 제공되는 게임물(이하 "인터넷게임"이라 한다)의 제공자[5]는 회원으로 가입하려는 사람이 16세 미만의 청소년일 경우에는 친권자 등의 동의를 받아야 한다(제1항). 제2항에는 제1항의 친권자 등의 동의에 필요한 사항은 「게임산업진흥에 관한 법률」에서 정하는 바에 따른다고 명시되어 있다.

---

5)「전기통신사업법」 제22조에 따라 부가통신사업자로 신고한 자를 말하며, 같은 조 제1항 후단 및 제4항에 따라 신고한 것으로 보는 경우를 포함한다. 이하 같다.

(2) 인터넷게임 제공자의 고지 의무

인터넷게임의 제공자는 16세 미만의 청소년 회원가입자의 친권자등에게 해당 청소년과 관련된 다음 각 호의 사항을 알려야 한다(제1항).

> 1. 제공되는 게임의 특성·등급(「게임산업진흥에 관한 법률」제21조에 따른 게임물의 등급을 말한다)·유료화정책 등에 관한 기본적인 사항
> 2. 삭제 〈2021. 12. 7.〉[6]
> 3. 인터넷게임 이용 등에 따른 결제정보

2항에서는 제1항에 따른 고지에 필요한 사항은 「게임산업진흥에 관한 법률」에서 정하는 바에 따른다고 되어있다.

(3) 심야시간대의 인터넷게임 제공시간 제한(삭제)

제26조는 인터넷 게임의 제공자가 16세 미만의 청소년에게 오전 0시부터 오전 6시까지 인터넷게임을 제공하여서는 아니된다고 규정하였던 항이다(제1항). 이는 심야시간대 인터넷 게임을 제한하겠다는 법령이였으며, 과거에 '셧다운제'라고 지칭했다. 그러나 이 조항은 2021년 12월 7일에 삭제되었다.

(4) 인터넷게임 중독·과몰입 등의 예방 및 피해 청소년 지원

여성가족부장관은 관계 중앙행정기관의 장과 협의하여 인터넷게임 중독·과몰입(인터넷게임의 지나친 이용으로 인하여 인터넷게임 이용자가 일상생활에서 쉽게 회복할 수 없는 신체적·정신적·사회적 기능 손상을 입은 것을 말한다) 등 매체물의 오용·남용을 예방하고 신체적·정신적·사회적 피해를 입은 청소년과 그 가족에 대하여 상담·교육 및 치료와 재활 등의 서비스를 지원할 수 있다(제1항).

---

6) 인터넷 게임 이용시간에 대한 항목으로 2021년 삭제되어 본 조에서도 삭제되었다.

4. 「청소년 보호법」상 청소년 유해 관련 규제와 청소년보호사업

1) 청소년유해약물 등, 청소년유해행위 및 청소년유해업소 등의 규제

(1) 청소년유해약물 등의 판매·대여 등의 금지

청소년에게 있어 유해약물이란 주류나 담배류, 항정신성의약품(「화학물질관리법」상의 환각물질) 등을 의미한다. 이에 유해약물과 관련해서는 판매와 대여가 엄격하게 금지되어 있다.

제28조의 제1항 누구든지 청소년을 대상으로 청소년유해약물 등을 판매·대여·배포하거나[7] 무상으로 제공하여서는 아니 된다. 다만, 교육·실험 또는 치료를 위한 경우로서 대통령령으로 정하는 경우는 예외로 한다고 명시되어 있다. 제2항에는 누구든지 청소년의 의뢰를 받아 청소년유해약물 등을 구입하여 청소년에게 제공하여서는 아니 된다고 하며, 제3항에는 누구든지 청소년에게 권유·유인·강요하여 청소년유해약물 등을 구매하게 하여서는 아니 된다. 또한 청소년유해약물 등을 판매·대여·배포하고자 하는 자는 그 상대방의 나이 및 본인 여부를 확인하여야 한다(제4항)는 것도 중요한 사항으로 명시되어 있다.

제5항의 다음 각 호[8]의 어느 하나에 해당하는 자가 청소년유해약물 중 주류나 담배(이하 "주류 등"이라 한다)를 판매·대여·배포하는 경우 그 업소(자동기계장치·무인판매장치를 포함한다)에 청소년을 대상으로 주류 등의 판매·대여·배포를 금지하는 내용을 표시하여야 한다. 다만, 청소년 출입·고용금지업소는 제외한다. 또한 제6항에서 중요하게 다루고 있는 사항은 다음과 같다. 여성가족부장관은 청소년유해약물 등 목록표를 작성하여 청소년유해약물 등과 관련이 있는 관계기관 등에 통보하여야 하고, 필요한 경우 약물 유통을 업으로 하는 개인·법인·단체에 통보할 수 있으며, 친권자 등의 요청이 있는 경우 친권자 등에게 통지할 수 있다.

다음 각 호[9]의 어느 하나에 해당하는 자는 청소년유해약물 등에 대하여 청소년유해표시를 하여야 한다(제7항). 이 밖에 제8항에는 제6항에 따른 청소년유해약물 등 목록표의 작성

---

7) 자동기계장치·무인판매장치·통신장치를 통하여 판매·대여·배포하는 경우를 포함한다.
8) 1. 「주류 면허 등에 관한 법률」에 따른 주류소매업의 영업자. 2. 「담배사업법」에 따른 담배소매업의 영업자.
 3. 그 밖에 대통령령으로 정하는 업소의 영업자.
9) 1. 청소년유해약물을 제조·수입한 자. 2. 청소년유해물건을 제작·수입한 자.

방법, 통보 시기, 통보 대상, 그 밖에 필요한 사항은 여성가족부령으로 정하며, 제9항에는 제5항에 따른 표시의 문구, 크기와 제7항에 따른 청소년유해표시의 종류와 시기·방법, 그 밖에 필요한 사항은 대통령령으로 정한다고 명시되어 있다.

이처럼 청소년 시기의 약물 사용과 약물을 판매·대여하는 것에 있어 직·간접적으로 유해환경을 조성하고 제공하는 행위이므로 이와 같은 행위를 법적으로 엄격히 제한하고 있다. 이는 청소년의 건강한 성장을 방해하며, 기본적으로 청소년의 건강과 보건에 대한 권리를 위협하는 행위라고 할 수 있다.

(2) 청소년 고용 금지 및 출입제한 등

청소년유해업소는 특별히 청소년을 고용할 수 없고, 출입이 제한되어 있으며 이는 동법 상 제29조(청소년 고용 금지 및 출입제한 등)의 법령으로 보호하고 있다. 상세히 내용을 살펴보면 청소년유해업소의 업주는 청소년을 고용해서는 안 되며, 청소년유해업소의 업주가 종업원을 고용하려면 미리 나이를 확인해야 한다(제29조 제1항). 또한 청소년의 출입 및 고용 금지업소의 업주와 종사자는 출입자의 나이를 확인하여 청소년의 출입을 금지하여야 한다(제29조 제2항). 또한 제29조 제3항에는 제2조 제5호 나목2)[10]의 숙박업을 운영하는 업주는 종사자를 배치하거나 대통령령으로 정하는 설비 등을 갖추어 출입자의 나이를 확인하고 제30조 제8호[11]의 우려가 있는 경우에는 청소년의 출입을 제한하여야 한다라고 명시되어 있다.

만약 청소년유해업소의 업주와 종사자라면, 제1항부터 제3항까지에 따른 나이 확인을 위하여 필요한 경우 주민등록증(모바일 주민등록증을 포함한다)이나 그 밖에 나이를 확인할 수 있는 증표(이하 이 항에서 "증표"라 한다)의 제시를 요구할 수 있으며, 증표 제시를 요구받고도 정당한 사유 없이 증표를 제시하지 아니하는 사람에게는 그 업소의 출입을 제한할 수 있다(제29조 제4항). 만약 제2항에도 불구하고 청소년이 친권자 등을 동반할 때에는 대통령령으로 정하는 바에 따라 출입하게 할 수 있다. 다만, 「식품위생법」에 따른 식품접객업 중 대통령령으로 정하는 업소의 경우에는 출입할 수 없다(제29조 제5항). 마지막으로, 제6항의 청소년유해업소의 업주와 종사자는 그 업소에 대통령령으로 정하는 바에 따라 청소년의 출입과 고용을 제한하는 내용을 표시하여야 한다.

---

10) 「공중위생관리법」에 따른 숙박업, 목욕장업, 이용업 중 대통령령으로 정하는 것
11) 청소년을 남녀 혼숙하게 하는 등 풍기를 문란하게 하는 영업행위를 하거나 이를 목적으로 장소를 제공하는 행위

(3) 청소년유해행위의 금지

청소년유해행위의 금지와 관련하여서는 청소년에게 법령 중 해당하는 행위를 해서는 안 된다는 것을 강조하며 법령 제30조(청소년유해행위의 금지)로 명시하였다. 〈표 6-6〉에 따르면 청소년에게 성적 접대행위를 하게 하거나, 성적 행위를 알선·매개하는 행위, 영리를 목적으로 손님과 술을 마시거나 노래나 춤으로 손님의 유흥을 돋우는 접객행위(알선·매개 행위 포함), 음란한 행위를 하게 하는 것, 청소년의 장애나 기형을 일반인에게 관람시키는 것, 구걸을 시키거나 이용하여 구걸하는 것, 청소년을 학대하는 것, 손님을 유인하게 하는 행위, 남녀혼숙 등 풍기를 문란하게 하는 것, 차를 조리하거나 판매하는 업소에서 청소년이 배달하게 하는 행위, 조장하거나 묵인하는 것 등 청소년에게 유해한 행위를 시키는 것을 전적으로 금지하고 있다.

이러한 유해행위는 청소년의 발달단계에 부정적인 영향을 미칠 수 있으며, 정신건강에 악영향을 미칠 수 있다. 따라서 청소년유해행위 금지는 청소년의 신체적·정신적·사회적 건강을 보호하고 건전한 성장·발달을 위한 필수적인 조치라고 볼 수 있다.

표 6-6　「청소년 보호법」의 청소년유해행위의 금지

청소년유해행위의 세부내용
1. 영리를 목적으로 청소년으로 하여금 신체적인 접촉 또는 은밀한 부분의 노출 등 성적 접대행위를 하게 하거나 이러한 행위를 알선·매개하는 행위
2. 영리를 목적으로 청소년으로 하여금 손님과 함께 술을 마시거나, 노래 또는 춤 등으로 손님의 유흥을 돋우는 접객행위를 하게 하거나, 이러한 행위를 알선·매개하는 행위
3. 영리나 흥행을 목적으로 청소년에게 음란한 행위를 하게 하는 행위
4. 영리나 흥행을 목적으로 청소년의 장애나 기형 등의 모습을 일반인들에게 관람시키는 행위
5. 청소년에게 구걸을 시키거나 청소년을 이용하여 구걸하는 행위
6. 청소년을 학대하는 행위
7. 영리를 목적으로 청소년으로 하여금 거리에서 손님을 유인하는 행위를 하게 하는 행위
8. 청소년을 남녀 혼숙하게 하는 등 풍기를 문란하게 하는 영업행위를 하거나 이를 목적으로 장소를 제공하는 행위
9. 주로 차 종류를 조리·판매하는 업소에서 청소년으로 하여금 영업장을 벗어나 차 종류를 배달하는 행위를 하게 하거나 이를 조장하거나 묵인하는 행위

(4) 청소년 통행금지·제한구역의 지정 등

청소년 통행금지구역 또는 청소년 통행제한구역은 동법의 제1항에 따라 특별자치시장·특별자치도지사·시장·군수·구청장(구청장은 자치구의 구청장을 말하며, 이하 "시장·군수·구청장"이라 한다)은 청소년보호를 위하여 필요하다고 인정할 경우 청소년의 정신적·신체적 건강을 해칠 우려가 있는 구역을 청소년 통행금지구역 또는 청소년 통행제한구역으로 지정하여야 한다고 되어 있다. 이에 따라 청소년 통행금지구역 및 청소년 통행제한구역의 지정 및 운영에 관한 사항은 각 지방자치단체의 조례에서 세부사항을 정한다.

한 지자체의 예시를 보면, 청소년 통행금지구역 내 청소년에게는 24시간 통행을 금지하며, 부모 및 친권자, 교사 등 실질적으로 해당 청소년을 보호할 수 있는 보호자 동반 시에 예외로 하고 있다(「서울특별시 동대문구 청소년통행금지, 통행 제한구역 지정 및 운영에 관한 조례」 제3조 제1항). 또한 청소년 통행금지구역 내의 청소년 통행제한 시간은 오후 7시부터 다음 날 오전 6시까지를 기준으로 하되, 지역 특성에 따라 구청장이 적정한 시간으로 조정 가능하며, 부모 및 친권자, 교사 등 실질적으로 해당 청소년을 보호할 수 있는 보호자 동반 시에는 예외로 한다(「서울특별시 동대문구 청소년통행금지, 통행 제한구역 지정 및 운영에 관한 조례」 제3조 제2항).[12]

제2항에는 시장·군수·구청장은 청소년 범죄 또는 탈선의 예방 등 특별한 이유가 있으면 대통령령으로 정하는 바에 따라 시간을 정하여 제1항에 따라 지정된 구역에 청소년이 통행하는 것을 금지하거나 제한할 수 있다. 제1항과 제2항에 따른 청소년 통행금지구역 또는 통행제한구역의 구체적인 지정기준과 선도 및 단속 방법 등은 조례로 정하여야 한다. 이 경우 관할 경찰관서 및 학교 등 해당 지역의 관계기관과 지역 주민의 의견을 반영하여야 한다(제3항). 또한 시장·군수·구청장 및 관할 경찰서장은 청소년이 제2항을 위반하여 청소년 통행금지구역 또는 통행제한구역을 통행하려고 할 때에는 통행을 막을 수 있으며, 통행하고 있는 청소년은 해당 구역 밖으로 나가게 할 수 있다(제4항).

그림 6-1   청소년 통행금지구역 표지판

출처: 동아일보(2021. 12. 29.).[13]

12) 찾기쉬운 생활법령정보 홈페이지.
13) 동아일보(2021. 12. 29.). 청소년 통행금지구역 밤에도 식별… 영등포구, 안내판 LED로 교체, https://www.donga.com/news/Society/article/all/20211229/110992841/1

2) 청소년보호사업

제33조(청소년보호종합대책의 수립 등)에 해당하는 청소년보호사업에 대한 추진사항으로는 다음과 같다. 제1항의 여성가족부장관은 3년마다 관계 중앙행정기관의 장 및 지방자치단체의 장과 협의하여 청소년유해환경으로부터 청소년을 보호하기 위한 종합대책을 수립 및 시행하여야 한다고 명시되어 있으며, 이에 종합대책의 추진상황을 매년 점검하여야 하고, 이를 위해 관계기관 점검회의를 운영할 수 있으며(제2항), 종합대책 수립 및 점검회의 운영을 위하여 필요한 자료를 관계기관의 장에게 요청할 수 있다(제3항).

여성가족부장관은 종합대책의 효과적 수립·시행을 위하여 청소년의 유해환경에 대한 접촉실태 조사를 정기적으로 실시하여야 하고, 관계 중앙행정기관 또는 지방자치단체의 장과 협력하여 청소년유해환경에 대한 종합적인 점검 및 단속 등을 실시할 수 있다(제4항).

여성가족부는 이 법령에 근거하여 변화하는 유해매체, 유해업소 등 새로운 유해환경에 대응할 수 있도록 3년마다 청소년보호종합대책을 수립한다. 이처럼 부처 간 협력을 통해 청소년보호정책의 근간을 다지고 실효성 제고를 위해 노력하고 있다. 청소년보호종합대책은 제1차(2013~2015년), 제2차(2016~2018년), 제3차(2019~2021년), 제4차(2022~2024년)까지 총 네 차례 수립되었다. 특별히 제4차 청소년보호종합대책에서는 건강한 미디어 환경, 유해환경으로부터 안전할 권리, 사이버 폭력으로부터 안전할 권리, 근로청소년의 노동권익 보호 등의 4대 정책과제를 발표하였으며, 환경이 변화함에 따라 나타나는 각종 디지털 미디어상의 유해환경 노출과 피해에 대한 보호정책을 강화했다. 또한 여성가족부에서는 2년마다 '청소년 매체이용 및 유해환경 실태조사'에 대한 국가 통계보고서를 발간하고 있다.

제34조(청소년의 유해환경에 대한 대응능력 제고 등)와 제34조의2(환각물질 중독치료 등)에는 중독청소년에 대한 대응능력을 제고하기 위한 방안과, 환각물질 등 중독청소년을 치료할 수 있는 방안에 대해 법적으로 명시하고 있다.

제34조 제1항에 의하면 여성가족부장관은 다음 각 호의 사항을 지원하기 위하여 중독정신의학 또는 청소년정신의학 전문의 등의 인력과 관련 장비를 갖춘 시설 또는 기관을 청소년 환각물질 중독 전문 치료기관(이하 "청소년 전문 치료기관"이라 한다)으로 지정·운영할 수 있다. 이 경우 판별 검사, 치료와 재활에 필요한 비용의 전부 또는 일부를 지원할 수 있다고 되어 있다. 이 외에도 환각물질 흡입 청소년에 대하여 본인, 친권자 등 대통령령으로 정하는 사람의 신청, 「소년법」에 따른 법원의 보호처분결정 또는 검사의 조건부기소유예처분 등이 있는 경우 청소년 전문 치료기관에서 중독 여부를 판별하기 위한 검사를 받도록 지

원할 수 있다. 이 경우 검사 기간은 1개월 이내로 한다(제2항). 또한 여성가족부장관은 환각물질 중독자로 판명된 청소년에 대하여 본인, 친권자 등 대통령령으로 정하는 사람의 신청, 「소년법」에 따른 법원의 보호처분결정 또는 검사의 조건부기소유예처분 등이 있는 경우 청소년 전문 치료기관에서 치료와 재활을 받도록 지원할 수 있다. 이 경우 치료 및 재활 기간은 6개월 이내로 하되, 3개월의 범위에서 연장할 수 있다(제3항)고 되어 있으며, 제2항과 제3항에 따른 결정을 하는 경우에 정신건강의학과 전문의 등에게 자문을 구할 수 있다(제4항).

제35조(청소년 보호·재활센터의 설치·운영)는 청소년을 유해환경으로부터 보호하고 청소년의 치료와 재활을 위해 관련시설을 운영할 수 있다는 내용이 명시된 조항이다. 여성가족부장관은 청소년유해환경으로부터 청소년을 보호하고 피해 청소년의 치료와 재활을 지원하기 위하여 청소년 보호·재활 센터(이하 "청소년 보호·재활센터"라 한다)를 설치·운영할 수 있다고 되어 있으며, 위탁, 경비 등의 지원은 여성가족부 장관이, 설치 및 운영에 대한 사항은 대통령령으로 정한다.

3) 청소년보호를 위한 위원회 설치 및 운영

제36조(청소년보호위원회의 설치)는 다음 각 호의 사항에 관하여 심의·결정하기 위하여 여성가족부장관 소속으로 청소년보호위원회(이하 이 장에서 "위원회"라 한다)를 둔다.

1. 청소년유해매체물, 청소년유해약물 등, 청소년유해업소 등의 심의·결정 등에 관한 사항
2. 제54조 제1항에 따른 과징금 부과에 관한 사항
3. 여성가족부장관이 청소년보호를 위하여 필요하다고 인정하여 심의를 요청한 사항
4. 그 밖에 다른 법률에서 위원회가 심의·결정하도록 정한 사항

청소년보호위원회는 위원장 1명을 포함한 11명 이내의 위원으로 구성할 수 있으며, 고위공무원단에 속하는 공무원 중 여성가족부장관이 지명하는 청소년업무 담당 공무원 1명을 당연직 위원으로 한다(제37조 제1항). 또한 위원회의 위원장은 청소년 관련 경험과 식견이 풍부한 사람 중에서 여성가족부장관의 제청으로 대통령이 임명하며, 그 밖의 위원은 〈표 6-7〉과 같다. 이와 같이 청소년보호위원회의 위원은 위원장의 추천을 받아 여성가족부장관의 제청으로 대통령이 임명하거나 위촉한다(제37조 제2항).

표 6-7　「청소년 보호법」 청소년보호위원회 구성

위원장과 위원의 자격조건
위원장: 청소년 관련 경험과 식견이 풍부한 사람 중에서 여성가족부장관의 제청으로 대통령이 임명 위원 • 판사, 검사 또는 변호사로 5년 이상 재직한 사람 • 대학이나 공인된 연구기관에서 부교수 이상 또는 이에 상당하는 직에 있거나 있었던 사람으로 청소년 관련 분야를 전공한 사람 • 3급 또는 3급 상당 이상의 공무원이나 고위공무원단에 속하는 공무원과 공공기관에서 이에 상당하는 직에 있거나 있었던 사람으로서 청소년 관련 업무에 실무 경험이 있는 사람 • 청소년 시설 · 단체 및 각급 교육기관 등에서 청소년 관련 업무를 10년 이상 담당한 사람

　위원장과 위원은 동법의 제38조에 의거하여 위원회의 업무를 총괄하며, 위원장이 부득이한 사유로 직무 수행이 어려운 경우 위원장이 명한 위원이 그 직무를 대행한다. 위원장은 위원회의 회의를 소집하고 의장이 되며, 위원회의 회의는 재적위원 과반수 출석으로 개의하고, 출석위원 과반수의 찬성으로 의결한다(제38조). 위원의 임기는 2년으로 하며, 연임이 가능하다. 이 외에 제39조부터 제40조까지는 위원회의 임기와 면직조항에 대해 명시하고 있다. 기타 다른 사항에 대해서는 「청소년 보호법 시행령」 제33조를 따라 청소년보호위원회의 회의 운영, 의결, 의결서 작성, 회의공개 등의 사항을 근거로 운영할 수 있다.

관련 토론/토의 주제

1. 청소년보호를 위해 유해매체물을 규제하는 것 vs. 표현의 자유 · 정보접근권을 제한하는 문제는 어떻게 조정할 수 있는가?
2. 급변하는 사회 동향에 따라 「청소년 보호법」의 개정이 필요한 부분이 있는가?
3. 「청소년 보호법」에 대한 사회적 인식과 실제 법적 적용 사이에는 어떤 격차가 발생할 것 같은가? 법이 현실에 맞게 적용되기 위해 필요한 변화는 무엇인가?

참고문헌

TV조선(2024. 4. 2.). 무인성인용품점 가보니…성인 인증 없이 청소년도 입장. https://news.tvchosun.com/site/data/html_dir/2024/04/02/2024040290210.html

국민일보(2024. 3. 19.). 학생에게도 문 열리는 전자담배 무인매장… 학교 앞 떡하니. https://www.kmib.co.kr/article/view.asp?arcid=1710659233&code=14130000&cp=nv

동아일보(2021. 12. 29.). 청소년 통행금지구역 밤에도 식별… 영등포구, 안내판 LED로 교체. https://www.donga.com/news/Society/article/all/20211229/110992841/1

여성가족부(2022). 청소년유해매체물 심의기구 현황.

윤철경, 김성경, 김현주, 박병식, 이봉주, 장해영(2005). 청소년 보호정책 실태와 발전방안. 한국청소년개발원.

청소년보호위원회(2002). 2002년도 청소년보호업무 직무교육교재. 청소년보호 2002-28.

청소년보호위원회, 한국청소년정책연구원(2014). 청소년보호의 시대적 중요성과 미래의 바람직한 방향 모색을 위한 정책워크숍. 한국청소년정책연구원 워크숍 자료집, 14-S21.

청소년육성위원회(1987). 청소년백서.

국가법령정보센터 홈페이지 https://www.law.go.kr/

법제처 홈페이지 https://www.moleg.go.kr/mpbleg/mpblegInfo.mo?mid=a10402020000&mpb_leg_pst_seq=129764

찾기쉬운 생활법령정보 홈페이지 https://www.easylaw.go.kr/CSP/Main.laf

제7장

아동 및 청소년 성보호정책

1. 「아동·청소년의 성보호에 관한 법률」의 특성과 구성
2. 「아동·청소년의 성보호에 관한 법률」상 처벌과
   절차에 관한 특례

1. 「아동·청소년의 성보호에 관한 법률」의 특성과 구성

1) 법 제정의 배경 및 의의

「아동·청소년의 성보호에 관한 법률」은 본래 「청소년 성보호에 관한 법률」을 개정한 것이다. 2000년 2월 3일 「청소년의 성보호에 관한 법률」이 제정되어 같은 해 7월 1일부터 시행되었다. 법제처는 본 법의 제정취지를 다음과 같이 설명하였다. 청소년의 성을 사는 행위, 성매매를 조장하는 온갖 형태의 중간매개행위 및 청소년에 대한 성폭력행위를 하는 자들을 강력하게 처벌하고, 성매매와 성폭력행위의 대상이 된 청소년을 보호·구제하는 장치를 마련함으로써 청소년의 인권을 보장하고 건전한 사회구성원으로 복귀할 수 있도록 하는 한편, 청소년을 대상으로 하는 성매매 및 성폭력 행위자의 신상을 공개함으로써 범죄예방효과를 극대화하려는 것이다(국가법령정보센터 홈페이지). 이전에도 청소년의 성보호를 위한 노력은 다양한 법들을 통해 시행되고 있었다. 예를 들어, 「청소년 보호법」, 「아동복지법」, 「윤락행위등방지법」, 「성폭력범죄의 처벌 및 피해자보호 등에 관한 법률」 등 다양한 법률을 통해 청소년의 성을 보호하기 위한 제도적 장치를 갖고 있었다. 그러나 이 법들은 각 법령이 개별적이고, 일부 단편적인 면만 적용한다는 의견이 있었다. 따라서 「아동·청소년의 성보호에 관한 법률」의 제정은 청소년의 성보호만을 특별히 보호하고자 하는 목적으로 하는 별도의 단행 법률이라는 점에서 의의가 있다고 할 수 있다.

2) 「아동·청소년의 성보호에 관한 법률」의 주요 개정내용

「아동·청소년의 성보호에 관한 법률」은 최초 법률 제정 이후, 여러 차례 개정작업이 진행되었다. 주요 몇 가지 개정을 살펴보면 다음과 같다.

첫 번째는 2004년 3월 22일(2004년 9월 23일 시행, 제7196호), UN 아동의 권리에 관한 협약과 동시에 '아동매매, 아동성매매 및 아동포르노그라피에 관한 아동권리협약 선택의정서(Optional Protocol to the Convention on the Sale of Children, Child Prostitution and Child Pornography)'(2002. 1. 18. 발효; 조약 제1688호)를 통해 아동성매매와 인신매매 관련 규정에 합의하게 되면서 이루어졌다. 개정 이유는 성매매 공급자와 중간 매개체를 차단하기 위하여 성매매 목적의 인신매매를 처벌하고, 성매매알선행위로부터 취득한 금품, 그 밖의 재산상 이익은 몰수·추징하도록 하는 등 성매매알선등행위와 성매매의 근절을 위한 제도적 장치 마련을 위함이다. 따라서 주요 개정내용에는 성매매, 성매매알선등행위, 성매매 목적의 인신매매, 성을 파는 행위를 하게 할 목적으로 타인을 고용·모집하거나 성매매가 행하여진다는 사실을 알고 직업을 소개·알선하는 행위를 할 수 없도록 하였다(제4조). 이 외에도 성매매 신고자 및 피해자를 보호하는 것(제6조), 신고자들을 법원에서 증인으로 신문하거나 수사기관이 조사할 때 신뢰관계에 있는 자를 동석할 수 있도록 하는 것, 청소년이나 의사능력이 없는 자 등의 경우 신청이 있는 때에는 특별한 사유가 없는 한, 동석을 허용하도록 하는 조항(제8조), 신고자의 사생활 보호와 관련된 조항(제9조) 등 성매매와 관련된 영역에서 개정작업이 이루어졌다.

두 번째는 2005년 12월 29일 개정(2006. 6. 30. 시행, 제7801호)에서 '신고의무·범죄자 신상공개'와 관련한 내용이 추가되었다. 개정 이유 및 주요 내용으로는 청소년을 대상으로 하는 성범죄로부터 청소년을 보호하기 위하여 청소년의 성을 사는 행위 유형에 자위행위를 포함하고, 「유아교육법」, 「초·중등교육법」에 의한 교직원, 「영유아보육법」에 의한 보육시설종사자 등은 직무상 청소년 대상 성범죄가 발생한 사실을 알게 된 때에는 즉시 수사기관에 신고하도록 하는 한편, 청소년에 대한 성폭력을 예방하기 위하여 청소년에 대한 강간·강제추행 등의 범죄로 2회 이상 금고 이상의 실형을 받은 자로서 재범의 우려가 있는 자의 성명, 생년월일, 사진 등의 정보를 국가청소년위원회에 등록하도록 하고, 등록된 정보를 청소년 관련 교육기관의 장 등에 대하여 열람할 수 있도록 하는 등 현행 제도의 운영과정에서 나타난 일부 미비점을 개선·보완하기 위한 작업이 진행되었다.

이후 2007년 8월 3일 개정(2008. 2. 4. 시행, 제8634호)에서도 범죄자 신상공개에 대한 등록기간 상향, 열람권자를 피해자와 등록대상자의 주소 관할 거주 청소년 법정대리인까지 확대하는 한편, 청소년 대상 성범죄자에 대한 취업제한이 확대되었다(제42조). 2010년 4월 15일 개정(2011. 1. 1. 시행, 제10260호)에서는 아동·청소년 대상 성범죄를 범한 자에 대하여 법원이 유죄판결 선고 시 수강명령 또는 성폭력 치료프로그램 이수명령 병과(제13조)를 개정안에 포함했다.

2010년에는 미성년자 대상 성폭력 처벌 강화, 성범죄자 신상정보 고지, 수사·재판 과정에서 2차 피해 방지 등이 추가되었다. 2012년에는 아동·청소년이용음란물의 정의가 '아동·청소년으로 인식될 수 있는 사람이나, 표현물이 등장하는 성적 행위'를 표현하는 내용으로 확장되었다. 또한 아동·청소년이용음란물을 단지 소지한 것에도 2천만 원 이하의 벌금형에 대한 조항이 보완되었다. 이후 2000년대 초반부터 여러 차례의 개정작업이 이루어졌다.

2019년에는 N번방 사건 이후로 2020년에 대대적으로 개정작업이 이루어졌다. 2020년 개정안은 아동·청소년을 대상으로 하는 음란물은 성착취물이라는 것을 강조하고, 아동·청소년이용음란물이 '성착취·성학대'를 의미하는 것임을 명확히 하여야 하며, 아동·청소년성착취물 관련 범죄 규모와 형태가 갈수록 교묘해지고 있지만, 우리나라의 아동·청소년성착취물 관련 범죄에 대한 처벌이 지나치게 관대해 실효성이 떨어진다는 비판이 커지고 있는 바, 아동·청소년성착취물 관련 범죄에 대한 처벌을 강화함으로써 현행 제도의 운영상 나타난 일부 미비점을 개선·보완하려는 것 등의 이유로 개정작업이 이루어 졌다(국가법령정보센터 홈페이지). 따라서 2020년 6월 2일 개정(2020. 6. 2. 시행, 제17338호)에서는 다음과 같은 주요 내용이 추가되었다.

가. '아동·청소년이용음란물'을 '아동·청소년성착취물'로 그 용어를 변경함(제2조 제5호).

나. 아동·청소년에 대한 강간·강제추행 등의 죄를 범할 목적으로 예비 또는 음모한 사람은 3년 이하의 징역에 처하도록 함(제7조의2 신설).

다. 아동·청소년성착취물의 제작·배포 등에 관한 죄의 형량을 강화하고, 아동·청소년성착취물을 광고·소개하거나 구입·시청한 자에 대한 처벌 근거를 마련함(제11조).

라. 관련 규정에서 벌금형이 삭제됨에 따라 이를 조정함(제56조 제1항).

마. 아동·청소년성착취물의 제작·배포 등에 관한 범죄를 저지른 사람을 신고한 사람에게 포상금을 지급할 수 있도록 함(제59조 제1항).

이 외에도 「아동·청소년의 성보호에 관한 법률」은 「청소년복지 지원법」, 「성매매알선 등 행위의 처벌에 관한 법률」, 「성매매방지 및 피해자보호 등에 관한 법률」, 「모자복지법(현 「한부모가족지원법」)」, 「한부모가족지원법」, 「영유아보육법」, 「아동복지법」, 「형법」, 「청소년활동진흥법」 등의 법률들과 연동하여 제정작업이 이루어져 왔다.

3) 「아동·청소년의 성보호에 관한 법률」의 구성

「아동·청소년의 성보호에 관한 법률」은 총 6장 67조로 구성되어 있다.

제1장은 총칙으로 제1조부터 제6조로 구성되어 이 법의 목적, 정의, 해석상·적용상의 주의 등 기본방향을 규정하고 있다. 또한 국가와 지방자치단체의 의무, 사회적 책임, 홍보영상의 제작·배포·송출에 대해 명시되어 있다.

제2장은 아동 · 청소년 대상 성범죄의 처벌과 절차에 관한 특례로 제7조부터 제33조까지 아동 · 청소년 대상 성범죄 사안의 발생 시 처벌과 절차에 관한 내용으로 구성되어 있으며, 강간, 강제추행, 매매, 성착취물 제작, 강요, 성착취 목적의 대화, 신고의무자의 가중처벌 등에 대해 처벌 규정과 절차, 피해자의 보호방안에 대해 상세히 명시하고 있다.

제3장은 피해 아동 · 청소년의 보호 및 지원에 대한 장으로 제34조부터 제48조까지 구성되어 있다. 제3장에 아동 · 청소년 대상 성범죄의 신고 · 응급조치와 피해 아동 · 청소년의 보호 · 지원 등이 포함된다. 또한 아동 · 청소년 대상 성범죄의 신고와 신고의무자에 대한 교육 그리고 피해 아동 · 청소년의 보호와 치료, 조치, 보호처분, 가해 아동 · 청소년의 처리가 주요 내용이며, 이 외에도 성사안 관련 보호 및 상담시설, 성교육 전문시설, 성매매 지원센터 등 기관의 설치와 운영에 대해서도 다루고 있다.

제4장은 성범죄로 유죄판결이 확정된 자의 신상정보 공개와 취업제한 등에 대해 제49조부터 제60조까지 명시하고 있다. 신상정보 등록정보의 공개, 고지, 집행, 정정 등 신상정보에 대한 절차에 대한 내용과 성범죄자의 취업제한에 대한 내용도 포함되었다.

제5장은 보호관찰에 대한 내용으로 제61조부터 제64조까지 명시되었으며, 성범죄자의 재범방지를 위한 관리 및 치료규정이 포함된다. 보호관찰과 대상자의 보호관찰 기간, 대상자의 신고의무, 보호관찰의 종료까지 명시되어 있는 장이다.

법령에 대한 전체적인 구성과 내용은 〈표 7-1〉과 같다.

표 7-1 「아동 · 청소년의 성보호에 관한 법률」의 구성과 내용

구분	구성	
제1장 총칙	제1조 목적 제2조 정의 제3조 해석상 · 적용상의 주의 제4조 국가와 지방자치단체의 의무 제5조 사회의 책임 제6조 홍보영상의 제작 · 배포 · 송출	
제2장 아동 · 청소년 대상 성범죄의 처벌과 절차에 관한 특례	제7조	아동 · 청소년에 대한 강간 · 강제추행 등
	제7조의2	예비, 음모
	제8조	장애인인 아동 · 청소년에 대한 간음 등
	제8조의2	13세 이상 16세 미만 아동 · 청소년에 대한 간음 등
	제9조	강간 등 상해 · 치상

4) 「아동ㆍ청소년의 성보호에 관한 법률」의 목적과 용어 정의

(1) 목적

이 법은 아동ㆍ청소년 대상 성범죄의 처벌과 절차에 관한 특례를 규정하고 피해 아동ㆍ청소년을 위한 구제 및 지원 절차를 마련하여 아동ㆍ청소년 대상 성범죄자를 체계적으로 관리함으로써 아동ㆍ청소년을 성범죄로부터 보호하고 아동ㆍ청소년이 건강한 사회구성원으로 성장할 수 있도록 함을 목적으로 한다.

(2) 용어의 정의

「아동ㆍ청소년의 성보호에 관한 법률」에서 정의하는 용어는 다음과 같다.

① 아동ㆍ청소년

이 법에서는 "아동ㆍ청소년"의 연령을 19세 미만으로 명시하고 있다.

② 아동ㆍ청소년 대상 성범죄

"아동ㆍ청소년 대상 성범죄"란 〈표 7-2〉에서 각 목의 어느 하나에 해당하는 죄를 의미한다.

표 7-2   아동ㆍ청소년 대상 성범죄 각 목의 세부내용

가. 제7조, 제7조의2, 제8조, 제8조의2, 제9조부터 제15조까지 및 제15조의2의 죄	• 제7조(아동ㆍ청소년에 대한 강간ㆍ강제추행 등) • 제7조의2(예비, 음모) • 제8조(장애인인 아동ㆍ청소년에 대한 간음 등) • 제8조의2(13세 이상 16세 미만 아동ㆍ청소년에 대한 간음 등) • 제9조부터 제15조(강간 등 상해ㆍ치상, 강간 등 살인ㆍ치사, 아동ㆍ성착취물의 제작ㆍ배포 등, 아동ㆍ청소년 매매행위, 아동ㆍ청소년의 성을 사는 행위, 아동ㆍ청소년에 대한 강요행위 등, 알선영업행위 등) • 제15조의2(아동ㆍ청소년에 대한 성착취 목적 대화 등)
나. 아동ㆍ청소년에 대한 「성폭력범죄의 처벌 등에 관한 특례법」 제3조부터 제15조까지의 죄	• 제3조(특수강도강간 등) • 제4조(특수강간 등) • 제5조(친족관계에 의한 강간 등) • 제6조(장애인에 대한 강간ㆍ강제추행 등) • 제7조(13세 미만의 미성년자에 대한 강간, 강제추행 등) • 제8조(강간 등 상해ㆍ치상)

	• 제9조(강간 등 살인 · 치사)
	• 제10조(업무상 위력 등에 의한 추행)
	• 제11조(공중 밀집장소에서의 추행)
	• 제12조(성적 목적을 위한 다중이용장소 침입행위)
	• 제13조(통신매체를 이용한 음란행위)
	• 제14조(카메라 등을 이용한 촬영)
	• 제14조의2(허위영상물 등의 반포 등)
	• 14조의3(촬영물 등을 이용한 협박 · 강요)
	• 제15조(미수범)
다. 아동 · 청소년에 대한 「형법」 제297조, 제297조의2 및 제298조부터 제301조까지, 제301조의2, 제302조, 제303조, 제305조, 제339조 및 제342조(제339조의 미수범에 한정한다)의 죄.	• 제297조(강간)
	• 제297조의2(유사강간)
	• 제298조(강제추행)
	• 제299조(준강간, 준강제추행)
	• 제301조(강간 등 상해 · 치상)
	• 제301조의2(강간 등 살인 · 치사)
	• 제302조(미성년자 등에 대한 간음)
	• 제303조(업무상 위력 등에 의한 간음)
	• 제305조(미성년자에 대한 간음, 추행)
	• 제339조(강도강간)
	• 제342조(미수범)
라. 아동 · 청소년에 대한 「아동복지법」 제17조 제2호의 죄	• 제17조(금지행위) 2. 아동에게 음란한 행위를 시키거나 이를 매개하는 행위 또는 아동을 대상으로 하는 성희롱 등의 성적 학대행위

③ 아동 · 청소년 대상 성폭력범죄

"아동 · 청소년 대상 성폭력범죄"란 아동 · 청소년 대상 성범죄에서 제11조부터 제15조까지 및 제15조의2의 죄를 제외한 죄를 말한다. "성인대상 성범죄"란 「성폭력범죄의 처벌 등에 관한 특례법」 제2조에 따른 성폭력범죄를 말한다. 다만, 아동 · 청소년에 대한 「형법」 제302조 및 제305조의 죄는 제외한다.

④ 아동 · 청소년의 성을 사는 행위

"아동 · 청소년의 성을 사는 행위"란 아동 · 청소년, 아동 · 청소년의 성(性)을 사는 행위를 알선한 자 또는 아동 · 청소년을 실질적으로 보호 · 감독하는 자 등에게 금품이나 그 밖의 재산상 이익, 직무 · 편의제공 등 대가를 제공하거나 약속하고 다음 각 목의 어느 하나에 해당하는 행위를 아동 · 청소년을 대상으로 하거나 아동 · 청소년으로 하여금 하게 하는 것을 말한다.

가. 성교 행위

나. 구강 · 항문 등 신체의 일부나 도구를 이용한 유사 성교 행위

다. 신체의 전부 또는 일부를 접촉 · 노출하는 행위로서 일반인의 성적 수치심이나 혐오감을 일으키는 행위

라. 자위 행위

⑤ 아동 · 청소년성착취물

"아동 · 청소년성착취물"이란 아동 · 청소년 또는 아동 · 청소년으로 명백하게 인식될 수 있는 사람이나 표현물이 등장하여 제4호 각 목의 어느 하나에 해당하는 행위를 하거나 그 밖의 성적 행위를 하는 내용을 표현하는 것으로서 필름 · 비디오물 · 게임물 또는 컴퓨터나 그 밖의 통신매체를 통한 화상 · 영상 등의 형태로 된 것을 말한다.

⑥ 피해 아동 · 청소년

"피해 아동 · 청소년"이란 제2호 나목부터 라목까지, 제7조, 제7조의2, 제8조, 제8조의2, 제9조부터 제15조까지 및 제15조의2의 죄의 피해자가 된 아동 · 청소년(제13조 제1항의 죄의 상대방이 된 아동 · 청소년을 포함한다)을 말한다. "성매매 피해 아동 · 청소년"이란 피해 아동 · 청소년 중 제13조 제1항의 죄의 상대방 또는 제13조 제2항, 제14조, 제15조의 죄의 피해자가 된 아동 · 청소년을 말한다.

⑦ 등록정보

"등록정보"란 법무부장관이 「성폭력범죄의 처벌 등에 관한 특례법」 제42조 제1항의 등록 대상자에 대하여 동법 제44조 제1항에 따라 등록한 정보를 말한다.

(3) 사회 · 국가 · 지방자치단체의 역할

「아동 · 청소년의 성보호에 관한 법률」의 제1장 총칙에는 국가와 지자체(제4조 국가와 지방자치단체의 의무), 사회(제5조 사회의 책임), 홍보영상의 제작 · 배포 · 송출(제6조)에 대해 명시되어 있다.

제4조(국가와 지방자치단체의 의무)에는 아동 · 청소년 대상 성범죄를 예방하고, 아동 · 청소년을 성적 착취와 학대 행위로부터 보호하기 위하여 필요한 조사 · 연구 · 교육 및 계도와 더불어 법적 · 제도적 장치를 마련하며 필요한 재원을 조달하여야 한다(제1항). 또한 국가는 아동 · 청소년에 대한 성적 착취와 학대 행위가 국제적 범죄임을 인식하고 범죄 정보

의 공유, 범죄 조사·연구, 국제사법 공조, 범죄인 인도 등 국제협력을 강화하는 노력을 하여야 한다(제2항). 이처럼 국가와 지방자치단체는 아동·청소년의 성범죄와 성적 착취로부터 보호하기 위해 법령과 같은 재원과 노력을 다하여 실효성 있게 법이 작동할 수 있도록 독려해야 함을 의미한다.

제5조(사회의 책임)에는 모든 국민이 아동·청소년이 이 법에서 정한 범죄의 피해자가 되거나 이 법에서 정한 범죄를 저지르지 아니하도록 사회 환경을 정비하고 아동·청소년을 보호·지원·교육하는 데 최선을 다하여야 한다고 되어 있다. 마지막으로, 제6조(홍보영상의 제작·배포·송출)에 의해 여성가족부장관은 아동·청소년 대상 성범죄의 예방과 계도, 피해자의 치료와 재활 등에 관한 홍보 영상을 제작하여 방송편성책임자에게 배포하며, 홍보영상을 송출할 수 있도록 요청할 수 있다(제2항).

2. 「아동·청소년의 성보호에 관한 법률」상 처벌과 절차에 관한 특례

1) 아동·청소년 대상 성범죄 및 성착취 처벌 규정

(1) 아동·청소년에 대한 강간·강제추행 등

이 법에서는 아동·청소년을 대상으로 이루어지는 성범죄 및 성착취에 대한 처벌의 기준을 상세하게 제시하고 있다. 제7조에서는 아동·청소년에 대한 강간·강제추행에 대해 명시하며, 폭행 또는 협박으로 아동·청소년을 강간한 사람은 무기 또는 5년 이상의 징역에 처한다고 되어 있다(제1항). 아동·청소년에 대하여 각 호의 어느 하나에 해당하는 행위를 한 자 또한 5년 이상의 유기징역에 처한다고 되어 있는데(제2항) 각 호의 내용은 다음과 같다.

- 구강·항문 등 신체(성기는 제외한다)의 내부에 성기를 넣는 행위
- 성기·항문에 손가락 등 신체(성기는 제외한다)의 일부나 도구를 넣는 행위

또 제7조의 범죄와 같이 죄를 범할 목적으로 다른 사람과 예비 또는 음모한 사람은 3년 이하의 징역에 처한다(제7조의2).

제8조(장애인인 아동·청소년에 대한 간음 등)에는 19세 이상의 사람이 13세 이상의 장애

아동 · 청소년[1]을 간음하거나 13세 이상의 장애 아동 · 청소년으로 하여금 다른 사람을 간음하게 하는 경우에는 3년 이상의 유기징역에 처한다고 명시되어 있다(제1항). 19세 이상의 사람이 13세 이상의 장애 아동 · 청소년을 추행한 경우 또는 13세 이상의 장애 아동 · 청소년으로 하여금 다른 사람을 추행하게 하는 경우에는 10년 이하의 징역 또는 5천만 원 이하의 벌금에 처한다(제2항). 이처럼 장애 아동 · 청소년에 대한 간음과 강제추행에 대한 사항도 상세하게 명시되어 있는 것을 확인할 수 있다.

2021년 일명 의제강간 조항의 연령이 상향되어 개정되기도 했다. 이는 제8조의2(13세 이상 16세 미만 아동 · 청소년에 대한 간음 등)에 대한 사항으로 19세 이상의 사람이 13세 이상 16세 미만인 아동 · 청소년(제8조에 따른 장애 아동 · 청소년으로서 16세 미만인 자는 제외한다. 이하 이 조에서 같다)의 궁박(窮迫)한 상태를 이용하여 해당 아동 · 청소년을 간음하거나 해당 아동 · 청소년으로 하여금 다른 사람을 간음하게 하는 경우에는 3년 이상의 유기징역에 처한다(제1항)는 것이다. 간음과 더불어 추행죄도 연령이 상향되었다. 제2항에는 19세 이상의 사람이 13세 이상 16세 미만인 아동 · 청소년의 궁박한 상태를 이용하여 해당 아동 · 청소년을 추행한 경우 또는 해당 아동 · 청소년으로 하여금 다른 사람을 추행하게 하는 경우에는 10년 이하의 징역 또는 5천만 원 이하의 벌금에 처한다는 내용으로 개정작업이 이루어졌다.

이 외에도 제9조(강간 등 상해 · 치상) 제1항에는 제7조의 죄를 범한 사람이 다른 사람을 상해하거나 상해에 이르게 한 때에는 무기 또는 7년 이상의 징역에 처한다. 제10조(강간 등 살인 · 치사) 제1항에 제7조의 죄를 범한 사람이 다른 사람을 살해한 때에는 사형 또는 무기징역에 처한다는 것과, 제2항에 제7조의 죄를 범한 사람이 다른 사람을 사망에 이르게 한 때에는 사형, 무기 또는 10년 이상의 징역에 처한다고 되어 있다. 이처럼 아동 · 청소년을 대상으로 한 성범죄는 「성폭력범죄의 처벌 등에 관한 특례법」보다는 처벌규정이 강화되어 있으며, 세분화되어 명시된 것을 확인할 수 있다.

(2) 성착취물 제작 · 배포

성착취물과 관련하여서는 아동 · 청소년 성착취물에 관항 사항이 동법의 제11조에 명시되어 있다. 본 조항은 2020년, 2023년 총 두 번의 개정과정을 거쳤으며, 성착취물 관련 용어, 범위 등과 관련한 내용의 수정작업이 이루어졌다.

제11조는 아동 · 청소년 성착취물의 제작 · 배포 등에 관한 내용으로 아동 · 청소년성착

---

1) 「장애인복지법」 제2조 제1항에 따른 장애인으로서 신체적인 또는 정신적인 장애로 사물을 변별하거나 의사를 결정할 능력이 미약한 아동 · 청소년을 말한다. 이하 같다.

취물을 제작·수입 또는 수출한 자는 무기 또는 5년 이상의 징역에 처한다(제1항)고 되어 있으며, 만일 영리를 목적으로 아동·청소년 성착취물을 판매·대여·배포·제공하거나 이를 목적으로 소지·운반·광고·소개하거나 공연히 전시 또는 상영한 자는 5년 이상의 유기징역에 처한다(제2항).

또한 아동·청소년 성착취물을 배포·제공하거나 이를 목적으로 광고·소개하거나 공연히 전시 또는 상영한 자는 3년 이상의 유기징역에 처한다(제3항). 아동·청소년 성착취물을 제작할 것이라는 정황을 알면서 아동·청소년을 아동·청소년 성착취물의 제작자에게 알선한 자는 3년 이상의 유기징역에 처한다(제4항). 아동·청소년 성착취물과 관련해서는 제작자에게 알선한 자에게도 동일하게 처벌 법령이 적용된다. 아동·청소년 성착취물을 구입하거나 아동·청소년 성착취물임을 알면서 이를 소지·시청한 자는 1년 이상의 유기징역에 처한다(제5항)는 것으로, 구입하거나 소지, 시청만 하더라도 처벌을 받을 수 있다는 내용이 보완되었다.

(3) 아동·청소년 매매행위, 성착취(성매매), 강요, 알선 등

「아동·청소년의 성보호에 관한 법률」에는 아동·청소년을 대상으로 한 매매행위를 엄격하게 규제하고 있다. 동법 제12조에는 아동·청소년 매매행위에 대한 사항이 명시되어 있으며, 제1항에 아동·청소년의 성을 사는 행위 또는 아동·청소년성착취물을 제작하는 행위의 대상이 될 것을 알면서 아동·청소년을 매매 또는 국외에 이송하거나 국외에 거주하는 아동·청소년을 국내에 이송한 자는 무기 또는 5년 이상의 징역에 처한다고 하여 처벌이 적용되는 것을 확인할 수 있다.

또한 아동·청소년의 성을 사는 행위는 제13조 제1항에 따라 아동·청소년의 성을 사는 행위를 한 자는 1년 이상 10년 이하의 징역 또는 2천만 원 이상 5천만 원 이하의 벌금에 처하며, 유인이나 권유행위에 대해서도 제2항에 아동·청소년의 성을 사기 위하여 아동·청소년을 유인하거나 성을 팔도록 권유한 자는 3년 이하의 징역 또는 3천만 원 이하의 벌금에 처한다고 명시했다. 마지막으로, 16세 미만의 아동·청소년이나 장애 아동·청소년을 대상으로, 앞의 1항과 2항의 죄를 범한 경우에는 그 죄에 정한 형의 2분의 1까지 가중처벌에 대한 사항도 명시되어 있다(제3항).

강요행위와 관해서는 제14조에 아동·청소년에 대한 강요행위 등에 관해서 명시되어 있으며, 다음 각 호의 어느 하나에 해당하는 자는 5년 이상의 유기징역에 처하고, 각 호의 내용은 다음과 같다.

1. 폭행이나 협박으로 아동·청소년으로 하여금 아동·청소년의 성을 사는 행위의 상대방이 되게 한 자
2. 선불금(先拂金), 그 밖의 채무를 이용하는 등의 방법으로 아동·청소년을 곤경에 빠뜨리거나 위계 또는 위력으로 아동·청소년으로 하여금 아동·청소년의 성을 사는 행위의 상대방이 되게 한 자
3. 업무·고용이나 그 밖의 관계로 자신의 보호 또는 감독을 받는 것을 이용하여 아동·청소년으로 하여금 아동·청소년의 성을 사는 행위의 상대방이 되게 한 자
4. 영업으로 아동·청소년을 아동·청소년의 성을 사는 행위의 상대방이 되도록 유인·권유한 자

제15조는 알선영업행위 등에 관한 법령으로 제1항 다음 각 호의 어느 하나에 해당하는 자는 7년 이상의 유기징역에 처한다고 되어 있다. 이에 각 호의 내용을 살펴보면, 아동·청소년의 성을 사는 행위의 장소를 제공하는 행위를 업으로 하는 자(제1호), 아동·청소년의 성을 사는 행위를 알선하거나 정보통신망[2]에서 알선정보를 제공하는 행위를 업으로 하는 자(제2호), 앞의 두 호의 범죄에 사용되는 사실을 알면서 자금·토지 또는 건물을 제공한 자, 영업으로 아동·청소년의 성을 사는 행위의 장소를 제공·알선하는 업소에 아동·청소년을 고용하도록 한 자 등이 포함되어 있다. 또한 제2항의 다음 각 호의 어느 하나에 해당하는 자는 7년 이하의 징역 또는 5천만 원 이하의 벌금에 처하도록 하고 있다. 아동·청소년의 성을 사는 행위를 하도록 유인, 권유, 강요하거나 장소를 제공하는 것, 행위를 알선하거나 정보통신망에서 알선정보를 제공하는 것 등이 이에 포함된다.

직접적으로 성을 구매하는 행위나, 알선행위를 하지 않더라도 온라인상에서 아동·청소년에게 성착취 목적의 대화를 하는 것도 처벌할 수 있도록 일명 '온라인그루밍법'이 신설되었다(2021. 3. 23.). 이는 제15조의2(아동·청소년에 대한 성착취 목적 대화 등)의 내용으로 제1항에 19세 이상의 사람이 성적 착취를 목적으로 정보통신망을 통하여 아동·청소년에게 다음 각 호의 어느 하나에 해당하는 행위를 한 경우에는 3년 이하의 징역 또는 3천만 원 이하의 벌금에 처한다고 명시하고 있다. 각 호의 내용으로는 성적 욕망이나 수치심 또는 혐오감을 유발할 수 있는 대화를 지속적 또는 반복적으로 하거나 그러한 대화에 지속적 또는 반복적으로 참여시키는 행위(제1호), 제2조 제4호 각 목의 어느 하나에 해당하는 행위를 하도록 유인·권유하는 행위(제2호)가 포함되어 있다. 이처럼 19세 이상의 사람이 정보통신망을 통하여 16세 미만인 아동·청소년에게 제1항 각 호의 어느 하나에 해당하는 행위를 한 경우 제1항과 동일한 형으로 처벌한다. 다만, 이러한 규정은 가해자가 19세 이상의 사람이어야 하고, 반드시 정보통신망을 매개로 하기 때문에 가해자가 미성년자인 경우에는 적용

---

2) 「정보통신망 이용촉진 및 정보보호 등에 관한 법률」 제2조 제1항 제1호의 정보통신망을 말한다.

할 수 없다.

마지막으로, 피해자에게 행해지는 강요행위는 제16조에 다음과 같이 명시되어 있다. 폭행이나 협박으로 아동·청소년 대상 성범죄의 피해자이거나, 또는「아동복지법」제3조 제3호에 따른 보호자를 상대로 합의를 강요한 자는 7년 이하의 징역에 처한다고 되어 있어 강요행위에 대한 처벌도 상세하게 규정되어 있는 것을 확인할 수 있다.

2) 아동·청소년 대상 성범죄 특례 및 보호

(1) 아동·청소년 대상 성범죄의 특례 조항

우리나라에는 신고의무제도가 있다. 만일 신고의무자에 해당하는 사람이 아동·청소년을 대상으로 성범죄를 저지를 경우 신고의무자의 성범죄에 대한 가중처벌 조항이 있다. 즉, 신고의무자(제34조 제2항)에 해당하는 기관·시설 또는 단체의 장과 그 종사자가 자기의 보호·감독 또는 진료를 받는 아동·청소년을 대상으로 성범죄를 범한 경우에는 그 죄에 형의 2분의 1까지 가중처벌하도록 되어 있다(제18조). 특별히 아동·청소년 대상 성범죄는「형법」상 감경 규정과는 달리, 음주 또는 약물로 인한 심신장애[3] 상태에서 범죄를 범했다고 하더라도 감경 특례를 적용하지 않을 수 있다(제19조).

또한 아동·청소년 대상 성범죄는 공소시효에 관해서도 다른 법령과 다르게 특례를 제공한다. 많은「형법」상의 공소시효가 다르지만,「형사소송법」제252조에는 시효의 가산점에 대해 명시되어 있는데, 이는 시효의 범죄행위가 종료한 때로부터 진행한다고 되어 있다. 이는 공소시효가 범죄행위가 끝난 시점부터 가산한다는 것을 의미한다. 그러나 아동·청소년 대상 성범죄는 해당 성범죄로부터 피해를 당한 아동·청소년이 성년에 달한 날부터 공소시효를 정한다고 되어 있다(제20조 제1항). 각 범죄에 따라 공소시효는 각각 다르게 적용된다. 또한 본 법의 제7조에 해당하는 아동·청소년에 대한 강간·강제추행 등의 죄에 해당하는 죄는 디엔에이(DNA) 증거 등 그 죄를 증명할 수 있는 과학적인 증거가 있는 때에 공소시효가 10년 연장된다(제20조 제2항).

또한 13세 미만과 신체적인 또는 정신적인 장애가 있는 아동·청소년에 대해서는 특례

---

3) 제10조(심신장애) ① 심신(心神)장애로 인하여 행위의 옳고 그름을 판단할 능력이 없거나 그 판단에 따른 행위를 할 능력이 없는 자의 질서위반행위는 과태료를 부과하지 아니한다. ② 심신장애로 인하여 제1항에 따른 능력이 미약한 자의 질서위반행위는 과태료를 감경한다. ③ 스스로 심신장애 상태를 일으켜 질서위반행위를 한 자에 대하여는 제1항 및 제2항을 적용하지 아니한다(「질서위반행위규제법」[시행 2021. 1. 1.] [법률 제17758호, 2020. 12. 29., 타법개정])

조항이 따로 명시되어 있다. 제3항에 의하면, 13세 미만의 사람 및 신체적인 또는 정신적인 장애가 있는 아동 · 청소년에 대하여 〈표 7-3〉상의 죄를 저지른 사람은 규정된 공소시효를 적용하지 않는다.

표 7-3   제20조 제3항, 제4항의 공소시효 미적용 죄

구분	내용
「형법」	• 강간 • 강제추행 • 준강간, 준강제추행 • 강간 등 상해 · 치상 • 강간 등 살인 · 치사 • 미성년자에 대한 간음, 추행 등
「아동 · 청소년의 성보호에 관한 법률」 제9조 및 제10조의 죄	• 강간 등 상해 · 치상 • 강간 등 살인 · 치사 • 아동 · 청소년 성착취물의 제작 · 배포
「성폭력범죄의 처벌 등에 관한 특례법」	• 장애인에 대한 강간 · 강제추행 등 • 13세 미만의 미성년자에 대한 강간, 강제추행 • 친족관계에 의한 강간 등 • 강간 등 상해 · 치상 • 강간 등 살인 · 치사의 죄

(2) 아동 · 청소년 대상 성범죄 가해자에 대한 특별조치

아동 · 청소년 대상 성범죄에 대해 제21조에는 형벌과 수강명령 등의 병과 법령이 기재되어 있다. 법원은 아동 · 청소년 대상 성범죄를 범한 「소년법」 제2조(소년 및 보호자)의 소년(19세 미만인 자)에 대하여 형의 선고를 유예하는 경우에는 반드시 보호관찰을 명하여야 한다고 명시했다(제1항).

표 7-4   보호관찰제도

보호관찰제도
범죄인을 교도소나 소년원 등 수용시설에 구금하지 않고, 가정과 학교 및 직장에서 정상적인 생활을 하도록 하되, 보호관찰관의 지도 · 감독을 통해 준수사항을 지키도록 하고 사회봉사명령이나 수강명령을 이행하도록 하여 범죄성을 개선하는 선진 형사정책 제도

출처: 법무부 범죄예방정책국 홈페이지.

법원은 아동ㆍ청소년을 대상으로 성범죄를 범한 자에 대하여 유죄판결을 선고하거나 약식명령을 고지하는 경우에는 500시간의 범위에서 재범예방에 필요한 수강명령 또는 성폭력 치료프로그램의 이수명령(이하 "이수명령"이라 한다)을 병과(倂科)[4] 하여야 한다. 다만, 수강명령 또는 이수명령을 부과할 수 없는 특별한 사정이 있는 경우에는 그러하지 아니하다(제2항).

아동ㆍ청소년 대상 성범죄를 범한 자에 대하여 제2항의 수강명령은 형의 집행을 유예할 경우에 그 집행유예기간 내에서 병과하고, 이수명령은 벌금 이상의 형을 선고하거나 약식명령을 고지할 경우에 병과한다. 다만, 이수명령은 아동ㆍ청소년 대상 성범죄자가 「전자장치 부착 등에 관한 법률」 제9조의2 제1항 제4호에 따른 성폭력 치료프로그램의 이수명령을 부과받은 경우에는 병과하지 아니한다(제3항). 법원이 아동ㆍ청소년 대상 성범죄를 범한 사람에 대하여 형의 집행을 유예하는 경우에는 제2항에 따른 수강명령 외에 그 집행유예기간 내에서 보호관찰 또는 사회봉사 중 하나 이상의 처분을 병과할 수 있다(제4항).

다음으로 제5항부터 제9항까지는 수강명령과 이수명령에 대한 내용으로 형기 내의 집행 기준, 병과, 집행 주체, 이수명령 집행, 수강명령과 이수명령의 내용 등에 대해 명시하고 있다.

이 외에도 제21조의2(재범여부)에는 수강명령 또는 이수명령을 선고받아 그 집행을 마친 사람에 대해 아동ㆍ청소년 대상 성범죄 재범여부를 조사할 수 있으며(제1항), 법무부장관은 제1항에 따른 재범여부를 조사하기 위해 수강명령과 이수명령 집행 이후 5년 동안 관계기관의 장에게 그 사람에 관한 범죄경력 자료 및 수사경력 자료를 요청할 수 있다고 명시되어 있다(제2항).

제22조(판결 전 조사)에는 법원이 피고인에 대해 보호관찰이나 사회봉사, 수강명령 또는 이수명령을 부과할 경우나 취업제한 명령을 부과하기 위해 필요하다고 인정되면 피고인의 신체적, 심리적 특성이나 상태, 정신성적 발달과정, 성장배경, 가정환경, 직업, 생활환경, 교우관계, 범행동기, 병력, 피해자와의 관계, 재범위험성 등 피고인에 관한 사항의 조사를 요구할 수 있다(제1항~제3항).

(3) 아동ㆍ청소년 대상 성범죄 피해자의 보호조치

동법의 제24조와 제25조에서는 피해 아동ㆍ청소년를 위한 다양한 보호조치에 대해 명

---

4) 동시에 둘 이상의 형벌에 처하는 일. 자유형과 벌금형을 아울러 처하는 일(표준국어대사전 홈페이지).

시하고 있다. 먼저, 제24조는 피해 아동·청소년의 보호조치 결정에 대한 사항으로 법원은 아동·청소년 대상 성범죄 사건의 가해자에게 「민법」 제924조에 따라 친권상실선고를 하는 경우에는 피해 아동·청소년을 다른 친권자 또는 친족에게 인도하거나 제45조 또는 제46조의 기관·시설 또는 단체에 인도하는 등의 보호조치를 결정할 수 있다고 되어 있다. 또한 이 경우 그 아동·청소년의 의견을 존중하여야 하는 것이 매우 중요하다.

제25조는 수사 및 재판 절차에서의 배려이다. 먼저, 수사기관과 법원 및 소송관계인은 아동·청소년 대상 성범죄를 당한 피해자의 나이, 심리 상태 또는 후유장애의 유무 등을 신중하게 고려하여 조사 및 심리·재판 과정에서 피해자의 인격이나 명예가 손상되거나 사적인 비밀이 침해되지 아니하도록 주의하여야 한다(제1항). 이처럼 피해 아동·청소년의 나이, 심리 상태 등 특성을 고려하여야 하며, 비밀유지에 대한 부분이 반드시 포함되어야 한다는 것을 의미하는 것이다. 다음으로 수사기관과 법원은 아동·청소년 대상 성범죄의 피해자를 조사하거나 심리·재판할 때 피해자가 편안한 상태에서 진술할 수 있는 환경을 조성하여야 하며, 조사 및 심리·재판 횟수는 필요한 범위에서 최소한으로 하여야 한다(제2항).

다음으로 제3항에는 진술조력인에 대한 도움을 받을 수 있는 법령이 기술되어 있다. 수사기관과 법원은 제2항에 따른 조사나 심리·재판을 할 때 피해 아동·청소년이 13세 미만이거나 신체적인 또는 정신적인 장애로 의사소통이나 의사표현에 어려움이 있는 경우 조력을 위하여 「성폭력범죄의 처벌 등에 관한 특례법」 제36조부터 제39조까지를 준용한다. 이 경우 "성폭력범죄"는 "아동·청소년 대상 성범죄"로, "피해자"는 "피해 아동·청소년"으로 본다(제3항).

표 7-5 「성폭력범죄의 처벌 등에 관한 특례법」 제36조부터 제39조

「성폭력범죄의 처벌 등에 관한 특례법」 제36조부터 제39조
제36조(진술조력인의 수사과정 참여) ① 검사 또는 사법경찰관은 성폭력범죄의 피해자가 19세 미만 피해자 등인 경우 형사사법절차에서의 조력과 원활한 조사를 위하여 직권이나 피해자, 그 법정대리인 또는 변호사의 신청에 따라 진술조력인으로 하여금 조사과정에 참여하여 의사소통을 중개하거나 보조하게 할 수 있다. 다만, 피해자 또는 그 법정대리인이 이를 원하지 아니하는 의사를 표시한 경우에는 그러하지 아니하다. 〈개정 2023. 7. 11.〉 ② 검사 또는 사법경찰관은 제1항의 피해자를 조사하기 전에 피해자, 법정대리인 또는 변호사에게 진술조력인에 의한 의사소통 중개나 보조를 신청할 수 있음을 고지하여야 한다. ③ 진술조력인은 조사 전에 피해자를 면담하여 진술조력인 조력 필요성에 관하여 평가한 의견을 수사기관에 제출할 수 있다. ④ 제1항에 따라 조사과정에 참여한 진술조력인은 피해자의 의사소통이나 표현 능력, 특성 등에 관한 의견을 수사기관이나 법원에 제출할 수 있다.

⑤ 제1항부터 제4항까지의 규정은 검증에 관하여 준용한다.

⑥ 그 밖에 진술조력인의 수사절차 참여에 관한 절차와 방법 등 필요한 사항은 법무부령으로 정한다.

제37조(진술조력인의 재판과정 참여)

① 법원은 성폭력범죄의 피해자가 19세 미만 피해자 등인 경우 재판과정에서의 조력과 원활한 증인 신문을 위하여 직권 또는 검사, 피해자, 그 법정대리인 및 변호사의 신청에 의한 결정으로 진술조력인으로 하여금 증인 신문에 참여하여 중개하거나 보조하게 할 수 있다. 〈개정 2023. 7. 11.〉

② 법원은 증인이 제1항에 해당하는 경우에는 신문 전에 피해자, 법정대리인 및 변호사에게 진술조력인에 의한 의사소통 중개나 보조를 신청할 수 있음을 고지하여야 한다.

③ 진술조력인의 소송절차 참여에 관한 구체적 절차와 방법은 대법원규칙으로 정한다.

제38조(진술조력인의 의무)

① 진술조력인은 수사 및 재판 과정에 참여함에 있어 중립적인 지위에서 상호 간의 진술이 왜곡 없이 전달될 수 있도록 노력하여야 한다.

② 진술조력인은 그 직무상 알게 된 피해자의 주소, 성명, 나이, 직업, 학교, 용모, 그 밖에 피해자를 특정하여 파악할 수 있게 하는 인적사항과 사진 및 사생활에 관한 비밀을 공개하거나 다른 사람에게 누설하여서는 아니 된다.

(4) 디지털 성범죄 수사 특례 조항

2021년 3월 아동·청소년의 디지털 성범죄에 있어 사법경찰이 신분 비공개수사를 할 수 있다는 내용의 법령이 신설되었다. 더불어 신분 위장수사가 가능하게 되었다. 이는 제25조의2부터 제25조의9에 해당하는 내용으로 아동·청소년 대상 디지털 성범죄의 수사 특례 조문에 해당한다.

먼저, 제25조의9에는 주로 사법경찰관리는 다음 각 호의 어느 하나에 해당하는 범죄(이하 "디지털 성범죄"라 한다)에 대하여 신분을 비공개하고 범죄현장(정보통신망을 포함한다) 또는 범인으로 추정되는 자들에게 접근하여 범죄행위의 증거 및 자료 등을 수집(이하 "신분비공개수사"라 한다)할 수 있다(제1항). 제25조의2 제1항의 1목에는 제11조 및 제15조의2의 죄가 이에 해당한다고 되어 있다. 제11조는 앞서 아동·청소년성착취물의 제작·배포 등에 관한 법령이며, 제15조의2는 아동·청소년에 대한 성착취 목적 대화 등에 해당하는 내용이다. 2목은 아동·청소년에 대한「성폭력범죄의 처벌 등에 관한 특례법」제14조(카메라 등을 이용한 촬영) 제2항과 제3항[5]에 해당하는 내용을 포함한다.

---

5) 제14조(카메라 등을 이용한 촬영) ② 제1항에 따른 촬영물 또는 복제물(복제물의 복제물을 포함한다. 이하 이 조에서 같다)을 반포·판매·임대·제공 또는 공공연하게 전시·상영(이하 "반포 등"이라 한다)한 자 또는 제1항의 촬영이 촬영 당시에는 촬영대상자의 의사에 반하지 아니한 경우(자신의 신체를 직접 촬영한 경우를 포함

사법경찰관리는 디지털 성범죄를 계획 또는 실행하고 있거나 실행하였다고 의심할 만한 충분한 이유가 있고, 다른 방법으로는 그 범죄의 실행을 저지하거나 범인의 체포 또는 증거의 수집이 어려운 경우에 한정하여 수사 목적을 달성하기 위하여 부득이한 때에는 다음 각 호의 행위(이하 "신분위장수사"라 한다)를 할 수 있다(제2항). 다음 각 호는 총 3개로 1. 신분을 위장하기 위한 문서, 도화 및 전자기록 등의 작성, 변경 또는 행사, 2. 위장 신분을 사용한 계약 · 거래, 3. 아동 · 청소년성착취물 또는 「성폭력범죄의 처벌 등에 관한 특례법」 제14조 제2항의 촬영물 또는 복제물(복제물의 복제물을 포함한다)의 소지, 판매 또는 광고가 해당된다.

　이와 같이 수사 특례의 절차로 신분비공개수사와 위장수사가 가능해졌다는 점에서 의의가 있는 법조문이라고 할 수 있다.

　제25조의3은 아동 · 청소년 대상 디지털 성범죄 수사 특례의 절차로, 사법경찰관리가 신분비공개수사를 진행하고자 할 때에는 사전에 상급 경찰관서 수사부서의 장의 승인을 받아야 하며, 이 경우 그 수사기간은 3개월을 초과할 수 없다(제1항). 또한 제1항에 따른 승인의 절차 및 방법 등에 필요한 사항은 대통령령으로 정하며(제2항), 제3항에는 사법경찰관리는 신분위장수사를 하려는 경우에는 검사에게 신분위장수사에 대한 허가를 신청하고, 검사는 법원에 그 허가를 청구해야 한다는 내용이 명시되어 있다. 또한 제3항의 신청은 필요한 신분위장수사의 종류 · 목적 · 대상 · 범위 · 기간 · 장소 · 방법 및 해당 신분위장수사가 제25조의2 제2항[6]의 요건을 충족하는 사유 등의 신청사유를 기재한 서면으로 하여야 하며, 신청사유에 대한 소명자료를 첨부하여야 한다(제3항). 법원은 제3항의 신청이 이유 있다고 인정하는 경우에는 신분위장수사를 허가하고, 이를 증명하는 서류(이하 "허가서"라 한다)를 신청인에게 발부하여야 하며, 허가서에는 신분위장수사의 종류 · 목적 · 대상 · 범위 · 기간 · 장소 · 방법 등을 특정하여 기재하여야 한다. 신분위장수사의 기간은 3개월을 초과할 수 없으며, 그 수사기간 중 수사의 목적이 달성되었을 경우에는 즉시 종료하여야 한다. 제

　한다)에도 사후에 그 촬영물 또는 복제물을 촬영대상자의 의사에 반하여 반포 등을 한 자는 7년 이하의 징역 또는 5천만 원 이하의 벌금에 처한다. 〈개정 2018. 12. 18., 2020. 5. 19.〉 ③ 영리를 목적으로 촬영대상자의 의사에 반하여 「정보통신망 이용촉진 및 정보보호 등에 관한 법률」 제2조 제1항 제1호의 정보통신망(이하 "정보통신망"이라 한다)을 이용하여 제2항의 죄를 범한 자는 3년 이상의 유기징역에 처한다. 〈개정 2018. 12. 18., 2020. 5. 19.〉

[6] 제25조의2 제2항: 사법경찰관리는 디지털 성범죄를 계획 또는 실행하고 있거나 실행하였다고 의심할 만한 충분한 이유가 있고, 다른 방법으로는 그 범죄의 실행을 저지하거나 범인의 체포 또는 증거의 수집이 어려운 경우에 한정하여 수사 목적을 달성하기 위하여 부득이한 때에는 다음 각 호의 행위(이하 "신분위장수사"라 한다)를 할 수 있다.

7항에도 불구하고 제25조의2 제2항의 요건이 존속하여 그 수사기간을 연장할 필요가 있는 경우에는 사법경찰관리가 소명자료를 첨부하여 3개월의 범위에서 수사기간의 연장을 검사에게 신청하고, 검사는 법원에 그 연장을 청구한다. 이 경우 신분위장수사의 총 기간은 1년을 초과할 수 없다(제4항~제8항).

제25조의4는 아동·청소년 대상 디지털 성범죄에 대한 긴급 신분위장수사에 대한 법령으로 사법경찰관리는 제25조의2 제2항의 요건을 구비하고, 제25조의3 제3항부터 제8항까지에 따른 절차를 거칠 수 없는 긴급을 요하는 때에는 법원의 허가 없이 신분위장수사를 할 수 있다(제1항). 사법경찰관리는 제1항에 따른 신분위장수사 개시 후 지체 없이 검사에게 허가를 신청하여야 하고, 사법경찰관리는 48시간 이내에 법원의 허가를 받지 못한 때에는 즉시 신분위장수사를 중지하여야 한다(제2항). 제1항 및 제2항에 따른 신분위장수사 기간에 대해서는 제25조의3 제7항 및 제8항을 준용한다(제3항).

제25조의5(아동·청소년 대상 디지털 성범죄에 대한 신분비공개수사 또는 신분위장수사로 수집한 증거 및 자료 등의 사용제한) 사법경찰관리가 제25조의2부터 제25조의4까지에 따라 수집한 증거 및 자료 등은 다음 각 호의 어느 하나에 해당하는 경우 외에는 사용할 수 없다. 각 호의 내용은 다음과 같다. 1. 신분비공개수사 또는 신분위장수사의 목적이 된 디지털 성범죄나 이와 관련되는 범죄를 수사·소추하거나 그 범죄를 예방하기 위하여 사용하는 경우, 2. 신분비공개수사 또는 신분위장수사의 목적이 된 디지털 성범죄나 이와 관련되는 범죄로 인한 징계절차에 사용하는 경우, 3. 증거 및 자료 수집의 대상자가 제기하는 손해배상청구소송에서 사용하는 경우, 4. 그 밖에 다른 법률의 규정에 의하여 사용하는 경우가 해당된다. 이 외에 제25조의6부터 25조의9까지는 국가경찰위원회와 국회의 통제, 비밀준수의 의무, 면책, 수사 지원 및 교육에 대한 법조문으로 구성되어 있다.

(5) 아동·청소년 대상 성범죄 수사 및 재판 과정에서의 보호조치

이 법에서 주요하게 다루고 있는 법조문 중 하나는 아동·청소년 대상 성범죄 수사와 재판과정에서의 피해자를 위한 보호조치와 관련된 사항이다. 진술 및 조사과정에의 영상물 촬영 및 녹화, 증거보전의 특례, 신뢰관계에 있는 사람의 동석, 서류·증거물의 열람 및 등사, 피해 아동·청소년 등에 대한 변호사 선임의 특례, 비밀누설 등이 이에 해당한다.

먼저, 제26조는 영상물의 촬영·보존 등과 관련한 내용이다. 이는 아동·청소년 대상 성범죄 피해자의 진술내용과 조사과정을 비디오 녹화기 등 영상물 녹화장치로 촬영·보존해야 한다(제1항). 또한 제1항에 따른 영상물 녹화는 피해자 또는 법정대리인이 이를 원하지 아니하는 의사를 표시한 때에는 촬영을 해서는 아니 된다. 단, 가해자가 친권자 중 일방인 경우는 그러하지 않도록 한다(제2항).

만약 영상물 녹화가 진행되면 조사의 개시부터 종료까지 객관적 정황을 녹화해야 하며, 녹화가 완료되면 그 원본을 피해자 또는 변호사 앞에서 봉인하여 피해자가 이를 기명날인 또는 서명하게 해야 한다(제3항). 제4항에는 검사와 사법경찰관이 녹화를 하는 방식과 시간 기록, 진행경과의 조치 등 수사기록을 편철하는 방법, 제5항에는 신청 시 촬영된 영상물의 사본을 신청인에게 교부하는 방법, 제6항에는 촬영한 영상물에 수록된 피해자 진술을 증거 로 사용할 수 있는 제한사항을 명시하였다.

제27조에서 증거보전의 특례 조문이 있는데, 증거보전이란 소송제기 전 또는 소송 중에 어떤 증거를 미리 조사했다가 소송에서 증거로 사용하기 위한 증거조사방법을 의미한다. 즉, 성범죄 수사 중 증거가 훼손되거나 없어질 것을 방지하여 미리 증거로 확보하는 절차이 다. 제27조의 내용은 아동 · 청소년 대상 성범죄의 피해자, 그 법정대리인 또는 경찰은 피 해자가 공판기일에 출석하여 증언하는 것에 현저히 곤란한 사정이 있을 때에는 그 사유를 소명하여 제26조에 따라 촬영된 영상물 또는 그 밖의 다른 증거물에 대하여 해당 성범죄를 수사하는 검사에게 「형사소송법」제184조 제1항에 따른 증거보전의 청구를 할 것을 요청할 수 있다(제1항)고 명시되어 있다. 또한 제1항의 요청을 받은 검사는 그 요청이 상당한 이유 가 있다고 인정하는 때에는 증거보전의 청구를 하여야 한다(제2항)고 되어 있다.

제28조의 신뢰관계에 있는 사람의 동석에 관한 조문은 법원이 아동 · 청소년을 대상으로 성범죄 피해자를 증인으로 심문하는 경우에 검사, 피해자 또는 법정대리인이 신청하는 경 우에는 재판에 지장을 줄 우려가 있는 등 부득이한 경우가 아니면 피해자와 신뢰관계에 있 는 사람을 동석하게 하여야 한다(제1항)고 되어 있다. 피해자를 조사하는 경우에만 준용하 며(제2항), 신뢰관계에 있는 사람이 피해자에게 불리하거나, 피해자가 원하지 않는 경우에 대한 항도 규정에 있다(제3항).

제29조는 서류 · 증거물의 열람 · 등사로, 아동 · 청소년 대상 성범죄의 피해자, 그 법정 대리인 또는 변호사는 재판장의 허가를 받아 소송계속 중의 관계 서류 또는 증거물을 열람 하거나 등사할 수 있다.

제30조는 피해 아동 · 청소년 등에 대한 변호사 선임의 특례에 해당하는 내용으로 제1항 에 아동 · 청소년 대상 성범죄의 피해자 및 그 법정대리인은 형사절차상 입을 수 있는 피해 를 방어하고 법률적 조력을 보장하기 위하여 변호사를 선임할 수 있다고 되어 있으며, 제 2항에는 제1항에 따른 변호사에 관하여는 「성폭력범죄의 처벌 등에 관한 특례법」제27조

제2항부터 제6항까지를 준용한다고 되어 있다.

제31조 비밀누설 금지 조항에서는 성범죄 수사 또는 재판을 담당하거나 이에 관여하는 공무원, 그 직에 있었던 사람은 피해 아동·청소년의 개인정보(주소, 성명, 연령, 학교, 직업, 용모 등), 또는 인적사항이나 사진, 사생활에 관한 비밀을 공개하거나 누설해서는 안 되며(제1항), 기관·시설 또는 단체의 장 등의 비밀누설 금지(제2항), 누구든지 인쇄물에 피해 아동·청소년의 제1항의 정보를 싣거나 정보통신망을 통해 공개해서는 안 된다는 조항이 명시되어 있다(제3항).

이처럼 아동·청소년 피해자가 성범죄 수사 및 재판과정에서 특별히 보호조치를 받을 수 있도록 하며, 상세한 사항은 앞의 제26조부터 제31조까지 본 법에 명시되어 있다.

3) 아동·청소년 대상 성범죄 신고·응급조치와 보호·지원

(1) 아동·청소년 대상 성범죄 신고의무제도

제34조에는 누구든지 아동·청소년 대상 성범죄의 발생 사실을 알게 된 때에는 수사기관에 신고할 수 있다(제1항)고 명시하였다. 또한 신고의무의 대상이 되는 자는 기관·시설 또는 단체의 장과 그 종사자에 해당하며, 성범죄가 발생했다는 사실을 알게 된 때에 즉시 수사기관에 신고해야 한다(제2항). 신고의무의 대상이 되는 자는 〈표 7-6〉과 같다.

신고의무자 교육과 관련하여서는 여성가족부에서 주로 위탁사업으로 운영하고 있으며(제2항), 근거 법령 조문은 제35조 '신고의무자에 대한 교육'이다. 제1항의 관계 행정기관의 장은 제34조 제2항 각 호의 기관·시설 또는 단체의 장과 그 종사자의 자격취득 과정에 아동·청소년 대상 성범죄 예방 및 신고의무와 관련된 교육내용을 포함시켜야 한다.

표 7-6 신고의무 대상시설(근거법률)

신고의무 대상시설	근거법률
1. 유치원	「유아교육법」 제2조 제2호
2. 학교, 위탁교육기관	「초·중등교육법」 제2조, 제28조, 「고등교육법」 제2조
3. 학생상담지원시설, 위탁교육시설	「초·중등교육법」 제28조
4. 제주국제학교	「제주특별법」 제223조
5. 의료기관	「의료법」 제3조
6. 아동복지시설, 통합서비스수행기관	「아동복지법」 제3조 제10호, 동법 제37조

7. 장애인복지시설	「장애인복지법」 제58조
8. 어린이집, 육아종합지원센터, 시간제보육서비스지정기관	「영유아보육법」 제2조 제3호, 제7조, 제26조의2
9. 학원 및 교습소	「학원의 설립 · 운영 및 과외교습에 관한 법률」 제2조 제1호 및 제2호
10. 성매매피해자 등을 위한 지원 시설 및 성매매피해상담소	「성매매방지 및 피해자보호 등에 관한 법률」 제9조 및 제17조
11. 한부모가족복지시설	「한부모가족지원법」 제19조
12. 가정폭력 관련 상담소 및 가 정폭력피해자 보호시설	「가정폭력방지 및 피해자보호 등에 관한 법률」 제5조 및 제7조
13. 성폭력피해상담소 및 성폭력 피해자보호시설	「성폭력방지 및 피해자보호 등에 관한 법률」 제10조 및 제12조
14. 청소년활동시설	「청소년활동 진흥법」 제2조 제2호
15. 청소년상담복지센터 및 청소 년쉼터	「청소년복지 지원법」 제29조 제1항 및 제31조 제1호
16. 학교 밖 청소년 지원센터	「학교 밖 청소년 지원에 관한 법률」 제12조
17. 청소년 보호 · 재활센터	「청소년 보호법」 제35조
18. 체육단체	「국민체육진흥법」 제2조 제9호 가목 및 나목의 체육단체
19. 대중문화예술기획업소	「대중문화예술산업발전법」 제6조 제3호

출처: 여성가족부 홈페이지(성범죄 취업제한 및 신고의무 기관현황(2023. 10. 12. 기준).

(2) 피해 아동 · 청소년의 보호 및 지원

성범죄 피해에 노출된 아동 · 청소년은 신체적 · 정신적 회복과 일상회복을 위해 법적으로 보호받을 수 있다.

① 피해 아동 · 청소년의 보호조치

제36조의 피해 아동 · 청소년의 보호에 관련한 조항은 아동 · 청소년 대상 성범죄를 저지른 자가 피해 아동 · 청소년과 「가정폭력범죄의 처벌 등에 관한 특례법」 제2조 제2호의 가정구성원[배우자 또는 배우자였던 사람, 자기 또는 배우자와 직계존비속관계, 계부모와 자녀(또는 적모와 서자)의 관계, 동거하는 친족의 가정 구성원]인 관계에 있는 경우로서 피해 아동 · 청소년을 보호할 필요가 있는 때에는 동법 제5조, 제8조, 제29조 및 제49조부터 제53조까지의 규정을 준용한다. 「가정폭력범죄의 처벌 등에 관한 특례법」의 제5조는 가정폭력에 대한 응급조치로 분리, 체포와 범죄수사, 보호시설 및 의료기관으로의 인도, 임시조치 통보 등이 해당되며, 제8조는 임시조치 청구에 대한 사항이다. 제29조의 임시조치에는 격리, 접근금

지, 위착, 상담위탁 등이 포함되어 있으며, 제29조부터 제53조까지는 항고, 항고장의 제출, 항고의 재판, 재항고, 집행의 부정지와 관련된 사항이 명시되어 있다.

② 피해 아동·청소년의 상담 및 치료

제37조는 피해 아동·청소년 등의 상담 및 치료를 받을 수 있도록 지원하는 근거 법령이다. 제1항에 국가는 피해 아동·청소년 등의 신체적·정신적 회복을 위하여 제46조의 상담시설 또는 「성폭력방지 및 피해자보호 등에 관한 법률」 제27조의 성폭력 전담의료기관으로 하여금 다음 각 호의 사람에게 상담이나 치료프로그램(이하 "상담·치료프로그램"이라 한다)을 제공하도록 요청할 수 있다. 각 호에 해당하는 대상은 피해 아동·청소년, 피해 아동·청소년의 보호자 및 형제·자매, 그 밖에 대통령령으로 정하는 사람이다. 상담시설에 해당하는 기관은 성매매피해상담소, 청소년상담복지센터, 성폭력피해상담소이다. 성폭력 전담의료기관은 해바라기센터가 해당된다.

③ 성매매 피해 아동·청소년에 대한 조치

아동·청소년은 성매매가 자발적이라고 보이더라도 보호를 위해 처벌하지 않게 되어 있다. 2019년까지만 하더라도 성매매에 유입된 아동·청소년을 '대상아동·청소년'으로 규정하고 이들에 대해 보호처분 등 선고가 가능했었다. 그러나 2020년 5월에 동법의 내용이 개정되면서 '대상청소년'이라는 단어가 삭제되었다.[7] 이에 제38조 성매매 피해 아동·청소년에 대한 조치 등에는 제1항 「성매매알선 등 행위의 처벌에 관한 법률」 제21조 제1항에도 불구하고 제13조 제1항의 죄의 상대방이 된 아동·청소년에 대하여는 보호를 위하여 처벌하지 아니한다. 또한 제2항의 검사 또는 사법경찰관은 성매매 피해 아동·청소년을 발견한 경우 신속하게 사건을 수사한 후 지체 없이 여성가족부장관 및 제47조의2에 따른 성매매 피해 아동·청소년 지원센터를 관할하는 특별시장·광역시장·특별자치시장·도지사·특별자치도지사(이하 "시·도지사"라 한다)에게 통지하여야 한다고 되어 있다. 마지막 제3항은 여성가족부장관은 제2항에 따른 통지를 받은 경우 해당 성매매 피해 아동·청소년에 대하여 다음 각 호의 어느 하나에 해당하는 조치를 하여야 한다. 해당하는 조치는 상담시설과의 연계, 교육, 상담, 지원 프로그램의 참여에 연계하는 것이다.

----

7) 베이비뉴스(2024. 5. 4.). ="대상아동·청소년" 삭제… 아청법 개정안 국회 통과. https://www.ibabynews.com/news/articleView.html?idxno=85158

④ 피해 아동ㆍ청소년 등을 위한 조치의 청구

제41조는 피해 아동ㆍ청소년 등을 위한 조치의 청구에 대한 내용이다. 검사는 성범죄의 피해를 받은 아동ㆍ청소년을 위하여 지속적으로 위해의 배제와 보호가 필요하다고 인정하는 경우 법원에 제1호의 보호관찰과 함께 제2호부터 제5호까지의 조치를 청구할 수 있다. 조치에 대한 상세내용은 다음과 같다. 제1호 가해자의 보호관찰, 제2호 피해를 받은 아동ㆍ청소년의 주거 등으로부터 가해자를 분리하거나 퇴거하는 조치, 제3호 피해 아동ㆍ청소년의 주거, 학교 등으로부터 100미터 이내에 가해자 또는 가해자의 대리인의 접근을 금지하는 조치, 제4호 전기통신이나 우편물을 이용하여 가해자가 피해를 받은 아동ㆍ청소년 또는 그 보호자와 접촉을 하는 행위금지 조치, 제5호 보호시설에 대한 보호위탁결정 등 피해를 받은 아동ㆍ청소년의 보호를 위하여 필요한 조치 등이 해당된다. 다만, 「전자장치 부착 등에 관한 법률」 제9조의2 제1항 제2호 및 제3호에 따라 가해자에게 특정지역 출입금지 등의 준수사항을 부과하는 경우에는 그러하지 아니하다(제41조). 제42조와 제43조에는 각 피해 아동ㆍ청소년 등에 대한 보호처분의 판결, 피해 아동ㆍ청소년 등에 대한 보호처분의 변경과 종결에 대해 명시되어 있다.

⑤ 보호시설ㆍ상담시설ㆍ성교육전문기관ㆍ지원센터 연계

제45조 조문에 근거하여 보호시설, 즉 청소년 지원시설에 해당하는 성매매 피해자 지원쉼터 및 자립기관, 청소년쉼터 및 자립기관, 청소년상담복지센터, 청소년쉼터, 청소년 보호ㆍ재활센터가 해당되며, 성매매 피해 아동ㆍ청소년을 보호하고 자립을 지원할 수 있다.

제26조에는 상담시설에 대한 조문으로, 청소년상담복지센터, 성폭력피해상담소, 성폭력피해자 보호시설 등에서 아동ㆍ청소년 대상 범죄신고, 법률지원, 일시보호, 사회복귀, 안정회복, 지원요청, 상담, 교육프로그램 등의 피해지원을 받을 수 있다.

성교육 전문기관과 관련한 조문은 제47조로, 아동ㆍ청소년 대상 성교육 전문기관의 설치ㆍ운영에 해당한다. 제1항에 따르면 국가와 지방자치단체는 아동ㆍ청소년의 건전한 성가치관 조성과 성범죄 예방을 위하여 아동ㆍ청소년 대상 성교육 전문기관(이하 "성교육 전문기관"이라 한다)을 설치하거나 해당 업무를 전문단체에 위탁할 수 있으며, 이를 근거로 청소년성문화센터를 설립하여 운영하고 있다.

성매매 피해 아동ㆍ청소년 지원센터의 근거 법령은 제47조의2로 여성가족부장관 또는 시ㆍ도지사 및 시장ㆍ군수ㆍ구청장(자치구의 구청장을 말한다. 이하 같다)은 성매매 피해 아동ㆍ청소년의 보호를 위하여 성매매 피해 아동ㆍ청소년 지원센터(이하 "성매매 피해 아동ㆍ

청소년 지원센터"라 한다)를 설치·운영할 수 있다(제1항)고 되어 있다.

4) 아동·청소년 대상 성범죄자 신상정보 공개·취업제한·보호관찰

(1) 성범죄자 신상정보 공개 제도

성범죄자 신상정보 공개 제도란, 법원으로부터 신상공개 명령을 선고받은 성범죄자의 신상정보를 전용 웹사이트인 성범죄자 알림e(sexoffender.go.kr) 또는 모바일 앱을 통해 공개하는 제도이다.[8] 이 제도는「아동·청소년의 성보호에 관한 법률」제49조, 제52조에 근거하며,「아동·청소년의 성보호에 관한 법률 시행령 및 시행규칙」에 따른다. 본 제도의 목적은 신상정보 등록대상 성범죄로 유죄판결이 확정된 사람의 신상정보를 지역주민에게 공개하여, 성범죄를 예방하고 수사에 활용하려는 것이다.

제49조는 등록정보의 공개에 대한 사항을 포함한다. 제1항에서는 법원은 다음 각 호의 어느 하나에 해당하는 자에 대하여 판결로 제4항의 공개정보를「성폭력범죄의 처벌 등에 관한 특례법」제45조 제1항의 등록기간 동안 정보통신망을 이용하여 공개하도록 하는 명령(이하 "공개명령"이라 한다)을 등록대상 사건의 판결과 동시에 선고하여야 한다고 명시하고 있다. 다만, 피고인이 아동·청소년인 경우, 그 밖에 신상정보를 공개하여서는 아니 될 특별한 사정이 있다고 판단하는 경우에는 그러하지 아니하다고 명시되어 있다.

공개하도록 제공되는 등록정보는 성명, 나이, 주소 및 실제거주지, 신체정보(키, 몸무게), 사진, 성범죄 내용(형량 포함), 성폭력범죄 전과사실(죄명 및 횟수), 전자장치 부착여부 등이다. 동법의 제50조에 등록정보의 고지, 제51조에 고지명령의 집행, 제52조에 공개명령의 집행, 제55조에 공개정보의 악용금지 등의 사항이 명시되어 있다. 성범죄자 신상정보는 국민 누구나 열람이 가능하나, 동법 제49조 제6항에 따라 실명인증 절차를 거쳐야 확인할 수 있다.

(2) 성범죄자 취업제한 제도

성범죄자 취업제한 제도는 아동·청소년을 대상으로 성범죄를 저지른 성범죄자가 아동·청소년 관련기관에 일정 기간 동안 취업할 수 없게 하는 제도이다. 이는 재범방지와 아동·청소년을 성범죄로부터 보호하기 위함이다. 제56조에 '아동·청소년 관련기관 등에의

---

8) 성범죄자 알림e 홈페이지.

취업제한 등'에 대한 법조문에 따르면, 법원은 아동·청소년 대상 성범죄 또는 성인대상 성범죄(이하 "성범죄"라 한다)로 형 또는 치료감호를 선고하는 경우에는 판결(약식명령을 포함한다. 이하 같다)로 그 형 또는 치료감호의 전부 또는 일부의 집행을 종료하거나 집행이 유예·면제된 날(벌금형을 선고받은 경우에는 그 형이 확정된 날)부터 일정기간(이하 "취업제한 기간"이라 한다) 동안 다음 각 호에 따른 시설·기관 또는 사업장(이하 "아동·청소년 관련기관 등"이라 한다)을 운영하거나 아동·청소년 관련기관 등에 취업 또는 사실상 노무를 제공할 수 없도록 하는 명령(이하 "취업제한 명령"이라 한다)을 성범죄 사건의 판결과 동시에 선고(약식명령의 경우에는 고지)하여야 한다. 다만, 재범의 위험성이 현저히 낮은 경우, 그 밖에 취업을 제한하여서는 아니 되는 특별한 사정이 있다고 판단하는 경우에는 그러하지 아니한다(제1항).

또한 제57조 성범죄의 경력자 점검·확인의 조문에 의거하여 여성가족부장관 또는 관계 중앙행정기관의 장은 다음 각 호의 구분에 따라 성범죄로 취업제한 명령을 선고받은 자가 아동·청소년 관련기관 등을 운영하거나 아동·청소년 관련기관 등에 취업 또는 사실상 노무를 제공하고 있는지를 직접 또는 관계기관 조회 등의 방법으로 연 1회 이상 점검·확인하여야 한다(제1항). 성범죄자 취업제한의 대상 기관은 〈표 7-7〉과 같다.

표 7-7   성범죄자 취업제한 기관

제56조 제1항	적용기관	관련 법률	소관	비고
1. 유치원	유치원	「유아교육법」 제2조 제2호	교육청	
2. 학교	초·중·고등학교, 기타학교	「초·중등교육법」 제2조	교육청	
	위탁교육기관(학습부진 관련)	「초·중등교육법」 제28조 및 동법 시행령 제54조	교육청	
	대학, 산업대학, 교육대학, 전문대학, 원격대학, 기술대학, 각종학교	「고등교육법」 제2조	교육부	'18. 7. 17. 부터 시행
	학생상담지원시설, 위탁교육시설(위센터, 위스쿨 등)	「초·중등교육법」 제28조 및 동법 시행령 제54조	교육청	'18. 7. 17. 부터 시행
	「제주특별자치도 설치 및 국제자유도시 조성을 위한 특별법」 제223조에 따른 국제학교	「제주특별자치도 설치 및 국제자유도시 조성을 위한 특별법」 제223조	제주특별자치도교육청	'20. 5. 27. 부터 시행

3. 학원, 교습소 및 개인과외교습자	학교교과교습학원, 평생직업교육학원 중 교육부장관이 정한 시설, 교습소, 개인과외교습자	「학원의 설립·운영 및 과외교습에 관한 법률」 제2조 제1~3호	교육청	
4. 청소년 보호·재활센터	청소년 보호·재활센터	「청소년 보호법」 제35조	여성가족부	
5. 청소년활동시설 (「청소년활동 진흥법」 제2조제2호)	청소년수련관, 청소년수련원, 청소년문화의집, 청소년특화시설, 청소년야영장, 유스호스텔	「청소년활동 진흥법」 제10조	지방자치단체	청소년수련시설
	〈문화시설〉 공연시설: 공연장, 영화상영관, 야외음악당 등 전시시설: 박물관, 미술관, 화랑, 조각공원 도서시설: 도서관, 작은도서관 문학관: 공립문학관, 사립문학관 지역문화 활동시설: 문화의 집, 문화체육센터, 청소년활동시설 문화보급 전수시설: 지방문화원, 국악원, 전수회관, 종합시설	「문화예술진흥법」 제2조 및 동법 시행령 제2조 제2항[별표 1]	지방자치단체	청소년이용시설
	과학관	「과학관의 설립·운영 및 육성에 관한 법률」 제2조 제1호	지방자치단체	〃
5. 청소년활동시설 (「청소년활동 진흥법」 제2조 제2호)	평생교육기관 *「평생교육법」에 따라 인가·등록·신고된 시설·법인 또는 단체	「평생교육법」 제2조 제2호	지방자치단체	청소년이용시설
	자연휴양림	「산림문화·휴양에 관한 법률」 제13조, 제14조, 제19조	지방자치단체	청소년이용시설
	수목원	「수목원·정원의 조성 및 진흥에 관한 법률」 제2조 제1호	지방자치단체	〃
	사회복지관	「사회복지사업법」 제2조 제5호	지방자치단체	〃
	〈기타〉 시민회관, 어린이회관, 공원, 광장, 둔치, 그 밖에 이와 유사한 공공용시설	「청소년활동 진흥법」 제10조 제2호(청소년 이용시설) 외 및 동법 시행령 제17조 제8호	지방자치단체	〃

6-1. 청소년상담복지센터, 청소년 복지시설 등	청소년상담복지센터	「청소년복지 지원법」 제29조 제1항	지방자치단체	
	이주배경청소년지원센터, 청소년 복지시설 * (확대)청소년쉼터 → 청소년복지시설	「청소년복지 지원법」 제30조 제1항, 제31조	여성가족부 지방자치단체	'23. 10. 12. 부터 시행
6-2. 학교 밖 청소년 지원센터	학교 밖 청소년 지원센터	「학교 밖 청소년 지원에 관한 법률」 제12조	지방자치단체	'20. 5. 27. 부터 시행
7. 어린이집, 육아종합지원센터 등	〈어린이집〉 국공립어린이집, 사회복지법인어린이집, 법인 · 단체등 어린이집, 직장어린이집, 가정어린이집, 협동어린이집, 민간어린이집	「영유아보육법」 제2조 제3호, 제10조	지방자치단체	
	육아종합지원센터, 시간제보육서비스지정기관	「영유아보육법」 제7조, 제26조의2	지방자치단체	'23. 10. 12. 부터 시행
8. 아동복지시설	아동양육시설, 아동일시보호시설, 아동보호치료시설, 공동생활가정, 자립지원시설, 아동상담소, 아동전용시설, 지역아동센터, 아동보호전문기관, 가정위탁지원센터, 보장원, 자립지원전담기관	「아동복지법」 제3조 제10호, 제52조	지방자치단체	
	아동복지통합서비스수행기관	「아동복지법」 제37조	지방자치단체	'18. 7. 17. 부터 시행
	다함께돌봄센터	「아동복지법」 제44조의2	지방자치단체	'23. 10. 12. 부터 시행
9. 청소년지원시설 및 성매매피해상담소	성매매피해자 등을 위한 지원시설, 성매매피해상담소 * (확대)청소년 지원시설 → 성매매피해자 등을 위한 지원시설	「성매매방지 및 피해자보호 등에 관한 법률」 제9조, 제17조	지방자치단체	'23. 10. 12. 부터 확대
9의2. 아동 · 청소년 대상 성교육 전문기관, 성매매피해 아동 · 청소년 지원센터	아동 · 청소년 대상 성교육 전문기관, 성매매 피해 아동 · 청소년 지원센터	「아동 · 청소년의 성보호에 관한 법률」 제47조, 제47조의2	지방자치단체	'23. 10. 12. 부터 시행
10. 공동주택 관리사무소	경비원업무 종사자에 한함	「주택법」 제2조 제3호	지방자치단체	

11. 체육시설	체육도장, 수영장, 당구장, 종합체육시설 등 체육시설 중 문체부장관이 정한 시설	「체육시설의 설치·이용에 관한 법률」제3조 및 동법 시행령 제2조[별표 1]	지방자치단체	「체육시설법의 설치·이용에 관한 법률」제10조에 따른 체육시설업 포함
12. 의료기관	「의료법」 제2조의 의료인	「의료법」 제3조, 제2조	지방자치단체	
	「의료법」 제80조의 간호조무사 및 「의료기사 등에 관한 법률」제2조의 의료기사	「의료법」 제3조	지방자치단체	'23. 10. 12. 부터 시행
13. 게임(시설) 제공업	인터넷컴퓨터게임시설제공업·복합유통게임제공업의 사업장	「게임산업진흥에 관한 법률」 제2조 제7호, 제8호	지방자치단체	
14. 경비업 법인	경비업 법인	「경비업법」 제2조 제1호	경찰청	
15. 청소년활동기획업소	청소년활동기획업소	「청소년 기본법」 제3조·「청소년활동 진흥법」 제2조 제7호, 제9조의2 참조)	지방자치단체	
16. 대중문화예술기획업소	대중문화예술기획업소	「대중문화예술발전법」 제2조 제6호 및 제26조	지방자치단체	
17. 청소년 고용 또는 출입이 허용되는 시설로서 대통령령으로 정하는 시설	청소년게임제공업·청소년실을 갖춘 노래연습장업의 사업장	「게임산업진흥에 관한 법률」 제2조 제6의2호 「음악산업진흥에 관한 법률」 제2조 제13호	지방자치단체	
18. 가정방문 등 학습교사 사업장	아동·청소년에게 직접 교육서비스를 제공하는 사람에 한함	「아동·청소년의 성보호에 관한 법률」 제56조 제1항 제18호	여성가족부	* 점검기관 변경: 지자체 → 여가부 ('23. 10.)
19. 장애인특수교육지원센터, 장애인특수교육 서비스 제공 기관·시설	장애인특수교육지원센터, 장애인특수교육 서비스제공 기관·시설	「장애인 등에 대한 특수교육법」 제11조, 제28조	교육청	'18. 7. 17. 부터 시행

20. 「지방자치법」에 따른 공공시설	「지방자치법」 제161조에 따른 공공시설 중 행안부장관 지정시설	「지방자치법」 제161조	행정안전부, 지방자치단체	'18. 9. 14. 부터 시행
21. 아동청소년 대상 기관	유아교육진흥원, 어린이회관, 과학교육원 등	「지방교육자치법」 제32조	교육청	'18. 9. 14. 부터 시행
22. 어린이급식관리 지원센터	어린이급식관리지원센터	「어린이 식생활안전관리 특별법」 제21조 제1항	지방자치단체	'20. 5. 27. 부터 시행 * 점검기관 변경: 식약처→ 지자체 ('23. 10.)
23. 아이돌봄 서비스제공기관	아이돌봄 서비스제공기관	「아이돌봄 지원법」 제11조	지방자치단체	'23.10.12.부터 시행
24. 건강가정지원센터	건강가정지원센터	「건강가정기본법」 제35조	지방자치단체	'23. 10. 12. 부터 시행
25. 다문화가족지원센터	다문화가족지원센터	「다문화가족지원법」 제12조	지방자치단체	'23. 10. 12. 부터 시행

출처: 여성가족부 홈페이지(성범죄자 취업제한 및 신고의무 기관 현황(2023. 10. 12. 기준).

여성가족부장관 또는 관계 중앙행정기관의 장은 성범죄로 취업제한 명령을 선고받은 자가 관련 기관을 운영하거나, 취업이나 노무를 제공하고 있을 경우 직접 또는 관계기관의 조회를 통해 연 1회 이상 점검·확인하여야 한다. 만약 성범죄로 법 위반이 있을 시, 해임을 요구할 수 있다. 그 근거 법령은 제58조 취업자의 해임요구 등이 이에 해당된다.

(3) 성범죄자 보호관찰

보호관찰제도란 범죄인을 교도소나 소년원 등 수용시설에 구금하지 않고, 가정과 학교 및 직장에서 정상적인 생활을 하도록 하되, 보호관찰관의 지도·감독을 통해 준수사항을 지키도록 하고 사회봉사명령이나 수강명령을 이행하도록 하여 범죄성을 개선하는 선진 형사정책 제도를 의미한다(법무부 범죄예방정책국 홈페이지).[9]

본 법의 제61조 보호관찰 조문의 제1항에 따르면, 검사는 아동·청소년 대상 성범죄를 범하고 재범의 위험성이 있다고 인정되는 사람에 대하여는 형의 집행이 종료한 때부터 「보호관찰 등에 관한 법률」에 따른 보호관찰을 받도록 하는 명령(이하 "보호관찰명령"이라 한다)

---
9) 법무부 범죄예방정책국 홈페이지.

을 법원에 청구하여야 한다. 다만, 검사가 「전자장치 부착 등에 관한 법률」 제21조의2에 따른 보호관찰명령을 청구한 경우에는 그러하지 아니한다(제1항).

표 7-8 「전자장치 부착 등에 관한 법률」 제21조의2

제21조의2(보호관찰명령의 청구)
검사는 다음 각 호의 어느 하나에 해당하는 사람에 대하여 형의 집행이 종료된 때부터 「보호관찰 등에 관한 법률」에 따른 보호관찰을 받도록 하는 명령(이하 "보호관찰명령"이라 한다)을 법원에 청구할 수 있다. 〈개정 2023. 7. 11.〉
1. 성폭력범죄를 저지른 사람으로서 성폭력범죄를 다시 범할 위험성이 있다고 인정되는 사람
2. 미성년자 대상 유괴범죄를 저지른 사람으로서 미성년자 대상 유괴범죄를 다시 범할 위험성이 있다고 인정되는 사람
3. 살인범죄를 저지른 사람으로서 살인범죄를 다시 범할 위험성이 있다고 인정되는 사람
4. 강도범죄를 저지른 사람으로서 강도범죄를 다시 범할 위험성이 있다고 인정되는 사람
5. 스토킹범죄를 저지른 사람으로서 스토킹범죄를 다시 범할 위험성이 있다고 인정되는 사람

출처: 국가법령정보센터 홈페이지.

또한 법원은 공소가 제기된 아동·청소년 대상 성범죄 사건을 심리한 결과, 보호관찰명령을 선고할 필요가 있다고 인정하는 때에는 검사에게 보호관찰명령의 청구를 요청할 수 있다(제2항). 법원은 아동·청소년 대상 성범죄를 범한 사람이 금고 이상의 선고형에 해당하고 보호관찰명령 청구가 이유 있다고 인정하는 때에는 2년 이상 5년 이하의 범위에서 기간을 정하여 보호관찰명령을 병과하여 선고하여야 한다(제3항). 보호관찰을 명하기 위하여 필요한 때는 피고인의 주거지 또는 소속 법원(지원을 포함한다. 이하 같다) 소재지를 관할하는 보호관찰소(지소를 포함한다. 이하 같다)의 장에게 범죄 동기, 피해자와의 관계, 심리상태, 재범의 위험성 등 피고인에 관하여 필요한 사항의 조사를 요청할 수 있다. 이 경우 보호관찰소의 장은 지체 없이 이를 조사하여 서면으로 해당 법원에 통보하여야 한다(제4항).

보호관찰 기관과 관련하여서는 제5항의 "보호관찰 기간은 보호관찰을 받을 자(이하 "보호관찰 대상자"라 한다)의 형의 집행이 종료한 날부터 기산하되, 보호관찰 대상자가 가석방된 경우에는 가석방된 날부터 기산한다." 또한 보호관찰 대상자의 보호관찰 기간 연장 등에 대한 사항은 제62조 보호관찰 대상자의 보호관찰 기간 연장 등에 관한 조문으로 정리되어 있다. 만일 보호관찰 대상자가 보호관찰 기간 중에 「보호관찰 등에 관한 법률」 제32조에 따른 준수사항을 위반하는 등 재범의 위험성이 증대한 경우에 법원은 보호관찰소의 장의 신청에 따른 검사의 청구로 동법의 제61조 제3항에 따른 5년을 초과하여 보호관찰의 기간을 연장할 수 있다.

　제63조에는 보호관찰 대상자가 출소 후의 거주 예정지와 근무 예정지, 교우관계, 그 밖에 보호관찰을 위하여 필요한 사항으로서 대통령령이 정하는 사항에 따라 미리 교도소·소년교도소·구치소·군교도소 또는 치료감호시설의 장에게 신고하여야 한다(제1항)고 되어 있으며, 보호관찰 대상자는 출소 후 10일 이내에 거주지, 직업 등 보호관찰을 위하여 필요한 사항으로서 대통령령으로 정하는 사항을 보호관찰관에게 서면으로 신고하여야 한다(제2항).

　제64조(보호관찰의 종료)에는 「보호관찰 등에 관한 법률」에 따른 보호관찰 심사위원회는 보호관찰 대상자의 관찰 성적이 양호하여 재범의 위험성이 없다고 판단하는 경우 보호관찰 기간이 끝나기 전이라도 보호관찰의 종료를 결정할 수 있다고 되어 있다.

관련 토론/토의 주제

1. 디지털 성범죄, 특히 아동·청소년을 대상으로 한 범죄에 대한 처벌이 충분한가?
2. 온라인 공간에서 지속적으로 진화하는 성범죄 수법 그리고 예방과 대응 방안은 무엇인가?
3. 현재 시행 중인 성폭력 예방교육·성교육 등이 실질적인 효과성이 있는가?
4. 성범죄자에 대한 강력한 처벌이 재범 방지에 효과적인가? 사회 복귀를 지원하는 것이 더 효과적인가?

참고문헌

베이비뉴스(2024. 5. 4.). "대상아동·청소년" 삭제… 아청법 개정안 국회 통과. https://www.ibabynews.com/news/articleView.html?idxno=85158

국가법령정보센터 홈페이지 https://www.law.go.kr/
법무부 범죄예방정책국 홈페이지 http://www.cppb.go.kr
성범죄자 알림e 홈페이지 https://sexoffender.go.kr/indexN.nsc
여성가족부 홈페이지 https://www.mogef.go.kr/index.do
표준국어대사전 홈페이지 https://stdict.korean.go.kr/main/main.do

1. 청소년활동

1) 청소년활동의 개념과 특성

「청소년 기본법」제3조에서는 "청소년활동"이란 "청소년의 균형 있는 성장을 위하여 필요한 활동과 이러한 활동을 소재로 하는 수련활동·교류활동·문화활동 등 다양한 형태의 활동을 말한다"라고 규정하고 있다. 이는 청소년활동을 위한 활동 소재를 과정화 한 활동형태라는 점에서 수련활동, 교류활동, 문화활동은 공통점이 있다고 할 수 있다. 이는 결과적으로 청소년활동의 범주에 대해 우리나라가 처해 있는 특수한 상황이 청소년들의 체험(경험)적 기회부여에도 그대로 적용됨을 알 수 있는데 이러한 청소년활동의 유형화된 범주 역시 청소년 중심으로 분류되기보다는 정책지향적 관점 또는 사업과 프로그램의 실행을 도모하는 청소년시설의 요건을 충족시키는 차원에서 범주화가 이루어졌다고 할 수 있다.

일반적으로 청소년활동은 청소년들이 자신의 개인적 또는 사회적 가치나 목적을 실현하기 위해 참여하는 다양한 정신적·심리적·신체적 행위를 포함한다. 이러한 청소년활동은 청소년수련활동, 교류활동, 문화활동 등으로 구분되며, 청소년의 균형 있는 성장을 지향하는 목적지향적 활동으로 정의할 수 있다. 또한 청소년활동은 크게 세 가지 유형으로 구분되는데, '수련활동'은 청소년이 필요한 기량과 품성을 함양하는 교육적인 체험활동, '교류활동'은 다양한 지역 간, 남북 간, 국가 간의 교류를 통해 공동체 의식을 함양하는 체험활동, '문화활동'은 예술활동, 스포츠활동, 동아리활동, 봉사활동 등을 통해 문화적 감성을 함양하는 체험활동이다.

청소년활동의 특성은 목적지향적·자율적·조직적·체험적·모험적 활동이라고 할 수 있고, 이는 청소년들이 잠재된 지도력을 개발하고, 새로운 지식과 기술, 태도를 획득하며, 잠재능력을 성장시키는 과정이라고 할 수 있다. 또한 청소년활동은 문화적 감성 함양, 과학 및 정보화 능력 함양, 봉사와 협력정신 배양, 모험심과 개척정신 함양, 전문적 직업능력 준비, 국제감각 고양, 환경의식 함양 등 다양한 유형으로 범주화할 수 있다.

이러한 청소년활동은 청소년들의 신체적·정신적·사회적 발달에 매우 중요한 역할을 하며, 청소년기 발달과업을 성공적으로 수행하기 위한 중요한 수단으로 작용한다. 청소년활동은 청소년들이 성인이 되어서 안정적으로 사회에 적응할 수 있는 능력을 강화시키며, 잠재능력을 충분히 발휘할 수 있도록 하는 데 큰 의의가 있다고 할 수 있다.

2) 청소년활동의 변화

우리나라는 과거 신라시대 국토의 산과 하천에 이름을 부여하고 이를 통칭하여 명산대천(名山大川)이라 하여 온 백성이 섬겼고, 6세기 중반경부터 화랑(花郞)들은 명산대천을 무대로 3년여간 도의를 연마하고 심신을 단련하며 예술을 익히는 종합적 교육활동을 하였다고 『삼국사기』는 전하고 있다. 이러한 교육과정에서 인품과 기예에 뛰어난 청소년이 이상적인 청소년상이었으며, 나라의 인재로 등용되었다. 삼국통일 후 서기 788년 과거제도(독서삼품과)가 도입되면서 우리 청소년들은 자연에서보다는 집에서 경서의 도덕원리를 학습하여 과거 시험에 합격하고 벼슬자리를 얻는 것이 청소년의 선망이 되었다.

과거시험과 벼슬자리가 청소년기를 지배하는 경향은 1107년이나 지속되다가 1895년 서양의 학교제도가 도입되고 과거제도의 자리에 입시제도가 들어서자 도덕원리마저 멀리한 채 지식 사냥의 입시지옥에 빠져들어 갔으며, 오늘날까지 입시지옥의 장벽은 점점 두터워져 가기만 하고 있는 실정이다.

우리 청소년들은 자기 의지와 상관없이 제도적으로 신체, 정서, 사회성, 지성, 도덕성을 조화롭게 성장·발달시킬 수 있는 기회를 상실하고 있으며, 청소년의 활달한 모습보다는 문제를 안고 있는 계층으로 비칠 수 밖에 없었다. 이러한 상황을 개선하고자 1991년을 전후하여 대자연과 도덕을 다시 청소년의 교육활동에 접목시켜 그들의 기상을 회복해 보려는 국가적 관심이 있었고, 그 결과 탄생한 것이 「청소년 기본법」이었고 이 법은 이전의 「청소년육성법」을 대신하게 되었다. 또한 청소년육성정책을 청소년활동, 청소년복지, 청소년보호로 구분하였고 청소년활동을 적극적으로 진흥하기 위해 2004년 「청소년활동 진흥법」이 제정되면서 청소년활동정책에 대한 구체적인 법적 근거가 마련되었다.

이러한 청소년활동정책은 해방 이후부터 현재까지 시대의 변화와 사회적 요구에 따라 발전해 왔다. 이러한 정책은 주로 청소년의 건전하고 균형 있는 성장과 발달을 지원하고, 다양한 활동을 통해 청소년이 사회적·문화적 역량을 갖추도록 돕는 데 중점을 두고 있다.

해방 이후 한국의 청소년활동정책의 역사를 간략히 살펴보면 다음과 같은 시기별 특징을 제시할 수 있다.

(1) 초기 단계(1960년대~1970년대)

이 시기의 청소년정책은 주로 청소년을 국가 발전의 주체로 인식하고, 청소년의 체력 강화와 이념 교육에 중점을 두었다. 청소년단체 활동과 체육 활동이 활발히 이루어졌으며, 이는 청소년을 건강하고 유익한 방향으로 육성하려는 데 목적이 있었다.

(2) 확장 단계(1980년대~1990년대)

1980년대 들어서며 사회적·경제적 변화와 함께 청소년정책도 다양화되기 시작했다. 청소년의 자율성과 창의성을 강조하는 다양한 프로그램이 등장했고, 청소년의 권리와 복지에 대한 인식이 높아졌다. 청소년 관련 법률과 기구의 설립이 이루어졌으며, 청소년의 사회 참여 기회 확대에 대한 논의가 활발해졌다.

(3) 체계화 단계(2000년대~2010년대)

21세기 들어서며 청소년정책은 더욱 체계화되고 전문화되기 시작했다. 「청소년활동 진흥법」의 제정과 같은 법적 기반이 마련되었고, 한국청소년활동진흥원과 같은 청소년활동 전문 기관이 설립되었다. 다양한 청소년 대상 프로그램이 개발되었으며, 국제 교류, 문화 예술, 과학 기술, 사회 참여 등 다양한 분야에서 청소년의 활동을 지원하는 정책이 확대되었다.

(4) 미래화 단계(2020년대 이후)

코로나19를 지나면서 디지털 시대에 맞춰 온라인 환경에서의 청소년활동도 강조되기 시작했다. 미래세대를 위한 청소년 시설과 프로그램을 디지털 시대에 맞춰 개선하였고, AI를 접목한 청소년활동 사업과 프로그램이 개발되기 시작하였다.

이러한 변화과정을 통해 한국의 청소년활동정책은 점차 다양한 필요와 요구를 반영하는 방향으로 발전해 왔고, 청소년의 전인적 발달을 지원하는 것은 물론, 청소년이 사회의 건강한 구성원으로 성장할 수 있도록 다양한 기회를 제공하는 것이 주요 목적 중 하나로 자리 잡았다.

2.「청소년활동 진흥법」의 제정

1)「청소년활동 진흥법」의 제정 의의

1991년「청소년 기본법」이 제정, 공포(1992년)되면서 우리나라 청소년활동은 큰 변화를 이루는 계기와 함께 정책적 뒷받침을 받게 되었다. 이전까지는 청소년활동에 대한 관심 자체가 부재하거나 미흡하였고 주로 청소년문제나 소외 청소년을 위한 최소한 지원에 불과하였다.

2004년「청소년 기본법」의 개정과 새로운 법인「청소년활동 진흥법」,「청소년복지 지원법」의 제정은 모든 청소년을 대상으로 국가가 사회적 지원체계와 구체적인 대안을 만들었다는 점에서 청소년정책의 관점에서 엄청난 변화의 시작이었다고 할 수 있다.

「청소년활동 진흥법」(2004년 제정)이 제정되면서 청소년활동은 기존의 청소년수련활동 중심에서 교류활동, 문화활동 등을 포함하는 보다 넓은 의미로 확대되었다. 이 시기에 교육과학기술부는 미래형 교육과정에 창의적 체험활동을 통해 입학사정관제나 미래의 전인적 역량을 함양한 인재발굴에 체험(경험)을 접목하려는 노력을 강화하였다.

오래전부터 선진 외국에서는 대학입시나 인재발굴에 반드시 체험활동이나 야외활동을 강조했다는 점을 본다면 청소년 시기에 왜 체험활동으로서의 청소년활동이 중요한지 잘 알 수 있다. 청소년활동은 타인을 이해하고 자신의 존재감과 정체감을 회복하며 타인과 더불어 대화하고 의사소통을 통해 유능한 리더십을 발휘하는 인재상을 마련하는 데 필수적 요소이며, 더 나아가 지·덕·체와 균형적 가치를 회복하는 시민 사회적 역량을 갖춘 인재로 성장시키는 데 필수적 요소이기 때문이다.

이러한 청소년활동을 국가가 적극 진흥하기 위해서 제정한「청소년활동 진흥법」을 통해 비로소 '청소년의 균형 있는 성장'이라는 국가의 청소년활동정책의 목표가 수립되었고, 청소년수련활동, 청소년교류활동, 청소년문화활동이라는 청소년활동의 법적 범주화와 법적 정의가 가능하게 되었으며, 청소년의 정책참여 보장과 관련하여 법적 근거가 생겼다. 또한 양질의 프로그램을 청소년에게 제공할 수 있는 계기인 청소년수련활동 인증제가 도입되었으며, 전체적인 청소년활동 진흥을 위한 정책사업을 수행할 법적 공공기관으로 중앙에 한국청소년활동진흥원(전신 한국청소년진흥센터)과 지방에 시·도청소년활동진흥센터의 설치가 가능하게 되었다.

3.「청소년활동 진흥법」총칙과 용어의 정의

1)「청소년활동 진흥법」관련 조문

제1장(총칙)

제1조(목적)

이 법은「청소년 기본법」제47조 제2항에 따라 다양한 청소년활동을 적극적으로 진흥하기 위하여 필요한 사항을 정함을 목적으로 한다. [전문개정 2014. 1. 21.]

제2조(정의)

이 법에서 사용하는 용어의 뜻은 다음과 같다.

① "청소년활동"이란「청소년 기본법」제3조 제3호에 따른 청소년활동을 말한다. 즉, "청소년활동"이란 청소년의 균형 있는 성장을 위하여 필요한 활동과 이러한 활동을 소재로 하는 수련활동, 교류활동, 문화활동 등 다양한 형태의 활동을 말한다.

② "청소년활동시설"이란 청소년수련활동, 청소년교류활동, 청소년문화활동 등 청소년활동에 제공되는 시설로서 제10조에 따른 시설을 말한다.

③ "청소년수련활동"이란 청소년이 청소년활동에 자발적으로 참여하여 청소년 시기에 필요한 기량과 품성을 함양하는 교육적 활동으로서「청소년 기본법」제3조 제7호에 따른 청소년지도자(이하 "청소년지도자"라 한다)와 함께 청소년수련거리에 참여하여 배움을 실천하는 체험활동을 말한다.

④ "청소년교류활동"이란 청소년이 지역 간, 남북 간, 국가 간의 다양한 교류를 통하여 공동체 의식 등을 함양하는 체험활동을 말한다.

⑤ "청소년문화활동"이란 청소년이 예술활동, 스포츠활동, 동아리활동, 봉사활동 등을 통하여 문화적 감성과 더불어 살아가는 능력을 함양하는 체험활동을 말한다.

⑥ "청소년수련거리"란 청소년수련활동에 필요한 프로그램과 이와 관련되는 사업을 말한다.

⑦ "숙박형 청소년수련활동"이란 19세 미만의 청소년(19세가 되는 해의 1월 1일을 맞이한 사람은 제외한다. 이하 같다)을 대상으로 청소년이 자신의 주거지에서 떠나

제10조 제1호의 청소년수련시설 또는 그 외의 다른 장소에서 숙박·야영하거나 제 10조 제1호의 청소년수련시설 또는 그 외의 다른 장소로 이동하면서 숙박·야영하는 청소년수련활동을 말한다.

⑧ "비숙박형 청소년수련활동"이란 19세 미만의 청소년을 대상으로 제10조 제1호의 청소년수련시설 또는 그 외의 다른 장소에서 실시하는 청소년수련활동으로서 실시하는 날에 끝나거나 숙박 없이 2회 이상 정기적으로 실시하는 청소년수련활동을 말한다.

제3조(관계 기관의 협조)

① 여성가족부장관 및 지방자치단체의 장은 학생인 청소년의 청소년활동 진흥을 위하여 필요하면 「청소년 기본법」 제48조에 따라 교육부, 특별시·광역시·특별자치시·도·특별자치도 교육청 및 지역교육청(이하 "교육청"이라 한다)과 협의를 할 수 있다.

② 제1항에 따른 협의를 요청받은 관계 기관은 특별한 사유가 없으면 그 요청에 따라야 한다. [전문개정 2014. 1. 21.]

제4조(청소년운영위원회)

① 제10조 제1호의 청소년수련시설(이하 "수련시설"이라 한다)을 설치·운영하는 개인·법인·단체 및 제16조 제3항에 따른 위탁운영단체(이하 "수련시설운영단체"라 한다)는 청소년활동을 활성화하고 청소년의 참여를 보장하기 위하여 청소년으로 구성되는 청소년운영위원회를 운영하여야 한다. 〈개정 2017. 12. 12.〉

② 수련시설운영단체의 대표자는 청소년운영위원회의 의견을 수련시설 운영에 반영하여야 한다.

③ 제1항에 따른 청소년운영위원회의 구성·운영 등에 필요한 사항은 대통령령으로 정한다.

2) 청소년운영위원회

전국의 청소년수련시설('청소년수련관' '청소년문화의집') 등에서는 「청소년활동 진흥법」 제

4조에 따라 시설의 사업, 프로그램 운영과 관련된 의사결정 과정에 청소년이 참여할 수 있도록 '청소년운영위원회'를 설치·운영하고 있다. 청소년운영위원회는 1998년도 「제2차 청소년육성5개년계획」의 정책기조가 청소년의 자율·참여를 장려하는 방향으로 변화함에 따라, 2000년도부터 전국 청소년수련시설 설치·운영에 대한 사업 지침 권장에 의해 구성되었다. 이후 「청소년활동 진흥법」(2004. 2. 9. 제정, 2005. 2. 10. 시행)으로 법적 근거가 마련되면서 확대 설치가 더욱 가속화되었다.

청소년운영위원회의 설치 목적은 청소년수련시설을 이용하는 청소년의 의견과 욕구를 반영하여 청소년수련시설이 청소년 중심으로 운영될 수 있도록 하는 데에 있다. 현재 청소년운영위원회는 청소년수련시설의 심의·평가 등을 통해 시설 운영 전반에 참여함은 물론 프로그램을 직접 기획·운영하고, 청소년 대표로서 지역사회 청소년 관련 각종 행사에 참가하는 등 다양한 활동을 전개하고 있다(여성가족부, 2022).

표 8-1 **청소년운영위원회 운영지원 현황** (단위: 개)

서울	부산	대구	인천	광주	대전	울산	세종	경기	강원	충북	충남	전북	전남	경북	경남	제주	계
45	15	10	13	7	11	8	2	64	34	17	15	18	16	15	17	24	331

출처: 여성가족부(2022).

4. 청소년활동 및 청소년수련시설

1) 청소년활동 관련 조문

제2장(청소년활동의 보장)
제5조(청소년활동의 지원)
① 청소년은 다양한 청소년활동에 주체적이고 자발적으로 참여하여 자신의 꿈과 희망을 실현할 충분한 기회와 지원을 받아야 한다.
② 국가 및 지방자치단체는 청소년활동을 활성화하는 데 필요한 청소년활동시설, 청소년활동 프로그램, 청소년지도자 등을 위한 시책을 수립·시행하여야 한다.
③ 국가 및 지방자치단체는 개인·법인 또는 단체가 청소년활동을 지원하려는 경우에는 그에 필요한 행정적·재정적 지원을 할 수 있다.

제6조(한국청소년활동진흥원의 설치)

① 「청소년 기본법」 제3조 제2호에 따른 청소년육성(이하 "청소년육성"이라 한다)을 위한 다음 각 호의 사업을 하기 위하여 한국청소년활동진흥원(이하 "활동진흥원"이라 한다)을 설치한다. 〈개정 2016. 3. 2., 2017. 3. 21.〉

　　1. 청소년활동, 「청소년 기본법」 제3조 제4호에 따른 청소년복지, 동법 제3조 제5호에 따른 청소년보호에 관한 종합적 안내 및 서비스 제공

　　2. 청소년육성에 필요한 정보 등의 종합적 관리 및 제공

　　3. 청소년수련활동 인증위원회 등 청소년수련활동 인증제도의 운영

　　4. 청소년 자원봉사활동의 활성화

　　5. 청소년활동 프로그램의 개발과 보급

　　6. 국가가 설치하는 수련시설의 유지 · 관리 및 운영 업무의 수탁

　　7. 국가 및 지방자치단체가 개발한 주요 청소년수련거리의 시범운영

　　8. 청소년활동시설이 실시하는 국제교류 및 협력사업에 대한 지원

　　9. 청소년지도자의 연수

　　9의2. 숙박형 등 청소년수련활동 계획의 신고 지원에 대한 컨설팅 및 교육

　　10. 제18조의3에 따른 수련시설 종합 안전 · 위생점검에 대한 지원

　　11. 수련시설의 안전에 관한 컨설팅 및 홍보

　　11의2. 제18조의2에 따른 안전교육의 지원

　　12. 그 밖에 여성가족부장관이 지정하거나 활동진흥원의 목적을 수행하기 위하여 필요한 사업

② 활동진흥원은 법인으로 한다.

③ 활동진흥원은 그 주된 사무소의 소재지에서 설립등기를 함으로써 성립한다.

[전문개정 2014. 1. 21.]

제7조(지방청소년활동진흥센터의 설치 등)

① 특별시 · 광역시 · 특별자치시 · 도 · 특별자치도(이하 "시 · 도"라 한다) 및 시 · 군 · 구(자치구를 말한다. 이하 같다)는 해당 지역의 청소년활동을 진흥하기 위하여 지방청소년활동진흥센터를 설치 · 운영할 수 있다.

② 제1항에 따른 지방청소년활동진흥센터(이하 "지방청소년활동진흥센터"라 한다)는 다

음 각 호의 사업을 수행한다.

1. 지역 청소년활동의 요구에 관한 조사

2. 지역 청소년 자원봉사활동의 활성화

3. 청소년수련활동 인증제도의 지원

4. 인증받은 청소년수련활동의 홍보와 지원

5. 청소년활동 프로그램의 개발과 보급

6. 청소년활동에 대한 교육과 홍보

7. 제9조의2에 따른 숙박형 등 청소년수련활동 계획의 신고에 대한 지원

8. 제9조의4에 따른 정보 공개에 대한 지원

9. 그 밖에 청소년활동을 위하여 필요한 사업

③ 지방청소년활동진흥센터는 제2항에 따른 사업을 수행하는 경우 활동진흥원과 연계·협력한다.

④ 국가 및 지방자치단체는 예산의 범위에서 지방청소년활동진흥센터의 운영에 필요한 경비의 전부 또는 일부를 지원할 수 있다. [전문개정 2014. 1. 21.]

제3장(청소년활동시설)
제10조(청소년활동시설의 종류)

청소년활동시설의 종류는 다음 각 호와 같다.

1. 청소년수련시설

　가. 청소년수련관: 다양한 청소년수련거리를 실시할 수 있는 각종 시설 및 설비를 갖춘 종합수련시설

　나. 청소년수련원: 숙박 기능을 갖춘 생활관과 다양한 청소년수련거리를 실시할 수 있는 각종 시설과 설비를 갖춘 종합수련시설

　다. 청소년문화의집: 간단한 청소년수련활동을 실시할 수 있는 시설 및 설비를 갖춘 정보·문화·예술 중심의 수련시설

　라. 청소년특화시설: 청소년의 직업체험, 문화예술, 과학정보, 환경 등 특정 목적의 청소년활동을 전문적으로 실시할 수 있는 시설과 설비를 갖춘 수련시설

　마. 청소년야영장: 야영에 적합한 시설 및 설비를 갖추고, 청소년수련거리 또는 야영편의를 제공하는 수련시설

바. 유스호스텔: 청소년의 숙박 및 체류에 적합한 시설·설비와 부대·편익시설을 갖추고, 숙식편의 제공, 여행청소년의 활동지원(청소년수련활동 지원은 제11조에 따라 허가된 시설·설비의 범위에 한정한다)을 기능으로 하는 시설

2. 청소년이용시설: 수련시설이 아닌 시설로서 그 설치 목적의 범위에서 청소년활동의 실시와 청소년의 건전한 이용 등에 제공할 수 있는 시설 [전문개정 2014. 1. 21.]

「청소년활동 진흥법 시행령」 제17조(청소년이용시설의 종류 등)에 따른 청소년이용시설은 다음과 같다.

① 법 제32조제4항에 따른 청소년이용시설의 종류는 다음 각 호와 같다. 〈개정 2015. 7. 20.〉

1. 「문화예술진흥법」 제2조 제1항 제3호의 문화시설

2. 「과학관의 설립·운영 및 육성에 관한 법률」 제2조 제1호의 과학관

3. 「체육시설의 설치·이용에 관한 법률」 제2조 제1호의 체육시설

4. 「평생교육법」 제2조 제2호의 평생교육기관

5. 「산림문화·휴양에 관한 법률」 제13조, 제14조 및 제19조에 따른 자연휴양림

6. 「수목원·정원의 조성 및 진흥에 관한 법률」 제2조 제1호의 수목원

7. 「사회복지사업법」 제2조 제5호의 사회복지관

8. 시민회관·어린이회관·공원·광장·둔치, 그 밖에 이와 유사한 공공용시설로서 청소년활동 또는 청소년들이 이용하기에 적합한 시설

9. 그 밖에 다른 법령에 따라 청소년활동과 관련되어 설치된 시설

② 시장·군수·구청장은 제1항에 따른 청소년이용시설 중 상시 또는 정기적으로 청소년의 이용에 제공할 수 있는 시설로서 청소년지도사를 배치한 시설에 대해서는 그 설치·운영자의 신청을 받아 청소년이용권장시설로 지정할 수 있다.

③ 국가 또는 지방자치단체는 제2항에 따라 지정된 청소년이용권장시설에 대해서는 다른 청소년이용시설에 우선하여 법 제32조 제3항에 따른 지원을 할 수 있다.

④ 제2항 및 제3항에 따른 청소년이용권장시설의 지정신청·지정절차, 그 밖에 필요한 사항은 여성가족부령으로 정한다.

[전문개정 2014. 7. 21.]

제11조(수련시설의 설치, 운영)

① 국가 및 지방자치단체는 「청소년 기본법」 제18조 제1항에 따라 다음 각 호와 같은 수련시설을 설치·운영하여야 한다.

　가. 국가는 둘 이상의 시·도 또는 전국의 청소년이 이용할 수 있는 국립청소년수련시설을 설치·운영하여야 한다.

　나. 특별시장·광역시장·특별자치시장·도지사·특별자치도지사(이하 "시·도지사"라 한다) 및 시장·군수·구청장은 각각 제10조 제1호 가목에 따른 청소년수련관을 1개소 이상 설치·운영하여야 한다.

　다. 시·도지사 및 시장·군수·구청장은 읍·면·동에 제10조 제1호 다목에 따른 청소년문화의집을 1개소 이상 설치·운영하여야 한다.

　라. 시·도지사 및 시장·군수·구청장은 제10조 제1호 라목부터 바목까지의 규정에 따른 청소년특화시설·청소년야영장 및 유스호스텔을 설치·운영할 수 있다.

② 국가는 제1항 제2호부터 제4호까지의 규정에 따른 수련시설의 설치·운영 경비의 전부 또는 일부를 예산의 범위에서 보조할 수 있다.

③ 수련시설을 설치·운영하려는 개인·법인 또는 단체는 특별자치시장·특별자치도지사·시장·군수·구청장의 허가를 받아야 한다. 허가받은 사항 중 대규모의 부지 변경, 건축 연면적의 증감 등 대통령령으로 정하는 중요 사항을 변경하려는 경우에도 또한 같다.

④ 국가 또는 지방자치단체는 제3항에 따른 허가를 받아 수련시설을 설치·운영하는 자(이하 "수련시설 설치·운영자"라 한다)에게 예산의 범위에서 그 설치 및 운영에 필요한 경비의 일부를 보조할 수 있다.

제12조(수련시설의 허가 요건)

① 제11조 제3항에 따라 수련시설의 허가를 받으려는 자는 다음 각 호의 요건을 모두 갖추어야 한다.

　가. 제17조·제18조 및 제19조에 따른 시설기준·안전기준 및 운영기준에 적합할 것

　나. 해당 시설의 설치·운영에 필요한 자금을 조달할 능력이 있을 것

　다. 해당 시설의 설치에 필요한 부동산을 소유하거나 사용할 수 있는 권한이 있을 것.

즉, 소유권 또는 사용권 중 1개만 충족해도 허가는 가능하다.

　라. 그 밖에 여성가족부령으로 정하는 기준에 적합할 것

② 특별자치시장·특별자치도지사·시장·군수·구청장은 제11조 제3항에 따라 수련시설을 허가할 때 그 시설이 제1항에 따른 허가 요건 중 여성가족부령으로 정하는 경미한 사항을 충족하지 못한 경우에는 일정한 기간을 정하여 이를 보완할 것을 조건으로 허가할 수 있다.

[전문개정 2014. 1. 21.]

제13조(수련시설의 등록)

① 수련시설을 운영하려는 자는 이를 운영하기 전에 그 시설의 소재지를 관할하는 특별자치시장·특별자치도지사·시장·군수·구청장에게 등록하여야 한다. 등록한 사항 중 여성가족부령으로 정하는 중요 사항을 변경하려는 경우에도 또한 같다. 〈개정 2014. 1. 21.〉

② 제1항에 따른 등록 등에 필요한 사항은 대통령령으로 정한다. 〈개정 2014. 1. 21.〉

2) 청소년수련시설

「청소년활동 진흥법」에서 규정하고 있는 청소년수련시설의 설치·운영 허가 요건을 정리하면 다음과 같다.

　첫째, 청소년수련시설의 허가 주체는 국가 또는 지방자치단체의 장이다. 이를 세분화하면 국가 및 지방자치단체에서 설립한 공공청소년수련시설, 개인·법인·단체에서 설립한 민간청소년수련시설 공히 허가권자는 국가 및 특별자치도지사, 시장, 군수, 구청장이다.

표 8-2 **청소년수련시설의 허가**

	공공청소년수련시설	민간청소년수련시설
대상	국가, 지방자치단체	개인, 법인, 단체
허가권자	별도의 허가 절차 없음 (민간시설의 절차에 준함)	특별자치도지사·시장·군수·구청장

출처: 하중래(2024).

둘째, 청소년수련시설의 허가는 설치하는 해당 특별자치시·특별자치도·시·군·구에 신청, 접수하면 관계 기관의 협조와 관계 법률을 검토하여 적합 여부를 판단하여 통보하는 절차로 진행한다. 이때 등록신청서를 받은 시장·군수·구청장은 허가된 내용과의 일치 여부를 확인하여 그 내용을 등록대장에 기록한 후 등록증(수련시설등록증)을 신청인에게 교부하여야 하며, 교부한 날로부터 15일 이내에 특별시·광역시·특별자치시·도 또는 특별자치도의 교육감에게 등록 사실을 반드시 통지하여야 한다.

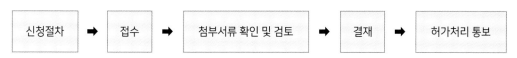

그림 8-1 청소년수련시설의 허가 처리 절차

출처: 하중래(2024).

셋째, 「청소년활동 진흥법」 제29조 제1항에 따라 주택건설사업계획 또는 대지조성 사업계획에서 주택 3천호 이상의 경우에는 반드시 수련시설을 설치하여야 하는 조항이 있었으나 2016년 폐지되었다. 청소년시설의 확대와 관련해서 아쉬운 부분이다.

(1) 건립심의위원회 구성 및 운영

수련시설 건립 시 수련시설 건립심의위원회를 구성·운영해야 하며 심의위원회의 위원은 5명 이상 10명 이하로 구성한다. 또한 위원 중 청소년 및 청소년 전문가의 참여 비율은 각각 5분의 1(20%) 이상으로 구성하여야 한다.

(2) 수련시설에 설치에 필요한 계획서

① 수련시설 설치계획에 포함해야 할 내용

가. 설치장소

나. 토지이용계획

다. 설치 예정지역의 위치도

라. 토지명세서(지번별로 지목·면적·소유주·용도지역 등이 표시되어야 한다)

마. 시설배치계획도(지적도면상에 표시하여야 한다)

바. 시설별·층별 평면도 및 실별 면적 알람표

사. 주요 기기 및 기구 배치계획

아. 자금조달계획서(관련 증빙서류를 첨부하여야 한다)

자. 공사추친일정표

차. 환경오염의 예방 및 저감 대책 등(수련원, 야영장 및 유스호스텔에 한정)

단, 설치하려는 시설이 청소년문화의집인 경우에는 '나'목, '라'목 및 '마'목을 생략할 수 있다.

② 운영계획에 포함해야 할 내용

가. 주요 수련거리 운영계획(시설·설비의 설치계획과 연계하여 기술하여야 한다)

나. 청소년지도사 배치계획

다. 시설물 관리·운영에 관한 사항

라. 운영규칙

마. 연간 운영예산 및 운영비 조달방안

바. 비상시의 대피계획

③ 수련시설 설치 및 허가 시 유의사항

가. 수련시설과 타용도시설의 복합설치를 금지한다(청소년문화의집 제외, 즉 청소년문화의 집은 설치할 수 있다).

나. 체육시설과 복합으로 설치 가능(이 경우 수직복합만 가능하다.)

다. 동일 건물 내 부지 내에 다른 종류의 수련시설 간의 중복설치는 금지한다.

라. 수련시설 인접 부지에 타 용도 시설 설치 시 울타리 등을 설치하여 구분하여야 한다.

(3) 청소년수련시설의 허가 및 등록의 취소 요건

① 거짓, 그 밖의 부정한 방법으로 허가를 받았거나 등록을 한 경우

② 최근 2년 이내에 법 제72조 제2항 제8호에 따른 과태료 처분을 2회 이상 받고 다시 같은 호에 따른 위반행위를 한 경우

③ 정당한 사유 없이 수련시설의 허가를 받거나 등록을 한 후 1년 이내에 그 수련시설의 설치에 착수 또는 운영을 시작하지 아니하거나 특별자치시장·특별자치도지사·시장·군수·구청장이 정하는 기간에 수련시설의 등록을 하지 아니한 경우

④ 종합평가에서 가장 낮은 등급을 연속하여 3회 이상 받은 경우

3) 수련시설 운영대표자

제14조(수련시설의 운영대표자)

① 수련시설 설치·운영자 또는 제16조에 따른 위탁운영단체는 대통령령으로 정하는 자격을 갖춘 사람을 그 수련시설의 운영대표자로 선임하여야 한다. 다만, 대통령령으로 정하는 수련시설에 대해서는 운영대표자를 선임하지 아니할 수 있다.

② 제1항에도 불구하고 수련시설을 설치·운영하는 개인·법인 또는 단체의 대표자(이하 "수련시설의 대표자"라 한다) 또는 제16조에 따른 위탁운영단체의 대표자가 제1항에 따른 운영대표자의 자격을 갖춘 경우에는 운영대표자가 될 수 있다.

③ 국가 및 지방자치단체는 제1항 및 제2항에 따른 운영대표자에 대하여 대통령령으로 정하는 바에 따라 연수를 실시할 수 있다. [전문개정 2014. 1. 21.]

제15조(결격사유)

다음 각 호의 어느 하나에 해당하는 사람은 수련시설의 대표자(법인의 경우에는 임원을 포함한다) 또는 운영대표자가 될 수 없다.

① 미성년자·피성년후견인 또는 피한정후견인

② 파산선고를 받고 복권되지 아니한 사람

③ 금고 이상의 형을 선고받고 그 집행이 끝나거나 집행을 받지 아니하기로 확정된 후 2년이 지나지 아니한 사람

④ 금고 이상의 형의 집행유예를 선고받고 그 유예기간 중에 있는 사람

⑤ 법원의 판결 또는 법률에 따라 자격이 상실되거나 정지된 사람

⑥ 제22조에 따라 허가 또는 등록이 취소된 수련시설의 대표자로서 허가 또는 등록이 취소된 날부터 2년이 지나지 아니한 사람

(1) 수련시설 운영대표자의 자격

① 1급 청소년지도사 자격증 소지자

② 2급 청소년지도사 자격증 취득 후 청소년육성업무에 3년 이상 종사한 사람

③ 3급 청소년지도사 자격증 취득 후 청소년육성업무에 5년 이상 종사한 사람

④ 정교사 자격증 소지자 중 청소년육성업무에 5년 이상 종사한 사람

⑤ 청소년육성업무에 8년 이상 종사한 사람

⑥ 7급 이상의 일반직공무원 또는 상당하는 별정직공무원으로서 청소년육성업무에 3년 이상 종사한 사람

⑦ 위 ⑥ 외의 공무원 중 청소년육성업무에 5년 이상 종사한 사람

참고로 청소년수련시설 청소년육성업무 종사 경력의 인정 범위는 '수련시설에서 청소년 지도업무에 종사한 경력, 청소년단체에서 청소년지도·연구업무에 종사한 경력, 국가 또는 지방자치단체의 청소년육성 관련부서에서 근무한 경력, 학교에서 청소년단체활동 지도교사로 종사한 경력'이 인정된다.

(2) 수련시설 운영대표자 관련 주의사항

첫째, 운영 대표자와 설치·운영자의 구분을 철저히 해야 한다.

수련시설의 운영대표자는 원장, 관장 등 시설운영을 대표(시설장)하는 사람이고 설치·운영자(대표자)는 민간에서는 수련시설의 설치·운영허가를 받은 자, 공공영역에서는 지자체장 또는 중앙부처의 장이다. 관련해서 지자체장 및 중앙부처장은 운영대표자가 될 수 없고, 청소년수련시설등록증에 운영대표자 등록 시 시설장이 아닌 시설 종사자를 운영대표자로 등록할 수 없다.

둘째, 운영대표자의 선임 시 관련 기준을 철저히 준수해야 한다.

수련시설의 운영대표자 선임 시에는 「청소년활동 진흥법 시행령」 제8조 및 「청소년활동 진흥법 시행규칙」 제7조에 의한 유자격자로 선임해야 하고 수탁법인이 2개 이상의 청소년 수련시설을 운영하는 경우 1명의 운영대표자(시설장)에게 2개 이상의 운영대표자(시설장)로 선임할 수 없다. 또한 동일 인물이 여러 시설의 운영대표자(시설장)가 될 수 없다. 참고로 공공청소년수련시설의 경우 가능한 수련시설의 운영대표자를 1급 청소년지도사 자격증 소지자로 선임하도록 권고하고 있다.

셋째, 운영대표자는 겸직이 금지되며 수탁법인의 명칭은 사용할 수 없다.

지방자치단체의 직영에 의한 시설 운영 시 운영대표자 자격을 갖춘 외부전문가를 채용하거나 지자체 내부 유자격자를 운영대표자로 배치(겸직금지)하여, 수련시설의 업무를 총괄하도록 권한을 부여하여야 한다. 또한 위탁시설의 경우 수탁법인과 별도로 독립기관의 장으로서의 명칭 및 권한을 부여하며, 시설장 명칭 없이 수탁법인의 부서장 명칭은 사용할 수 없고 기관장(시설장)이 아닌 일반직원(팀원, 부장 등)은 운영대표자(시설장)가 될 수 없다.

4) 수련시설의 시설 및 안전

(1) 시설 및 안전 관련 조문

제17조(수련시설의 시설기준)

① 수련시설은 청소년이 다양한 활동을 통하여 기량과 품성을 함양하는 데 적합한 시설·설비를 갖추어야 한다.

② 수련시설의 종류별 시설기준에 관하여 필요한 사항은 여성가족부령으로 정한다. 〈개정 2005. 3. 24., 2007. 7. 27., 2008. 2. 29., 2010. 1. 18.〉

제18조(수련시설의 안전점검 등)

① 수련시설의 운영대표자는 시설에 대하여 정기 안전점검 및 수시 안전점검을 실시하여야 한다.

② 수련시설의 운영대표자는 제1항에 따라 정기 안전점검 및 수시 안전점검을 실시한 후 그 결과를 특별자치시장·특별자치도지사·시장·군수·구청장에게 제출하여야 한다.

③ 제2항에 따른 결과를 받은 특별자치시장·특별자치도지사·시장·군수·구청장은 필요한 경우 수련시설의 운영대표자에게 시설의 보완 또는 개수(改修)·보수(補修)를 요구할 수 있다. 이 경우 수련시설의 운영대표자는 그 요구에 따라야 한다.

④ 국가 또는 지방자치단체는 예산의 범위에서 제1항부터 제3항까지의 규정에 따른 안전점검이나 시설의 보완 및 개수·보수에 드는 비용의 전부 또는 일부를 보조할 수 있다.

⑤ 제1항 및 제2항에 따른 정기 안전점검 및 수시 안전점검을 받아야 하는 시설의 범위·시기, 안전점검기관, 안전점검 절차 및 안전기준은 대통령령으로 정한다.

[전문개정 2014. 1. 21.]

〈청소년수련시설의 안전기준〉

가. 비상연락 장치를 유지하여야 한다.

나. 부상자에 대하여 응급처치를 할 수 있는 구호설비기구를 갖추어야 한다.

다. 수련시설 종사자에 대한 정기적 안전교육을 실시한다.

라. 위험한 장소에는 방벽·울타리·위험표지물을 설치한다.

마. 2년마다 1회 이상 종합안전점검을 실시한다.

제18조의 2(안전교육)

수련시설 설치·운영자 또는 위탁운영단체는 수련시설의 이용자에게 여성가족부령으로 정하는 바에 따라 해당 수련시설의 이용 및 청소년수련활동에 관한 안전교육을 실시하여야 한다.

[본조신설 2014. 1. 21.]

(2) 청소년수련시설 종합 안전점검 및 안전교육 절차

① **안전점검**

여성가족부장관 또는 시장·군수·구청장은 수련시설에 대한 종합 안전점검을 2년마다 1회 이상 실시하여야 한다. 종합 안전점검 7개 분야(건축·토목·기계·소방·전기·가스·위생) 중 1개 분야라도 부적절 판정을 받은 시설은 '종합평가' 등급 부여 시 '미흡' 이하 등급으로 하향 조정된다(1개 분야 부적합: 미흡 등급, 2개 분야 이상 부적합: 매우 미흡 등급 판정).

② **안전교육**

청소년에게 다음 각 호의 안전교육을 실시

가. 수련시설 이용 시 유의 사항 및 비상시 행동 요령에 관한 사항

나. 청소년수련활동 유형별 안전사고 예방에 관한 사항

다. 성폭력·성희롱 예방 및 대처요령에 관한 사항

라. 그 밖의 해당 수련시설의 이용 및 청소년수련활동에 필요한 안전에 관한 사항

③ **안전점검의 실시**

수련시설의 운영대표자는 시설에 대하여 정기 안전점검 및 수시 안전점검을 실시하여야 하며 건축·토목·기계·소방·전기·가스·위생 등 시설 전반에 대한 안전관리 사항을 종합적으로 점검하여야 한다.

표 8-3   수련시설의 안전점검 분야

점검 분야	주요 점검사항
건축	벽체균열, 누수, 낙하물, 안전난간, 미끄럼방지 등
토목	축대, 지반침하, 낙석, 배수로정비, 안전난간 등
기계	급수급탕, 공조설비, 우수, 위생설비 등
소방	소화설비, 경보설비, 피난설비, 방화구획, 위험물 취급 등
전기	절연저항, 인입구배선, 누전차단기, 개폐기, 옥내내선 등
가스	용기보관실, 정압실, 압력조정기, 가스계량기 등
위생	시설환경, 개인위생, 원료위생, 공정관리, 보관, 기타 등

출처: 하중래(2024).

표 8-4   수련시설의 안전점검 판정등급

점검 분야	등급 구분	비고
건축 · 토목 · 전기 · 기계 · 소방	A, B, C, D, E(5등급)	D, E 등급: 부적합 처리
가스 · 위생	적합, 부적합(2등급)	부적합 등급: 부적합 처리

출처: 하중래(2024).

정기 안전점검 및 수시 안전점검을 실시한 후 그 결과를 특별자치시장 · 특별자치도지사 · 시장 · 군수 · 구청장에게 제출하여야 하며 특별자치시장 · 특별자치도지사 · 시장 · 군수 · 구청장은 필요한 경우 수련시설의 운영대표자에게 시설의 보완 또는 개수(改修) · 보수(補修)를 요구할 수 있다. 이때 국가 또는 지방자치단체는 안전점검이나 시설의 보완 및 개수 · 보수에 드는 비용의 전부 또는 일부를 보조할 수 있다. 안전점검의 근거는 「청소년활동 진흥법」이고 청소년수련시설 종합평가에 반영되며, 결과는 '청소년활동정보시스템'에 공개된다.

5) 청소년수련시설의 보험가입

(1) 보험가입 기준

가. 건축연면적이 1천 제곱미터 이하인 청소년문화의집은 제외한다.

나. 보험금액: 사망의 경우 보험금은 1억 5천만 원이다(2023년 4월 개정).

다. 수련시설: 수련활동 시 청소년들은 특별한 경우를 제외하고 23시 이전에 취침한다.

(2) 보험기준

가. 사망의 경우 1억 5천만 원(2023년 4월 개정)이며, 부상자 치료 중 사망의 경우에는 사망보험금과 부상에 따른 상해 치료 보험금을 함께 지급한다. 또한 부상자가 치료 중 부상이 원인이 되어 후유장애가 생긴 경우에는 상해 치료 보험금과 후유장애 보험금을 함께 지급한다.

나. 후유장애 1급의 최고액은 1억 5천만 원(2023년 4월 개정)이며, 상해에 따른 1급의 최고 보험액은 3천만 원(2023년 4월 개정)이다.

다. 후유장애 1급에 해당하는 경우
- 두 눈이 실명된 사람
- 말하는 기능과 음식물을 씹는 기능을 완전히 잃은 사람
- 신경계통의 기능 또는 정신기능에 뚜렷한 장애가 남아 항상 보호를 받아야 하는 사람
- 흉복부장기의 기능에 뚜렷한 장애가 남아 항상 보호를 받아야 하는 사람
- 반신마비가 된 사람
- 두 팔을 팔꿈치관절 이상에서 잃은 사람
- 두 팔을 완전히 사용하지 못하게 된 사람
- 두 다리를 무릎관절 이상에서 잃은 사람
- 두 다리를 완전히 사용하지 못하게 된 사람

라. 상해 1급에 해당하는 경우
- 고관절의 골절 또는 골절성 탈구
- 척추제 분쇄성 골절
- 척추제 골절 또는 탈구로 인한 제신경증상으로 수술을 시행한 상해
- 외상성 두 개강안의 출혈로 개두술을 시행한 상해
- 두개골의 함몰골절로 신경학적 증상이 심한 상해 또는 경막하 수종, 수활액 낭종, 지주막하 출혈 등으로 개두술을 시행한 상해
- 고도의 뇌좌상(미만성 뇌축삭 손상을 포함한다)으로 생명이 위독한 상해(48시간 이상 혼수상태가 지속되는 경우에 한정한다)
- 대퇴골 간부의 분쇄성 골절
- 경골 아래 3분의 1 이상의 분쇄성 골절
- 화상·죄상·괴사창 등 연부조직에 손상이 심한 상해(체표의 9퍼센트 이상의 상해)

- 자지와 모통의 연부조직에 손상이 심하여 유경식피술을 시행한 상해
- 상박골 경부 골절과 간부 분쇄골절이 중복된 경우 또는 상완골 삼각골절
- 그 밖의 1급에 해당한다고 인정되는 상해

6) 청소년수련시설의 운영기준 및 중요 사항 변경

(1) 수련시설의 운영기준

수련시설의 운영대표자는 그 종사자에 대하여 연 1회 이상 수련시설의 종합 안전·위생 등에 관한 교육을 실시하여야 하며 수련시설의 운영대표자는 그 결과를 여성가족부장관 및 특별자치시장·특별자치도지사·시장·군수·구청장에게 제출하여야 한다.

(2) 청소년수련시설의 운영기준(지침)

가. 청소년수련거리별로 추구하려는 구체적인 목적이 명시되어야 한다.

나. 시설을 항상 청결하게 유지·관리하고, 위생관리를 철저히 하여야 한다.

다. 현금출납부 및 그 밖의 경리관계 장부·서류를 비치하고 기록·유지한다.

라. 청소년지도사 및 직원명부를 비치하고 기록·유지하여야 한다.

(3) 수련시설의 중요 사항 변경

가. 부지면적의 100분의 20을 초과하는 면적의 증감

나. 건축연면적의 100분의 20을 초과하는 면적의 증감

다. 허가·인가·해제·지정 또는 신고를 받은 것으로 보는 내용의 변경

라. 다른 법률에 따라 허가 등을 받거나, 신고를 하여 운영하는 영업의 신설 또는 폐지

마. 그 밖에 수련시설의 시설기준 중 여성가족부령으로 정하는 중요 사항의 변경

바. 그 밖에 숙박정원의 증감을 초래하는 시설·설비의 변경

(4) 수련시설의 중요 사항 변경 등록

가. 운영대표자의 변경

나. 수련시설 종류의 변경

다. 수련시설의 승계에 따른 설치·운영자의 변경

(5) 수련시설의 운영 중지 명령

가. 수련시설 설치·운영자 또는 위탁운영단체, 숙박형 등 청소년수련활동 주최자에게 3개월 이내의 기간을 정하여 시설 운영 또는 활동의 중지를 명할 수 있다.

나. 시설이 붕괴되거나 붕괴할 우려가 있는 등 안전 확보가 현저히 미흡한 경우

다. 숙박형 등 청소년수련활동의 실시 중 참가자 또는 이용자의 생명 또는 신체에 심각한 피해를 입히는 사고가 발생한 경우

라. 「성폭력범죄의 처벌 등에 관한 특례법」 제2조의 성폭력범죄 또는 「아동·청소년의 성보호에 관한 법률」 제2조 제2호 및 제3호의 아동·청소년 대상 성범죄 및 아동·청소년 대상 성폭력범죄가 발생한 경우

마. 「아동복지법」 제17조의 금지행위가 발생한 경우

금지행위가 발생하는 경우는 "아동 매매 행위, 아동 성매매 및 수치심을 주는 성적 학대행위, 아동의 신체적 학대행위, 정서적 학대행위, 기본적 보호·양육·치료 및 교육 및 방임행위, 장애를 가진 아동을 공중에 관람시키는 행위, 아동에게 구걸하게 하는 행위, 공중의 오락 또는 흥행을 위해 곡예를 시키는 행위" 등이다.

(6) 수련시설의 금지 명령

가. 정당한 사유 없이 청소년의 수련시설 이용을 제한하는 행위

나. 청소년활동이 아닌 용도로 수련시설을 이용하는 행위

다. 청소년단체가 아닌 자에게 수련시설을 위탁하여 운영하게 하는 행위

(7) 청소년수련원을 설치할 경우 청소년수련활동과 연계하여 설치가능한 복합시설

가. 「문화예술진흥법」 제2조 제1항 제3호의 문화시설

나. 「체육시설의 설치·이용에 관한 법률」 제2조 제1호의 체육시설

다. 「식품위생법 시행령」 제21조 제8호의 휴게음식점 영업 중 청소년수련시설 이용자에게만 음식을 제공하는 시설

라. 「식품위생법 시행령」 제21조 제8호의 일반음식점 영업을 위한 근린생활시설 중 청소년수련시설 이용자에게만 음식을 제공하는 시설

7) 청소년수련시설의 종합평가

① 여성가족부장관은 수련시설의 전문성 강화와 운영의 개선 등을 위해 수련시설 전반에
　대한 종합평가를 정기적으로 실시하고 그 결과를 공개해야 한다.
② 국가 및 지방자치단체는 종합평가의 결과, 우수한 수련시설에 대한 포상 등을 실시한다.
③ 여성가족부장관은 종합평가의 결과에 따라 수련시설의 운영대표자에게 미흡 사항에
　대한 개선이나 그 밖의 필요한 조치를 하도록 요구할 수 있다.
④ 여성가족부장관은 종합평가의 결과를 교육부장관 등 관계 기관의 장에게 알려야 한다.
⑤ 종합평가의 주기 · 방법 · 절차 및 평가 결과의 공개 등은 여성가족부령으로 정한다.
⑥ 종합평가 자료제출 거부자에게는 300만 원 이하의 과태료를 부과된다.

8) 수련시설 제공

청소년활동에 지장을 주지 않는 범위에서 수련시설을 타 용도로 제공할 수 있는 경우는
다음과 같다(「청소년활동 진흥법」 제31조 제2항).

① 법인 · 단체 또는 직장 등에서 실시하는 단체연수활동 등에 제공하는 경우
② 「평생교육법」에 따른 평생교육의 실시를 위하여 제공하는 경우
③ 청소년수련원, 유스호스텔 및 청소년야영장에서 개별적인 숙박 · 야영 편의 등을 제공
　하는 경우
④ 해당 수련시설에 설치된 관리실 · 사무실 등을 청소년단체의 활동공간으로 제공하는
　경우
⑤ 그 밖에 여성가족부령으로 정하는 용도로 이용하는 경우

9) 청소년수련지구의 지정

특별자치시장 · 특별자치도지사 · 시장 · 군수 · 구청장은 청소년활동을 지원하기 위하여
필요한 경우 명승고적지, 역사유적지 또는 자연경관이 수려한 지역으로서 청소년활동에 적합
하고 이용이 편리한 지역을 청소년수련지구(이하 "수련지구"라 한다)로 지정할 수 있다(제47조).

청소년수련지구 내에 설치하여야 하는 시설의 종류와 범위

가. 수련시설: 청소년수련원 및 유스호스텔 각각 1개소 이상

나. 체육시설: 실내체육시설 1개소 이상 및 실외체육시설 3개소 이상

다. 문화시설: 공연장, 박물관, 미술관, 과학관, 그 밖에 이와 유사한 시설 중 1개소 이상

라. 자연탐구시설 또는 환경학습시설: 자연학습원, 환경학습장, 동 · 식물원, 그 밖에 이와

  유사한 시설 중 1개소 이상

마. 모험활동시설: 수상 · 해양 · 항공 또는 산악 훈련장, 극기훈련장, 모험활동장, 그 밖에

  이와 유사한 모험활동 시설 중 1개소 이상

바. 녹지: 수련지구 지정면적의 10퍼센트 이상

5. 청소년수련활동의 지원 관련 조문

제34조(청소년수련거리의 개발 · 보급)

① 국가 및 지방자치단체는 청소년수련활동에 필요한 청소년수련거리를 그 이용대
  상 · 나이 · 이용장소 등을 종합적으로 고려하여 유형별로 균형 있게 개발 · 보급하
  여야 한다.

② 국가 및 지방자치단체는 청소년의 발달원리와 선호도에 근거하여 청소년수련거리를
  전문적으로 개발하여야 한다. [전문개정 2014. 1. 21.]

제35조(청소년수련활동 인증제도의 운영)

① 국가는 청소년수련활동이 청소년의 균형 있는 성장에 기여할 수 있도록 그 내용과
  수준을 향상시키기 위하여 청소년수련활동 인증제도를 운영하여야 한다.

② 국가는 청소년수련활동 인증제도를 운영하기 위하여 청소년수련활동 인증위원회
  (이하 "인증위원회"라 한다)를 활동진흥원에 설치 · 운영하여야 한다.

③ 인증위원회는 위원장과 부위원장 각 1명을 포함한 15명 이내의 위원으로 구성한다.
  〈신설 2015. 2. 3.〉

④ 인증위원회의 위원은 다음 각 호에 해당하는 사람으로 한다. 이 경우 제3호에 해당
  하는 사람이 1명 이상 포함되어야 한다. 〈신설 2015. 2. 3.〉

1. 여성가족부와 교육부의 고위공무원단에 속하는 일반직공무원 또는 이에 상당하는 특정직공무원 중에서 해당 기관의 장이 각각 지명하는 사람
2. 활동진흥원의 이사장
3. 청소년활동의 안전에 관한 전문자격이나 전문지식을 가진 사람 중에서 여성가족부장관이 위촉하는 사람
4. 그 밖에 청소년활동에 관한 지식과 경험이 풍부한 사람 중에서 여성가족부장관이 위촉하는 사람

⑤ 국가는 제36조에 따라 인증을 받은 청소년수련활동(이하 "인증수련활동"이라 한다)을 공개하여야 하며, 인증수련활동에 참여한 청소년의 활동기록을 유지·관리하고, 청소년이 요청하는 경우에는 이를 제공하여야 한다. 〈개정 2015. 2. 3.〉

⑥ 인증위원회의 구성·운영, 청소년의 활동기록의 유지 및 관리 등에 필요한 사항은 대통령령으로 정한다. 〈개정 2015. 2. 3.〉

제36조(청소년수련활동의 인증 절차)

① 국가와 지방자치단체 또는 개인·법인·단체 등은 청소년수련활동에 필요한 프로그램을 개발하여 실시하려는 경우에는 인증위원회에 그 인증을 신청할 수 있다.

② 제1항에도 불구하고 위탁·재위탁을 포함하여 여성가족부령으로 정하는 바에 따라 참가 인원이 일정 규모 이상이거나 위험도가 높은 청소년수련활동을 주최하려는 자는 그 청소년수련활동에 대하여 미리 인증위원회의 인증을 받아야 한다. 다만, 다음 각 호의 어느 하나에 해당하는 단체가 회원을 대상으로 수련활동을 실시하는 경우에는 그러하지 아니하다.

1. 「스카우트활동 육성에 관한 법률」에 따른 스카우트 주관단체
2. 「스카우트활동 육성에 관한 법률」에 따른 걸스카우트 주관단체
3. 「한국청소년연맹 육성에 관한 법률」에 따라 운영되는 한국청소년연맹
4. 「한국해양소년단연맹 육성에 관한 법률」에 따라 운영되는 한국해양소년단연맹
5. 「한국4에이치활동 지원법」에 따라 운영되는 4에이치활동 주관단체
6. 「대한적십자사 조직법」에 따라 운영되는 청소년적십자
7. 그 밖에 여성가족부령으로 정하는 단체

참가 청소년의 인원이 일정 규모(150명) 이상, 위험도가 높은 고위험 청소년수련활동을 주최할 경우 반드시 프로그램 인증을 받고 실시해야 한다. 하지만 청소년단체 지원에 관한 법적 근거를 가지고 있는 일부 청소년단체의 경우는 사전인증이 면제된다.

면제 대상	1. 「스카우트활동 육성에 관한 법률」에 따른 스카우트 주관단체
	2. 「스카우트활동 육성에 관한 법률」에 따른 걸스카우트 주관단체
	3. 「한국청소년연맹 육성에 관한 법률」에 따라 운영되는 한국청소년연맹
	4. 「한국해양소년단연맹 육성에 관한 법률」에 따라 운영되는 한국해양소년단연맹
	5. 「한국4에이치활동 지원법」에 따라 운영되는 4에이치활동 주관단체
	6. 「대한적십자사 조직법」에 따라 운영되는 청소년적십자
	7. 그 밖에 여성가족부령으로 정하는 단체

그림 8-2 사전인증 면제 대상(청소년단체 지원에 관한 법적 근거)

출처: 하중래(2024).

③ 제1항 및 제2항에 따라 인증을 신청하려는 자는 청소년지도자와 다음 각 호의 어느 하나에 해당하는 인력(이하 "전문인력"이라 한다)을 갖추어야 한다. 다만, 청소년지도자가 전문인력에 해당하는 경우에는 전문인력을 갖춘 것으로 본다.

1. 여성가족부령으로 정하는 응급처치에 관한 교육을 이수한 사람

2. 청소년활동의 안전에 필요한 전문자격이나 전문지식을 가진 사람으로서 여성가족부령으로 정하는 사람

④ 제1항 및 제2항에 따라 인증을 신청하려는 자는 청소년수련활동에 필요한 프로그램을 진행하는 활동의 장소 · 시기 · 목적 · 대상 · 내용 · 진행방법 · 평가 · 자원조달 · 청소년지도자 및 전문인력 등에 관한 사항을 작성하여 인증위원회에 제출하여야 한다.

⑤ 인증위원회는 제1항 및 제2항에 따른 인증을 할 때에는 현장방문 등 필요한 방법으로 인증신청의 내용을 확인할 수 있다.

⑥ 인증위원회는 인증신청의 내용을 확인한 결과, 제4항에 따른 신청사항이 누락되거나 신청사항을 보완할 필요가 있는 경우에는 대통령령으로 정하는 바에 따라 20일 이내의 기간을 정하여 보완을 요구할 수 있다.

⑦ 제1항부터 제5항까지의 규정에 따른 청소년수련활동 인증의 절차와 방법 등에 관하여 필요한 사항은 대통령령으로 정한다.

6. 청소년수련활동 인증제도

1) 청소년 관련 활동 정의

청소년활동은 "청소년의 균형 있는 성장을 위하여 필요한 활동과 이러한 활동을 소재로 하는 수련활동, 교류활동, 문화활동 등 다양한 형태의 활동"이다(「청소년 기본법」 제3조). 따라서 청소년활동시설이란 청소년수련활동, 청소년교류활동, 청소년문화활동 등 청소년활동에 제공되는 시설이라고 할 수 있다. 우리나라의 대표적인 청소년활동정책 제도인 청소년수련활동 인증제와 신고제 관련 청소년수련활동의 정의는 다음과 같다.

　가. "숙박형 청소년수련활동"이란 19세 미만의 청소년이 자신의 주거지에서 떠나 청소년 수련시설 또는 그 외의 다른 장소에서 숙박·야영하거나 다른 장소로 이동하면서 숙박·야영하는 청소년수련활동
　나. "비숙박형 청소년수련활동"이란 19세 미만의 청소년이 청소년수련시설 또는 그 외의 다른 장소에서 실시하는 청소년수련활동으로서 실시하는 날에 끝나거나 숙박 없이 2회 이상 정기적으로 실시하는 청소년수련활동

2) 청소년수련활동 인증제

청소년수련활동 인증제는 일정기준을 갖춘 청소년활동 프로그램에 대해 인증하고 인증된 수련활동에 참여한 청소년의 활동기록을 유지, 관리, 제공하는 국가인증제도이다.
「청소년활동 진흥법」에 의해 한국청소년활동진흥원의 전신인 한국청소년진흥센터의 설치와 함께 2005년 시범운영을 거쳐 2006년부터 본격적으로 시행하고 있는 제도이다.

(1) 청소년수련활동 인증제도의 특징
첫째, 청소년수련활동 인증제도는 시설에 대한 인증이 아니고 청소년이 직접 참여하는 프로그램에 대한 인증, 프로그램을 실시하기 전에 하는 사전인증, 청소년수련활동 인증정보시스템에 의한 서면 인증을 대표적인 특징으로 한다.
둘째, 인증수련활동을 실시한 활동시설 및 개인, 법인·단체는 청소년이 참여한 수련활

동에 관하여 개별 청소년의 인적사항, 활동참여 일자ㆍ시간, 장소, 주관기관, 내용, 참여특성 및 종합의견 등을 기록하여야 한다.

셋째, 인증수련활동을 실시한 활동시설 및 개인, 법인ㆍ단체는 개별 청소년의 활동기록 및 인증수련활동 결과를 해당 인증수련활동이 끝난 후 20일 이내에 인증위원회에 통보하여야 한다.

(2) 청소년수련활동 인증제도의 활동유형

활동유형으로는 1일 3시간 혹은 1일 2시간씩 2회기 이상 이루어지는 비숙박 활동인 기본형, 숙박에 적합한 장소에서 일정 기간 숙박하며 이루어지는 활동인 숙박형, 활동 내용에 따라 선정된 활동장을 이동하고 숙박하며 이루어지는 활동인 이동형, 특별히 학교를 중심으로 이루어지는 학교단체숙박형이 있다.

(3) 청소년수련활동 인증제도 관련 주의사항

불특정 다수를 대상으로 하는 행사나 축제, 단순 기능습득을 위한 훈련 내지 강좌형 프로그램은 인증신청에서 제외되고 청소년의 참여활동기록은 인증프로그램 운영기관에서 정보시스템을 통해 기록을 등재하여야 하며 활동종료 20일 후부터 참여 청소년이 온라인으로 참여활동기록을 발급받을 수 있도록 해야 한다.

(4) 청소년수련활동 인증제도 관련 행정 처분 개별기준

청소년수련활동 인증제도 관련 행정 처분 개별기준을 보면 인증을 받은 후 정당한 사유 없이 1년 이상 계속하여 인증수련활동을 실시하지 않는 등 위반사항이 발생할 경우의 행정처분으로는 1차 위반 시 경고, 2차 위반 시 3개월 정지, 3차 위반 시에는 인증이 취소된다.

(5) 인증기준의 구분 및 영역

인증기준의 구분 및 영역은 [그림 8-3]과 같다.

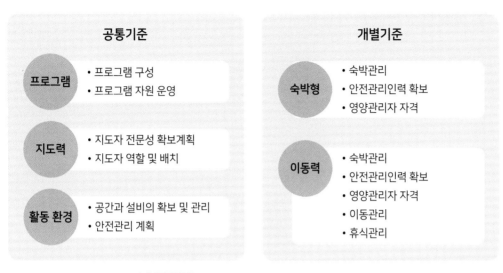

그림 8-3 청소년수련활동 인증제 인증기준

출처: 여성가족부(2022).

(6) 인증제도 추진체계

인증제도 추진체계는 [그림 8-4]와 같다.

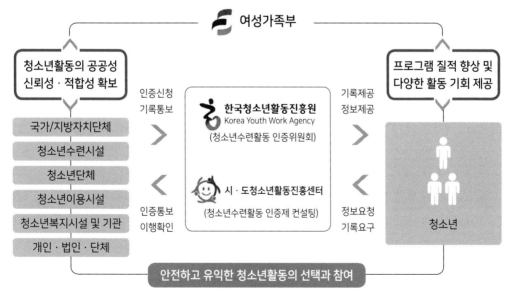

그림 8-4 청소년수련활동 인증제 인증 추진체계

출처: 여성가족부(2022).

7. 청소년수련활동 신고제

1) 신고 대상 관련

(1) 신고 대상 등

가. 신고제 규정에 따라 신고주체는 청소년 프로그램을 기획하고, 참가자를 모집하여 청소년수련활동을 주최·운영하려는 자 및 「청소년활동 진흥법」의 지도·감독을 받는 시설·기관인 청소년수련시설, 청소년활동진흥원, 청소년활동진흥센터 그리고 관련 법률에 따른 비영리 법인 또는 단체(제외 대상)가 아닌 주식회사 등 영리법인이나 단체의 경우 반드시 신고제에 따라 신고를 하고 청소년 대상 프로그램을 실시하여야 한다.

나. 신고의 수리 주체는 청소년수련활동 주최자가 있는 소재지의 특별자치시장·특별자치도지사·시장·군수·구청장이다.

다. 신고 기한은 청소년 참가자 모집 14일 전이고 신고 대상 참가자(청소년)의 연령은 19세 미만의 청소년이다.

(2) 신고 대상 범위

숙박형 수련활동, 즉 이동숙박형, 고정숙박형 등 숙박을 하는 수련활동이 해당된다. 비숙박 수련활동의 경우에는 청소년 참가인원이 150명 이상이거나 위험도가 높은 청소년수련활동이 그 대상이 된다.

(3) 약관 내용 고지

청소년수련활동을 기획, 진행하는 기관(시설 및 단체)에서는 신고 후 반드시 인증받은 수련활동인지 여부, 안전관리 기준 충족 여부, 보험의 가입과 종류 및 약관 내용을 고지하여야 한다.

(4) 신고 제외 대상

표 8-5　신고제 신고 제외 대상

제외 대상	내용
다른 법률에서 지도 · 내용 등을 받는 비영리 법인 · 단체가 운영하는 경우	• 「청소년활동 진흥법」 이외 다른 법률에 근거 규정이 있고, 영리를 목적으로 하지 않는 경우 * 「민법」에 의한 비영리 사단 · 재단법인 * 「비영리민간단체 지원법」에 의한 민간단체 * 교육 관계법(「유아교육법」, 「초 · 중등교육법」)에 따른 각급 학교 * 국가 및 지방자치단체
청소년이 부모 등 보호자와 함께 참여하는 경우	• 참여 청소년의 개인별 부모 등 보호자가 함께 참여하는 활동 * 모집 시 보호자 참여를 홍보하는 경우
종교단체가 운영하는 경우	• 종교단체에서 운영하는 성지순례, 수련회 등을 포함하는 수련활동
비숙박 청소년활동 중 인증을 받아야 하는 활동이 아닌 경우	• 청소년 참가인원이 150명 미만인 수련활동 • 위험도가 높은 활동을 포함하지 않는 경우 * 위험도가 높은 활동: 「청소년활동 진흥법 시행규칙」 [별표 7] 　(수상활동, 항공활동, 산악활동, 장거리 걷기활동, 위험수반활동 중)

2) 수련활동 관련

(1) 위험도가 높은 수련활동

표 8-6　위험도가 높은 수련활동(반드시 신고해야 하는 수련활동)

구분	프로그램
수상활동	래프팅, 모터보트, 동력요트, 수상오토바이, 고무보트, 수중스쿠터, 호버크래프트, 수상스키, 조정, 카약, 카누, 수상자전거, 서프보드, 스킨스쿠버
항공활동	패러글라이딩, 행글라이딩
산악활동	클라이밍(자연암벽, 방벽), 산악스키, 야간등산(4시간 이상의 경우만 해당)
장거리걷기활동	10km 이상 도보이동
그 밖의 활동	유해성 물질(발화성, 부작성, 독성, 또는 환경유해성 등), 집라인(zip-line), ATV 탑승 등 사고위험이 높은 물질 · 기구 · 장비 등을 활용하여 이루어지는 청소년수련활동

출처: 하중래(2024).

(2) 외국인이 수련활동을 주최하는 경우

숙박형 청소년수련활동 및 비숙박형 청소년수련활동을 외국인이 주최하는 사례가 증가함에 따라 청소년수련활동 계획 신고에 관한 사무를 수행할 때 여권번호 및 외국인등록번호가 포함된 자료를 처리할 수 있는 근거를 마련하였다(2023년 4월 개정).

「청소년활동 진흥법 시행령」 일부개정

제33조의2 제1항 각 호 외의 부분 중 "「개인정보 보호법 시행령」 제19조 제1호 또는 제2호에 따른 주민등록번호 또는 여권번호(여권번호의 경우에는 제8호만 해당한다)"를 "「개인정보 보호법 시행령」 제19조 제1호, 제2호 또는 제4호에 따른 주민등록번호, 여권번호 또는 외국인등록번호(여권번호의 경우에는 제2호 및 제8호만 해당하고, 외국인등록번호의 경우에는 제2호만 해당한다)"로 한다.

8. 한국청소년수련시설협회 관련 조문

제40조(한국청소년수련시설협회)

① 수련시설 설치 · 운영자 및 위탁운영단체는 수련시설의 운영 · 발전을 위하여 여성가족부장관의 인가를 받아 다음 각 호의 사업을 하는 한국청소년수련시설협회(이하 "시설협회"라 한다)를 설립할 수 있다.

1. 시설협회의 회원인 수련시설 설치 · 운영자 및 위탁운영단체가 실시하는 사업과 활동에 대한 협력 및 지원
2. 청소년지도자의 연수 · 권익증진 및 교류사업
3. 청소년수련활동의 활성화 및 수련시설의 안전에 관한 홍보 및 실천운동
4. 청소년수련활동에 대한 조사 · 연구 · 지원사업
5. 제41조에 따른 지방청소년수련시설협회에 대한 지원
6. 그 밖에 수련시설의 운영 · 발전을 위하여 필요하다고 여성가족부장관이 인정하는 사업

② 시설협회는 법인으로 한다.

③ 시설협회는 그 주된 사무소의 소재지에서 설립등기를 함으로써 성립한다.

④ 국가는 예산의 범위에서 시설협회의 운영경비의 전부 또는 일부를 지원할 수 있다.

⑤ 시설협회는 제1항에 따른 사업의 일부를 대통령령으로 정하는 바에 따라 제41조에

따른 지방청소년수련시설협회에 위탁할 수 있다.

⑥ 시설협회에 관하여는 이 법에서 규정한 것을 제외하고는 「민법」 중 사단법인에 관한 규정을 준용한다.

[전문개정 2014. 1. 21.]

[제39조에서 이동 〈2014. 1. 21.〉]

9. 지방청소년수련시설협회 관련 조문

제41조(지방청소년수련시설협회)

1) 특정 지역을 활동범위로 하는 수련시설은 시설의 효율적인 운영·발전을 위하여 그 지역을 관할하는 시·도의 조례로 정하는 바에 따라 시·도지사의 승인을 받아 지방청소년수련시설협회를 설치할 수 있다.

2) 지방자치단체는 예산의 범위에서 해당 지방청소년수련시설협회의 운영경비의 일부를 지원할 수 있다.

[전문개정 2014. 1. 21.]

[제40조에서 이동 〈2014. 1. 21.〉]

10. 청소년교류활동의 지원 관련 조문

제5장 청소년교류활동의 지원

제53조(청소년교류활동의 진흥)

① 국가 및 지방자치단체는 청소년교류활동 진흥시책을 개발·시행하여야 한다.

② 국가 및 지방자치단체는 청소년활동시설과 청소년단체 등에 대하여 청소년교류활동을 장려하기 위한 다양한 형태의 청소년교류활동 프로그램을 개발하여 운영하게 할 수 있다.

③ 국가 및 지방자치단체는 예산의 범위에서 제2항에 따른 청소년교류활동 프로그램의 개발·운영에 필요한 경비의 전부 또는 일부를 지원할 수 있다.

제54조(국제청소년교류활동의 지원)

① 국가 및 지방자치단체는 정부 · 지방자치단체 · 국제기구 또는 민간 등이 주관하는 국제청소년교류활동을 지원하기 위한 시행계획을 수립하고 이를 추진하여야 한다.

② 국가는 다른 국가와 청소년교류협정을 체결하여 국제청소년교류활동이 지속적으로 발전할 수 있는 기반을 조성하여야 한다.

③ 국가 및 지방자치단체는 민간기구가 국제청소년교류활동을 시행할 때에는 이를 지원할 수 있다.

제58조(청소년교류센터의 설치 · 운영)

① 국가는 제53조부터 제57조까지의 업무를 효율적으로 지원하기 위하여 청소년교류센터를 설치 · 운영할 수 있다.

② 청소년교류센터의 운영은 대통령령으로 정하는 바에 따라 청소년단체 등에 위탁할 수 있으며, 이 경우 운영에 필요한 경비를 지원할 수 있다.

[전문개정 2014. 1. 21.]

11. 청소년문화활동의 지원 관련 조문

제60조(청소년문화활동의 진흥)

① 국가 및 지방자치단체는 청소년문화활동 프로그램 개발, 문화시설 확충 등 청소년문화활동에 대한 청소년의 참여 기반을 조성하는 시책을 개발 · 시행하여야 한다.

② 국가 및 지방자치단체는 제1항에 따른 시책을 수립 · 시행할 때에는 문화예술 관련 단체, 청소년동아리단체, 봉사활동단체 등이 청소년문화활동 진흥에 적극적이고 자발적으로 참여할 수 있도록 하여야 한다.

③ 국가 및 지방자치단체는 제2항에 따른 자발적 참여에 대해서는 예산의 범위에서 그 경비의 전부 또는 일부를 지원할 수 있다.

제61조(청소년문화활동의 기반구축)

① 국가 및 지방자치단체는 다양한 영역에서 청소년문화활동이 활성화될 수 있도록

기반을 구축하여야 한다.

② 문화예술 관련 단체 등 각종 지역사회의 문화기관은 청소년문화활동의 기반 구축을 위하여 적극 협력하여야 한다.

제64조(청소년동아리활동의 활성화)

① 국가 및 지방자치단체는 청소년이 자율적으로 참여하여 조직하고 운영하는 다양한 형태의 동아리활동을 적극 지원하여야 한다.

② 청소년활동시설은 제1항에 따른 동아리활동에 필요한 장소 및 장비 등을 제공하고 지원할 수 있다.

표 8-7   청소년문화활동 – 전국 청소년어울림마당 현황   (단위: 개)

구분	어울림마당 지원 수		구분	어울림마당 지원 수	
	대표 어울림마당	시·군·구 어울림마당		대표 어울림마당	시·군·구 어울림마당
서울	1	11	강원	1	6
부산	1	6	충북	1	6
대구	1	7	충남	1	6
인천	1	4	전북	1	7
광주	1	4	전남	1	6
대전	1	4	경북	1	8
울산	1	2	경남	1	11
세종	1	1	제주	1	1
경기	1	20	합계	16	110

출처: 여성가족부(2022).

표 8-8   청소년문화활동 – 전국 청소년동아리 지원사업 현황   (단위: 개)

구분	동아리 지원 수	구분	동아리 지원 수
서울	440	강원	158
부산	140	충북	77
대구	122	충남	98
인천	94	전북	115
광주	70	전남	75

대전	117	경북	162
울산	50	경남	146
세종	16	제주	84
경기	536	합계	2,500

출처: 여성가족부(2022).

제65조(청소년의 자원봉사활동의 활성화)

국가 및 지방자치단체는 청소년의 자원봉사활동을 활성화할 수 있는 기반을 조성하여야 한다.

[전문개정 2014. 1. 21.]

이상에서 살펴본 바와 같이 청소년활동은 「청소년 기본법」과 「청소년활동 진흥법」에서 법적으로 자세하고 명백하게 수련활동, 교류활동, 문화활동이라고 규정하고 있으며 이는 청소년의 권리이며, 「헌법」 제31조의 교육을 받을 권리에 의한, 청소년 누구나 가지고 있는 기본권으로 해석이 가능하다. 학교교육에서 학교, 교실, 교사, 교재, 교칙이 구비된 학생의 학습은 학습권이 되고, 이것도 「헌법」 제31조의 교육을 받을 권리에 의한 청소년기본권이라고 할 수 있다.

따라서 청소년활동을 하는 것은 청소년기본권이며, 그 요건(청소년활동시설과 설비, 청소년수련거리, 청소년지도자 등)을 구비해 주는 것은 국가의 재량행위가 아닌 국가의 의무이다. 예를 들어, 「청소년활동 진흥법」에서 청소년(수련)활동에 대하여 법정 절차에 따라 국가 인증을 받도록 하는 청소년수련활동 인증제도를 둔 것 역시 청소년기본권의 질적 내용을 보장하려는 것인 동시에 인증을 위해 국가가 지원해야 할 국가적 의무임을 전제로 한다고 할 수 있다.

국가는 1965년부터 매년 1회씩 청소년정책을 담은 『청소년백서』를 발간하고 있다. 이는 정기간행물로, 청소년복지, 활동, 복지, 안전, 교육 등 청소년정책의 분야별 주요 성과 및 현황과 전망, 관련 통계자료를 제공하고 있다. 특히 청소년활동과 관련하여, 청소년이 참여할 수 있는 다양한 프로그램, 청소년활동의 지원 상황, 청소년들이 겪는 어려움 그리고 앞으로 청소년활동을 어떻게 발전시켜 나갈지에 대한 방향성을 제시하고 있다. 따라서 「청소년활동 진흥법」에 근거한 우리나라의 청소년활동의 방향을 학습하는 데에는 『청소년백서』가 중요한 역할을 한다고 할 수 있다.

관련 토론/토의 주제

1. 청소년활동의 법적 개념과 특징에 대해 논의해 봅시다.
2. 「청소년활동 진흥법」의 제정 목적과 주요 내용에 대해 생각해 봅시다.
3. 청소년수련활동 인증제와 신고제의 공통점과 차이점에 대해 논의해 봅시다.

참고문헌

강병연, 황수주(2016). 청소년육성제도론. 양성원.

문화관광부(2004). 청소년관련법 제(개)정 설명자료. 문화관광부.

여성가족부(2022). 2022년 청소년백서. 여성가족부.

임동호, 류동수, 성시한, 이경민, 정정란, 차승준, 최용희(2017). 청소년육성제도론. 지식공동체.

하중래(2017). 청소년(활동)정책의 이해를 통한 사업기획 강의원고. 국립중앙청소년수련원.

하중래(2024). 청소년지도사 역량강화교육 원고(청소년기관운영론). 한국청소년수련시설협회.

국가법령정보센터 홈페이지 https://www.law.go.kr/

제9장

청소년복지정책

1.「청소년복지 지원법」의 제정 의의

과거 청소년복지정책은 18세 미만의 자를 대상으로 하는「아동복지법」을 근거로 시행되었으나 사실상 복지 수혜대상자인 일부 청소년들이 대상에서 제외되어 복지혜택의 사각지대에 놓여 있었다. 가정 불화, 이혼, 핵가족화가 불러온 가정의 문제는 곧바로 청소년문제의 치명적인 원인이 되면서, 청소년에게 전반적인 복지서비스를 제공할 수 있는 정책적 · 법률적 · 제도적 접근이 필요하게 되어「청소년복지 지원법」이 제정되기에 이르렀다.

이 법은 "청소년의 복지 향상에 대한 가정 · 사회 및 국가의 책임과 의무를 정하고 이를 실천하기 위하여 필요한 사항을 정함으로써 미래사회의 주역이 될 청소년들의 삶의 질 향상과 최적의 성장 · 발달을 도모"하고자 하며, 제정 당시「청소년복지 지원법」의 주요 내용은 다음과 같다.

- 청소년 관련 정책 수립 등의 절차에 청소년의 참여 또는 의견수렴을 보장하는 조치를 시행하여 청소년이 원활하게 정보에 접근하고 그 의사를 표명할 수 있도록 함
- 청소년에 대하여 국가 또는 지방자치단체가 운영하는 교통시설, 궁 · 능, 박물관, 공원, 공연장 등의 시설의 이용료를 면제 또는 할인할 수 있도록 함
- 9세 이상 18세 이하의 청소년에게 청소년증을 발급할 수 있도록 함
- 특별지원 청소년에 대한 생활지원 · 학업지원 · 의료지원 · 직업훈련지원 · 청소년활동지원 등 필요한 지원대책을 강구하도록 함
- 전문가를 통한 상담과 교육 · 자원봉사 · 수련 · 체육 · 단체활동 등 당해 청소년에 대한 교육적 선도를 실시할 수 있도록 함

「청소년복지 지원법」은「청소년 기본법」이 2005년 2월 전부개정을 거치며 이 법에서 규정하고 있던 청소년복지에 관한 사항을 별도로 제정한 법이다.「청소년 기본법」제49조 제4항에 따라 청소년복지 향상에 관한 사항을 규정함을 목적으로 하며(제1조), 2018년 12월 개정까지 총 17회의 개정을 거치며 현재의 구성을 갖추게 되었다. 주로 청소년복지에 대한 사회적 요구와「정부조직법」개정으로 인해 제 · 개정되었으며 그 과정에서 지원 내용이 점차 세분화 · 전문화되고 인권 측면을 강조하는 방향으로 변화하였다(한국청소년정책연구원, 2019).

2. 구성 및 주요 용어 정의

1) 구성

「청소년복지 지원법」의 전반적인 내용과 구성체계를 정리하면 다음과 같다.

표 9-1 「청소년복지 지원법」 구성체계

구분	내용
제1장 총칙	• 목적, 정의
제2장 청소년의 우대 등	• 청소년의 우대 • 청소년증
제3장 청소년의 건강보장	• 건강한 성장지원 • 체력검사와 건강진단 • 건강진단 결과의 분석
제4장 지역사회 청소년통합지원체계	• 지역사회 청소년통합지원체계의 구축 · 운영 • 운영위원회, 주민의 자원활동 지원 • 상담과 전화 설치
제5장 위기청소년 지원	• 상담 및 교육 • 위기청소년 특별지원, 신청 및 선정 • 청소년 가출 예방 및 보호 · 지원 • 이주배경청소년에 대한 지원
제6장 예방적 · 회복적 보호지원	• 예방적 · 회복적 보호지원의 실시 등 • 시설의 설치 · 운영 등 • 보호지원후견인
제7장 청소년복지지원기관	• 한국청소년상담복지개발원 설립 및 운영 • 청소년상담복지센터, 이주배경청소년지원센터
제8장 청소년복지시설	• 청소년복지시설의 종류, 설치 및 운영 • 가출청소년의 청소년쉼터 계속 이용 • 청소년복지시설의 종사자

출처: 배정수 외(2021).

2) 용어 정의

「청소년복지 지원법」에서 사용하는 주요 용어의 정의는 다음 각 호와 같다.

① "청소년"이란 9세 이상 24세 이하인 사람을 말한다.
② "청소년복지"란 청소년이 정상적인 삶을 누릴 수 있는 기본적인 여건을 조성하고 조화롭게 성장·발달할 수 있도록 제공되는 사회적·경제적 지원을 말한다.
③ "보호자"란 친권자, 법정대리인 또는 사실상 청소년을 양육하는 사람을 말한다.
④ "위기청소년"이란 가정 문제가 있거나 학업 수행 또는 사회 적응에 어려움을 겪는 등 조화롭고 건강한 성장과 생활에 필요한 여건을 갖추지 못한 청소년을 말한다.
⑤ "가정 밖 청소년"이란 가정 내 갈등·학대·폭력·방임, 가정해체, 가출 등의 사유로 보호자로부터 이탈된 청소년으로서 사회적 보호 및 지원이 필요한 청소년을 말한다.
⑥ "청소년부모"란 자녀를 양육하는 부모가 모두 청소년인 사람을 말한다.

3. 청소년의 우대

1) 청소년의 우대

국가 또는 지방자치단체는 그가 운영하는 수송시설·문화시설·여가시설 등을 청소년이 이용하는 경우 그 이용료를 면제하거나 할인할 수 있다. 다음의 어느 하나에 해당하는 자가 청소년이 이용하는 시설을 운영하는 경우 청소년에게 그 시설의 이용료를 할인하여 주도록 권고할 수 있다(법 제3조 제1~2항).

① 국가 또는 지방자치단체의 재정적 보조를 받는 자
② 관계 법령에 따라 세제상의 혜택을 받는 자
③ 국가 또는 지방자치단체로부터 위탁을 받아 업무를 수행하는 자

이용료를 면제 받거나 할인 받으려는 청소년은 시설의 관리자에게 주민등록증, 학생증, 청소년증 등 나이를 확인할 수 있는 증표 또는 자료를 제시하면 된다(제3조 제3항).

2) 청소년증

특별자치시장 · 특별자치도지사 또는 시장 · 군수 · 구청장은 9세 이상 18세 이하의 청소년에게 청소년증을 발급할 수 있다. 청소년증은 다른 사람에게 양도하거나 빌려주어서는 아니 된다. 누구든지 청소년증 외에 청소년증과 동일한 명칭 또는 표시의 증표를 제작 · 사용하여서는 아니 된다(법 제4조).

청소년증은 청소년 본인 또는 대리인이 청소년증 발급 신청서와 함께 사진 1매를 읍 · 면 · 동 주민센터에 제출하면 발급받을 수 있으며, 발급기간은 14일이 소요된다. 청소년증 신규 발급 및 재발급은 관할 신청기관 외 전국 어디서나 신청할 수 있다. 2017년에는 선불형 교통카드 기능이 추가된 청소년증을 발급하여 대중교통 시설 및 편의점 등 해당 교통카

(앞쪽)

청소년증

사진
(2.5cm×3cm)

성명:
주민등록번호:
주소:
유효기한:

. . .

○○시(도) ○○시장(군수 · 구청장) 직인

86mm×54mm(플라스틱(PVC))

(앞쪽)

연월일	주소 변동 사항
※ 이 증을 습득하신 분은 우체통에 넣어 주십시오.	

그림 9-1 [별지 제4호 서식] 청소년증

출처: 국가법령정보센터 홈페이지.

드사의 가맹점에서 결제 및 충전할 수 있게 되었고, 2018년에는 온라인에서 청소년증의 분실 및 분실철회 신고와 더불어 재발급 신청이 가능하도록 개편되었다. 청소년증은 경제적인 혜택 외에도 예금통장 개설 등 금융거래와 대학입시, 검정고시, 각종 경시대회에서 신분증으로 활용이 가능하다.

그리고 코로나19 시기에는 청소년증으로 공적 마스크를 구입하게 하였고, 학교에서도 학생증을 청소년증으로 대체하는 학교가 늘어나고 있다.

4. 청소년의 건강보장

국가 및 지방자치단체는 성별 특성을 고려하여, 청소년의 건강 증진 및 체력 향상을 위한 질병 예방, 건강 교육 등의 필요한 시책을 수립하여야 하며, 보호자는 양육하는 청소년의 건강 증진 및 체력 향상을 위해 노력하여야 한다. 국가 및 지방자치단체는 관련 기관과 협의하여 성별 특성을 반영한 청소년의 건강·체력 기준을 설정하여 보급할 수 있으며, 여성청소년의 건강한 성장을 위하여 생리용품을 신청하는 경우 생리대 바우처를 지원한다(법 제5조).

국가 및 지방자치단체는 청소년의 체력검사와 건강진단(이하 '건강진단')을 실시할 수 있으며, 이에 따른 체력검사 및 건강진단의 결과를 청소년 본인에게 알려 주어야 한다. 또한 체력검사 건강진단의 실시와 그 결과 통보를 전문 기관 또는 단체에 위탁할 수 있다(법 제6조). 또한 건강진단 등은「학교 밖 청소년 지원에 관한 법률」제2조에 따른 학교 밖 청소년 중 9세 이상 18세 이하의 청소년을 우선 대상으로 한다(시행령 제7조 제1항).

5. 지역사회 청소년통합지원체계(청소년안전망)

지방자치단체의 장은 관할구역의 위기청소년을 조기에 발견하여 보호하고, 청소년복지 및 청소년보호를 효율적으로 수행하기 위하여 지방자치단체, 공공기관, 청소년단체 등이 협력하여 업무를 수행하는 지역사회 청소년통합지원체계(청소년안전망 CYS-Net: Community Youth Safety-net)를 구축·운영하여야 하며, 국가는 통합지원체계의 구축·운영을 지원하여야 한다(법 제9조).

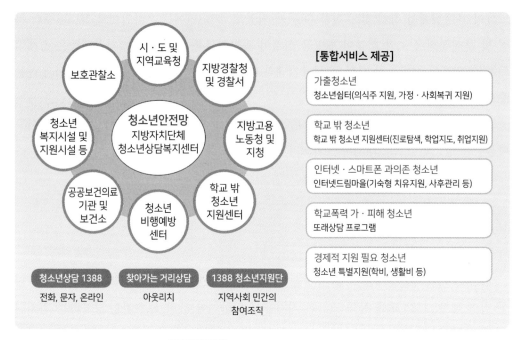

그림 9-2 청소년안전망 운영체계

출처: 여성가족부(2024b).

청소년 안전망은 지자체의 책임하에 청소년의 건강한 성장을 위해 지역사회 내 청소년 관련 자원을 연계하여, 학업중단, 가출, 인터넷 과의존 등 위기청소년에 대한 상담·보호·교육·의료·자립 등 맞춤형 서비스를 제공하는 사업이다. 위기청소년에게는 '청소년상담복지센터'를, 가정 밖 청소년에게는 '청소년쉼터'를, 학교 밖 청소년에게는 '학교 밖 청소년 지원센터'를 연계·지원한다. 아울러 위기청소년을 조기 발견하고자 아웃리치 등을 실시하며, 위기청소년에 대한 일시보호 및 긴급지원도 실시한다.

1) 청소년안전망 필수연계기관의 구성 및 역할

청소년안전망은 다음의 기관 또는 단체를 반드시 포함하여 구성하도록 하고 있다. 지방자치단체, 청소년상담복지센터, 청소년복지시설, 시·도 교육청 및 교육지원청, 각급학교, 학교 밖 청소년 지원센터, 지방경찰청 및 경찰서, 보호관찰소 및 보호관찰지소, 청소년 비행예방센터, 지방고용노동청 및 지청 등이다.

표 9-2　필수 연계 기관의 구성 및 역할

기관명	주요 역할
지방자치단체	필수 연계 기관 및 기타 연계 기관과의 연계체계 마련 및 행정 협력 등을 이끌어 내는 역할
청소년상담복지센터	위기청소년 대상 전문적인 심리정서 서비스를 중심으로 복지서비스 연계 · 지원
청소년복지시설	가정복귀가 어려운 청소년을 인계받아 일시, 단기 또는 중장기적인 시설보호 서비스 제공
시 · 도 교육청 및 교육지원청	학교폭력, 학업중단 등 위기 상황에 처한 학생에 대한 상담 지원 의뢰 및 학교 내 상담 활성화를 위한 협조
각급 학교	결석하거나 자퇴를 희망하는 경우 또는 전문 상담 및 복지서비스 등의 제공이 필요하다고 판단되는 경우 청소년안전망에 지원 의뢰
학교 밖 청소년 지원센터	위기청소년을 의뢰하는 경우 직업체험 및 취업, 자립, 교육 등 프로그램에 참여할 수 있도록 지원
지방경찰청 및 경찰	가출 의심 청소년 현장 발견 시 가급적 현장에서 가정복귀할 수 있도록 유도하거나 청소년쉼터로 연계
보호관찰소	보호관찰 대상 청소년에 대하여 전문적인 심리정서 · 복지서비스의 제공이 필요하다고 판단되는 경우 심리정서 · 복지지원 등의 의뢰
청소년비행예방센터	위기청소년에 대한 비행예방교육 및 심리정서 지원 협조

출처: 여성가족부 홈페이지.

6. 위기청소년 특별지원

1) 상담 · 교육 및 특별지원

국가 및 지방자치단체는 위기청소년에게 효율적이고 적합한 지원을 하기 위하여 위기청소년의 가족 및 보호자에 대한 상담 및 교육을 실시할 수 있으며, 위기청소년의 가족 및 보호자는 국가 및 지방자치단체가 상담 및 교육으로 권고하는 경우에는 이에 협조하여 성실히 상담 및 교육을 받아야 한다(법 제13조 제1~2항).

국가 및 지방자치단체는 대통령령으로 정하는 바에 따라 위기청소년에게 필요한 사회적 · 경제적 지원을 할 수 있다고 제시한다. 특별지원은 생활지원, 학업지원, 의료지원, 직업훈련지원, 청소년활동지원 등 대통령령으로 정하는 내용에 따라 물품 또는 서비스의 형태로 제공한다. 다만, 위기청소년의 지원에 반드시 필요하다고 인정되는 경우에는 금전의 형태로 제공할 수 있다(법 제14조 제1~2항).

2) 특별지원의 신청 및 선정

다음의 어느 하나에 해당하는 사람은 위기청소년을 특별지원 대상 청소년으로 선정하여 줄 것을 특별자치도지사 또는 시장·군수·구청장에게 신청할 수 있다(법 제15조 제1항).

① 청소년 본인 또는 그 보호자
②「청소년 기본법」제3조 제7호에 따른 청소년지도자
③「초·중등교육법」제19조 제1항에 따른 교원
④「사회복지사업법」제1조에 따른 사회복지사
⑤ 지방자치단체에서 청소년 업무를 담당하는 공무원

특별자치도지사 또는 시장·군수·구청장은 제1항에 따른 신청을 받은 경우에는 운영위원회의 심의를 거쳐 선정 여부와 지원 내용 및 기간을 결정하여야 하며(제15조 제2장), 긴급하게 지원할 필요가 있다고 판단하는 경우 또는 운영위원회가 구성되지 아니한 경우에는 운영위원회의 심의를 거치지 아니하고 제2항의 결정을 할 수 있다(법 제15조 제3항).

표 9-3 청소년 특별지원 종류 및 내용

지원 종류	지원 내용	지원금액
생활지원	① 의복·음식물 및 연료비, 기타 일상생활에 필요한 기초생계비 ② 숙식 제공	월 65만 원 이하
건강지원	① 진찰·검사 ② 약제·치료재료의 지급 ③ 처치 수술, 기타 치료 ④ 예방·재활 ⑤ 입원, 간호 ⑥ 이송 등 기타 조치사항	연 200만 원 이하
학업지원	①「초·중등교육법」제2조에 의한 학교 입학금 및 수업료	월 15만 원(수업료)
	② 교과서대금 ③「초·중등교육법 시행령」제97조 제1항에 의한 고등학교 입학 자격 검정고시 및 동법 제98조 제1항에 의한 고등학교 졸업 학력 검정고시의 준비에 필요한 학원비	월 30만 원 이하 (검정고시)
	④ 학원비(교과목 관련)	월 30만 원 이하

자립지원	① 기술 및 기능 습득을 위한 비용 ② 진로상담 비용 및 직업체험 비용 ③ 취업알선 및 사후지도 비용	월 36만 원 이하
상담지원	① 정신적·심리적 치료를 위한 청소년 본인 및 가족의 상담비, 심리검사비 ② 프로그램 참가비	월 30만 원 이하 심리검사비 (연 40만 원) 별도
법률지원	① 소송비용 ② 법률상담비용	연 350만 원 이하
청소년 활동지원	① 수련활동비 ② 문화활동비(문화체험비) ③교류활동비 등	월 30만 원 이하
기타 지원	① 청소년이 수치심을 느낄 수 있는 외모 및 흉터 등의 교정 ② 교복 지원, 체육복 등 ③ 학용품비, 수업준비물 등	

출처: 여성가족부 홈페이지.

7. 가정 밖 청소년, 이주배경청소년, 청소년부모 지원

　여성가족부장관 또는 지방자치단체의 장은 가정 밖 청소년의 발생을 예방하기 위한 교육·홍보·연구·조사 등 각종 정책을 수립·시행하여야 한다. 국가 및 지방자치단체는 가정 밖 청소년의 가정·사회 복귀를 돕기 위하여 상담, 보호, 자립지원, 사후관리 등 필요한 조치를 하여야 한다. 보호자는 가정 밖 청소년의 발생을 예방하기 위하여 노력하여야 하며, 가정 밖 청소년의 가정·사회 복귀를 위한 국가 및 지방자치단체 등의 노력에 적극 협조하여야 한다.

　국가 및 지방자치단체는 다문화가족의 청소년과 국내로 이주하여 사회 적응 및 학업 수행에 어려움을 겪는 이주배경청소년의 사회 적응 및 학습능력 향상을 위하여 상담 및 교육에 필요한 시책을 마련하고 시행하여야 한다.

　국가 및 지방자치단체는 청소년부모에게 아동의 양육 및 교육 서비스, 방문건강관리사업 서비스, 교육·상담 등 가족 관계 증진 서비스, 그 밖에 청소년부모에 대한 가족지원 서비스를 제공할 수 있다. 청소년부모에 대한 가족지원 서비스로는 자녀양육 지도, 정서지원 등의 생활도움 서비스와 서비스 연계 등을 통한 통합지원관리 서비스 등이 있다. 청소년부모에 대한 복지지원으로는 생활지원, 의료지원, 주거지원, 청소년활동지원 등이 있고, 청소년부모가 학업을 할 수 있도록 교육지원, 직업체험 및 취업 지원을 제공할 수 있다.

8. 예방적 · 회복적 보호지원

특별자치시장 · 특별자치도지사 또는 시장 · 군수 · 구청장은 청소년의 비행 · 일탈을 예방하고 가정 · 학교 · 사회생활에 복귀 및 적용하는 것을 돕기 위하여 다음 각 호의 어느 하나에 해당하는 청소년에 대하여 청소년 본인, 해당 청소년의 보호자 또는 청소년이 취학하고 있는 학교의 장의 신청에 따라 예방적 · 회복적 보호지원(이하 "보호지원'이라 한다)을 실시할 수 있다. 이 경우 해당 청소년의 보호자 또는 학교의 장이 보호지원을 신청하는 때에는 청소년 본인의 동의를 받아야 한다.

1. 비행 · 일탈을 저지른 청소년
2. 일상생활에 적응하지 못하여 가정 또는 학교 외부의 교육적 도움이 필요한 청소년

보호지원은 해당 청소년이 정상적인 가정 · 학교 · 사회 생활에 복귀 및 적용하는 데에 도움이 되는 방법으로서 상담 · 교육 · 자원봉사 · 수련 · 체육 · 단체활동 등 대통령령으로 정하는 방법에 따라 한다.

보호지원의 기간은 6개월 이내로 한다. 다만, 특별자치시장 · 특별자치도지사 또는 시장 · 군수 · 구청장은 보호지원의 결과를 검토하여 보호지원의 연장이 필요하다고 인정하는 경우 청소년 본인의 동의를 받아 6개월의 범위에서 한 번 연장할 수 있다.

9. 청소년복지지원기관

1) 한국청소년상담복지개발원

다음의 사업을 하기 위하여 한국청소년상담복지개발원(이하 "청소년상담원")을 설립하며(법 제22조), 정부는 예산의 범위에서 청소년상담원의 사업 및 운영에 드는 경비의 전부 또는 일부를 출연하거나 보조할 수 있다(법 제25조 제1항).

① 청소년상담 및 복지와 관련된 정책의 연구

② 청소년상담·복지 사업의 개발 및 운영·지원

③ 청소년상담 기법의 개발 및 상담 자료의 제작·보급

④ 청소년상담·복지 인력의 양성 및 교육

⑤ 청소년상담·복지 관련 기관 간의 연계 및 지원

⑥ 지방자치단체 청소년복지지원기관의 청소년상담·복지 관련 사항에 대한 지도 및 지원

⑦ 청소년 가족에 대한 상담·교육

⑧ 청소년에 관한 상담·복지 정보체제의 구축·운영

⑨ 그 밖에 청소년상담원의 목적을 수행하기 위하여 필요한 부수사업

2) 청소년상담복지센터

특별시장·광역시장·도지사 및 특별자치도지사 및 시장·군수·구청장은 청소년에 대한 상담·긴급구조·자활·의료지원 등의 업무를 수행하기 위하여 청소년상담복지센터를 설치·운영할 수 있다(법 제29조 제1항). 이에 따라 특별시·광역시·도 및 특별자치도에 설치된 청소년상담복지센터는 시·군·구의 청소년상담복지센터의 업무를 지도·지원하여야 한다(법 제29조 제2항).

시장·군수·구청장은 제1항에 따라 시·군·구에 설치하는 청소년상담복지센터를「청소년활동 진흥법」제7조 제1항에 따라 시·군·구에 설치하는 지방 청소년활동진흥센터와 통합하여 운영할 수 있으며, 청소년상담복지센터를 청소년단체에 위탁하여 운영하도록 하거나, 법인으로 설치할 수 있다(법 제29조 제3~5항).

3) 이주배경청소년지원센터

여성가족부장관은 제18조에 따른 이주배경청소년 지원을 위한 이주배경청소년지원센터를 설치·운영할 수 있으며(법 제30조 제1항), 다음 각 호의 업무를 수행한다(시행령 제15조).

① 이주배경청소년 복지에 관한 종합적 안내

② 이주배경청소년과 그 부모에 대한 상담 및 교육

③ 이주배경청소년의 지원을 위한 인력의 양성 및 연수
④ 이주배경청소년에 대한 국민의 올바른 이해를 돕기 위한 사업
⑤ 이주배경청소년의 실태에 관한 조사 · 연구
⑥ 이주배경청소년의 사회 적응을 위한 프로그램 개발 및 보급
⑦ 그 밖에 이주배경청소년지원센터의 목적을 수행하기 위하여 필요한 업무

10. 청소년복지시설

「청소년 기본법」 제3조는 "청소년복지라 함은 청소년이 정상적인 삶을 누릴 수 있는 기본적인 여건을 조성하고 조화롭게 성장 · 발달할 수 있도록 제공되는 사회적 · 경제적 지원을 말한다"라고 정의하고 있다. 이를 근거로 한 「청소년복지 지원법」 제32조는 "국가 및 지방자치단체는 청소년복지시설을 설치 · 운영하여야 한다"라고 규정하고 있다.

「청소년 기본법」 제17조에 따른 청소년복지시설의 종류는 다음과 같다.

① **청소년쉼터**: 가정 밖 청소년에 대하여 가정 · 학교 · 사회로 복귀하여 생활할 수 있도록 일정 기간 보호하면서 상담 · 주거 · 학업 · 자립 등을 지원하는 시설
② **청소년자립지원관**: 일정기간 청소년쉼터 또는 청소년회복지원시설의 지원을 받았는데도 가정 · 학교 · 사회로 복귀하여 생활할 수 없는 청소년에게 자립하여 생활할 수 있는 능력과 여건을 갖추도록 지원하는 시설
③ **청소년치료재활센터**: 만 9~18세의 학습 · 정서 · 행동상의 정서적인 장애를 가진 청소년을 대상으로 정상적인 성장과 생활을 할 수 있도록 해당 청소년에게 적합한 치료, 교육 및 재활을 종합적으로 지원하는 기숙형 시설
④ **청소년회복지원시설**: 「소년법」 처분(제1호 보호자 감호위탁)을 받은 청소년에게 상담 · 주거 · 학업 · 자립 등을 지원함으로써 비행 · 탈선을 예방하고, 가정 · 사회로의 복귀와 건강한 성장을 지원하기 위한 시설

1) 청소년쉼터

청소년쉼터는 가정 밖 청소년에 대하여 가정 · 학교 · 사회로 복귀하여 생활할 수 있도록

일정기간 보호하면서 상담 · 주거 · 학업 · 자립 등을 지원하는 시설이다.

청소년쉼터의 주요 업무 내용은 다음과 같다.

① 가정 밖 청소년의 일시보호 및 숙식 제공
② 가정 밖 청소년의 상담 · 선도 · 수련활동
③ 가정 밖 청소년의 학업 및 직업훈련 지원활동
④ 가정 밖 청소년의 사례관리
⑤ 청소년의 가출예방을 위한 거리상담
⑥ 그 밖에 청소년복지 지원에 관한 활동
⑦ 지역사회 청소년안전망과 연계협력 강화
⑧ 청소년전화 1388과 청소년상담복지센터와의 연계를 통한 상담 및 보호서비스

표 9-4　청소년쉼터의 종류와 기능

구분	일시쉼터	단기쉼터	중장기쉼터
보호기간	24시간~7일 이내 일시보호	3개월 이내 단기보호 * 3개월씩 2회에 한하여 연장 후, 특별한 사정이 인정되는 경우 15개월 한도 내에서 추가 연장 가능(최장 24개월)	3년 이내 중장기보호 * 1회 1년에 한하여 연장 가능(최장 4년)
이용대상	가출 · 거리배회 · 노숙 청소년	가정 밖 청소년	가정 밖 청소년
핵심기능	일시보호 및 거리상담지원(아웃리치)	심리 · 정서 상담지원 사례관리를 통한 연계	심리 · 정서 상담지원, 학업지원, 사회복귀를 위한 자립지원
기능	• 위기개입상담, 진로지도, 적성검사 등 상담서비스 제공 • 가정 밖 청소년 조기 구조 · 발견, 단기 청소년쉼터 등으로 연계 • 먹거리, 음료수 등 기본적인 서비스 제공 등 • 의료서비스 지원 및 연계	• 가정 밖 청소년 문제해결을 위한 상담 · 치료 및 예방활동 • 의식주, 의료 등 보호서비스 제공 • 일시 · 중장기 청소년쉼터와 연계 • 가정 및 사회복귀 대상 청소년 분류, 연계서비스 * 저연령 청소년(13세 이하)은 아동복지시설, 아동보호전문기관 등에 연계 권장	• 가정복귀가 어렵거나 특히 장기간 보호가 필요한 위기청소년을 대상으로 학업 · 자립지원 등 특화된 서비스 제공 * 저연령 청소년(13세 이하)은 아동복지시설, 아동보호 전문기관 등에 연계 권장

위치	이동형(차량), 고정형(청소년 유동지역 및 주요 도심)	주요 도심별	주택가
지향점	가출예방, 조기 발견, 초기 개입 및 보호	보호, 가정 및 사회복귀	자립지원
비고	숙소, 화장실의 경우 필히 남·여용 분리 운영	반드시 남·여용 쉼터를 분리 운영하여야 함	

출처: 여성가족부(2024a).

2) 청소년자립지원관

청소년자립지원관은 일정기간 시설의 지원을 받았음에도 가정·학교·사회로 복귀하여 생활할 수 없는 청소년이 자립하여 생활할 수 있는 능력과 여건을 갖추도록 지원하는 시설이다. 이 시설은 입소기간에 제한을 두지 않고 자립준비청소년이 안정적으로 자립생활을 영위할 수 있도록 해당 시설의 자원, 지역 공공서비스 및 민간 자원 등을 활용하여 사례관리와 주거지원을 기반으로 경제적 지원, 소득·생계·금융지원, 교육·진학지원, 취업·훈련지원, 건강·일상지원을 개인별 맞춤형으로 제공하는 청소년복지시설이다. 2024년 현재 서울, 부산, 대구, 인천, 대전, 경기, 강원, 충남, 제주에 총 13개소가 운영되고 있다.

청소년자립지원관의 유형은 청소년이 머물 수 있는 주거공간(생활관) 운영 여부에 따라 ① 주거연계형(이용형), ② 혼합형으로 구분된다.

표 9-5 청소년자립지원관의 유형

구분	이용형	혼합형
지원내용	[주거연계] + 자립지원서비스 *자립준비청소년은 독립된 주거에서 생활하면서 시설 서비스를 이용	[주거연계+생활관 운영] + 자립지원서비스 * 자립준비청소년은 독립된 주거에서 생활(필요시 일정기간 생활관 이용)하면서 시설 서비스를 이용
생활관 이용	-	생활관 입소는 사례심의위원회에서 결정[최초 3개월 이내, 추가 3개월 연장 가능(1회)] * 경계선지능청소년, 미성년자 등으로서 독립 생활이 곤란하다고 인정되는 경우는 생활관 이용기간에 제한을 두지 않을 수 있음(사례심의위원회에서 심의 후 결정)

출처: 여성가족부(2024a).

표 9-6 | 청소년자립지원관과 청소년쉼터의 특성

구분	자립지원관	중장기쉼터
주 목적	쉼터 퇴소 후 가정 및 학교 복귀가 어려운 청소년들에게 안정적인 환경 제공 및 자립 지원을 통한 사회 정착 지원	가정복귀가 어려워 중장기 보호가 필요한 청소년들의 보호 및 자립지원을 통한 사회 복귀
이용대상 및 시설당 정원	쉼터 퇴소 후 장기적인 보호와 자립지원이 필요한 후기 청소년 7~8명	가정복귀가 어렵고 학업 및 자립 의지가 있는 청소년 10인 미만
보호기한	기한 없음	3년 이내, 최대 4년
종사자	시설장 1, 자립지원 요원 1, 행정원(취사원) 1, 총 3명	시설장 1, 보호·상담원 2, 행정원(취사원) 1, 총 4명
서비스	중장기쉼터 제공 서비스 + 독립생활 지원	기초생활관리, 직업지원, 학업지원, 정서적 지지 및 상담

출처: 여성가족부, 한국청소년정책연구원(2017).

3) 청소년치료재활센터

「청소년복지 지원법」과 「청소년 보호법」에 근거하여 설립한 청소년보호·복지시설로는 경기 용인에 소재해 2012년 12월에 개원한 청소년치료재활센터인 국립중앙청소년디딤센터(www.nyhc.or.k)를 들 수 있다. 정서·행동장애 청소년의 치료·재활을 위한 종합적 전문 서비스를 제공하는 기숙형 원스톱(one-stop) 지원시설로 인터넷게임 중독, 학대 및 학교폭력 피해, 따돌림, 학교 부적응 등으로 인해 정서·행동장애를 겪는 청소년에게 치료재활·생활보호·자립지원 교육서비스 등을 종합적으로 제공하고 있다. 대상자 개별 상황에 따라 탄력적으로 프로그램을 운영하고 문제 영역별로 맞춤형 서비스를 제공하고 있다.

만 9세부터 만 18세까지가 입소대상이며, 프로그램 운영은 장기·단기 과정으로 운영하고 있다. 공동체 생활을 통해 청소년들이 심리적 안정을 증진시키고 대인관계를 향상시키며, 나아가 개인의 변화와 성장을 지원한다. 공동생활 가정에는 청소년상담사, 사회복지사, 청소년지도사가 배정되어 청소년의 변화와 성장을 촉진하고, 청소년들 간의 상호작용을 통해 태도와 가치의 변화를 촉진하도록 한다(강병연, 황수주, 2023).

표 9-7 국립중앙청소년디딤센터 사업내용

영역	프로그램	세부 프로그램
상담 및 치료	개인심리재활치료	놀이치료, 모래놀이치료, 음악치료
	집단심리재활치료	구조화 집단상담, 비구조화 집단상담, 가족개입 프로그램 등
	기타치료	동물매개치료, 요가명상치료, 동작치료 등
생활공동체	기본생활교육	일상생활지도, 가족모임, 디딤성장북
	기본소양교육	성장교육, 인성교육, 생활토론
	생활공동체 프로그램	자치단, 여가모임, 상점제, 특별 프로그램
활동 프로그램	문화 · 집단활동	문화집단활동, 자립 · 진로활동, 동아리활동, 야외체험활동, 지역사회참여활동, 특별활동
대안교육	초등교육	• 수준별 맞춤식 교육
	중 · 고등교육	• 창의적 수업 및 인성교육

출처: 국립중앙청소년디딤센터 홈페이지.

4) 청소년회복지원시설

「소년법」 처분(제1호 보호자를 대신하여 소년을 보호할 수 있는 자에게 감호위탁)을 받은 청소년에게 상담 · 주거 · 학업 · 자립 등을 지원함으로써 비행 · 탈선을 예방하고 가정 · 사회로의 복귀와 건강한 성장을 도모하는 시설이다.

위탁 청소년의 보호 및 생활을 지원하고 사회서비스를 지원하고 가정과 같은 환경을 제공하여 재범방지와 올바른 성장을 돕는다. 청소년회복지원시설은 2024년 현재 기준으로 부산, 광주, 대전, 울산, 경기, 충북, 전북, 경남, 제주에 총 18개소가 운영되고 있다.

관련 토론/토의 주제

1. 가정해체에 따른 한부모 가정 청소년을 위한 복지 실천 방안에는 무엇이 있는가?
2. 청소년의 건전한 성장을 도모하기 위해 가장 중요한 환경은 ?
3. 청소년증 활성화 방안에는 무엇이 있는가?
4. 가정 밖 청소년 보호 체계에 대한 문제점은 무엇이고, 어떻게 변화해야 하는가?

참고문헌

강병연, 황수주(2023). 청소년육성제도론(4판). 양성원.

박선숙, 윤기혁, 한승협(2022). 청소년육성제도론. 양서원.

박주현, 박선희, 안명선, 김상법, 천정웅(2022). 청소년육성제도론. 양서원.

배정수, 노자은, 이혜경(2021). 청소년육성제도론. 학지사.

여성가족부(2022). 2022년 청소년백서. 여성가족부.

여성가족부(2023). 2023 청소년 통계.

여성가족부(2024a). 2024 청소년사업 안내.

여성가족부(2024b). 2024 청소년 안전망 사업 안내.

여성가족부, 한국청소년정책연구원(2017). 청소년자립지원관 운영모형 개발연구.

임동호, 류동수, 성시한, 이경민, 정정란, 차승준, 최용희(2019). 청소년육성제도론(2판). 지식공동체.

한국청소년정책연구원(2019). 미래지향적 청소년관련 법 정비 방안. 한국청소년정책연구원 연구보
    고, 19-R09.

국가법령정보센터 홈페이지 https://www.law.go.kr/

국립중앙청소년디딤센터 홈페이지 http://www.nyhc.or.kr

여성가족부 홈페이지 https://www.mogef.go.kr/index.do

찾기쉬운 생활법령정보 홈페이지 https://www.easylaw.go.kr/CSP/Main.laf

1.「학교 밖 청소년 지원에 관한 법률」의 제정 의의

학교 밖 청소년 추정치는 연구마다 차이가 있으나 가장 최근 연구에서는 약 24만 명으로 추정하고 있다(하형석, 2020).

많은 선행연구들이 학교라는 정규교육 울타리를 나온 청소년들이 경험하는 심리적 불안감과 두려움, 미래에 대한 걱정과 이들이 직면하는 진로탐색 및 자립준비의 어려움 등에 대해 보고함에 따라(김영희, 최보영, 이인회, 2013; 김영희, 허철수, 2012; 박병금, 노필순, 2016; 백혜정, 송미경, 2015; 이경상, 조혜영, 2005; 서정아, 권해수, 정찬석, 2006; 윤철경, 유성렬, 김신영, 임지연, 2013; 조아미, 이진숙, 2014) 사회적·정책적 요구에 대하여「학교 밖 청소년 지원에 관한 법률」이 제정되었고, 전국 220여 개소의 학교 밖 청소년 지원센터 등을 통한 체계적인 지원체계가 마련되어 운영 중에 있다.

"학교 밖 청소년"이란 다음 각 목의 어느 하나에 해당하는 청소년을 말한다.

가.「초·중등교육법」제2조의 초등학교·중학교 또는 이와 동일한 과정을 교육하는 학교에 입학한 후 3개월 이상 결석하거나 동법 제14조 제1항에 따라 취학의무를 유예한 청소년

나.「초·중등교육법」제2조의 고등학교 또는 이와 동일한 과정을 교육하는 학교에서 동법 제18조에 따른 제적·퇴학 처분을 받거나 자퇴한 청소년

다.「초·중등교육법」제2조의 고등학교 또는 이와 동일한 과정을 교육하는 학교에 진학하지 아니한 청소년

즉, 학교 밖 청소년은「초·중등교육법」의 학교를 기준으로 초등학교부터 고등학교까지의 과정을 교육하는 학교에 재학하고 있지 않은 청소년을 가리킨다. 하지만「학교 밖 청소년 지원에 관한 법률」에서의 "청소년"이란 9세 이상 24세 이하인 사람을 의미한다.

2. 입법 배경 및 연혁

학교 밖 청소년은 다양한 이유로 현재 학교에 적을 두고 있지 않은 청소년을 의미한다.

학교 밖 청소년이란 용어는 오랫동안 학교중도탈락 청소년, 학업중단 청소년 등의 용어와 혼용하여 사용되어 왔으며 현재까지도 이들 용어 사이에 명확한 구분은 이루어지지 않고 있다. 그럼에도 불구하고 각 용어에서 사용되는 단어의 의미에 비추어 볼 때 각 용어들은 약간의 개념적 차이를 보일 수 있다.

학교 중도 탈락 청소년은 그 단어의 의미에 비추어 볼 때 학업중단 청소년이나 학교 밖 청소년보다 협의의 의미를 내포하고 있는 것으로 판단된다.

학교 중도 탈락 청소년은 학교 재학 중에 중퇴한 청소년으로 규정될 수 있다.

반면 학업중단 청소년은 이 보다는 좀 더 큰 개념으로 학교를 중퇴한 청소년 뿐 아니라 좀 더 나아가 현재 학업을 이어나가고 있지 않은 청소년, 즉 비진학 청소년, 근로 청소년, 무직 청소년까지도 포함하는 것으로 보인다.

학교 밖 청소년도 학업중단 청소년과 비슷하게 학교 재학 중 여러 가지 이유로 휴학이나 자퇴 등의 형식을 통해 학교를 중퇴한 청소년 뿐 아니라 학교에 진학하지 않은 비진학 청소년, 학업이 아닌 근로현장에서 종사하고 있는 근로 청소년, 무직 청소년 등을 모두 포괄하는 개념으로 사용될 수 있다.

뿐만 아니라 일반 학교에 재학 중이지는 않으나 독학이나 홈스쿨링, 검정고시 등 다른 경로를 통해 학업을 지속하고 있는 청소년도 포함가능하다. 따라서 학교 밖 청소년이란 용어는 학교중도탈락 청소년이나 학업중단 청소년이란 용어와 비교해 볼 때 가장 포괄적인 의미로 사용 되었지만, 최근 학교 밖 청소년 지원에 관한 법률이 제정되면서 학교 밖 청소년에 대한 보다 명확한 정의가 가능해졌다.

매년 3~5만여 명의 청소년이 학교를 그만두고 있으며, 학교 밖 청소년은 2023년 기준 16만여 명으로 추산되고 있다. 학교 밖 청소년은 스스로 진로를 찾고 직업을 구하는 과정에서 많은 시행착오와 좌절을 경험하고 있으며, 여러 사회적 기회에서 소외되고 있다.

이에 따라 학교를 그만둔 청소년에게 학업을 지속할 수 있는 여건을 마련해 주고, 자립에 어려움을 겪는 청소년의 체계적인 자립준비가 이루어질 수 있도록 지원이 필요하다.

이를 위해 2007년부터 취약청소년을 대상으로 자립 동기 강화, 기초적인 자립 기술 습득 등을 목적으로 하는 자립지원 프로그램(두드림)이 운영되었고, 특히 검정고시 지원 및 학습 클리닉 프로그램 등을 통해 학업을 지속할 수 있도록 지원하는 프로그램(해밀)을 2009년부터 운영하였다.

2014년 5월 28일에는 「학교 밖 청소년 지원에 관한 법률」이 제정되어 학교 밖 청소년 지원에 대한 법적 근거가 마련되었으며, 2015년 5월 29일 법률 시행에 따라 2024년 현재 전국

223개의 '학교 밖 청소년 지원센터(꿈드림센터)'가 지정·설치되어 운영되고 있다.

3. 목적 및 주요 내용

1) 목적(「학교 밖 청소년 지원에 관한 법률」 제1조)

「학교 밖 청소년 지원에 관한 법률」 제1조에 의하면, 이 법은 「청소년 기본법」 제49조 제4항에 따라 학교 밖 청소년 지원에 관한 사항을 규정함으로써 학교 밖 청소년이 건강한 사회구성원으로 성장할 수 있도록 함을 목적으로 한다.

2) 주요 내용

(1) 학교 밖 청소년 현황

2022년 한 해 동안 52,981명의 초등학교·중학교·고등학교 학생이 학업을 중단하고 있는 것으로 나타났다. 학업 중단 등으로 학교를 떠난 '학교 밖 청소년' 총합은 2023년 기준 17만 명으로 추정되고 관계부처, 지역사회는 학업중단 위기학생을 조기에 파악해 관리하고 학교 밖 청소년에 대한 학업·진로 관리체계가 필요하다.

(2) 학교 밖 청소년 발생 원인
- 학교 요인(학교 부적응, 교칙위반, 무단결석, 친구와의 갈등, 비행으로 인한 처벌 등)
- 가정 요인(가족 간 갈등, 부모의 방임·학대, 경제적 형편 등)
- 개인 요인(자유롭게 놀고 싶어서, 우울, 심리적 불안, 신체적 질병 등)
- 기타(대안교육, 통학 거리, 홈스쿨링, 유학준비 등)

(3) 학교 밖 청소년 유형
학업중단 이후 학교 밖 청소년의 유형은 학업형, 직업형, 무업형, 비행형, 은둔형으로 구분할 수 있다.

표 10-1 학교 밖 청소년 유형

구분	내용
학업형	검정고시 공부, 대학입시 준비, 복교 등
직업형	직업기술 배우는 경우, 아르바이트 · 취업 등
무업형	특정 목표 없이 아무것도 하지 않는 경우
비행형	가출하거나 보호시설 · 사법기관의 감독을 받는 경우
은둔형	사회적 관계를 맺지 않고 집에서 나오지 않는 경우

(4) 관련 조문

제3조(국가와 지방자치단체의 책무)

① 국가와 지방자치단체는 학교 밖 청소년에 대한 사회적 차별 및 편견을 예방하고 학교 밖 청소년을 존중하고 이해할 수 있도록 조사 · 연구 · 교육 및 홍보 등 필요한 조치를 해야 한다.

② 국가와 지방자치단체는 학교 밖 청소년을 조기에 발견하고, 지원에 필요한 법적 · 제도적 장치를 마련하여 시행하여야 한다.

③ 국가와 지방자치단체는 학교 밖 청소년의 교육 복지 실현을 위해 노력해야 한다.

④ 국가와 지방자치단체는 제1항부터 제3항까지의 규정에 따른 책무를 다하기 위하여 학교 밖 청소년 지원에 필요한 행정적 · 재정적 지원방안을 마련하여야 한다.

제5조(학교 밖 청소년 지원계획)

① 국가와 지방자치단체는 「청소년 기본법」 제14조에 따라 연도별 시행계획을 수립하는 경우 다음 각 호의 사항을 포함하여야 한다.

   1. 학교 밖 청소년에 대한 사회적 편견과 차별 예방 및 사회적 인식 개선에 관한 사항
   2. 학교 밖 청소년 지원 프로그램의 개발 및 지원에 관한 사항
   3. 학교 밖 청소년 지원을 위한 관련 기관 간 협력체계 및 지역사회 중심의 지원체계 구축 · 운영에 관한 사항
   4. 학교 밖 청소년 지원을 위한 조사 · 연구 · 교육 · 홍보 및 제도개선에 관한 사항
   5. 「청소년복지 지원법」 제14조의 위기청소년 특별지원 등 사회적 지원 방안
   6. 학교 밖 청소년 지원을 위한 재원 확보 및 배분에 관한 사항

7. 그 밖에 학교 밖 청소년 지원을 위하여 필요한 사항

② 학교 밖 청소년 지원계획의 수립·시행 등에 필요한 사항은 대통령령으로 정한다.

제6조(실태조사)

① 여성가족부장관은 학교 밖 청소년의 현황 및 실태 파악과 학교 밖 청소년 지원 정책수립을 위한 기초자료로 활용하기 위하여 2년마다 학교 밖 청소년에 대한 실태조사를 실시하고, 그 결과를 공표하여야 한다. 〈개정 2021. 3. 23.〉

② 여성가족부장관은 제1항에 따른 실태조사 중 학업중단 현황에 관한 조사는 교육부장관과 협의하여 실시한다.

③ 여성가족부장관은 제1항에 따른 실태조사에 필요한 경우 관계 중앙행정기관의 장, 지방자치단체의 장 또는 「공공기관의 운영에 관한 법률」에 따른 공공기관의 장, 그 밖의 관련 법인·단체에 대하여 필요한 자료 제출 또는 의견 진술을 요청할 수 있다. 이 경우 요청을 받은 자는 정당한 사유가 없으면 이에 협조하여야 한다.

④ 제1항에 따른 실태조사의 내용과 방법 등에 필요한 사항은 여성가족부령으로 정한다. 여성가족부장관은 지속적인 근거기반 정책(evidence-based policy) 수립 및 개선 방안 마련과 향후 학교 밖 청소년 지원 방향성 설정을 위해서는 종합적이고 체계적인 실태조사가 필요하다. 이에 동법 제6조에 근거하여 2년마다 조사를 실시하여 결과를 공표해야 하며, 동법 시행규칙 제2조에 실태조사 내용을 규정하고 있다. 그 내용은 다음과 같다.

1. 학교 밖 청소년의 학업중단 시기와 그 원인

2. 학교 밖 청소년의 신체적·정신적 건강상태

3. 학교 밖 청소년의 가족관계 및 친구관계

4. 학교 밖 청소년의 경제상태

5. 학교 밖 청소년의 진로

6. 학교 밖 청소년 지원 프로그램 활용 현황

7. 그 밖에 여성가족부장관이 학교 밖 청소년 지원을 위하여 필요하다고 인정하는 사항

이와 같이 명시됨에 따라 실태조사 내용에는 학교 밖 청소년 개인과 주변 환경 및 관계, 특히 진로 및 지원체계와 관련된 내용들이 모두 포함되어야 한다.

제7조(학교 밖 청소년 지원위원회)

① 학교 밖 청소년 지원에 관한 다음 각 호의 사항을 심의하기 위하여 여성가족부장관 소속으로 학교 밖 청소년 지원위원회(이하 "지원위원회"라 한다)를 둔다.

　　1. 학교 밖 청소년 지원 정책의 목표 및 기본방향에 관한 사항

　　2. 학교 밖 청소년 지원을 위한 법령 및 제도의 개선에 관한 사항

　　3. 학교 밖 청소년 지원계획의 수립에 관한 사항

　　4. 관련 기관 간 협력체계 및 지역사회 중심의 지원체계 구축에 관한 사항

　　5. 그 밖에 학교 밖 청소년 지원에 관하여 협의가 필요한 사항

② 지원위원회는 위원장 1명과 부위원장 1명을 포함한 15명 이내의 위원으로 구성하고, 위원은 당연직 위원과 위촉직 위원으로 구성한다.

③ 지원위원회의 조직·구성 및 운영 등에 필요한 사항은 대통령령으로 정한다.

제8조~제11조의2(학교 밖 청소년 지원 정책)

학교 밖 청소년 지원 정책에는 상담지원, 교육지원, 직업체험 및 직업교육훈련 지원, 자립지원, 건강지원 총 다섯 가지의 지원 정책이 있다.

첫 번째, 상담지원이란 국가와 지방자치단체는 학교 밖 청소년들에 대하여 효율적이고 적합한 지원을 할 수 있도록 심리상담, 진로상담, 가족상담 등 상담을 제공할 수 있다.

두 번째, 국가와 지방자치단체(교육감을 포함한다)는 학교 밖 청소년이 학업에 복귀할 수 있도록 다음 각 호의 사항을 지원할 수 있다. 〈개정 2024. 3. 26.〉

교육지원 사항으로는 초등학교·중학교로의 재취학 또는 고등학교로의 재입학, 대안학교 진학, 초등학교·중학교 또는 고등학교를 졸업한 사람과 동등한 학력이 인정되는 시험의 준비가 있다.

세 번째, 직업체험 및 취업지원이란 국가와 지방자치단체는 학교 밖 청소년이 자신의 적성과 능력에 맞는 직업의 체험과 훈련을 할 수 있도록 다음과 같은 사항을 지원할 수 있다.

　　1. 직업적성검사 및 진로상담 프로그램

　　2. 직업체험 및 훈련 프로그램

　　3. 직업소개 및 관리

　　4. 그 밖에 학교 밖 청소년의 직업체험 및 훈련에 필요한 사항

또한 국가와 지방자치단체는 학교 밖 청소년을 대상으로 취업 및 직무수행에 필요한 지식·기술 및 태도를 습득·향상시키기 위하여 직업교육훈련을 실시할 수 있다.

네 번째, 자립지원이란 국가와 지방자치단체는 대통령령으로 정하는 바에 따라 학교 밖 청소년의 자립에 필요한 생활지원, 문화공간지원, 의료지원(제11조의2에 따라 건강진단을 받은 후 확진을 위한 검사에 사용된 의료비의 지원을 포함한다), 정서지원 등을 제공할 수 있다. 〈개정 2018. 1. 16., 2024. 3. 26.〉

국가와 지방자치단체는 경제교육, 법률교육, 문화교육 등 학교 밖 청소년의 자립에 필요한 교육을 지원할 수 있으며, 제1항에 따른 지원이 필요한 학교 밖 청소년에게 「청소년복지 지원법」 제14조에 따른 위기청소년 특별지원을 우선적으로 제공할 수 있다. 특별지원이란 생활지원, 학업지원, 의료지원, 직업훈련지원, 청소년활동지원 등 대통령령으로 정하는 내용에 따라 물품 또는 서비스의 형태로 제공하는데, 다만 위기청소년의 지원에 반드시 필요하다고 인정되는 경우에는 금전의 형태로 제공할 수 있다.

다섯 번째, 건강지원이란 국가와 지방자치단체는 학교 밖 청소년의 건강증진 및 질환예방을 위한 건강진단을 실시할 수 있다. 그리고 국가와 지방자치단체는 제1항에 따른 건강진단의 실시를 「국민건강보험법」에 따른 국민건강보험공단에 위탁할 수 있다. [본조신설 2024. 3. 26.]

제12조(학교 밖 청소년 지원센터)

학교 밖 청소년 지원센터란 학교 밖 청소년 지원을 위하여 필요한 경우 학교 밖 청소년 지원센터를 설치하거나 청소년상담복지센터, 청소년단체, 학교 밖 청소년을 지원하기 위하여 필요한 전문인력과 시설을 갖춘 기관 또는 단체이다.

지원센터는 학교 밖 청소년 지원 업무를 수행하기 위해 관련 분야에 대한 학식과 경험을 가진 전문인력이 다음과 같은 업무를 수행한다.

　1. 제8조부터 제11조까지의 학교 밖 청소년 지원
　2. 학교 밖 청소년 지원을 위한 지역사회 자원의 발굴 및 연계·협력
　3. 학교 밖 청소년 지원 프로그램의 개발 및 보급
　4. 학교 밖 청소년 지원 프로그램에 대한 정보제공 및 홍보
　5. 학교 밖 청소년 지원 우수사례의 발굴 및 확산
　6. 학교 밖 청소년에 대한 사회적 인식 개선

　　7. 그 밖에 학교 밖 청소년 지원을 위하여 필요한 사업

지원센터는 여성가족부장관이 3년마다 지원센터의 운영실적을 평가하고 그 결과를 지원센터의 감독, 지원 등에 반영할 수 있다.

또 지원센터의 지정 취소를 할 수 있는데 이는 다음에 나와 있는 조건 중에 하나라도 해당되는 경우에는 6개월의 범위에서 업무의 전부 또는 일부를 정지하거나 그 지정을 취소할 수 있다.

　　1. 거짓이나 그 밖의 부정한 방법으로 지정을 받은 경우

　　2. 지정받은 사항을 위반하여 업무를 행한 경우

　　3. 지원센터의 설치기준 및 지정기준, 지정기간, 지정절차, 제3항의 전문인력의 기
　　　준 등에 필요한 사항에 따른 지정기준 등에 적합하지 아니하게 된 경우

제15조(지원센터의 연계)

① 「초ㆍ중등교육법」 제2조 각 호의 각급 학교의 장(이하 이 조에서 "학교장"이라 한다)
　은 소속 학교의 학생이 학교 밖 청소년이 되는 경우에는 해당 청소년에게 학교 밖
　청소년 지원 프로그램을 안내하고 지원센터를 연계하여야 한다.

② 「청소년복지 지원법」 제9조에 따른 지역사회 청소년통합지원체계에 포함된 기관
　또는 단체의 장(이하 이 조에서 "단체장"이라 한다)은 지원이 필요한 학교 밖 청소년
　을 발견한 경우에는 지체 없이 해당 청소년에게 학교 밖 청소년 지원 프로그램을
　안내하고 지원센터를 연계하여야 한다.

③ 제1항 및 제2항에 따라 학교 밖 청소년을 지원센터에 연계하는 경우 학교장 및 단체
　장은 해당 청소년(제6호의 경우 해당 청소년의 법정대리인)에게 다음 각 호의 개인정보
　의 수집ㆍ이용 목적, 수집 항목, 보유ㆍ이용 기간 및 파기 방법(이하 "개인정보동의고
　지사항"이라 한다)을 고지하고 개인정보를 수집하여 지원센터에 제공할 수 있다. 다
　만, 질병 또는 출국을 사유로 학교 밖 청소년이 되는 경우는 제외한다(제15조).
　〈개정 2017. 3. 21., 2021. 3. 23., 2024. 3. 26.〉

　　1. 학교 밖 청소년의 성명

　　2. 학교 밖 청소년의 생년월일

　　3. 학교 밖 청소년의 성별

　　4. 학교 밖 청소년의 주소

5. 학교 밖 청소년의 연락처(전화번호 · 전자우편주소 등)

6. 학교 밖 청소년의 법정대리인 연락처(전화번호 · 전자우편주소 등)

④ 삭제 〈2024. 3. 26.〉

⑤ 지원센터의 장은 제3항에 따라 개인정보를 제공받은 날부터 6개월 이내에 해당 청소년 또는 청소년의 법정대리인에게 개인정보동의고지사항 및 「개인정보 보호법」 제37조 제1항에 따른 개인정보의 처리정지 요구 권한을 고지하고 동의를 받아야 한다. 이 경우 해당 청소년 또는 청소년의 법정대리인이 개인정보의 처리정지를 요구하거나 개인정보를 제공받은 날부터 6개월 이내에 동의를 받지 못한 경우에는 즉시 개인정보를 파기하여야 한다.

〈신설 2021. 3. 23., 2024. 3. 26.〉

제16조(비밀유지)

학교 밖 청소년 지원 관련 업무에 종사하거나 종사하였던 종사자는 그 직무상 알게 된 비밀을 다른 사람에게 누설하거나 직무상 목적 외의 용도로 이용하여서는 안 된다.

제19조(유사 명칭의 사용 금지)

이 법에 따른 지원센터가 아니면 학교 밖 청소년 지원센터 또는 이와 유사한 명칭을 사용하지 못한다.

3) 학업중단 숙려제

(1) 의미

학업중단 징후 또는 의사를 밝힌 초 · 중 · 고 학생 및 학부모에게 Wee센터(Wee클래스), 청소년상담복지센터 등에서 외부 전문 상담을 받으며 일정기간 숙려하는 기간을 갖도록 하는 제도이다.

(2) 대상

① 학업중단 의사를 밝힌 초 · 중 · 고교생

② 학업중단 위기에 처해 있다고 학교에서 판단한 초 · 중 · 고교생

③ 무단결석 학생(무단결석 연속 7일 이상, 누적 30일 이상인 학생)

④ 검정고시를 희망하는 초 · 중 · 고교생

● 적용제외 대상

　- 연락두절, 행방불명 등으로 숙려제 운영이 불가능한 경우

　- 질병치료, 발육부진, 사고, 해외출국(유학) 등 부득이하게 학업을 중단하는 경우

　- 학교 폭력, 학교규칙 위반을 이유로 한 퇴학의 경우

⑤ 고졸 검정고시 응시의 경우, 「고등학교 졸업학력 검정고시 교칙」 제10조 제3항 제2호
　에 따라 검정고시 공고일 6개월 이전에 자퇴하여야 함

(3) 학업중단 숙려제 운영절차

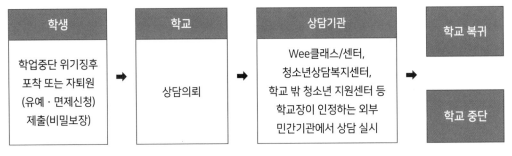

그림 10-1 **학업중단 숙려제 운영절차**

출처: 청소년 지원센터 꿈드림 홈페이지.

(4) 학업중단 숙려제 상담과정

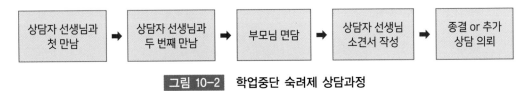

그림 10-2 **학업중단 숙려제 상담과정**

출처: 청소년 지원센터 꿈드림 홈페이지.

　부모님 면담은 청소년과 상담자가 논의하여 일정을 정하고 숙려 상담이 끝난 후에 상담
자는 소견서를 작성하여 학교에 발송한다. 그 이후에는 사례가 종결될 수도 있고, 추후 상
담이 이루어질 수도 있다.

4) 학교 밖 청소년 지원센터 '꿈드림'

(1) 의미

학교 밖 청소년 지원센터 '꿈드림'이란 꿈=드림(Dream), 꿈을 드림('드리다'의 명사형)이라는 중의적인 표현으로, 학교 밖 청소년들이 꿈을 가지고 자신의 미래를 스스로 준비하여 공평한 기회를 얻을 수 있도록 지원하고 학교 밖 청소년에게 새로운 꿈과 희망을 드리겠다는 의미다.

(2) 배경 및 연혁

꿈드림은 「학교 밖 청소년 지원에 관한 법률」이 제정됨에 따라 기존 두드림·해밀 사업이 '학교 밖 청소년 지원사업'으로 확대·변경되면서 한국청소년상담복지개발원과 전국 학교 밖 청소년 지원센터에서는 학교 밖 청소년에게 다양한 서비스를 제공하고 있다.

제공되는 서비스에는 상담지원, 교육지원, 직업체험 및 직업교육훈련 지원, 자립지원, 건강검진, 기타 서비스(급식지원, 지역특성화 프로그램 등)가 있다.

(3) 사업목표 및 대상

학교 밖 청소년 지원사업의 목표는 학교 밖 청소년에게 상담·교육·취업·자립지원 등의 서비스를 지원함으로써 학교 밖 청소년이 건강한 사회구성원으로 성장할 수 있도록 돕는 것이다.

서비스 지원대상은 9세 이상 24세 이하 청소년으로, 초·중학교 및 이와 동일한 과정을 교육하는 학교에 입학 후 3개월 이상 결석하거나 취학의무를 유예한 청소년, 고등학교 및 이와 동일한 과정을 교육하는 학교에서 제적·퇴학 처분을 받거나 자퇴한 청소년, 고등학교 또는 동일한 과정을 교육하는 학교에 진학하지 않은 청소년이다.

(4) 꿈드림센터 설치 현황

2022년 꿈드림센터는 전국 220개소(시·도 센터 16개소, 시·군·구 센터 204개소)에서 운영되고 있으며, 전담 인력은 시·도 센터별로 6명 이상씩, 시·군·구 센터별로 2~4명 이상씩 배치되어 활동하고 있다.

표 10-2   학교 밖 청소년 지원센터(꿈드림셈터) 운영 현황   (단위: 개소)

구분	소계	서울	부산	대구	인천	광주	대전	울산	세종	경기	강원	충북	충남	전북	전남	경북	경남	제주
총계	220	26	17	9	9	6	3	5	1	31	12	13	16	10	23	15	21	3
시·도	16	1	1	1	1	1	1	1	–	1	1	1	1	1	1	1	1	1
시·군·구	204	25	16	8	8	5	2	4	1	30	11	12	15	9	22	14	20	2

출처: 여성가족부(2022).

(5) 학교 밖 청소년의 발굴·연계

꿈드림센터에서는 관계부처합동 '학교 밖 청소년 발굴·지원 강화 대책'(2015. 8. 27.)을 토대로 학교, 경찰서, 지역사회 청소년통합지원체계(청소년안전망)의 연계 기관 등 다양한 채널을 통해 학교 밖 청소년을 발굴·연계하고 있다. 2021년 9월 24일 「학교 밖 청소년 지원에 관한 법률」 개정안 시행으로 의무교육 단계(초·중) 학업중단 청소년의 정보는 개인정보 제공 사전동의 절차 없이도 꿈드림센터로 정보연계가 가능하도록 연계 제도가 강화되었다.

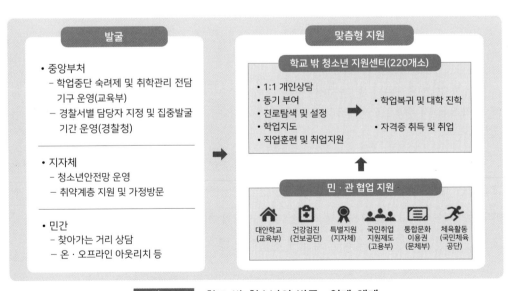

그림 10-3   학교 밖 청소년의 발굴·연계 체계

출처: 여성가족부 홈페이지.

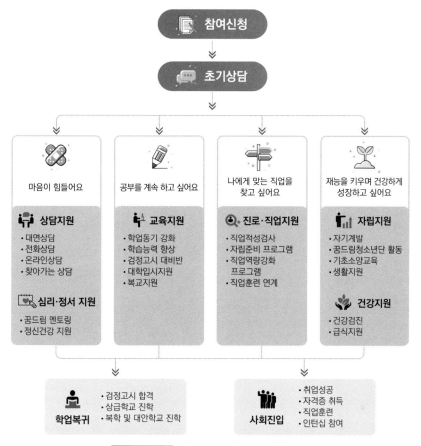

그림 10-4 학교 밖 청소년 지원체계

출처: 여성가족부 홈페이지.

(6) 학교 밖 청소년 지원체계

학교 밖 청소년은 학교 밖 청소년 지원센터를 찾은 후 방문하거나 전화로 문의 또는 청소년상담 1388로 문의한다.

(7) 검정고시

검정고시란 학교의 교육과정을 마치지 않은 사람이 초등학교, 중학교 및 고등학교를 졸업한 자와 동등한 자격을 인정받을 수 있는 학력인정 시험제도이다.

표 10-3　검정고시 시험 일정 및 시험 과목

✅ 연간 시험 일정('23년 기준): 1년에 2회 시행

회차	공고	접수	시험	합격자 발표
제1차	1~2월 中	2월 中	4월 中	5월 中
제2차	5~6월 中	6월 中	8월 中	8월 中

출처: 여성가족부 홈페이지.

✅ 검정고시 시험 과목

구분		과목	문항수	배점
초졸	필수	국어, 수학, 사회, 과학(4과목)	각 과목별 20문항	각 과목별 1문항당 5점
	선택	도덕, 체육, 음악, 미술, 실과, 영어 과목 중 2과목		
중졸	필수	국어, 수학, 영어, 사회, 과학(5과목)	각 과목별 25문항 (단, 수학은 20문항)	각 과목별 1문항당 4점(단, 수학은 1문항당 5점)
	선택	도덕, 기술 · 가정, 체육, 음악, 미술, 정보 중 1과목		
고졸	필수	국어, 수학, 영어, 사회, 과학, 한국사(6과목)		
	선택	도덕, 기술 · 가정, 체육, 음악, 미술 과목 중 1과목		

※ 각 과목을 100점 만점으로 하여 전 과목 평균 60점 이상인 경우 합격자로 결정, 불합격자 중 시험성적 60점 이상인 과목에 대해서는 과목합격 인정

(8) 꿈이음 사업

꿈이음 사업이란 의무교육단계(초 · 중학교)의 학교 밖 청소년이 학력인정 기준(학습기간, 연령, 이수시수)을 충족한 경우 초등학교와 중학교 학력을 취득할 수 있는 제도이다.

✅ 학력인정 진행 과정

그림 10-5　학력인정 진행 과정

※ 2023년 현재 16개 시 · 도 교육청(전북 제외), 한국교육개발원 위탁 운영
출처: 여성가족부 홈페이지.

꿈이음 학습자 등록 조건은 다음과 같다.

- 대한민국 국적이며 국내에 거주 중인 사람으로 초등학교 또는 중학교에 입학하지 않았거나 학적이 정원 외로 관리되는 사람
- 초등학교 과정: 만 7세가 되는 해의 6월 1일 이후~만 24세 이하

● 중학교 과정: 만 13세가 되는 해의 6월 1일 이후~만 24세 이하

  – 자격을 갖추었으면 누리집(www.educerti.or.kr)에서 학습자 등록

(9) 학교 밖 청소년 지원센터(꿈드림)에서 대학 가기

청소년생활기록부는 학교 밖 청소년이 전국 학교 밖 청소년 지원센터에서 활동한 내용을 대학 수시(학생부종합전형) 지원 시 제출할 수 있는 학교생활기록부 대체서류이다.

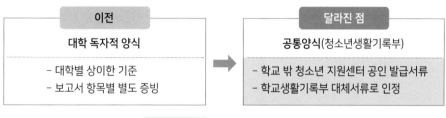

그림 10-6 수시 양식의 변화

● 해당 청소년: 대학 진학을 희망하는 학교 밖 청소년

  ※ 대상 및 신청 가능 여부는 가까운 학교 밖 청소년 지원센터로 문의하여 확인

● 신청기간 및 방법: 학교 밖 청소년 지원센터로 문의 후, 신청서 제출

● '청소년생활기록부'로 대학 지원 절차

● '23학년도 지원 가능대학: (서울) 서울과기대, 서울대, (부산) 동서대, (인천) 인천대, (대전) 충남대, (경기) 차의과대, 한경대, (강원) 강릉원주대, 한림대, (전북) 전북대, (경북) 안동대

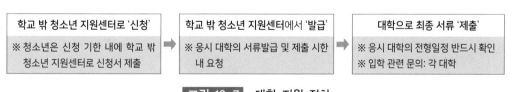

그림 10-7 대학 지원 절차

출처: 여성가족부 홈페이지.

그리고 매년 온·오프라인 대학 입시설명회를 개최하여 학교 밖 청소년 맞춤형 입시정보를 제공한다.

● 온·오프라인 진로·진학 박람회

- 학교 밖 청소년 대입 지원전략 및 전형 안내
- 지역별 소재 2 · 4년제 대학 입시전형 및 학과 소개
- 대학 입시자료집 제작 및 배부
- 전형별 면접 코칭
- 1:1 맞춤형 입시컨설팅 등

(10) 내일이룸학교

내일이룸학교는 학교 밖 청소년이 원하는 분야의 직업훈련과 자격증을 취득하도록 지원하고, 취업정보와 취업처를 연계해 주는 과정이다. 대상으로는 15~24세 학교 밖 청소년이 해당된다.

✅ **훈련생 선발 및 훈련과정**

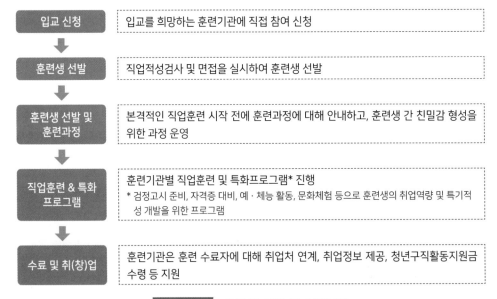

입교 신청	입교를 희망하는 훈련기관에 직접 참여 신청
훈련생 선발	직업적성검사 및 면접을 실시하여 훈련생 선발
훈련생 선발 및 훈련과정	본격적인 직업훈련 시작 전에 훈련과정에 대해 안내하고, 훈련생 간 친밀감 형성을 위한 과정 운영
직업훈련 & 특화 프로그램	훈련기관별 직업훈련 및 특화프로그램* 진행 * 검정고시 준비, 자격증 대비, 예 · 체능 활동, 문화체험 등으로 훈련생의 취업역량 및 특기적성 개발을 위한 프로그램
수료 및 취(창)업	훈련기관은 훈련 수료자에 대해 취업처 연계, 취업정보 제공, 청년구직활동지원금 수령 등 지원

그림 10-8 **훈련생 선발 및 훈련과정**

출처: 여성가족부 홈페이지.

(11) 학교 밖 청소년 건강검진

학교 밖 청소년 건강검진은 학교 밖 청소년이 건강하게 성장할 수 있도록 3년에 한 번씩 정기검진을 지원하는 제도이다. 현재 9~18세 학교 밖 청소년(2005년~2014년생)까지 해당되며, 19세 학교 밖 청소년은 다른 국가 건강검진과 중복되지 않은 경우에 가능하다.

- **신청 및 검진기간**: 연중
- **신청방법**: 건강검진 신청서와 학교 밖 청소년임을 증빙할 수 있는 서류를 구비하여 학교 밖 청소년 지원센터에 방문, 우편, 이메일 제출
- **검진비용**: 무료
- **수행기관**: 국민건강보험공단

표 10-4　검진항목(건강검사 및 건강생활습관 조사 등)

✔ 검진항목: 건강검사 및 건강생활습관 조사 등

구분	검사항목 및 방법											
기본	건강상담 (문진 등)	요검사	혈액검사*					B형 간염검사***		C형 간염 검사***	구강 검진	흉부 방사선 촬영
		요단백 요잠혈	혈색소**	혈당	총콜레 스테롤	AST	ALT	B형 간염 표면항원	B형 간염 표면항체	C형 간염 항체		

* 체질량지수가 백분위수 도표 95 이상 또는 BMI 25 이상인 경우에 한해 실시
** 여성의 경우만 실시
*** 최초 검진 시행 시에만 실시(검진 주기 3년 도래 후부터는 미실시)
출처: 여성가족부 홈페이지.

5) 발전 방향성

학령기 인구의 감소에도 불구하고 학업중단 청소년은 매년 5만여 명의 청소년이 학교를 떠나고 있으며, 최근 학업중단율이 다시 증가하고 있어 체계적인 지원 강화 대책이 필요하다.

학업을 중단한 이유 중 심리정신적인 문제로 학교를 그만둔 이유에 대한 응답율이 2015년 실태조사에선 8.4%의 수치였지만, 2021년 실태조사에선 23%로 증가하였다(여성가족부, 2021). 그리고 진로를 결정하지 못한 청소년 또한 지속적인 증가 추세를 보이고 있다.

2015년 「학교 밖 청소년 지원에 관한 법률」 제정·시행 이후 4회에 걸쳐 관계부처 합동 '학교 밖 청소년 발굴·지원 대책' 수립을 통해 학교 밖 청소년 지원센터(이하 '꿈드림센터') 인프라를 확충하고, 관계부처와 협력하여 학교 밖 청소년 조기 발굴 및 정보연계 절차를 마련하고 그간 다각적 지원, 특히 맞춤형 학습 및 진로지원을 통해 학교 밖 청소년의 검정고

그림 10-9　2021 학교 밖 청소년 실태조사

시 합격, 대학진학 등 학업복귀 및 사회진입 성과가 증가하였다.

　그러나 여전히 존재하는 제도의 사각지대를 해소하고, 변화하는 사회 환경을 반영한 효과적인 정책추진이 필요한 상황이다. 왜냐하면 개인정보 제공에 동의하지 않은 고등학교 단계의 청소년이나 고교 미진학 청소년은 큰 비율에도 불구하고 공적 지원체계로의 연계가 미흡하며, 온라인 환경으로의 변화에 대응하는 프로그램 · 콘텐츠와 코로나19의 장기화에 따른 정신건강 문제를 진단 · 지원하는 체계가 부족하기 때문이다.

　2021 학교 밖 청소년 실태조사의 주요 내용 중 학교 밖 청소년의 정책 수요 부분에서 1순위 교통비 지원, 2순위 건강검진 제공, 3순위 진학정보 제공, 4순위 검정고시 준비지원, 5순위 진로탐색을 위한 체험 순으로 조사되었다(여성가족부, 2021).

　이렇듯 학교 밖 청소년이 심리적 불안감과 진로탐색, 자립준비의 어려움을 극복하고 건강한 사회구성원으로 성장할 수 있도록 학교 밖 청소년들의 수요에 따른 체계적이고 실질적인 지원이 필요하다.

관련 토론/토의 주제

1. 학교 밖 청소년들에게 가장 필요한 지원이 무엇이라고 생각하는가?
2. 학교 밖 청소년은 어떻게 발굴·연계를 할 수 있는가?
3. 진로를 준비하기 위하여 학업을 중단한 청소년들에게는 어떤 서비스가 제공되고 있는가?
4. 학교 밖 청소년의 수가 매년 증가 추세를 보이고 있는데 이를 예방하고 지도해야 하는가, 청소년(학생)들의 선택으로 존중해야 하는가?

참고문헌

신정란(2020). 학교 밖 청소년 지원정책에 관한 연구 동향과 과제. 한국청소년활동연구, 6(3), 1-27.
여성가족부(2021). 학교 밖 청소년 실태조사. https://www.mogef.go.kr/io/lib/lib_v100.do?id=28808
여성가족부(2022a). 2021년 한부모가족 실태조사. https://www.mogef.go.kr/nw/rpd/nw_rpd_s001d.do?mid=news405&bbtSn=708567
여성가족부(2022b). 2022년 청소년백서. 여성가족부.
여성가족부(2022c). 학교 밖 청소년 지원 강화 대책. https://www.mogef.go.kr/nw/rpd/nw_rpd_s001d.do?mid=news405&bbtSn=708993
여성가족부(2023). 2023 학교 밖 청소년 지원안내서. https://www.mogef.go.kr/mp/pcd/mp_pcd_s001d.do?mid=plc502&bbtSn=704824
한국청소년정책연구원(2015). 학교 밖 청소년 지원 정책 체계화 방안 연구. 한국청소년정책연구원 연구보고, 15-R09.

국가법령정보센터 홈페이지 https://www.law.go.kr/
여성가족부 홈페이지 https://www.mogef.go.kr/index.do
찾기쉬운 생활법령정보 홈페이지 https://www.easylaw.go.kr/CSP/Main.laf
청소년 지원센터 꿈드림 홈페이지 https://www.kdream.or.kr:446/user/index.asp

제11장

청소년교육정책

1. 학생청소년의 현황 및 변화
2. 전인적 인재 양성을 위한 교육정책

1. 학생청소년의 현황 및 변화

1) 학령인구

　교육정책에서 정책 대상인 학령인구(6~21세)의 추이를 확인하는 것은 중요한 부분이다. 우리나라의 학령인구 추이를 살펴보면, 1980년을 기준으로 꾸준히 감소하고 있다는 것을 알 수 있다. 10년을 기준으로 그 추이를 살펴보면, 1980년에서 1990년까지 백만 명 줄어들었던 경향성이 2000년대를 들어서면서 약 2백만명씩 10년 주기로 학령인구가 줄어들고 있다. 1980년과 비교하여 2020년을 살펴보면, 대략 45%의 학령인구가 줄어들었다. 40년 동안 교육정책 대상이 반으로 줄어든 것이다. 2022년에는 6세부터 21세까지의 인구는 7,482천 명이다. 이를 기준으로 초등학교 학령에 해당하는 6세부터 11세까지의 인구는 2,701천 명이다. 중학교 학령에 해당하는 12세에서 14세까지의 인구는 1,366천 명, 고등학교 학령에 해당하는 15세에서 17세까지의 인구는 1,322천 명이다. 그리고 대학교 학령에 해당하는 18세에서 21세까지의 인구는 2,093천 명으로 나타났다.

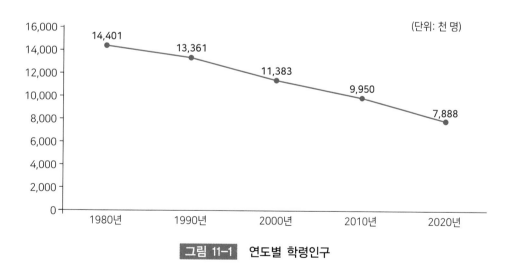

그림 11-1　연도별 학령인구

표 11-1   연도별 학령인구   (단위: 천 명)

연도	계 (6~21세)	학교급별			
		6~11세 (초등학교)	12~14세 (중학교)	15~17세 (고등학교)	18~21세 (대학교)
1980	14,401	5,499	2,599	2,671	3,632
1990	13,361	4,786	2,317	2,595	3,663
1995	11,918	3,901	2,443	2,349	3,225
2000	11,383	4,073	1,869	2,166	3,275
2005	10,519	4,018	2,064	1,841	2,596
2010	9,950	3,280	1,985	2,084	2,601
2015	8,920	2,720	1,578	1,868	2,755
2016	8,672	2,688	1,458	1,816	2,710
2017	8,461	2,719	1,385	1,715	2,642
2018	8,260	2,757	1,340	1,574	2,589
2019	8,047	2,765	1,318	1,454	2,511
2020	7,888	2,724	1,364	1,390	2,410
2021	7,700	2,718	1,379	1,344	2,258
2022	7,482	2,701	1,366	1,322	2,093

※ 학령인구 수는 원자료 값의 백의 자리에서 각각 반올림하였으므로 학령인구 합계는 학교급별 학령인구 수의 합계와 불일치 할 수 있음.
출처: 여성가족부(2022).

2) 학생 인구 및 학교 수의 변화

(1) 학교급별 학생 수의 변화

학교급에 따른 학생 수를 살펴보면, 각 학교급의 변화에 따른 학생 수의 변화를 살펴볼 수 있다. 2011년도부터 2022년까지 약 10년간의 변화를 학교급별로 살펴보면, 초등학교, 중학교 그리고 고등학교의 학생 수는 모두 점차 줄어들고 있다. 그러나 대학의 학생 수는 점차 증가하였다가 2015년부터 점차 감소하는 경향을 나타내고 있다. 2022년도 초등학교의 학생 수는 2,664,278명이고, 중학교 학생 수는 1,348,428명이며, 고등학교의 학생 수는 1,262,348명이다. 4년제 일반 대학의 학생 수는 1,888,699명이고, 전문대학의 학생 수는 539,306명이다.

2022년도 고등학교 학생 수(1,262,348명)를 고등학교의 유형으로 살펴보면, 일반고 학생 수(961,714명)가 가장 많다. 다음으로 특성화고(182,801명), 특목고(61,424명), 자율고(56,409명)

순으로 학생 수가 나타나고 있다. 고등학교 유형에 따라 2011년도부터 2022년까지 학생 수의 변화를 살펴보면, 일반고, 특성화고, 자율고 학생 수는 줄어들었으나 특목고 학생 수의 경우 다른 유형의 고등학교와 비교하여 줄어든 비율이 매우 작다는 것을 알 수 있다. 2011년과 비교하여 2022년의 일반고 학생 수는 33% 감소하였고, 특성화고는 46%, 자율고는 50% 감소하였다. 그러나 특목고의 경우 4%밖에는 감소하지 않았다. 즉, 전체적으로 학생 수가 감소한 것을 감안하여 살펴보면 일반고, 특성화고, 자율고의 학생 수가 줄어든 비율과 비교하여 2011년과 2022년의 특목고의 학생 수는 거의 비슷하다. 이는 특목고가 상위학교 입시에 유리하다는 측면이 반영된 결과라고 볼 수 있다.

표 11-2　**학교급별 학생 수**　　　　　　　　　　　　　　　　　　　(단위: 명)

| 연도 | 초등학교 | 중학교 | 고등학교 | | | | | 대학 | 대학원 | 교육대학 | 전문대학 |
			계	일반고	특성화고	특목고	자율고				
2011	3,132,477	1,901,572	1,943,798	1,425,882	340,227	63,727	113,962	2,065,451	329,933	20,241	776,738
2012	2,951,995	1,849,094	1,920,087	1,381,130	330,797	64,468	143,692	2,103,958	329,544	18,789	769,888
2013	2,784,000	1,804,189	1,893,303	1,356,070	320,374	67,099	149,760	2,120,296	329,822	17,500	757,721
2014	2,728,509	1,717,911	1,839,372	1,314,073	313,449	66,928	144,922	2,130,046	330,872	16,566	740,801
2015	2,714,610	1,585,951	1,788,266	1,278,008	302,021	67,529	140,708	2,113,293	333,478	15,967	720,466
2016	2,672,843	1,457,490	1,752,457	1,256,108	290,632	67,607	138,110	2,084,807	332,768	15,903	697,214
2017	2,674,227	1,381,334	1,669,699	1,193,562	274,281	67,960	133,896	2,050,619	326,315	15,839	677,721
2018	2,711,385	1,334,288	1,538,576	1,096,331	252,260	66,693	123,292	2,030,033	322,232	15,788	659,232
2019	2,747,219	1,294,559	1,411,027	1,001,756	230,098	65,244	113,929	1,988,458	319,240	15,697	643,762
2020	2,693,716	1,315,846	1,337,312	958,108	212,294	64,493	102,417	1,964,358	320,595	15,626	621,509
2021	2,672,340	1,350,770	1,299,965	961,275	198,663	63,181	76,846	1,938,254	327,415	15,409	576,041
2022	2,664,278	1,348,428	1,262,348	961,714	182,801	61,424	56,409	1,888,699	333,907	15,091	539,306

※ 대학은 4년제 일반 대학임.
출처: 여성가족부(2022).

(2) 학교급별 학교 수의 변화

2011년도부터 학교급에 따른 학교 수의 변화를 살펴보면, 전체적으로 증가한 것으로 나타났다. 2011년 초등학교의 수는 5,882개교이었으나 2022년의 경우 6,163개교로 281개교가 증가하였다. 지난 10년간 중학교의 경우에는 105개교, 고등학교의 경우에는 91개교가 증가하였다. 4년제 대학의 경우에도 2011년과 비교하여 2022년에는 7개교가 증가한 반면,

전문대학의 경우에는 13개교가 감소하였다. 2022년의 고등학교는 총 2,373개교이고, 이 중 일반고가 1,645개교로 가장 많다. 다음으로 특성화고는 487개교, 특목고는 161개교, 자율고는 80개교이다. 고등학교 유형별에 따른 변화를 살펴보면, 2011년과 비교하여 2022년의 일반고와 특목고는 증가한 반면, 특성화고는 감소하였다. 특성화고가 2022년까지 12개교 줄어드는 동안 특목고는 21개교 증가하였다. 자율고의 경우에는 2013년까지는 165개교로 증가하였다가 2021년 110개교로 줄었고 2022년 80개교로 줄어들었다.

표 11-3 학교급별 학교 수 (단위: 개교)

연도	초등학교	중학교	고등학교					대학	대학원	교육대학	전문대학
			계	일반고	특성화고	특목고	자율고				
2011	5,882	3,153	2,282	1,554	499	120	109	183	1,167	10	147
2012	5,895	3,162	2,303	1,529	499	128	147	189	1,177	10	142
2013	5,913	3,173	2,322	1,525	494	138	165	188	1,200	10	140
2014	5,934	3,186	2,326	1,520	499	143	164	189	1,209	10	139
2015	5,978	3,204	2,344	1,537	498	148	161	189	1,197	10	138
2016	6,001	3,209	2,353	1,545	497	152	159	189	1,195	10	138
2017	6,040	3,213	2,360	1,556	491	155	158	189	1,153	10	138
2018	6,064	3,214	2,358	1,556	490	157	155	191	1,198	10	137
2019	6,087	3,214	2,356	1,555	489	158	154	191	1,183	10	137
2020	6,120	3,223	2,367	1,573	489	160	145	191	1,169	10	136
2021	6,157	3,245	2,375	1,616	488	161	110	190	1,174	10	134
2022	6,163	3,258	2,373	1,645	487	161	80	190	1,167	10	134

출처: 여성가족부(2022).

3) 진학률과 학업중단율

(1) 진학률

진학률은 전체 졸업자 중 상급교육기관으로의 진학자 비율을 의미한다. 2022년 초등학교에서 중학교 과정의 진학률은 100%이다. 이는 지난 10년간의 변화 추이에서도 동일하게 나타나고 있다. 중학교에서 고등학교 과정으로의 진학률은 99.7%로, 이 또한 거의 대부분의 중학교 학생이 고등학교에 진학한다는 것을 알 수 있다. 고등학교에서 고등교육기관으로의 진학률은 2022년의 경우 73.3%로 2011년도 72.5%와 비교하여 다소 상승한 것을 알

수 있다. 10년간의 평균을 산정하여 살펴보면, 고등학교에서 고등교육기관으로의 진학률
은 대략 70%로 볼 수 있다. 고등학교를 졸업한 청소년의 70%가 대학에 진학하고 있다는 것
을 알 수 있다. 1980년의 고등학교에서 고등교육기관으로의 진학률이 23.7%(여성가족부,
2022)인 것을 고려할 때 과거와 비교하여 고등교육기관으로의 진학률이 매우 상승하였다는
것을 알 수 있다.

고등학교 유형별 진학률을 살펴보면, 2022년의 일반고의 진학률이 79.6%로 가장 높게
나타났다. 다음으로 자율고 70.7%, 특성화고 56.8% 그리고 특목고는 48.3%이다. 특성화
고는 「초·중등교육법 시행령」 제91조에 따르면, 특정 분야의 인재양성을 목적으로 하는
교육 또는 자연현장실습 등 체험위주의 교육을 전문적으로 실시하는 고등학교이다. 따라
서 교육과정을 통해 우수한 인재를 양성하고 좋은 일자리에 취업할 수 있도록 지원하고 있
다. 과거 전문계 고등학교 또는 실업계 고등학교라고 불렸던 학교가 현 특성화고등학교이
다. 일반고의 진학률은 2011년(75.8%)와 비교하여 2022년에는 79.6%로 증가한 반면, 특성
화고의 진학률은 61%(2011년)에서 56.8%(2022년)로, 특목고의 진학률은 67.4%(2011년)에
서 48.3%(2022년)로 낮아졌다. 2022년도의 자율고의 진학률은 70.7%로, 그동안 증가와 감
소의 변화가 있었으나 2011년도의 진학률(69.3%)과 비교하여 큰 변화는 없다.

표 11-4 학교급별 진학률   (단위: %)

연도	초등학교 → 중학교 과정	중학교 → 고등학교 과정	고등학교 → 고등교육기관				
			계	일반고	특성화고	특목고	자율고
2011	100.0	99.7	72.5	75.8	61.0	67.4	69.3
2012	100.0	99.7	71.3	76.6	50.0	64.2	72.6
2013	100.0	99.7	70.7	77.7	41.7	60.0	74.7
2014	100.0	99.7	70.9	78.7	37.9	59.6	75.7
2015	100.0	99.7	70.8	78.9	36.1	58.4	75.8
2016	100.0	99.7	69.8	78.0	35.0	55.9	74.9
2017	100.0	99.7	68.9	77.3	32.8	56.9	73.5
2018	100.0	99.7	69.7	77.6	35.9	57.6	72.6
2019	100.0	99.7	70.4	77.0	42.5	57.5	71.7
2020	100.0	99.7	72.5	79.4	44.8	58.1	74.3
2021	100.0	99.7	73.7	80.3	47.8	58.3	74.2
2022	100.0	99.7	73.3	79.6	56.8	48.3	70.7

※ 진학률은 해당연도 졸업자 대비 해당연도 졸업자 중 진학자의 비율로 산정함.
출처: 여성가족부(2022).

(2) 학업중단율

학업중단이란 질병, 가사, 부적응 및 기타 사유에 의하여 자퇴 및 퇴학한 학생을 말한다. 이에는 인정 유학, 해외 이주, 파견동행으로 인하여 학업을 중단한 것도 포함된다. 의무교육과정인 초등학교와 중학교에서의 학업중단자는 유예 및 면제자를 말한다. 학업중단율은 전년도 재적학생 수에서 학업중단자 수의 비율을 말하는 것이다. 2021학년도 초등학교의 학업중단율은 0.6%, 중학교는 0.5%, 고등학교는 1.5%로 나타났다. 초등학교의 학업중단율은 2019년까지는 다소 증가하였으나 다시 감소하였고, 중학교와 고등학교의 학업중단율은 2011년부터 2021년까지 감소하는 경향성을 나타내고 있다. 학교급 간 학업중단율은 초등학교와 중학교보다 고등학교가 더 높게 나타나고 있다.

표 11-5   학교급별 학업중단률   (단위: %)

연도	초등학교	중학교	고등학교
2011	0.6	0.9	1.9
2012	0.6	0.9	1.8
2013	0.6	0.8	1.6
2014	0.6	0.7	1.4
2015	0.5	0.6	1.3
2016	0.6	0.6	1.4
2017	0.6	0.7	1.5
2018	0.7	0.7	1.6
2019	0.7	0.8	1.8
2020	0.4	0.5	1.1
2021	0.6	0.5	1.5

출처: 여성가족부(2022).

4) 학업성취도

(1) 국가수준 학업성취도

우리나라에서는 「초·중등교육법」 제9조 및 동법 시행령 10조에 근거하여 매년 국가수준 학업성취도 평가를 실시하고 있다. 국가수준 학업성취도를 평가하는 목적은 학생들의 교과별 학업성취의 추이를 파악하여 교육과정의 교육목표 도달 정도와 함께 교육과정 개선을 위한 기초자료를 제공하는 것이다. 또한 학업성취도와 교육맥락변인(학생, 교사, 학교)

의 관련성을 분석하여 학업성취에 영향을 주는 원인을 탐색하고 요인 간 관계를 파악하는 것도 포함된다. 뿐만 아니라 학생들의 학업성취 수준을 보정하는 교육으로 연결하고 질 높은 평가 도구의 개발을 통해 일선 학교의 교수·학습 방법을 개선하고자 하는 목적도 포함된다.

국가수준 학업성취도 평가는 교육과정평가원에서 전담하고 있으며, 2018년부터 동등화 및 결과 수집을 위해 3%를 표집하여 실시하고 있다. 학생용 평가 결과와 학교별 평가 문항 및 설문 문항 분석 결과 등 학교 상세정보를 온라인으로 제공하고 있다. 2021년도에는 컴퓨터를 활용하여 시험을 운영하는 CBT(Computer Based Test) 방식 전환에 대비하여 3% 표집 학생들을 대상으로 지필평가를 실시하는 동시에 추가 표집된 1,500명 학생에게 CBT를 시범으로 실시하였다. 시범 실시를 바탕으로 2022년부터는 표집된 학교의 중학교 3학년과 고등학교 2학년을 대상으로 CBT 방식을 전면 시행하였다. 또한 2022년부터 맞춤형 학업성취도 자율평가 지원 대상을 확대하였다(박인용 외, 2023).

학업성취도 평가란 국가에서 정한 교육과정에 근거해 학생들의 교육목표 달성 정도를 평가하는 준거참조평가로, 인지적·비인지적 평가 결과를 바탕으로 학생의 전인적 성장을 지원할 수 있는 자료를 산출하는 것이다. 이에 대한 평가 유형은 국가수준 학업성취도 평가와 맞춤형 학업성취도 자율평가로 구분된다. 국가수준 학업성취도 평가는 우리나라 전체 학생 중 약 3%를 층화 군집 표집하여 평가 대상을 선정하고 평가를 시행한다. 반면, 맞춤형 학업성취도 자율평가는 희망하는 모든 학교에서 학급 단위로 평가 계획을 수립하여 평가에 참여할 수 있다. 즉, 희망하는 모든 학교가 지정 평가기간 중 자율적으로 참여할 수 있는 유형으로 자율평가의 지원 학년은 연차적으로 확대해 나갈 예정이다.

평가틀은 영역, 역량, 맥락으로 구분되며, 2015 개정 교육과정의 교육 내용 영역과 교과 역량을 재구성하여 영역과 역량을 구성하였다. 영역은 교과의 교수·학습 내용을 평가하고, 역량은 교과에서 중점적으로 기르고자 하는 능력을 평가한다. 마지막 맥락은 문제 해결과 관련한 내용을 평가하는 것으로 일정한 상황을 설정하여 평가한다.

성취수준(achievement standards)은 학생의 교과별 성취수준을 말하는 것으로, 교육과정에 제시된 성취기준에 대한 도달 정도를 말한다. 성취수준은 낮은 단계의 성취수준부터 높은 단계의 성취수준으로 구분하여 1수준부터 4수준까지 4개의 수준으로 제시되고 있다.

1수준은 노력이 요하는 단계로, 학생들이 도달하기를 기대하는 교육과정 성취기준을 이해하고 수행하기 위해서 많은 노력이 필요한 단계이다. 2수준은 기초학력 단계로, 학생들이 도달하기를 기대하는 교육과정 성취기준을 부분적으로 이해하고 수행할 수 있는 단계

표 11-6   평가틀에 따른 교과별 세부 평가 요소

평가 요소	국어	수학	영어	사회	과학
영역	듣기 · 말하기 읽기, 쓰기 문법, 문학	수와 연산 문자와 식 함수, 기하 확률과 통계	듣기 말하기 읽기 쓰기	지리 역사 일반사회	운동과 에너지 물질 생명 지구와 우주
역량	비판적 · 창의적 역량 자료 · 정보활용역량 의사소통역량 공동체 · 대인관계 역량 문화향유역량 자기성찰 · 계발역량	계산 · 이해 추론 문제 해결 의사소통 정보처리	의사소통역량 지식정보처리역량 공동체역량	사실과 개념 이해력 정보활용능력 비판적 사고력 문제해결력 및 의 사결정력	과학 원리의 이해 및 적용 능력 과학적 탐구 및 문제 해결력 과학적 의사소통 능력
맥락	담화 텍스트 문학 텍스트 비문화 텍스트	실생활 중심 학문 중심	개인적 사회적	개인적 지역 · 국가적 전 세계적	실생활 순수 과학

출처: 학업성취도 평가 지원 포털 홈페이지.

이다. 3수준은 보통학력 단계로, 학생들이 도달하기를 기대하는 교육과정 성취기준의 상당 부분을 이해하고 수행할 수 있는 단계이다. 4수준은 우수학력 단계로, 학생들이 도달하기를 기대하는 교육과정 성취기준의 거의 모든 부분을 이해하고 수행할 수 있는 단계이다.

표 11-7   성취수준별 개념

성취수준	개념
1수준	평가 대상 학년의 학생들이 도달하기를 기대하는 교육과정 성취기준의 거의 모든 부분을 이해하고 수행한다.
2수준	평가 대상 학년의 학생들이 도달하기를 기대하는 교육과정 성취기준을 상당 부분 이해하고 수행한다.
3수준	평가 대상 학년의 학생들이 도달하기를 기대하는 교육과정 성취기준을 부분적으로 이해하고 수행한다.
4수준	평가 대상 학년의 학생들이 도달하기를 기대하는 교육과정 성취기준을 이해하고 수행하기 위해서 많은 노력이 필요하다.

출처: 학업성취도 평가 지원 포털 홈페이지.

교육부에서 발표(2022. 6. 13.)한 2021년도 국가수준 학업성취도 결과를 살펴보면, 중학생의 국어(6%)와 영어(5.9%) 과목의 1수준 비율이 약 6%인 반면, 수학의 경우 11.6%로 나타나 국어와 영어 과목에 비해 1수준 비율이 높게 나타나고 있다. 3수준 이상의 비율에서도 국어는 74.4%, 영어는 64.3%로 나타났으나, 수학의 경우 55.6%로 제시되고 있다. 중학생의 1수준과 3수준 이상의 연도별 변화를 살펴보면, 2021년도의 학업성취는 국어, 영어 과목에서 2019년도의 학업성취와 비교하여 1수준의 비율은 증가하고 3수준의 비율은 감소한 것으로 나타났다. 수학의 경우, 1수준의 비율은 유사하게 나타난 반면, 3수준 이상의 비율은 2019년도와 비교하여 감소하였다. 즉, 1수준 비율의 변화는 없었으나 3수준 이상이 감소하였으므로 이 또한 수학 교과의 학업성취가 낮아진 것이다.

표 11-8   중학생의 '1수준(기초학력 미달)'과 '3수준(보통학력) 이상' 학업성취 변화   (단위: %)

구분 연도	1수준			3수준 이상		
	국어	수학	영어	국어	수학	영어
2019	4.1(0.28)	11.8(0.44)	3.3(0.24)	82.9(0.54)	61.3(0.94)	72.6(0.82)
2020	6.4(0.4)	13.4(0.59)	7.1(0.43)	75.4(0.76)	57.7(1.01)	63.9(1.1)
2021	6.0(0.33)	11.6(0.49)	5.9(0.33)	74.4(0.79)	55.6(1.05)	64.3(1.01)

※ 표집에 따른 모집단 추정치이므로 표준오차를 괄호 안에 제시함
출처: 교육부 보도자료(2022. 6. 13.).

　고등학생의 2021년도의 교과별 학업성취도를 살펴보면, 국어(7.1%), 영어(9.8%), 수학(14.2) 순으로 기초학력 미달인 1수준 비율이 높아지고 있다. 반면, 3수준 이상의 비율은 국어(64.3%)와 수학(63.1%)이 비슷하게 나타나고 영어(74.5%)가 국어와 수학보다 더 높게 나타나고 있다. 고등학생의 1수준과 3수준 이상의 연도별 변화를 살펴보면, 2021년도의 학업성취는 모든 교과에서 2019년도와 비교하여 1수준의 비율은 증가하고 3수준 이상의 비율

표 11-9   고등학생의 '1수준(기초학력 미달)'과 '3수준(보통학력) 이상' 학업성취 변화   (단위 : %)

구분 연도	1수준			3수준 이상		
	국어	수학	영어	국어	수학	영어
2019	4.0(0.40)	9.0(0.59)	3.6(0.35)	77.5(0.90)	65.5(1.24)	78.8(0.98)
2020	6.8(0.52)	13.5(0.75)	8.6(0.64)	69.8(1.14)	60.8(1.27)	76.7(1.07)
2021	7.1(0.52)	14.2(0.83)	9.8(0.62)	64.3(1.23)	63.1(1.32)	74.5(1.17)

※ 표집에 따른 모집단 추정치이므로 표준오차를 괄호 안에 제시함
출처: 교육부 보도자료(2022. 6. 13.).

은 감소한 것으로 나타났다. 2021년도 수학과 영어의 1수준 비율은 2019년도와 비교하여 5.2% 증가하여 국어보다 더 크게 높아졌다. 2021년도 3수준 이상의 비율은 2019년도와 비교하여 국어의 감소 비율이 수학과 영어보다 상대적으로 더 크다.

(2) 국제 학업성취도[1]

우리나라는 경제협력개발기구(Organization for Economic Co-operation and Development: OECD)에서 시행하는 PISA(Programme for International Student Assessment)에도 참여하고 있으며, 이에 대한 평가 결과를 분석하여 교육정책을 수립하는 기초자료로 활용하고 있다. PISA는 만 15세 학생(중3~고1)을 대상으로 3년을 주기로 읽기, 수학, 과학 영역에 대한 평가를 실시하며, 평가의 각 주기마다 심층 분석을 위한 주 영역[2]을 설정하여 평가가 시행된다. 2000년에 시작된 PISA에 우리나라는 매 주기 참여하고 있으며, 2021년에 예정되었던 평가는 코로나19로 인하여 한 해 연기하여 2022년에 시행되었다. PISA에는 OECD 회원국 37개국과 비회원국 44개국이 참여하고 있다. PISA는 학생들의 인지적 영역(수학, 읽기, 과학, 창의적 사고력)의 평가와 성취에 영향을 미치는 교육맥락변인(학생, 학부모, 학교 관련)에 대한 설문을 함께 실시한다. 따라서 조사대상은 학생과 함께 학교, 교사 그리고 학무모를 포함한다.

PISA 2022의 인지적 영역인 수학, 읽기, 과학의 평가틀은 〈표 11-10〉과 같이 구성되어 있다. 교육맥락변인과 관련한 설문의 구성은 학생 배경, 학생의 신념·태도·감정·행동, 교수 시행 및 학습기회, 학교 실행 및 정책과 인프라, 학교의 시스템 수준 정책 및 실행 등으로 되어있다. PISA 2022의 주영역은 수학이고 보조영역은 읽기와 과학이며, 혁신적 영역은 '창의적 사고력'이다. 이 중, 자신에게 할당된 2개 영역의 평가에 참여한다.

표 11-10 PISA 2022 인지적 영역 평가틀

평가 영역		평가틀
수학	수학적 추론과 문제 해결	수학적 추론, 형식화하기, 이용하기, 해석하기와 평가하기
	수학적 내용	변화와 관계, 공간과 모양, 양, 불확실성과 자료
	맥락	개인적, 직업적, 사회적, 과학적

---

1) 교육부 보도자료(2023. 12. 5.)를 참고하여 작성함.

2) 시행연도별 주 영역은 2000년 읽기, 2003년 수학, 2006년 과학, 2009년 읽기, 2012년 수학, 2015년 과학, 2018년 읽기, 2022년 수학임

읽기	과정	텍스트 과정, 과제 관리
	텍스트	출처, 조직 및 탐색 구조, 텍스트 체재, 텍스트 유형
	상황	개인적, 공적, 교육적, 직업적
과학	맥락	개인적, 지역적/국가적, 전 세계적
	역량	현상에 대한 과학적 설명, 과학 탐구의 평가 및 설계, 자료 및 증거의 과학적 해석
	지식	내용 지식, 절차적 지식, 인식론적 지식
	인지적 요구	상, 중, 하

출처: 한국교육과정평가원(2023).

    PISA 2022의 주요 결과는 경제협력개발기구(OECD) 회원국 중 수학 1~2위, 읽기 1~7위, 과학 2~5위로 높은 성취를 나타냈으며, 전체 81개국 중에서도 수학 3~7위, 읽기 2~12위, 과학 2~9위로 높은 순위를 기록하였다. 2000년 참가 이후부터 주기별 결과를 살펴보면, 수학, 읽기, 과학의 모든 영역에서 상위 수준의 성취를 유지하고 있다.

표 11-11　PISA 2022의 주요 결과

영역 \ 연구 주기 참여국 (OECD 회원국)			PISA 2000 43개국 (28개국)	PISA 2003 41개국 (30개국)	PISA 2006 57개국 (30개국)	PISA 2009 75개국 (34개국)	PISA 2012 65개국 (34개국)	PISA 2015 72개국 (35개국)	PISA 2018 79개국 (37개국)	PISA 2022 81개국 (37개국)
수학	평균 점수		547	542	547	546	554	524	526	527
	순위	OECD	2	1~4	1~2	1~2	1	1~4	1~4	1~2
		전체	3	1~5	1~4	3~6	3~5	6~9	5~9	3~7
읽기	평균 점수		525	534	556	539	536	517	514	515
	순위	OECD	6	2~3	1	1~2	1~2	3~8	2~7	1~7
		전체	7	2~3	1	2~4	3~5	4~9	6~11	2~12
과학	평균 점수		552	538	522	538	538	516	519	528
	순위	OECD	1	2~3	5~9	2~4	2~4	5~8	3~5	2~5
		전체	1	2~4	7~13	4~7	5~8	9~14	6~10	2~9

※ 1. PISA 영역별 점수 추이 분석은 해당 영역이 처음 주 영역인 주기를 기준으로 하며, 영역별 기준 주기는 읽기 PISA 2000, 수학 PISA 2003, 과학 PISA 2006임
  2. 주기별 주영역: PISA 2000(읽기), PISA 2003(수학), PISA 2006(과학), PISA 2009(읽기), PISA 2012(수학), PISA 2015(과학), PISA 2018(읽기), PISA 2022(수학)
  3. PISA 2000(43개국)은 PISA 2000(32개국)과 PISA 2000 PLUS(11개국)를 합한 자료임. PISA 2000 PLUS는 OECD 회원국만을 대상으로 시행하였던 PISA 2000의 평가 도구를 활용하여 2001년에 PISA 연구에 참여하기를 원하는 OECD 비회원국을 대상으로 시행되었음
  4. PISA 2009(75개국)는 PISA 2009(65개국)와 2010년에 PISA 연구에 참여하기를 원하는 OECD 비회원국(10개국)을 대상으로 PISA 2009의 평가 도구를 활용하여 시행한 결과를 합한 자료임
출처: 교육부 보도자료(2023. 12. 5.)

PISA 2022의 주요 결과를 분석한 김성경 등(2023)의 연구에서는 수학, 읽기, 과학의 주요 결과를 분석하고, 수학 및 수학 수업에 대한 인식, 학생 특성과 학교생활, 글로벌 위기에서의 학습 그리고 디지털 환경에서의 학습 준비도 등을 고찰한 내용을 토대로 학교교육 및 교육 환경을 개선하기 위한 정책 방안을 제시하였다. 첫째, 통계 교육 및 가치 · 태도 교육 개선을 통한 수학 소양 함양, 둘째, 맞춤형 교육 전략 정교화를 통한 읽기 소양 함양, 셋째, 탐구활동 기반 활성화와 과학 시민교육을 통한 과학 소양 함양, 넷째, 학습 · 심리 · 사회성 회복 촉진을 위한 포스트 코로나 교육정책 정교화, 다섯째, 디지털 자원 활용의 효율성 제고를 통한 디지털 기반 교육혁신 정책 안착이다.

2. 전인적 인재 양성을 위한 교육정책

1) 학생봉사활동

(1) 교육정책 속 학생봉사활동의 시작

교육정책에 학생봉사활동이 등장하게 된 것은 5 · 31 교육개혁안에서 시작되었다. 새로운 문민정부 출범에 따라 사회 각계에서 변화의 요구가 나타났으며 교육계 또한 다른 시각의 새로운 교육정책에 대한 요구가 나타났다. 이에 정부는 대통령령으로 '교육개혁위원회 규정'을 제정 · 공포(1993. 8. 10.)하고 대통령 직속 교육개혁기구를 설치하여 새로운 교육의 방향을 정립하고자 하였다. 교육개혁위원회는 '신한국 창조를 위한 교육개혁의 방향과 과제'(1994. 9. 5.)를 보고하는 과정에서 11개 교육개혁 과제를 선정하고 '신교육체제 수립을 위한 교육개혁방안'(1995. 5. 31.)을 발표하였다.

5 · 31 교육개혁안은 자율과 책임, 평생학습사회의 실현, 교육수요자의 다양한 선택권을 강조하면서 학습자 중심의 교육, 학생과 학부모의 교육선택 확대, 교육의 다양화를 주요 특징으로 하고 있다. 5 · 31 교육개혁안은 극심한 입시 경쟁 속 대학 입학 과정의 어려움을 완화하는 측면에서 학교생활기록부제를 도입하게 되는데, 학교생활기록부제는 교과 성적과 함께 비교과 영역(특별활동, 봉사활동 등)의 학생 활동도 중시하였다. 봉사활동을 교육과정에 도입하는 교육개혁위원회의 제안 이후 서울시교육청이 1996년 고등학교 입시부터 봉사활동을 반영하기로 발표하고 이어 교육부가 한 학년에 20시간 봉사활동 의무 규정을 포함한 『학생봉사활동 운영지침』(1996년)을 발간하였다. 5 · 31 교육개혁안을 통하여 학생자원

봉사활동의 내용과 시간, 청소년수련활동을 종합생활기록부에 작성할 수 있게 되었고 이러한 내용이 상급학교 진학 시 활용될 수 있는 길이 열렸다. 또한 학생들의 봉사활동을 지원하기 위하여 한국청소년자원봉사센터와 함께 전국 16개 시·도에 청소년자원봉사센터가 설립되었다.

(2) 학생봉사활동의 주요 정책 변화
① 제7차 교육과정(1997. 12.)과 2007 개정 교육과정(2007. 2. 28.)

　제7차 교육과정은 제6차 교육과정의 특별활동(학습, 클럽, 학교) 체계를 재구성하여 자치활동, 적응활동, 계발활동, 봉사활동, 행사활동으로 체계화하였다. 이는 기존의 학교활동 영역 중 행사활동에 속했던 봉사활동의 지위가 인성교육 접근으로 변화한 것이다. 봉사활동영역은 일손돕기, 위문, 캠페인, 자선구호, 환경시설보전활동으로 제시하고 있다. 입학사정관제 도입(2004. 10. 28.)으로 봉사활동 등 비교과영역의 활동 경험이 대입자료로 활용될 수 있게 되었다. 2007 개정 교육과정은 제7차 교육과정의 기본 체제를 유지하면서 교과 내용의 개선에 중점을 두었고 재량활동 및 특별활동 편성·운영의 자율성을 확대하였다. 일손 돕기, 위문, 캠페인, 자선구호, 환경시설보전 등 봉사활동 내용 중, 캠페인활동에서 헌혈, 환경시설보전활동에서 식목활동이 추가되었다.

② 2009 개정 교육과정(2009. 12. 23.)

　2009 개정 교육과정에서는 재량활동과 특별활동을 통합하여 '창의적 체험활동'으로 새롭게 변화하였다. 창의적 체험활동은 자율활동, 동아리활동, 봉사활동, 진로활동으로 구성되었으며 봉사활동의 영역을 교내활동, 지역사회활동, 자연환경보호활동, 캠페인 활동으로 제시하였다. 학생봉사활동의 연간 권장 기준시수를 학교급별(초·중·고)에 따라 10~18시간으로 하고, 입시 반영에 따른 문제점이 제기됨에 따라 교외상 수상경력의 입력에 제한을 두는 방안[3]이 제시되었다. 교외상 중 효행상, 선행상 및 봉사상 등 교과와 관련이 없는 경우 기록할 수 있었으나, 개정된 훈령(2010. 7. 29.)에 의해 모든 교외상은 입력할 수 없게 되었다.

③ 2015 개정 교육과정(2015. 9. 23.)

　2015 개정 교육과정에서 창의적 체험활동은 2009 개정 교육과정과 동일하게 구성(자율

---

3) 교육과학기술부(2009. 12. 10.). 고등학교 선진화를 위한 입학제도 및 체제 개편 방안.

활동, 동아리활동, 봉사활동, 진로활동)하였으나, 봉사활동영역을 이웃돕기활동, 환경보호활동, 캠페인활동으로 재구성하였다. 이웃돕기활동에는 친구돕기활동과 지역사회활동, 환경보호활동에는 환경정화 및 자연보호활동, 캠페인활동에는 각종 캠페인활동과 함께 학교폭력예방 및 성폭력예방캠페인을 포함하였다.

학생봉사활동 교육과정 편성을 학교급별 및 학년별 발달단계를 고려하여 편성하도록 하면서, 초등 1~3학년(5시간 이상), 초등 4~6학년(10시간 이상), 중학교(15시간 이상), 고등학교(20시간 이상)의 권장 시간을 각각 다르게 마련하였다. 학교생활기록부의 신뢰도를 제고하기 위한 방안으로 교내를 포함하여 모든 대회 관련 사항을 학생부에 작성할 수 없게 되었으며, 학생봉사활동은 실적만 입력하도록 하였다. 입시와 관련해서는 대입제도 공정성 강화방안(2019. 11. 28.)에 따라 개인계획에 의한 봉사활동의 경우 학생부에 기재는 할 수 있으나 대입자료에는 반영할 수 없도록 하였다. 학생봉사활동 권장 시간에도 변화가 있었는데, 코로나19 확산에 따라 학생봉사활동의 연간 권장 시간은 폐지(2020년 6월 이후)되었고, '학교봉사활동 추진위원회'의 심의를 거쳐 학교 자율로 결정하도록 하였다(조미영, 장여옥, 2023).

(3) 2022 개정 교육과정에서의 학생봉사활동

2022 개정 교육과정에서는 기존의 창의적 체험활동의 4개 영역을 3개 영역(자율·자치활동, 동아리활동, 진로활동)으로 재구조화하였다. 봉사활동을 동아리활동영역의 하위 활동에 편성되어 진행하는 것으로 하면서, 동아리활동 영역을 학술·문화활동 및 여가활동과 봉사활동으로 구성하였다.

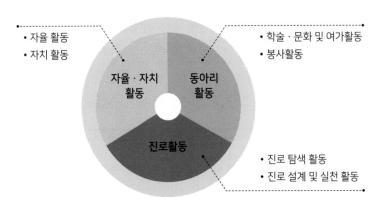

그림 11-2 창의적 체험활동 교육과정 설계의 개요

출처: 교육부(2022. 12. 22.), p. 654.

동아리활동은 학생의 진로, 흥미와 적성에 부합하도록 동아리를 구성하거나 가입하여 다양한 체험과 함께 나눔과 봉사를 실천함으로써 포용성과 시민성을 함양하는 데에 초점을 두는 영역이다. 동아리 활동은 학술·문화 및 여가활동, 봉사활동 등으로 구성된다.

봉사활동은 학교 안팎에서 나눔과 봉사를 실천함으로써 포용성과 시민성을 함양하기 위한 활동으로, 교내 봉사활동(또래 상담, 지속가능한 환경 보호 활동 등), 지역사회 봉사활동(지역사회 참여, 캠페인, 재능기부 등), 각종 청소년단체 활동 등이 해당된다. 봉사활동은 동아리 활동의 하위 활동으로 편성되어 있으나, 그 성격상 창의적 체험활동의 모든 영역과 연계·통합하여 운영할 수 있다.

표 11-12   동아리활동 속 봉사활동의 활동목표와 예시 활동

활동	목표		예시 활동
봉사활동	학교 안팎에서 나눔과 봉사를 실천함으로써 포용성과 시민성 함양	교내 봉사활동	또래 상담, 지속가능한 환경 보호 등
		지역사회 봉사활동	지역사회 참여, 캠페인(학교폭력 예방, 안전사고 예방, 성폭력 예방, 생태환경 보호 등), 재능기부 등
		청소년단체 활동	각종 청소년단체 활동 등

출처: 교육부(2022. 12. 22.).

2022 개정 교육과정은 학년에 따라 그 적용 시기가 다르다. 2024학년도에는 초등 1~2학년, 2025학년도에는 초등 1~4학년, 중·고 1학년, 2026학년도에는 초등 전학년과 중·고 1~2학년 그리고 2027학년도에는 초·중·고 전 학년에 시행된다.

표 11-13   2022 개정 교육과정 적용 시기

시기	초등학교	중학교	고등학교
2024년 3월	초 1, 2	-	-
2025년 3월	초 1, 2, 3, 4	중 1	고 1
2026년 3월	초 1, 2, 3, 4, 5, 6	중 1, 2	고 1, 2
2027년 3월	초 1, 2, 3, 4, 5, 6	주 1, 2, 3	고 1, 2, 3

(4) 학생봉사활동 운영

봉사활동 인정 가능 기관을 살펴보면, 교육감과 교육장 및 학교장이 인정하는 기관과 함께 청소년활동진흥센터 등에서 인정하는 기관(단체) 중 시·도 교육청 봉사활동 활성화 운영 기준에 부합하는 기관 및 단체도 포함되어 있다. 따라서 청소년기관 및 단체가 학교와 협업하여 학생봉사활동을 진행하기 위해서는 학생봉사활동의 관련 규정과 함께 학교에서의 실제 운영이 어떻게 진행되는지 알고 있는 것이 필요하다.

대입제도 공정성 강화 방안이 발표(교육부 보도자료, 2019. 11. 28.)되면서 책무성 강화 및 교육과정과 연계한 프로그램 개발 등 학생봉사활동의 공정성을 강화하기 위한 노력도 이루어졌다. 이와 관련하여 2024학년도 대입부터 상급학교 진학 시 학교계획에 의한 봉사활동 실적은 제공하지만 개인계획에 의한 봉사활동 실적은 제공하지 않도록 하고 있다. 따라서 학교계획에 의한 경험 중심의 봉사활동에 관심이 필요하다. 학교교육과정 중 창의적 체험활동의 한 영역인 봉사활동은 학교별 연간계획에 의해 추진되며 대상은 학교, 학년, 학급 또는 그룹 단위로 이루어진다.

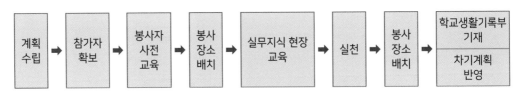

그림 11-3 학교교육계획에 의한 봉사활동 절차

① 단위학교의 학생봉사활동 추진

학교별 봉사활동 시간은 학교급(초·중·고)에 따라 학생 발달단계 및 학교·지역의 특성 등을 고려하여 결정하고 체계적으로 계획을 세워 교육과정을 편성·운영한다. 이에 원격 및 등교 수업 모두 활용하여 다양한 봉사활동이 진행될 수 있도록 권장하고 있으며, 학교교육계획에 의한 봉사활동은 '학생봉사활동추진위원회'의 심의를 받아야 한다. 학교교육계획에 의한 봉사활동 중 수업시간 외 활동은 학년 초에 작성하는 학교교육계획서에 포함하거나, 담임(담당)교사가 수시로 계획을 수립하여 사전에 학교장 결재 후 실시가 가능하다. 학교교육계획에 의해 실시한 학년·학급 단위 봉사활동도 '봉사활동 실적'란에 입력하기 위해서는 개인 또는 단체 단위로 봉사활동 확인서를 당해 학교장 명의로 발급하여야 한다. 단위학교의 연간 추진 일정을 살펴보면, 3월에 봉사활동 운영계획을 수립하고 연중 봉사활동을 실시한 후 12월부터 다음 해 3월 초까지 기록 확인 및 평가가 진행되며, 다음 해의 학생봉사활동 운영계획이 수립된다. 따라서 청소년기관(단체)에서 학교계획에 의한 봉사활동을 추진하기 위해서는 12월 전에 학교와 협의를 거쳐야 한다.

월별	업무추진	세부계획
3월	봉사활동 운영계획 수립	• '학생봉사활동추진위원회' 구성
		• 학교교육과정에 의한 봉사활동 연간 계획 수립
		• 교내 봉사활동 프로그램 담당교사로부터 교내봉사활동 추진계획을 접수·수합하여 학생봉사활동추진위원회 심의 후 결재
		• 학교별 '봉사활동 운영계획' 수립
		• 교사, 보호자에 대한 봉사활동 관련 연수 실시(가정통신문 발송, 홈페이지 게시 등)
		• 학생에 대한 봉사활동 소양 교육
연중	봉사활동 실시 및 홍보	• 지역사회와 적극적인 협력으로 다양한 봉사활동 프로그램 운영
12월 ~ 다음해 3월초	봉사활동 계획서 및 확인서 보관 평가	• 담임교사 학교생활기록부 기록 최종 확인
		• 학급별 봉사활동 계획서 및 확인서 수합·보관
		• 봉사활동 운영 평가
		• 다음 해의 학생봉사활동 운영계획 수립

표 11-14 학교교육계획에 의한 단위학교 월별 학생봉사활동 추진 일정(예시)

출처: 서울특별시교육청(2023).

② **봉사활동 시간 및 인정 기준**

봉사활동 시간 및 인정 기준을 살펴보면 다음과 같다. 첫째, 봉사활동 시간은 수업시수와 봉사 시간을 합하여 1일 8시간 이내로 인정하는 것을 원칙으로 한다. 평일 수업시간이 7교시인 경우에는 1시간, 6교시인 경우에는 2시간, 4교시인 경우에는 4시간 인정이 가능하다. 교외체험학습 기간 등 학교장이 출석을 인정한 결석 기간의 봉사활동은 당일 수업시수와 봉사활동 시간을 합하여 8시간 이내로 인정 가능하다. 둘째, 봉사활동은 실제 활동한 시간에 한하여 인정하는 것을 원칙으로 하고 있다. 따라서 이동 시간은 원칙적으로 인정되지 않는다. 다만, 특별재난지역에 대한 자원봉사 등 국가적 재난극복을 위한 봉사활동에 한하여 2시간 이내의 이동 시간을 추가로 인정 가능하다. 셋째, 봉사활동을 한 시간을 기록하는 것은 시간 단위로 기록하는 것을 원칙으로 하고 있다. 즉, 분 단위는 절사하여 학생생활기록부에 기록하도록 되어 있다. 예를 들어, 2시간 20분 봉사활동을 하였더라도 실제 기록은 2시간으로 작성한다. 다만, 동일한 기관에서 동일한 내용의 봉사활동을 지속적으로 한 경우라면 학기 말 또는 학년 말에 분 단위로 절사한 사항을 합산하는 것이 가능하다. 봉사활동을 한 시간을 산정할 때 1시간은 정규 교육과정 내 봉사활동이다. 따라서 초등학교는 40분, 중학교는 45분, 고등학교는 50분을 기준으로 산정한다. 그 밖의 수업시간 외 교내 봉사활동 및 교외 봉사활동은 60분을 1시간으로 산정하도록 한다.

③ 봉사활동의 지도 단계

학생봉사활동을 지도할 때 중요한 부분은 '봉사학습(service learning)'으로서의 교육적 의의를 충분히 살리는 것이다. 봉사학습은 구조화된 봉사활동에 학생들이 실천적으로 참여함으로써 배우게 되는 것이 가능해진다. 이러한 교육적 성과가 가능하기 위해서는 일련의 구조화된 단계에 따라 수행되어야 하며, 각 과정의 수행과정에 학생들의 적극적인 참여가 이루어져야 한다. '학교교육계획에 의한 봉사활동'은 학교 연간계획에 의하여 진행된다. 1단계에서는 봉사활동의 의의 및 참여 태도 등 사전기본교육이 시행되고, 2단계에서는 봉사활동 계획 및 구성 등 활동 내용이 구성된다. 3단계에서는 계획에 따른 학생들의 봉사활동이 실행되며, 4단계에서는 감상문 쓰기, 소감 발표 및 토론 등 봉사활동의 평가 및 발전의 단계로 구조화되어 진행된다.

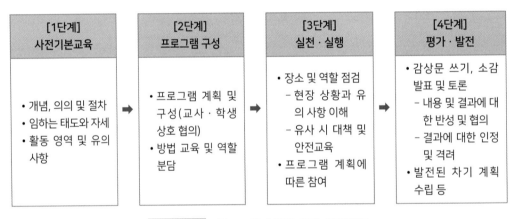

그림 11-4 학교교육계획에 의한 봉사활동

④ 지역사회 연계 봉사활동 운영

학생봉사활동은 봉사학습으로의 의의를 살려 교육적 효과를 얻는 것과 '대입제도 공정성 강화 방안' 발표에 따른 학생봉사활동 방향 전환의 필요성에 따라 지역사회와 함께 성장하는 민주시민으로서의 학생을 양성하기 위해 일회성이 아닌 지속적이고 다양한 학생봉사활동을 요구받고 있다. 이에 봉사활동은 학교교육계획 단계에서부터 유관기관과의 협의를 전제로 지역사회의 인적 및 물적 자원을 활용하여 연계하고 운영 및 관리하는 것이 주요한 추진 방향이다. 지역사회 내 유관기관과의 긴밀한 연계는 각 기관에서 지원하는 다양한 봉사활동을 가능하게 할 뿐만 아니라 해당 분야 전문가와의 협업으로 교사의 업무 경감도 기대할 수 있게 한다. 따라서 청소년기관 등 유관기관에서는 지역사회의 문제 개선 및 해결 등 다양한 학생봉사활동 프로그램을 개발하는 것이 필요하다. 또한 각 분야별 전문가와 함께 멘토 역할을 수행하고 적정한 프로그램의 자원을 개발하는 것에도 관심을 가져야 한다.

(5) 학생봉사활동을 통한 변화와 협업

현재 교육과정에 진행되는 학생봉사활동은 과거의 교육과정과 비교하여 동아리 영역의 하위 활동으로 편성되었으며, 교육과정 내에서 반드시 이수하여야 하는 의무 시수도 학교장 재량으로 변화되었다. 이러한 변화가 학생봉사활동의 축소로 연결될 수 있는 상황에 우려의 시각을 제시하는 교사들도 있다(조미영, 장여옥, 2023). 그러나 봉사활동은 청소년의 성장에 꼭 필요한 교육과정으로, 그 의의를 제대로 살려 계획적으로 진행하고자 하는 노력이 지속적으로 이루어지고 있다. 실제 봉사활동을 꾸준히 하고 있는 학생들은 학교에서 배운 지식을 활용하여 지역사회의 문제를 해결하는 것으로 성취감 및 자기효능감을 얻어 성장하고 있으며, 봉사활동을 통해 실제 보고 느끼고 깨달은 것을 함께한 친구들과 토론하고 기록하며 반성(reflection)하는 과정을 거침으로써 배움으로 이어 가고 있다. 5 · 31 교육개혁을 통하여 봉사활동이 교육과정으로 들어오면서 전국에 학생들의 자원봉사활동을 지원할 수 있는 청소년자원봉사센터가 설립되었고, 이를 기반으로 다양한 역할을 수행하고 있는 현재의 시 · 도 청소년활동진흥센터가 구축되었다. 즉, 청소년육성정책과 교육정책의 융합이 청소년의 성장을 함께 지원하고 있는 것이다. 따라서 학교와 청소년기관의 보다 적극적인 협업을 통해 내실을 기할 수 있는 학생봉사활동이 추진될 수 있도록 하는 노력이 필요하다.

2) 자유학기제

(1) 자유학기제 개념 및 배경

자유학기제는 「초 · 중등교육법 시행령」 제44조(학기) 제3항, 제48조의2(자유학기의 수업 운영방법 등) 제1항과 제2항에 따라 시행되고 있다. 자유학기제란 중학교 1학년 1개 학기 또는 2개 학기 동안 교과 및 창의적 체험활동 시간을 활용하여 학생의 희망과 관심을 반영한 '자유학기 활동'을 편성 및 운영(자유학년제 221시간, 자유학기제 170시간)하는 것으로, 학생 참여형 수업과 이와 연계한 과정 중심 평가를 실시하는 제도이다.

자유학기제 정책이 등장하게 된 배경에는 지나친 경쟁과 입시교육에 대한 대안 마련이 필요하다는 사회적 요구와 함께 중학생의 행복에 대한 관심과 진로연계 교육과정에 대한 필요에 따른 교육적 요구가 있다. 또한 정책 공약과 정책 선도 측면에서의 정치적 영향력과 미래지향적 역량교육에 대한 세계적 교육개혁 흐름에 따른 외부 환경의 영향을 제시할 수 있다(신철균 외, 2014).

2013년 교육부(2013. 5. 28.)에서 발표한 '자유학기제 시범운영 계획안'에서의 자유학기제 도입의 필요성을 살펴보면, 우리나라 학교교육 전반의 변화 필요성과 기존의 관련 프로그램들에 대한 통합·연계 및 체계화의 필요성 그리고 진로교육의 확산 및 강화를 제시하고 있다. '자유학기제 시범운영 계획안'에서는 '자유학기제'에 대하여, 중학교교육과정 중 한 학기 동안 학생들이 시험(중간·기말고사 등) 부담에서 벗어나 자신의 꿈과 끼를 찾을 수 있도록 수업을 유연하게 운영하는 제도로 개념화하고 있으며, 수업 운영에는 참여형(토론, 실습 등)과 진로 탐색 활동 등 다양한 체험활동이 가능하도록 제도화하는 내용을 담고 있다.

학교교육과정에 자유학기제를 도입하게 된 배경에는 아일랜드의 전환학년제, 덴마크의 애프터스쿨, 스웨덴의 진로체험 학습 등 여러 국가들이 청소년에게 새로운 환경 적응과 함께 적성 및 소질에 맞는 진로를 탐색할 수 있는 계기를 제공하는 추세와 관련이 있다. 또한 다양한 교육정책에서 창의성, 문제해결력, 고등사고력 등 청소년이 미래지향적 역량을 함양할 수 있도록 창의적 체험활동과 스포츠클럽활동을 교육과정에 도입 및 편입하고 진로교육 활성화 방안을 마련하는 등 다양한 노력을 기울이고 있으나 상위학교 입학에 따른 입시위주의 교육환경으로 인해 여전히 암기식 및 주입식 교육에서 벗어나고 있지 못한 여건도 관련이 있다.

① 아일랜드 전환학년제

전환학년제(Transition Year)는 희망자를 대상으로 1년 동안 운영되는 교육과정으로 그 시기는 주니어 과정을 마치고 시니어 과정에 들어가기 전이다. 정책 실행 초기에는 참여도가 다소 저조하였으나 점차 증가되어 약 80% 이상의 학교가 전환학년제를 제공하고 있다. 전환학년제에서는 별도의 표준화된 강의 계획 없이 학교가 자유롭게 프로그램을 결정 및 운영할 수 있으며 다양한 체험활동 등을 포함한 활동 중심 교육으로 운영 가능하다. 관련 수업은 주로 학생의 기본 능력개발 및 자기주도적 학습능력 향상에 중점을 두고 있다. 따라서 평가는 프로젝트, 포트폴리오 등 다양한 방법을 활용하여 시행한다.

② 덴마크 애프터스쿨

애프터스쿨은 1년 과정의 기숙학교로 공립기초학교를 졸업하고 김나지움이나 직업학교로 진학하기 전 거쳐 갈 수 있는 학교이다. 원하는 학생이 자율적으로 참여하는 제도이다. 직업과 관련한 체험보다는 감성 교육을 통해 진로를 모색하는 것을 강조하여 음악/미술/체육 등 감성교육과 단체활동 등으로 교육과정을 구성하고 있다. 학생 참여 위주의 수업 진행을 통해 학생의 흥미를 제고하기 위하여 역할극, 실험, 실습, 프로젝트 등의 수업방식을 채택하고 있다.

③ 스웨덴의 진로체험 학습

스웨덴 진로체험 학습은 의무적으로 참여하는 직업체험 기간으로 대상은 우리나라 중학교 2~3학년에 해당하는 기초학교의 8~9학년이다. 이 기간에는 1~2주간 학교 수업 대신 기업 등에서 현장 체험을 실시한다. 상급학교에 진학한 이후에는 총 17개 교과(사회과학, 경영, 공업, 건설, 호텔 등) 중 한 가지를 선택하여 15주 이상의 현장 교육 이수를 통해 학습과 진로 연계를 가능하게 한다. 기초학교의 진로체험과 상위학교 진로체험의 단계가 구별되어 진행되고 있다.

자유학기제의 기본방향은 자유학기에 집중적인 진로수업 및 체험을 실시하여 진로인식 단계인 초등학교와 진로탐색 단계인 중학교를 거쳐 진로설계가 이루어지는 고등학교로 연결되는 진로교육 활성화를 모색하는 것이다. 또한 꿈과 끼를 키우는 교육 프로그램 운영이 원활히 이루어질 수 있도록 학교의 교육과정 자율성을 대폭 확대하고 자유학기제 대상학기는 학생들의 발달단계를 고려하여 연구학교의 운영 등을 통해 신중하게 결정하도록 하고 있다. 자유학기에 시험은 실시하지 않지만 학생의 기초적인 성취수준을 확인하는 방법 및 기준 등은 학교별로 마련하도록 하고 있다.

(2) 자유학기 활동 내용 및 평가

자유학기의 활동 내용은 주로 진로탐색활동, 주제선택활동, 예술·체육활동 그리고 동아리활동으로 진행된다.

① 진로탐색활동

진로탐색활동은 교과 수업 중 일정 시간을 할애하여 해당 교과 내용과 관련된 직업과 진로를 탐색하는 등 기존의 교과 수업과 연계하여 운영할 수 있다. 또한 진로상담활동을 통해 학생들의 흥미와 적성을 탐색하고, 전문 직업인과의 만남을 통해 직업에 대한 이해를 넓히는 기회를 진행한다. 진로탐색활동은 중간·기말고사 기간을 활용하여 전일제 체험학습 또는 진로캠프 형태로 운영이 가능하다. 기존의 단체견학 형태는 지양하고, 학생들의 적성과 희망을 고려하여 소규모 체험활동을 중심으로 운영한다. 자유학기에는 '전일제 진로 체험' 또는 '진로 캠프' 등을 학교 및 지역사회의 여건 등을 고려하여 실시할 수 있다.

② 주제선택활동

주제선택활동은 다양한 분야의 전문가들이 프로그램 개발과 운영에 참여하고, 해당 분야의 사회적 인프라를 적극적으로 활용함으로써 내실 있고 실제적인 진로교육이 가능하게 한다. 주제선택활동을 통해 학생 스스로 원하는 분야의 수업에 흥미를 갖고 적극 참여함으로써 관심 분야의 재능을 찾아 다양한 진로를 탐색할 기회를 제공한다. 주제선택활동은 필요한 경우, 학교에서 자체 개발한 프로그램도 운영 가능하다. 교과와 연계된 주제선택활동의 형태로 운영할 수 있다.

③ 예술·체육활동

예술·체육활동은 음악, 미술, 체육 등의 교과 수업과 연계하여 운영할 수 있지만, 기존의 교과 수업에서 다룰 수 없었던 활동을 새롭게 고안하여 자율적으로 운영할 수 있다. 예술활동은 학생들이 자기표현 및 소통, 공감할 수 있는 기회를 제공하며, 자기주도적으로 활동할 수 있도록 운영한다. 체육활동은 학생들이 신체활동의 다양한 가치를 이해하고 실천할 수 있는 기회를 갖도록 하며, 학생의 선택을 최대한 존중하여 활동 내용을 구성한다.

④ 동아리활동

동아리활동은 학생들이 스스로 의사를 결정하는 능력, 또래의 친구와 협동하는 능력, 문제를 해결하는 능력을 기를 수 있도록 구성한다. 따라서 학생들의 자율성을 최대한 보장하는 방향으로 운영하며, 이를 위해 동아리활동 선택에 학생들의 희망과 의사가 적극적으로 반영될 수 있도록 운영한다. 학교 축제, 지역 축제, 지역 동아리 한마당 등과 연계하여 발표회를 실시한다.

⑤ 자유학기제 평가

자유학기제의 평가는 과정 중심 평가로 진행되며, 협력기반 수행평가, 포트폴리오 평가, 자가 평가 등의 형태로 진행된다. 자유학기제 기간의 평가는 지필평가로 진행되지 않으며 수행평가 또한 성취도를 점수화할 필요가 없다. 학생의 태도, 참여 모습, 참여 과정에서의 변화 등 과정 자체에 집중하여 평가하고 기록한다.

(3) 진로직업체험지원센터

진로직업체험지원센터는 「진로교육법」(2015년 제정)에 근거하고 있다. 우선, 「진로교육법」 제5조 국가 및 지방자치단체 등의 책무를 살펴보면, '국가 및 지방자치단체는 학생의 발달단계 및 소질과 적성에 맞는 진로교육을 활성화하는 데 필요한 시책을 마련하여야 한다'는 강제규정을 두고 있다. 또한 제18조에는 진로체험 지원과 관련하여 국가와 지방자치단체는 학생이 다양한 진로체험을 할 수 있도록 학교 및 학생에게 진로체험을 제공하는 법인·기관·단체에 행정적·재정적 지원을 할 수 있도록 되어 있다. 이러한 「진로교육법」에 근거하여 진로직업체험지원센터는 지역사회 내 체험처를 발굴 및 관리하고 진로체험 프로그램을 컨설팅한다. 또한 학교에서 학생들이 진로체험을 원활히 할 수 있도록 지원하며, 교육부 진로체험기관 인증제 심사와 진로체험지원 자원봉사자 모집 및 활용, 자체 진로체험활동 운영 등을 추진하고 있다.

① 진로체험지원센터 운영체계

진로체험지원센터는 지자체로부터 예산 및 인력 제공과 관련하여 지원받으며 교육(지원)청으로부터는 진로체험의 기획과 체험처 정보제공에서 협업하고 있다. 이러한 협력 및 지원을 통해 진로체험지원센터는 체험처 발굴 그리고 학교와 체험처의 매칭을 지원하고 있으며 원활한 학생들의 진로체험을 지원하고 있다.

주요 기관별 역할을 살펴보면, 교육지원청은 해당 지역사회의 진로체험에 대한 기획 및 총괄업무와 체험처 정보제공 및 예산 지원을 담당하고, 관할 지자체는 공공기관, 기업 등의 체험처 정보 수집 및 제공과 자유학기제·진로체험지원센터의 예산 지원 등의 역할을 수행하고 있다. 진로체험지원센터는 직업체험처 발굴 및 관리, 직업체험 프로그램 운영의 컨설팅, 진로체험처와 학교와의 매칭, 자체 진로체험 프로그램 운영, 자원봉사자 양성 및 활용, 교육부 진로체험기관 인증제 심사 등을 담당하고 있다.

진로체험 유형은 현장직업체험형, 직업실무체험형(모의 일터 직업체험), 현장견학형, 학과체험형, 진로캠프형, 강연형·대화형으로 구분할 수 있다. 각 진로체험 유형별 활동 내용을 살펴보면, 현장직업체험형은 각 일터에서 직업 관련 업무를 학생들이 직접 수행하고 체험하는 활동이며, 직업실무체험형은 모의 일터에서 현장직업인과 인터뷰 및 관련 업무를

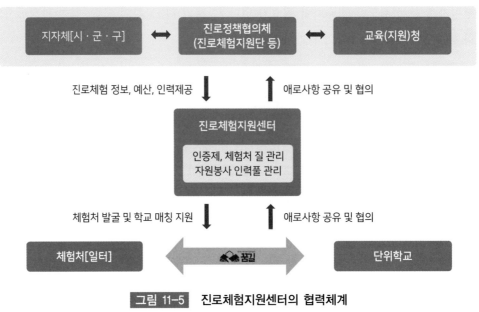

그림 11-5 진로체험지원센터의 협력체계

출처: 꿈길 홈페이지.

체험하는 활동이다. 현장견학형은 일터 및 기업체 등을 방문하여 업무의 흐름을 견학하는 활동이고, 학과체험형은 특성화고나 대학교를 방문하여 체험 및 학습하는 활동이다. 진로캠프형은 특정 장소에서 종합적인 진로교육을 경험하는 활동이며, 강연형·대화형은 직업인 강연과 진로특강 등을 통해 직업의 세계를 탐색하는 활동이다.

표 11-15 진로체험 유형 및 내용

진로체험 유형	활동 내용
현장직업체험형	학생들이 관공서, 회사, 병원, 가게, 시장과 같은 현장 직업 일터에서 직업 관련 업무를 직접 수행하고 체험하는 활동
직업실무체험형	학생들이 직업체험을 할 수 있는 모의 일터에서 현장직업인과 인터뷰 및 관련 업무를 직접 수행하고 체험하는 활동(현장직업인 멘토 필요)
현장견학형	일터(작업장), 직업 관련 홍보관, 기업체 등을 방문하여 생산공정, 산업 분야의 흐름과 전망 등을 개괄적으로 견학하는 활동
학과체험형	특성화고, 대학교(원)를 방문하여 실습, 견학, 강의 등을 통해 특정 학과와 관련된 직업 분야의 기초적인 지식이나 기술을 학습하는 활동
진로캠프형	특정 장소에서 진로심리검사·직업체험·상담·멘토링·특강 등 종합적인 진로교육 프로그램을 경험하는 활동(1일 6시간 이상 운영)
강연형·대화형	기업 CEO, 전문가 등 여러 분야의 직업인들의 강연, 진로특강을 통해 다양한 직업세계를 탐색하는 활동(대화형은 40명 내외 학생 기준)

(4) 자유학기제를 통한 변화와 협업

임지연 등(2016)이 연구한 지역사회 청소년 체험활동의 자유학기제 연계 운영방안 연구에서는 청소년(수련)시설과의 협업방안을 제시하고 있다. 구체적 협업의 방안은 3단계로 구분되며, 각 단계별 핵심요인과 실행방안으로 구성되어 있다. 이를 활용한다면 청소년시설과 학교의 자유학기제 운영에 대해 보다 원활한 협업에 대한 방안을 고찰할 수 있을 것으로 보인다.

① 기획 단계

기획 단계는 자체 자원분석, 사전실무협의, 실행실무협의, 학교의 학생 수요를 반영한 프로그램 결정, 연계운영계획 확정 및 확인, 담당자 사전교육, 강사 확보 및 프로그램 운영지도안 작성 등 7개의 절차로 구분된다.

- **자체 자원분석절차**: 청소년시설과 학교의 자원분석 및 각 기관별 연계운영 방식 준비
- **사전실무협의절차**: 청소년시설의 기존 프로그램 내용 및 운영방식에 대한 사항을 논의하고 운영형태 및 시수, 예산 등을 협의함. 이를 바탕으로 각 기관별 상호 사업계획에 반영
- **실행실무협의절차**: 청소년지도사와 교사가 협의를 통해 활동 내용 및 세부 진행일정 결정
- **학교의 학생 수요를 반영한 프로그램 결정절차**: 학생 수요를 반영한 프로그램 결정 내용 파악
- **연계운영계획 확정 및 확인**: 당해 연도 운영계획 확정 및 확인
- **담당자 사전교육**: 학교–지역 상호 이해교육 실시, 협업을 위한 실무체크리스트 등을 활용하여 실무역할 사전교육 실시
- **강사 확보 및 프로그램 운영지도안 작성**: 외부강사 확보 및 교육 실시, 강사의 수업운영지도안 확인, 청소년지도사를 활용한 내부강사 확보 및 수업운영지도안 작성

② 실행 단계

실행 단계는 자유학기 활동 학생 및 학부모 설명회, 학교의 학생 프로그램 배정, 지역연계 자유학기 활동 운영 및 관리, 학생교육 피드백을 위한 중간평가 실시 등 4개 절차로 구성된다.

- **자유학기 활동 학생 및 학부모 설명회**: 학교에서 개최하는 설명회에 청소년시설 담당자 참여
- **학교의 학생 프로그램 배정**: 학교 진로 프로그램별 학생 배정 내용 파악
- **지역 연계 자유학기 활동 운영 및 관리**: 내·외부 강사 및 프로그램 진행 관리, 학습 자료 관리, 학생 관리, 진행기록 관리
- **학생교육 피드백을 위한 중간평가 실시**: 참가자 만족도 조사, 청소년지도사와 교사의 중간평가 결과 공유

③ 평가 단계

평가 단계는 운영성과관리, 자유학기 활동기록 및 학교생활기록부 작성, 총괄평가 및 차년도 연계사업 협의 등 3단계 절차로 구성된다.

- **운영성과관리**: 진행 기록 관리를 통해서 전시, 발표, 자료집 제작 등의 결과물 산출
- **자유학기 활동기록 및 학교생활기록부 작성**: 참가자 개인별 활동기록 및 과정평가, 사업 결과보고서를 위한 활동기록
- **총괄평가 및 차년도 연계사업 협의**: 총괄평가 및 향후 연계방안 모색을 위한 차년도 연계사업 협의

3) 고교학점제

(1) 고교학점제의 개념과 배경

고교학점제는 학생이 공통과목 이수 후 진로 및 적성에 따라 과목을 선택하여 이수하고, 이수 기준에 도달한 과목에 대해 학점을 취득하게 되며, 이를 누적하여 졸업하는 제도이다. 이러한 제도가 도입된 배경을 살펴보면, 4차 산업혁명으로 인한 급격한 사회 변화와 전 세계적인 감염병 발생 등으로 증가된 미래에 대한 불확실성, 학령인구감소로 인한 개별 역량에 대한 관심 증가가 포함되어 있다. 고교학점제는 이러한 환경 속에서 학생 개인이 자신의 진로와 적성을 탐색하여 자기주도적으로 자신의 삶을 개척할 수 있는 인재로 성장할 수 있도록 지원하는 것이다. 즉, 학생 수 급감 및 빠르게 변화하는 사회 환경에 따라 기존의 교수자 중심의 체제에서 학습자 중심의 교육체제로 변화해야 할 필요가 있다는 사회적 요구에서 시작되었다. 고교학점제는 학생 개인별 진로 계획 및 학습 설계와 그에 기반한 수업

의 이수를 통해 학생의 주체성을 강화하려는 것을 목적으로 하고 있다. 따라서 고교학점제의 정책적 핵심은 학생 개별적인 진로 및 학업 설계에 기반한 과목 선택을 보장하여 학생의 학습 동기와 흥미를 유발하고 학생 개개인의 다양성을 지원하는 것이다. 과거의 교육과정에서는 학습자가 규정화된 교육체제에 맞추기 위해 노력했다면 이제는 교육체제가 학생의 고유한 개별성을 존중하고 이에 부합하기 위해 노력하고 있다고 볼 수 있다. 이러한 제도를 도입하는 데 있어서 2018년부터 연구·선도학교를 중심으로 학생선택형 교육과정의 운영과 지역 단위 고교학점제의 모형을 만들어 왔으며, 2020년부터는 산업수요 맞춤형 고등학교를 우선 도입하였다. 2022년부터 특성화고에 학점제를 도입하였고 일반계고에는 단계적으로 적용하였으며, 2025년부터 전체 고등학교에 전면 적용되었다.

(2) 고교학점제 도입으로 인한 교육과정의 변화

고교학점제 도입으로 인한 교육과정의 변화에 대하여 세 가지로 정리하면 다음과 같다. 첫째, 고교학점제의 도입으로 진로에 따라 다양한 과목을 선택할 수 있게 되었다. 그동안 고등학생들은 주어진 교육과정에 따라 선택권 없이 수업을 들었다. 그러나 고교학점제 시행으로 이제 학생들은 자신의 진로에 따라 원하는 과목을 선택하여 들을 수 있게 되었다. 둘째, 목표한 성취수준에 도달했을 때 과목을 이수할 수 있게 되었다. 그동안 학생들은 성취한 등급에 상관없이 과목을 이수할 수 있었다. 그러나 고교학점제 실행으로 이제는 학생이 목표한 성취수준에 충분히 도달하였다고 판단된다면 과목 이수를 인정받을 수 있게 되었다. 셋째, 누적 학점이 기준에 도달하게 되면 졸업이 가능하게 되었다. 그동안 고등학교의 졸업 여부는 출석 일수로 결정되었다. 그러나 고교학점제 시행으로 이제 누적된 과목 이수 학점이 졸업 기준을 충족하게 될 경우 졸업이 가능하게 되었다.

(3) 고교학점제 추진의 주요 내용 및 운영

① 주요 내용

고교학점제는 과목출석률과 학업성취율 충족 시 학점 취득이 가능한 제도이다. 따라서 출석일수를 충족하게 되면 출석과 학점 취득을 평정하여 졸업이 가능한 학점 기반 졸업체제를 마련하였다. 평가는 성취평가제가 도입되어 실시되는데, '중등학교 학사관리 선진화 방안'(2011. 12.)에 따라 시행된 성취평가제는 학생 개인별 성적을 비교하는 상대적 서열이 아닌 개별 학생이 무엇을 성취했는지에 초점을 맞춘다. 따라서 학생별 비교를 통한 상대적 우위가 아닌 개별 학생이 성취기준에 도달한 정도를 판단하는 평가 방식이다. 과목 선택에 있어서 필요한 진로 및 학업 설계 지도를 체계화하고 수강신청 시스템을 구축하였다. 창의적 체험활동에 '진로 탐구 활동'을 도입하고 학교 간 공동교육과정의 활성화를 지원하였으며, 학교 밖 교육을 학점으로 인정하는 것을 가능하게 하였다. 이에 교사의 다과목 지도 역량을 강화하기 위한 지원체제를 갖추는 것과 함께 학교 밖 전문가의 교육 참여를 활성화하였다.

② 운영

고교학점제 운영을 위해 학교에서는 우선 학습자의 과목 선택권이 보장되는 학점 기반의 교육과정을 편성하여야 한다. 이후 학생의 학업 설계 결과와 수요 조사를 반영하여 개설이 가능한 과목을 확정하고, 학생은 개설된 과목 중 원하는 과목을 선택하여 수강 신청한다. 학생은 수강 신청한 개인시간표에 따라 수업에 참여하고, 교사는 학생이 성취기준에 어느 정도 도달했는가를 평가하여 학생의 과목 이수 여부를 결정한다. 학생은 이수한 과목에 대한 학점을 취득하게 되고 누적 학점이 졸업 기준에 도달하면 고등학교를 졸업하게 된다.

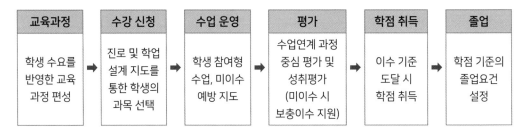

그림 11-6 고교학점제 운영과정

출처: 고교학점제 홈페이지.

(4) 운영을 위한 제도 및 학사 운영 체제 마련

고교학점제 운영을 위해 몇 가지 제도가 마련되었다. 우선, 고등학교의 수업·학사 운영이 기존 '단위'[4] 에서 '학점' 기준으로 전환되었고, 졸업 기준이 204단위에서 192학점으로 조정되었다. 특목고에 개설한 전문교과 I 을 보통교과로 편제하였으며, 선택과목은 일반·융합·진로과목으로 편성되었다.

고교학점제와 관련하여 2022 개정 교육과정에서 제시하고 있는 고등학교의 학사 운영체제를 살펴보면, 다음과 같다. 첫째, 1학점 수업량을 16회로 하고, 50분 기준 16회를 이수하

----
4) 수업 및 학사 운영에서의 1단위란, 50분을 기준으로 하여 17회를 이수하는 수업량임(교육부, 2015. 9. 23.)

는 수업량을 설정하였다. 둘째, 학사 운영 유연화를 위해 학기 단위 과목을 편성하고 방학 중 계절수업 운영이 가능하다. 셋째, 과목 구조를 개편하여 공통과목은 유지하고 융합선택 과목은 신설하였으며 전문교과Ⅰ을 보통교과로 전환하였다. 넷째, 창의적 체험활동의 재구조화에 따라 학생 개별 성장 및 진로교육의 활성화를 중심으로 내용 영역을 재구조화하였다. 다섯째, 책임교육을 강화하기 위해 미이수자를 대비하기 위한 최소 학업성취수준 준거 개발 등 교과별 성취기준에 따른 평가기준을 마련하였다.

표 11-16 고등학교 학사 운영 체제

수업량 기준	학점
1학점 수업량	50분 16회
총 이수학점(이수시간)	192학점(2,560시간)
책임교육	전 과목 미이수제 도입
평가제도	모든 선택과목 성취평가제
교과 · 창의적 체험활동(창체) 비중	교과 174 / 창체 18

출처: 교육부 보도자료(2021. 8. 23.).

(5) 고교학점제를 통한 변화와 협업

고교학점제 시행에 따라 고등학교교육과정에서의 가장 큰 변화는 교육수요자인 학생의 수업 선택권 강화이다. 이에 단위학교의 선택과목이 증가하였고, 학교 간 연계를 통한 공동교육과정이 마련되었으며, 학교와 지역사회가 연계한 교육과정 마련 등 교육과정의 다양화가 추진되었다. 교육에 대한 선택권이 강화되면서 학생 개별적 요구에 맞는 공교육이 가능해졌으며 지역사회 내 교육서비스를 제공하고 있는 청소년 관련 시설(활동, 진로, 상담, 보호 등)과 학교와의 교육협력이 더 활성화될 수 있는 기반이 마련되었다.

① 단위학교 선택과목의 증가

교육과정 편성 방법의 다양화(학년제, 학기제, 학년제 · 학기제 혼용 등)와 과목 선택 범위의 다양화(교과영역 구분 없는 선택, 일부 교과영역을 통합하여 선택, 교과영역 내에서만 과목 선택 등)로 단위학교 선택과목이 증가되었다.

② 학교 간 공동교육과정

학교 간 공동교육과정은 단위학교에서 개설하기 어려운 과목을 여러 학교가 공동으로 개설 및 운영하는 교육과정(학교 수업 공유형 교육과정)이다. 학교 간 공동교육과정은 온라인과 오프라인으로 가능하다.

온라인 공동교육과정은 온라인 공동교육과정 운영 시스템(교실온닷 등)을 통해 실시간 쌍방향 화상 수업으로 진행(학생과 교사의 동시 접속)하고, 보통교과와 전문교과 Ⅰ·Ⅱ, 고시 외 과목 개설이 가능하다. 오프라인 공동교육과정은 거점형과 연합형으로 구분된다. 거점형은 거점학교에 과목을 개설하여 인근 지역 내 고등학교에 개방하는 형태이고, 연합형은 2~4개 인접 학교가 협의하여 학교 내 미개설 과목을 상호 분배하여 공동 개설한 후 연합 학교 학생에게만 개방하는 형태이다.

③ 지역 연계 교육과정

지역 연계 교육과정은 지역사회의 학습장에서 진행된 수업을 이수하면 이를 학교의 이수과목으로 인정하는 교육과정이다. 이는 2015 개정 교육과정의 총론에서 제시하고 있는 "지역사회의 학습장에서 이뤄진 학습을 이수과목으로 인정할 수 있다"라는 내용에 근거를 두고 있다. 지역 연계를 통한 교육과정의 보편적인 형태는 지역 대학을 활용하는 것이다(교육부, 한국교육개발원, 2023). 인근 지역의 대학은 보편적인 교육정책에 대한 이해를 공유하고 있으며 교육 공간도 잘 갖추고 있어 지역 연계 교육과정을 실행하는 것에 교육적 안정성이 크다. 그러나 지역사회의 다양한 학습장을 활용하는 측면을 고려한다면 보다 다양한 학습시설의 발굴이 필요해 보인다. 대학의 지역 연계 교육과정의 참여 사례를 참고하여 필요한 요건을 갖춘다면, 향후 지역 내 청소년시설을 활용한 지역 연계 교육과정 추진도 가능할 것으로 보인다.

관련 토론/토의 주제

1. 학령인구의 감소가 청소년육성정책에 미치게 될 영향력에 대해 생각해 봅시다.
2. 학생봉사활동의 정책 변화를 고찰하여 향후 봉사활동의 활성화를 위해 필요한 청소년육성정책에 대해 생각해 봅시다.
3. 고교학점제의 지역 연계 교육과정을 통한 학교와의 교육협력에 있어서 청소년육성 분야에서 수행하여야 할 사항에 대해 생각해 봅시다.

참고문헌

교육과학기술부(2009. 12. 10.). 고등학교 선진화를 위한 입학제도 및 체제 개편 방안.

교육부 보도자료(2011. 12. 14.). 중등학교 학사관리 선진화 방안.

교육부 보도자료(2019. 11. 28.). 대입제도 공정성 강화 방안.

교육부 보도자료(2021. 2. 16.). 2025년 포용과 성장의 고교 교육 구현-고교학점제 종합 추진계획.

교육부 보도자료(2021. 8. 23.). 2025년 고교학점제 전면 적용을 위한 단계적 이행 계획 (2022~2024).

교육부 보도자료(2022. 6. 13.). 2021 국가수준 학업성취도 평가 결과 및 대응 전략.

교육부 보도자료(2023. 12. 5.). 경제협력개발기구(OECD), 국제 학업성취도 평가(PISA) 2022 결과 발표.

교육부(2013. 5. 28.). 중학교 자유학기제 시범 운영계획(안).

교육부(2015. 9. 23.). 초중등학교 교육과정 총론 및 교과 교육과정. 교육부 고시 제2015-74호[별책 1].

교육부(2022. 12. 22.). 중학교 교육과정. 교육부 고시 제2022-33호.

교육부, 한국교육개발원(2023). 2022년 고교학점제 선도지구 및 교육소외지역 교육여건 개선 사업 운영 사례집.

김성경, 김명화, 김인숙, 이신영, 백혜선(2023). OECD 국제 학업성취도 평가 연구: PISA 2022 결과 보고서. 한국교육과정평가원.

박인용, 강혜진, 곽민호, 김미린, 김완수, 박도영, 박민호(2023). 2022년 국가수준 학업성취도 평가 결과: 고등학교. 한국교육과정평가원.

서울특별시교육청(2022). 2023 자유학기(년)제 운영계획.

서울특별시교육청(2023). 2023학년도 학생 봉사활동 활성화 운영계획(안).

성은모(2013). 자유학기제 도입과 청소년 체험활동 연계방안 연구. 한국청소년정책연구원.

신철균, 김은영, 황은희, 송경오, 박민정(2014). 중학교 자유학기제 정착 방안 연구. 한국교육개발원.

여성가족부(2022). 2022 청소년백서. 여성가족부.

임지연, 김한별, 한도희(2016). 지역사회 청소년 체험활동의 자유학기제 연계 운영방안 연구. 한국
　　　청소년정책연구원.

조미영, 장여옥(2023). 교육정책 변화에 대한 교사의 인식과 청소년 봉사활동 활성화에 관한 질적
　　　연구. 청소년시설환경, 21(1), 13-23.

한국교육과정평가원(2023). 「PISA 2022」결과 발표 별첨 자료.

NCIC 국가교육과정정보센터 홈페이지 https://ncic.re.kr/index.cs

고교학점제 홈페이지 https://www.hscredit.kr

꿈길 홈페이지 https://www.ggoomgil.go.kr

서울시교육청 홈페이지 https://buseo.sen.go.kr

자유학기제지원센터 홈페이지 https://sfree.sen.go.kr

학업성취도 평가 지원 포털 홈페이지 https://inaea.kice.re.kr

제12장

청소년 고용 및 노동정책

1. 법제도적 의의
2. 청소년 노동 관련 법제

1. 법제도적 의의

최근 노동을 하는 청소년의 비중이 증가하며 청소년이 처한 노동환경과 노동시장에 대한 사회적 관심이 증가하고 있다. 청소년기의 노동 활동은 미래 직업시장 진출을 준비한다는 점에서 사회적 성장을 위한 중요한 기반이 되기 때문에, 「헌법」 제32조 제5항은 그 성장기 동안 교육과 함께 청소년의 건강유지 및 인격발달 역시 함께 보호할 것을 고려하여, 청소년의 노동에 대한 특별보호를 규정하고 있다. 하지만 실제 노동현장에서 청소년은 다양한 부당노동행위의 대상이 되어 각종 노동 인권의 취약 지역에 머물고 있는 실정이다. 이러한 점에서 노동 청소년들은 본인의 노동 권리를 정당하게 주장할 수 있어야 하며, 스스로 당연히 누려야 할 노동의 권리를 지키기 위해 노동법에 대한 이해가 필요하다.

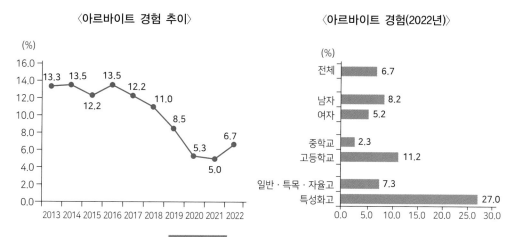

그림 12-1 청소년 근로 경험 통계

출처: 한국청소년정책연구원(2022).

노동인권정부는 2005년 6월 20일 '청소년 근로보호 종합대책'을 수립하여 현재까지 추진해 오고 있다. '청소년 근로보호 종합대책'은 고용노동부 · 교육과학기술부(현 교육부) · 여성가족부 · 경찰청 등 범정부적으로 마련한 종합적 · 체계적 보호대책으로, 청소년 근로보호를 위한 지도 · 점검의 강화방안, 교육 내실화를 통한 청소년 근로보호 인식의 제고방안, 캠페인 등 다양한 홍보 추진 방안, 청소년 일자리 정보제공 및 피해 구제 강화방안, 제도 개선을 통한 연소자 근로여건 개선방안, 성과점검을 통한 평가 실시 등을 주요 내용으로 한다.

고용노동부에서는 2008년 6월 '연소근로자 보호대책'을 마련하여 연소자 다수 고용 사업장에 대한 지속적인 지도 · 점검, 피해사례 일제 신고기간 운영, 한국청소년단체협의회 등 유관기관과의 협조체제 구축 등을 통해 기본적인 근로조건 보호를 위한 정책적 노력을 기울이고 있다. 고용노동부는 관계부처와 합동으로 '청소년 근로환경개선 종합대책'(2012. 11.)을 마련하고 청소년 고용사업장에 대한 지도 · 점검을 강화하였으며, 청소년 권리구제를 위한 다양한 신고체계 구축, 청소년 눈높이에 맞는 교육홍보 실시, 사업주들의 법 준수 의식 확립 및 청소년들도 노동관계법을 인지하도록 하여 권리를 보장받을 수 있도록 노력하고 있다. 2014년에는 '청소년 근로권익 보호방안'(2014. 5.)을 마련하였는데, 청소년 근로권익보호를 위해 최저임금 위반제재를 강화하고 청소년의 근로권익 인식 개선을 위해 교육 · 홍보 콘텐츠를 제작해 취업사이트 등에 제공하고, 또한 청소년이 손쉽게 상담받을 수 있도록 민-관 협력 네트워크를 구축해 실질적인 도움을 줄 수 있도록 하였다(여성가족부, 2023).

2. 청소년 노동 관련 법제

「헌법」 제32조 제5항 '연소자의 근로에 대한 특별한 보호'는 「근로기준법」상 고용 가능한 최저연령 및 근로시간의 제한, 위험 · 유해업무와 휴일 · 야간근로의 금지 등 청소년에 대한 별도의 규정을 두고 있다.

1) 고용 가능한 최저연령의 제한

「근로기준법」상 고용 가능한 최저연령은 "15세 미만인 사람(「초 · 중등교육법」에 따른 중학교에 재학 중인 18세 미만인 사람을 포함한다)"으로, 대통령령으로 정하는 기준에 따라 고용노동부장관이 발급한 취직인허증을 지닌 사람에 한하여 고용이 가능하다. 이때의 취직인허증은 13세 이상부터 15세 미만인 자에게 발급 가능하지만, 예술공연의 참가를 위한 경우에는 13세 미만인 자에게도 발급할 수 있다. 또한 만 18세 미만인 청소년을 고용하는 사용자는 연소자 증명서를 사업장에 비치해 두어야 한다. 이는 연령 증명을 위한 가족관계증명서나 친권자 또는 후견인의 동의서를 포함한다.

표 12-1	법령상 청소년 노동에 관한 연령기준
「청소년 기본법」	제3조(정의) 이 법에서 사용하는 용어의 뜻은 다음과 같다. 1. "청소년"이란 9세 이상 24세 이하인 사람을 말한다. 다만, 다른 법률에서 청소년에 대한 적용을 다르게 할 필요가 있는 경우에는 따로 정할 수 있다.
「청소년 보호법」	제2조(정의) 이 법에서 사용하는 용어의 뜻은 다음과 같다. 1. "청소년"이란 만 19세 미만인 사람을 말한다. 다만, 만 19세가 되는 해의 1월 1일을 맞이한 사람은 제외한다.
「근로기준법」	제64조(최저연령과 취직인허증) ① 15세 미만인 사람(「초·중등교육법」에 따른 중학교에 재학 중인 18세 미만인 사람을 포함한다)은 근로자로 사용하지 못한다. 다만, 대통령령으로 정하는 기준에 따라 고용노동부장관이 발급한 취직인허증을 지닌 사람은 근로자로 사용할 수 있다. ② 제1항의 취직인허증은 본인의 신청에 따라 의무교육에 지장이 없는 경우에는 직종을 지정하여서만 발행할 수 있다. ③ 고용노동부장관은 거짓이나 그 밖의 부정한 방법으로 제1항 단서의 취직인허증을 발급받은 사람에게는 그 인허를 취소하여야 한다. 제66조(연소자 증명서) 사용자는 18세 미만인 사람에 대하여는 그 연령을 증명하는 가족관계기록사항에 관한 증명서와 친권자 또는 후견인의 동의서를 사업장에 갖추어 두어야 한다.
「근로기준법 시행령」	제35조(취직인허증의 발급 등) ① 법 제64조에 따라 취직인허증을 받을 수 있는 자는 13세 이상 15세 미만인 자로 한다. 다만, 예술공연 참가를 위한 경우에는 13세 미만인 자도 취직인허증을 받을 수 있다. ② 제1항에 따른 취지인허증을 받으려는 자는 고용노동부령으로 정하는 바에 따라 고용노동부장관에게 신청하여야 한다. ③ 제2항에 따른 신청은 학교장(의무교육 대상자와 재학 중인 자로 한정한다) 및 친권자 또는 후견인의 서명을 받아 사용자가 될 자와 연명으로 하여야 한다.

출처: 국가법령정보센터 홈페이지.

2) 근로계약

근로계약서는 임금, 근로시간 등 핵심 근로조건을 명확히 정하는 것으로, 근로자와 사업주 모두의 권리보호를 위해 반드시 필요하다. 사용자는 근로계약서를 작성할 시 임금, 근로시간, 휴일 등 근로조건을 서면으로 명시하여 청소년 근로자에게 교부하여야 한다. 또한 고용노동부에서 제시하는 '표준근로계약서'는 노동관계법령에 대한 지식이 부족한 사용자를 위해 근로계약서에 반드시 들어가야 하는 최소한의 내용만을 담고 있기 때문에 사용자는 본인의 사업장의 실정에 맞게 계약서를 수정하여 근로자와 계약을 체결해야 한다. 근로계약서 필수 기재사항은 다음 각 호와 같다.

연소근로자 표준근로계약서

_____(이하 "갑"이라 함)과(와) _____(이하 "을"이라 함)은 다음과 같이 근로계약을 체결한다.

1. 근로계약기간: _____년 ___월 ___일부터 _____년 ___월 ___일까지

2. 근 무 장 소:

3. 업무의 내용:

4. 근 로 시 간: ___시 ___분부터 ___시 ___분까지 (휴게시간: ___시 ___분~ ___시 ___분)

5. 근무일/휴일: 매주 ___일(또는 매일단위) 근무, 주휴일 매주 ___요일

6. 연차유급휴가: 요건에 해당하는 자에 한하여 근로기준법에 정하는 바에 따라 부여함

7. 임금

　　－ 시간(일, 월)급: _____원

　　－ 상여금: 없음 (　　), 있음 (　　) _____원

　　－ 기타급여(제수당 등): 없음 (　　), 있음 (　　)

　　　·_____원, _____원

　　　·_____원, _____원

　　－ 임금지급일: 매월(매주 또는 매일) ___일(휴일의 경우는 전일 지급)

　　－ 지급방법: 을에게 직접지급(　　), 예금통장에 입금(　　)

8. 기타

　　－ 연령을 증명하는 가족관계 기록사항에 관한 증명서와 친권자(후견인)의 동의서 확인

　　　여부: _____

　　－ 이 계약에 정함이 없는 사항은 근로기준법에 의함

　　　　　　　　　　년　　　월　　　일

　　　　　(갑) 사업체명:　　　　　　　　　　　　(전화:　　　　　　)

　　　　　　　주　　소:

　　　　　　　대 표 자:　　　　　　　　　(서명)

　　　　　(을) 주　　소:

　　　　　　　연 락 처:

　　　　　　　성　　명:　　　　　　　　　(서명)

① 임금과 그 구성항목, 계산방법, 지급방법

② 근로시간(소정근로시간, 휴게시간 등)

③ 휴일

④ 연차유급휴가

⑤ 취업의 장소와 종사해야 할 업무 등

⑥ (단시간 근로자의 경우) 근로일 및 근로일별 근로시간

근로계약은 사용자와 청소년 근로자가 직접 체결해야 하며, 친권자나 후견인은 「근로기준법」상 미성년자를 대신하여 근로계약을 체결할 수 없다. 임금에 대해서는 미성년자가 독자적으로 청구할 수 있다. 이는 친권자나 후견인이 미성년자에게 강제노동을 시키거나 임금을 착취하는 등의 행위를 예방하고, 청소년이 자신의 노동에 대해 스스로 결정할 수 있도록 보장하기 위한 것이다. 다만, 친권자나 후견인, 고용노동부장관은 근로계약이 미성년자에게 불리하다고 인정하는 경우 이를 해지할 수 있다.

3) 근로시간 및 휴일 · 야간근로의 제한

「근로기준법」상 18세 미만 청소년에게 허용되는 최대 근로시간은 1일 7시간, 1주 35시간이며, 사용자와 청소년 근로자 간 합의가 있을 시엔 법정 근로시간을 초과하여 1일 1시간, 1주 5시간 이내에서 연장근로를 할 수 있다. 만 18세 이상 근로자의 경우 법정 근로시간은 1일 8시간, 1주 40시간이며, 당사자 간 합의 시 1주 12시간 이내로 연장근로가 가능하다. 이 경우 5인 이상 사업장에서는 연장근로에 대해 시간급 통상임금의 50%를 추가로 지급해야 한다. 또한 단시간근로자가 소정근로시간을 초과하여 연장근로를 한 경우에는 법정근로시간 이내라도 가산수당을 지급해야 한다.

사용자는 청소년 근로자 당사자의 동의 없이 오후 10시부터 오전 6시 사이의 야간근로를 요구할 수 없으며, 선택적 근로시간제와 연장근로시간제는 18세 미만의 청소년에게는 적용되지 않는다. 이는 청소년에게 위해 위험, 유해 업무를 금지하는 것과 마찬가지로 신체적 · 정신적으로 유해한 장시간 노동을 금지하기 위한 것이라 할 수 있다. 청소년 근로자의 동의를 얻었을 시에는 근로자 대표와의 협의를 거쳐, 고용노동부장관의 인가를 받고 휴일 · 야간에 근로할 수 있다. 이 경우 5인 이상 사업장은 휴일 · 야간근로에 대해 시간급 통상임금의 50%를 추가로 지급해야 한다.

4) 휴게 · 휴일 · 휴가

(1) 휴게시간 보장

사용자는 청소년 근로자의 근로시간이 4시간인 경우에는 30분 이상, 8시간인 경우 1시간 이상의 휴게시간을 근로 중에 지급하여야 하며, 휴게시간은 청소년 근로자가 자유롭게 이용할 수 있다.

(2) 유급휴가의 보장

1주 소정근로시간 15시간 이상인 모든 근로자에게 1주 동안의 소정근로일을 개근하면 주 1회 이상의 유급휴일을 주어야 한다. 1주에 2~3일만 근로하는 경우에도 1주간의 소정근로시간이 15시간 이상이면 소정근로시간에 비례한 유급휴일을 주어야 한다. 상시 5명 이상의 청소년 근로자를 사용하는 사용자는 1년간 80% 이상 출근한 청소년 근로자에게 15일의 유급휴가를 주어야 한다. 사용자는 유급휴가를 청소년 근로자가 청구한 시기에 주어야 하고, 그 기간에 대해서는 취업규칙 등에서 정하는 통상임금 또는 평균임금을 지급해야 한다.

5) 최저임금 및 임금지급

"최저임금"이란 국가가 근로자의 생활안정과 노동력의 질적 향상을 위해 임금의 최저수준을 보장하여 주는 것으로, 사용자에 대해 그 준수를 강제함으로써 근로자는 임금조건을 보호받을 수 있다. 사용자는 최저임금의 적용을 받는 청소년 근로자에게 최저임금액 이상의 임금을 지급해야 하며, 성인과 동일한 최저임금을 지급해야 한다. 사용자가 근로자와 합의하여 법정 최저임금에 미달하는 임금을 지급하기로 근로계약을 체결하더라도 법적 효력이 없으며, 사용자는 반드시 법정 최저임금 이상을 지급해야 한다. 「최저임금법」 위반 여부는 실수령액이 아닌 소득세, 사회보험료 등을 공제하기 전 임금을 기준으로 판단한다.

표 12-2   연도별 최저임금

연도	시급	일급(8시간)	월급(주 40시간)
2021년	8,720원	69,760원	1,822,480원
2022년	9,160원	73,280원	1,914,440원
2023년	9,620원	76,960원	2,010,580원
2024년	9,860원	78,880원	2,060,740원

사용자는 임금지급 시 임금의 구성항목 및 계산방법, 공제내역 등이 적힌 임금명세서를 서면, 전자우편(이메일), 휴대전화 문자메시지, 모바일 메신저 등을 통해 교부해야 한다. 임금명세서에 포함되어야 하는 사항은 다음 각 호와 같다.

① 이름, 생년월일 등 근로자를 특정할 수 있는 정보
② 임금지급일
③ 임금 총액
④ (연장, 야간, 휴일 근로가 있을 때는) 연장시간 수 포함한 계산방법
⑤ 기본급, 각종수당, 상여금 등 임금항목별 금액
⑥ (임금항목별 금액이 출근일수 등에 따라 달라지는 경우) 해당 항목별 계산방법
⑦ (임금공제 시) 공제항목별 금액과 총액

사용자는 청소년 근로자에게 임금을 지급할 시 임금지급 4대 원칙을 준수하여야 한다.

표 12-3 임금지급 4대 원칙

통화지급 원칙	임금은 현금으로 지급해야 한다.
직접지급 원칙	임금은 근로자에게 직접 지급해야 한다.
전액지급 원칙	임금은 전액을 지급해야 한다.
정기지급 원칙	임금은 매월 1회 이상 일정한 날짜에 지급해야 한다.

출처: 국가법령정보센터 홈페이지.

6) 4대 보험

산재보험은 모든 사업장이 가입 대상이며, 건강보험과 고용보험은 주 15시간 근로하면 가입이 가능하다. 4대 보험은 국민연금, 건강보험, 고용보험, 산재보험을 말한다. ① 국민연금은 18세 이상 60세 미만이 가입 대상이므로 청소년들은 만 18세, 즉 고3 중에서 생일이 지난 경우에 아르바이트를 하는 경우 연금 가입이 가능하다. 본인 기본소득의 4.5%를 공제한다. ② 건강보험과 ③ 고용보험은 주 15시간 이상, 즉 월 60시간 이상 근로하면 가입이 가능하다. 특히 고용보험은 약 7개월 이상 근무 시 해고나 권고사직 등 비자발적 이직이 있는 경우 '실업급여'를 받을 수 있다. 이 경우 가까운 고용복지센터에 접수하면 되고, ④ 산재보험은 모든 사업장이 가입 대상이다(박주현 외, 2022).

7) 업무상 재해(산업재해)에 대한 보상

청소년 근로자를 포함한 모든 근로자에 대하여, '업무상 재해'가 발생하면 산재보험으로 치료와 보상을 해 주어야 한다. '업무상 재해'는 업무상의 사유에 따라 4일 이상의 요양이 필요한 근로자의 부상, 질병, 장해 또는 사망을 말한다. 근로자가 잘못해서 다친 경우, 사용자가 산재보험에 가입하지 않는 경우, 비정규직(아르바이트, 현장실습생, 임시직 등), 특수형태근로종사자, 외국인의 경우에도 산재보험으로 보상받을 수 있습니다. 산업재해로 처리 시 요양급여, 휴업급여 등 다양한 보상을 받을 수 있으므로, 4일 이상 치료 시에는 반드시 산업재해로 처리한다. 산업재해처리를 해도 보상이 부족할 경우 사용자에게 별로의 손해배상을 청구(손해배상청구소송)할 수 있다.

표 12-4   산재보험급여의 종류

구분	주요 내용
요양급여	업무상 재해가 완치될 때까지 치료비 지급
휴업급여	치료로 인해 일을 못할 경우 생계보호를 위한 비용 지급
상병보상연금	치료 개시 후 2년 경과 후에도 치유되지 않을 시 휴업급여 대신 지급
장해급여	업무상 재해로 치료를 받았으나 장해가 남았을 경우 급여 지급
간병급여	치료를 끝낸 산재근로자가 치료 후 간병이 필요할 경우 지급
유족급여	업무상 재해로 근로자 사망 시 유족 생활보호를 위해 급여 지급
장의비용	사망한 근로자의 장례에 소요되는 비용 지급

출처: 국가법령정보센터 홈페이지.

표 12-5   업무상 재해의 유형

업무상 사고	① 업무를 하던 중에 발생한 사고 ② 사용자가 제공한 시설물의 결함으로 발생한 사고 ③ 사용자의 지시에 의해 참여한 행사 중이나 행사 준비 중에 발생한 사고 ④ 그 외 업무와 관련해 발생한 사고(용변 등 생리적 필요행위, 작업 준비 등 작업에 수반되는 부수 행위 중 사고, 시설물 결함, 관리 소홀)
업무상 질병	① 업무 중 근로자 건강에 재해를 일으킬 수 있는 요인을 취급하거나 그에 노출되어 발생한 질병 ② 업무상 부상 등이 원인이 되어 발생한 질병 ③ 그 외 업무와 관련해 발생한 사고(서서 일하는 근로자의 근골격계 질환, 기타 유독성 물질로 인한 질병 등)
출퇴근 재해	① 사업주가 제공한 교통수단이나 그에 준하는 교통수단을 이용하는 등 사업주의 지배관리하에서 출퇴근하는 중 발생한 사고 ② 그 밖에 통상적인 경로와 방법으로 출퇴근하는 중 발생한 사고

출처: 국가법령정보센터 홈페이지.

8) 청소년 직장 내 인권

(1) 강제근로금지 및 폭행 금지

사용자는 폭행, 협박, 감금, 그 밖에 정신상 또는 신체상 자유를 부당하게 구속하는 수단으로써 근로자의 자유의사에 어긋나는 근로를 강요해서는 안 된다. 사용자는 사고의 발생이나 그 밖의 어떠한 이유로도 근로자에게 폭행을 하면 안 된다. 근로자가 근로 중 실수를 하였다고 해도 폭행은 정당화될 수 없으며, 이는 사업자의 지위를 이용해 근로자의 인권을 모독하는 위법 행위이다. 폭행을 한 사용자의 처벌을 원할 경우, 폭행을 입증할 수 있는 증빙자료를 확보하여 고용노동부(노동지청)에 신고할 수 있다.

(2) 직장 내 성희롱 금지

직장 내 성희롱이란 사업주, 상급자 또는 근로자가 직장 내의 지위를 이용하거나 업무와 관련하여 다른 근로자에게 성적 언동 등으로 성적 굴욕감 또는 혐오감을 느끼게 하거나 성적 언동 또는 그 밖의 요구 등에 따르지 아니했다는 이유로 고용에서 불이익을 주는 것을 말한다. 사업주, 상급자 또는 근로자는 직장 내 성희롱을 해서는 안 된다. 직장 내 성희롱의 피해자는 여성뿐만 아니라 남성도 될 수 있으며, 대부분 직급이 낮은 근로자인 경우가 많다. 성희롱의 경우 피해자의 느낌(굴욕감, 혐오감 등)을 우선적으로 고려하며, 사업장 밖에서 이루어지는 모든 행위도 해당된다. 사업주는 성희롱 예방교육을 매년 실시하여야 하며, 교육의 내용을 항상 게시하는 등 근로자에게 알려야 한다. 사업주는 직장 내 성희롱 발생 신고를 받거나 발생 사실을 알게 된 경우 조사를 하여야 하고, 적절한 조치를 하여야 하며, 고객 등에 의한 성희롱으로 피해 근로자가 고충해소를 요청한 경우 적절한 조치를 하여야 한다. 또한 근로자가 피해를 주장하거나 고객 등으로부터 성적 요구 등에 따르지 않았다는 이유로 불이익 조치를 하면 안 된다.

표 12-6　**성희롱 해당 사례**

성희롱 유형	내용
육체적 성희롱	• 입맞춤이나 포옹, 뒤에서 껴안기 등의 신체적 접촉 행위 • 가슴, 엉덩이 등 특정 신체 부위를 만지는 행위 • 안마나 애무를 강요하는 행위 등

언어적 성희롱	• 음란한 농담이나 음담패설
	• 옷차림, 신체 · 외모에 대한 성적인 비유나 평가
	• 성적 사실관계를 집요하게 묻거나 성적인 내용의 정보를 의도적으로 유포
	• 성적 관계를 강요하거나 회유하는 행위
	• 음란한 내용의 전화 통화
	• 회식자리 등에서 무리하게 옆에 앉혀 술을 따르도록 강요하는 행위 등
시각적 성희롱	• 외설적인 사진, 그림, 낙서, 음란출판물 등을 게시하거나 보여 주는 행위
	• 직접 또는 팩스나 컴퓨터 등을 통하여 음란한 편지, 사진, 그림 송부
	• 성과 관련된 자신의 특정 신체 부위를 고의적 노출 또는 만지는 행위
	• 상대방의 특정 신체 부위를 유심히 쳐다보거나 훑어보는 행위 등

출처: 고용노동부(2024).

(3) 직장 내 괴롭힘 금지

사용자 또는 근로자는 직장에서의 지위 또는 관계 등의 우위를 이용해 업무상 적정범위를 넘어 다른 근로자에게 신체적 · 정신적 고통을 주거나 근무환경을 악화시키는 행위를 해서는 안 된다. 사용자는 직장 내 괴롭힘 신고를 접수하거나 괴롭힘 사건을 인지한 경우에는 지체 없이 조사를 실시하여야 하고, 괴롭힘 확인 시 행위자 및 피해자에게 적절한 조치를 하여야 한다. 또한 조사 과정에서 알게 된 비밀을 누설하여서는 안 된다. 직장 내 괴롭힘을 신고한 근로자 및 피해근로자 등에게 해고나 그 밖의 불리한 처우를 하면 안 된다.

---

(1) 업무배제 의도하에 당사자 의사에 반하여 전공과 관련 없는 과목의 강의를 배정
(2) 육아휴직 복직자에 대한 따돌림, 차별, 험담 등
(3) 회식 강요, 회식비 부담 강요 등
(4) 업무용 물품 및 ID 회수 및 사용금지, 따돌림 지시 등 차별적 대우
(5) 직접적인 체벌
(6) 욕설, 비난, 비웃음 등 무시 및 냉난방 관련 차별대우
(7) 욕설, 위협, "야" "너" 고함 / 고의적 업무지연 및 방해 / 해고 등 불이익 위협
(8) 지속적 폭언, 욕설 및 폭행 / 고의적 업무방해
(9) 적대적 근무환경 조성 및 부적절한 인사조치
(10) 신체 폭행, 급여삭감 지시 등 위협

그림 12-2 **직장 내 괴롭힘 행위 예시**

출처: 고용노동부(2023).

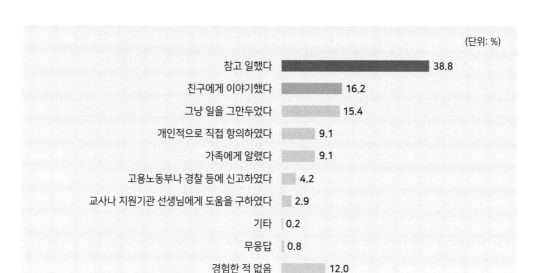

(단위: %)

참고 일했다	38.8
친구에게 이야기했다	16.2
그냥 일을 그만두었다	15.4
개인적으로 직접 항의하였다	9.1
가족에게 알렸다	9.1
고용노동부나 경찰 등에 신고하였다	4.2
교사나 지원기관 선생님에게 도움을 구하였다	2.9
기타	0.2
무응답	0.8
경험한 적 없음	12.0

그림 12-3 부당처우 경험 후 해결방법(복수응답)

출처: 국가인권위원회(2020).

(4) 부당해고 금지 및 해고 예고

부당해고는 근로자의 의사와 무관하게 정당한 이유 없이 진행된 해고를 뜻한다. 해고에는 정당한 이유가 있어야 하고, 해고 사유와 해고 시기를 서면으로 통지하여야 한다. 이는 5인 이상 사업장에 적용된다. 또한 해고하려면 최소 30일 전에 예고를 하여야 하고, 30일 전에 예고를 하지 않았을 경우 30일분 이상의 통상임금을 지급하여야 한다. 이 경우에는 모든 사업장에 적용된다.

해고 예고 예외 사유에는 ① 계속 근로 기간이 3개월 미만인 경우, ② 천재 사변, 그 밖의 부득이한 사유로 사업을 계속 하는 것이 불가능한 경우, ③ 근로자가 고의로 사업에 막대한 지장을 초래하거나 재산상 손해를 끼친 경우로서 고용노동부령으로 정하는 사유에 해당하는 경우가 있다.

「근로기준법」 제23조 제1항에서 사용자(기업)는 근로자에게 정당한 이유 없이 해고, 휴직, 정직, 전직, 감봉, 그 밖의 징벌을 하지 못한다고 규정하고 있다. 부당해고가 발생하였을 때 근로자가 노동위원회에 부당해고 구제신청을 할 수 있는 경우는 다음 각 호와 같다.

① 해고가 정당한 사유 없이 이루어진 경우
② 경영상 이유에 의한 해고 제한 요건을 갖추지 않은 경우
③ 「근로기준법」, 「남녀고용평등과 일 · 가정 양립 지원에 관한 법률」, 「노동조합 및 노동

관계조정법」등에서 정하고 있는 특정한 해고 금지 사유를 위반하여 해고한 경우

④ 해고할 만한 사유가 아님에도 징계 양정을 과도하게 하여 해고한 경우

⑤ 법령 또는 단체협약·취업규칙에서 정한 해고절차를 위반하여 해고한 경우

⑥ 해고할 수 없는 시기에 해고를 한 경우 등(예: 육아휴직기간)

청소년 노동 인권 Q&A

Q. 집안형편이 어려워 스스로 용돈을 벌고, 부모님께도 도움을 드리고 싶습니다. 왜 중학생은 일을 하려면 취직인허증이 있어야만 하나요?

A. 우리나라는 청소년이 인격적으로 성장하고 몸과 마음이 튼튼하게 자랄 수 있도록 중학교 과정까지 의무교육을 받도록 정하고 있습니다. 그래서 의무교육을 받는 데 지장이 없도록 15세 미만 청소년 또는 18세 미만이라도 중학교 재학 중인 청소년은 사용하지 못하도록 정하고 있습니다.

Q. 열일곱 살 청소년입니다. 친구들이 아르바이트 시작할 때 법에서 정한 서류를 사장님께 제출해야 한다고 해서 사장님께 물어봤더니, 모르겠다고 하십니다. 혹시 그 서류를 제출하지 않으면 제가 처벌받는 건가요?

A. 청소년 근로자가 처벌받는 것이 아니라, 사용자가 처벌받을 수 있습니다. 사용자는 18세 미만 근로자를 고용할 때에는 반드시 부모님 동의서와 나이를 증명하는 서류(가족관계증명서 등)를 받아야 하는 법적인 의무가 있습니다. 이 서류들을 제출하지 않고 일했더라도 법적 책임은 청소년이 아닌 사용자에게 있습니다.

Q. 고등학교 1학년 학생입니다. PC방 아르바이트를 할 수 있나요?

A. PC방은 「청소년 보호법」에서 청소년 고용을 금지하고 있는 업종입니다. 「청소년 보호법」에서는 청소년을 만 19세 미만으로 정하고 있어, 만 19세 미만은 PC방에서 일할 수 없습니다. 사용자가 청소년 고용 금지직종에 청소년을 일하게 하였을 경우 처벌받을 수 있습니다.

Q. 아르바이트를 하다 사정이 생겨 하루를 무단결근했습니다. 다음날 나가니 사장님이 뺨을 때렸고 입술이 약간 찢어졌습니다. 제가 잘못한 거라 가게에 손해가 생겨 손해배상을 청구할 수도 있다고 합니다. 억울해서 잠도 오지 않습니다.

A. 만약 손해가 생겼으면 손해배상을 청구해야 할 문제이며, 어떤 경우에도 폭행은 금지됩니다. 폭행은 「근로기준법」 위반으로 위법행위입니다. 처벌을 원하시면 증빙 자료(상해진단서, 가게 CCTV 영상, 녹음 및 동영상 촬영, 동료 증언 등)를 준비하여 지방고용노동청에 신고하실 수 있습니다.

Q. 사장님이 근로계약서를 써 주지 않습니다. 근로계약서를 꼭 써야 하나요?

A. 반드시 작성해야 합니다. 근로조건을 문서로 명확히 하지 않으면, 임금체불 등 부당한 대우를 당해도 대응하기 어렵습니다. '부모님께서 계약서를 가지고 오라고 하셨다' '학교 선생님께서 근로계약서를 가져 와야 종례(또는 야간자율학습)를 빼 주신다고 하셨다' 등 여러 가지 방법으로 계약서 작성을 요구해 봅니다. 그러나 근로계약서를 작성하기 곤란하거나, 꼭 일을 해야만 하는 상황이라면 매일 근무한 내용 등을 자세하게 기록해서 향후 분쟁에 대비해야 합니다.

Q. 방학기간 동안 식당에서 하루 9시간을 일했습니다. 청소년이 9시간 일하는 것은 법을 위반한 것이라며 하루 7시간 급여만 계산해서 준다고 합니다. 맞는 말인가요?

A. 아닙니다. 청소년 근로자가 법을 위반해서 9시간 일했을 경우, 일을 시킨 사용자가 처벌을 받게 되며, 일을 한 청소년은 처벌받지 않습니다. 법을 위반해서 9시간을 일했더라도 당연히 일한 만큼 급여를 받을 수 있고, 연장근로한 2시간은 가산임금을 받아야 합니다.

Q. 하루 7시간 아르바이트를 하고 있습니다. 휴식시간은 30분을 주는데, 식사시간으로 활용하고 있습니다. 하지만 급여를 받아 보면 항상 1시간 임금을 제외하고 줍니다. 30분을 쉬었으면 30분만큼만 무급으로 해야 하는 것 아닌가요?

A. 네. 맞습니다. 실제 휴식시간으로 사용하지 않은 자투리 시간까지 임금에서 제외하고, 근로자에게 그 시간만큼의 임금을 지급하지 않는 것은 위법입니다. 임금지급 시에는 반드

시 사용한 휴식시간 30분만 무급으로 계산해야 합니다. 매일 30분치 못 받은 시급은 임금체불에 해당됩니다. 사용자에게 임금지급을 요구했는데도 지급을 하지 않을 경우에는 고용노동부에 신고할 수 있습니다.

Q. 백화점 아르바이트를 2년 동안 하고 그만두었습니다. 주 6일 하루 6시간씩 근무하고 급여는 하루 일당을 계산해서 매월 받았습니다. 퇴직금 이야기를 하니까, 정식 근로계약서를 쓰지 않은 일용직은 퇴직금이 없다고 합니다. 퇴직금을 받을 수 없나요?

A. 근로계약서 작성 여부나 일당을 받는 일용직 여부와 상관없이, 1주일에 15시간 이상 일하고 1년 이상 일했으면 퇴직금을 받을 수 있습니다. 사용주는 퇴직한 후 14일 이내에 퇴직금을 지급해야 하며, 이를 어길 시에는 위법행위로 처벌받을 수 있습니다.

출처: 서울특별시(2023).

참고문헌 **389**

관련 토론/토의 주제

1. 노동시장에서의 청소년 노동 문제와 규제는 충분한가?
2. 청소년 노동 인권 실태는 어떠한가?
3. 청소년 기본 노동권을 보장하기 위한 방안은 무엇이 있는가?
4. 최저임금 인상 수준과 업종별 차등 적용은 어떤 이슈가 있는가?

참고문헌

고용노동부(2021). 청소년 근로자를 고용할 경우 꼭 알아야 할 15가지.
고용노동부(2023). 직장 내 괴롭힘 예방·대응 매뉴얼.
고용노동부(2024). 직장 내 성희롱 예방·대응 매뉴얼.
국가인권위원회(2020). 청소년 노동인권 상황 실태조사.
박주현, 박선희, 안명선, 김상법, 천정웅(2022). 청소년육성제도론. 양서원.
서울특별시(2023). 2023년 청소년 노동권리 안내서. 서울특별시.
여성가족부(2022). 2022 청소년백서. 여성가족부.
여성가족부(2023). 2023 청소년 통계. 여성가족부.
인천시교육청(2023). 슬기로운 알바생활.
한국법제연구원(2021). 미래세대를 위한 법적 과제 Ⅰ-청소년 노동을 중심으로-. 한국법제연구원 연구보고, 21-17-1.
한국청소년정책연구원(2018). 청소년의 노동기본권 보장 방안 연구. 한국청소년정책연구원 연구보고, 17-R19.

국가법령정보센터 홈페이지 https://www.law.go.kr/
찾기쉬운 생활법령정보 홈페이지 https://www.easylaw.go.kr/CSP/Main.laf

제13장

청소년정책의 향후 과제

1. 청소년정책환경 전망
2. 청소년정책의 추진 전략 및 과제

1. 청소년정책환경 전망

청소년을 둘러싼 정책환경은 매년, 매순간 변화하고 있다. 특히, 이전 시대에 비해 기술의 발전 속도가 빨라짐에 따라 청소년정책의 수립 및 추진에 있어서도 시대적·사회적 환경의 변화를 적극적으로 반영해야 하는 상황이다. 엔데믹(endemic)이 선언된 2023년 이전까지 2020~2022년의 약 3년간 전 세계적으로 확산되어 수많은 사상자가 발생한 코로나19는 청소년을 비롯한 전 인류에게 세계관, 사회관 그리고 인생관의 변화를 가져다주었다.

이러한 사회 환경의 급격한 변화 상황에서 청소년정책을 둘러싼 주변 환경에도 커다란 변화가 발생하였으며, 향후 청소년정책을 수립, 추진하는 과정에서 고려해야 할 중요한 요소 몇 가지를 정리하여 제시하면 다음과 같다.

첫째, 청소년 인구의 감소로 인한 가족 구조의 변화이다. 청소년정책에 있어 저출생·고령화로 인한 인구 구조의 변화는 심대한 영향을 미친다. 우리 사회는 2020년대 이후 초저출산 사회로 진입하였으며, 합계출산율이 0.72명(2023년 기준, 2024년 2월 28일 통계청 발표자료)으로 역대 최저치를 기록할 정도로 심각한 상황이다. 한편으로는 65세 이상 고령인구는 지속적으로 늘어나고 있으며, 전체 인구에서 고령인구가 차지하는 비율은 2020년 15.7%, 2025년 20%, 2035년 30% 그리고 2050년에는 40%를 초과할 전망이다.[1] 청소년 인구의 감소가 청소년정책에 미치는 영향으로는 교육 및 청소년정책 수요의 감소로 인한 시설 및 프로그램 수의 축소, 청소년의 소비자로서의 역할이 줄어들면서 발생하는 소비패턴의 변화, 사회적 연결성 감소로 인한 정신·건강의 악화 그리고 고령인구 증가와 맞물린 사회적 통합 및 자원 배분의 문제 등을 생각해 볼 수 있다.

둘째, 청년정책과의 관계성 설정의 문제를 들 수 있다. 2020년 2월 4일, 「청년기본법」이 제정되어, 같은 해 8월부터 시행되고 있다. 이 법에서는 청년의 연령을 19세 이상 34세 이하인 자로 정의하고 있다. 「청소년 기본법」에서는 청소년의 연령을 9세 이상 24세 이하인 자로 설정하고 있어, 19~24세에 해당하는 자는 청소년이자 청년이기도 하다. 청소년과 청년은 발달단계상 연속선상에 위치하고 있기 때문에 정책의 연계는 반드시 필요하다. 두 법이 추구하는 방향에도 상당부분 공통점이 존재한다. 먼저, 「청소년 기본법」 제2조(기본이념)에서는 청소년정책의 기본방향을 청소년의 참여 보장, 창의성과 자율성을 바탕으로 한

---

1) 통계청 발표자료(2024. 4. 4.).

청소년의 능동적 삶의 실현, 청소년의 성장 여건과 사회 환경의 개선 그리고 민주·복지·통일조국에 대비하는 청소년의 자질 향상을 들고 있다. 「청년기본법」 제2조에서는 청소년정책 추진 시 고려해야 할 사항으로 청년 개개인의 자질 향상과 능동적 삶의 실현, 청년의 정치·경제·사회·문화 등 모든 분야에 대한 참여 촉진, 교육, 고용, 직업훈련 등에서 청년의 평등한 기회 제공, 청년이 성장할 수 있는 사회적·경제적 환경 마련을 들고 있다. 두 법 모두 청소년과 청년의 삶의 질 향상을 위한 사회여건의 조성, 역량 강화, 참여 기회의 제공 및 보장 등을 강조하고 있다. 이에 향후 두 법에서 제시하고 있는 기본이념 및 정책 방향을 상호 보완적으로 추진했을 때 청소년과 청년의 삶의 만족도, 행복감 그리고 성장 등과 같은 가치가 실현될 것으로 본다.

그림 13-1　청소년정책 수립 시 고려 요소

셋째, 4차 산업혁명 기술의 발전으로 촉발된 디지털 전환(Digital Transformation: DX)에 대한 대비의 문제이다. 1990년대 중반 이후 우리 사회에 컴퓨터, 휴대폰의 보급으로 인해 디지털(digital)이란 용어가 일상적으로 사용되기 시작하였다. 디지털의 어원은 '손가락' '엄지'를 의미하는 라틴어 'digit'이며, 손가락으로 수를 세는 행위에서 파생하여 단위(0과 1만 사용하여 나타내는 이진법)를 표시하는 용도로 사용되었다. 현재는 스마트폰, 컴퓨터 등의 전자기기를 의미하는 디지털 기기와 디지털 기술, 디지털 역량 등 기존에 존재하는 단어들과 결합하여 사용되고 있다. 최근에는 빅데이터, 인공지능(Artificial Intelligence: AI), 사물인터넷(Internet of Things: IoT)과 같은 첨단 정보통신기술 분야에서도 디지털이라는 용어가 널리 사용되고 있다. 이처럼 디지털 기술이 생활 및 산업생태계에서 중심적 역할을 수행하게 되는 과정을 '디지털 전환'이라고 하며, 현재 우리가 살아가는 시대가 디지털 전환이 급속하게 진행되는 사회이다.

흔히 청소년들을 디지털 네이티브(digital native, 디지털 원주민) 세대라고 부르기도 한다. 그 이유는 그들이 태어날 때부터 디지털 기기가 존재했으며, 성장과정 내내 스마트폰 등과 같은 디지털 기기를 사용하면서 디지털 기기를 능숙하게 다루는 등 디지털 기기가 생활 그 자체라고 해도 과언이 아닐 정도로 디지털 기기에 익숙하기 때문일 것이다. 이처럼 청소년들이 살아가는 사회 환경에서 디지털이 일상화되고 있는 상황에서 청소년 분야에서도 청소년들의 디지털 역량 함양, 디지털 환경 및 기기의 과잉 사용으로 인해 발생하는 부작용에 대한 대처 등과 같은 문제들에 대한 대책을 마련해야 하는 상황이다. 참고로 2023년부터 시행 중인 '제7차 청소년정책 기본계획'(2023~2027년)에서도 청소년들의 디지털 역량 함양과 더불어 디지털을 매개로 한 유해환경 차단 등을 강조하고 있다.

넷째, 청소년정책과 교육정책의 연계 및 협력이 필요한 상황이다. 앞에서 언급한 바와 같이, 청소년 인구의 감소는 학생 수의 감소와 거의 같은 개념이라고 봐도 무방할 것이다. 청소년 분야와 학교와의 연계의 필요성과 중요성에 대해서는 1990년대 이후 지속적으로 제기되어 왔으나, 법적 근거, 전달체계, 전문인력의 양성체계 등의 차이로 인해 두 분야의 연계 및 협력이 제한적으로 이루어진 것이 현실이다. 물론, 체험활동, 상담 그리고 복지정책 분야에서는 매년 협력과 연계가 강화되고 있다. 구체적으로 청소년활동 분야에서는 자유학기제 및 자유학년제 시행 시 학교와 청소년수련시설의 연계, 청소년상담 분야에서는 위(Wee)센터와 청소년상담복지센터의 연계 그리고 복지 분야에서는 학교 밖 청소년 및 학업중단 청소년에 대한 학교와 학교 밖 청소년 지원센터 등과의 연계 등을 들 수 있다. 아울러, 교육 분야와의 협력 강화를 위해서는 청소년 분야에서도 교육정책의 추진방향, 교육내용 등에 대해서도 충분한 지식과 이해를 갖출 필요가 있다. 참고로, 2022년 교육부는 개정된 교육과정을 확정, 발표하였다. 주요 내용으로는 다음과 같다.[2]

- 미래 변화를 능동적으로 준비할 수 있도록 역량 및 기초소양 함양 교육 강화
  - 모든 교과 학습과 평생학습의 기반이 되는 언어·수리·디지털 기초소양 강화
  - 지속가능한 미래를 위한 공동체 역량 강화 및 환경·생태교육 확대, 디지털 기초소

---

2) 교육부 발표자료(2021. 11. 24.).

양 강화 및 정보교육 확대
● 학생의 자기주도성, 창의력과 인성을 키워 주는 개별 맞춤형 교육 강화
  – 학교급 전환 시기에 필요한 학습과 학교생활 적응을 위한 진로 연계 교육 도입
  – 학생 맞춤형 과목 선택권 확대, 학습에 대한 성찰과 책임 강화 등
● 학교 현장의 자율적인 혁신 지원 및 유연한 교육과정으로 개선
  – 학교자율시간으로 지역 연계 교육 및 학교와 학생의 필요에 따른 다양한 선택과목 개설 활성화
  – 학점 기반의 유연한 교육과정, 진로 선택 및 융합 선택과목 재구조화를 통한 학생 과목 선택권 확대
● 학생의 삶과 연계한 깊이 있는 학습을 위한 교과 교육과정 개발
  – 단순 암기 위주의 교육방식에서 탐구와 개념 기반의 깊이 있는 학습으로 전환
  – 디지털·인공지능을 기반으로 학생 참여형·주도형 수업 및 학습의 과정을 중시하는 평가로 개선

한편, 2022년 황여정 등이 수행한 '전환기의 국가청소년정책 전략 연구'에서 선행연구들을 검토한 결과, 향후 청소년정책을 추진하는 과정에서 고려해야 할 주요 아젠다로 인구 및 가족 구조의 변화, 저성장 및 사회양극화 문제, 4차 산업혁명, 기후 환경 변화, 포스트 코로나, 청소년 참여 활성화의 여섯 가지 요소를 들고 있다. 이 가운데 기후 환경 변화의 문제는

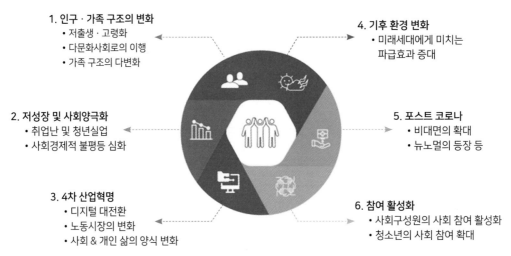

그림 13-2 청소년정책환경 주요 메가트렌드

출처: 황여정 외(2022).

우리의 삶과 직결된 문제이기 때문에 청소년들이 관심을 가지고 실천 가능한 행동 요령을 익힐 수 있도록 교육 토론 그리고 체험의 기회를 제공하는 것도 청소년정책 영역에서 적극적으로 고려해야 할 사항이라고 할 수 있다.

　지금까지 언급한 네 가지 요소 이외에도 기후환경문제에 대한 인식 및 대응 노력 방안 모색, 저성장 및 사회양극화로 인해 발생하게 되는 청소년 실업 문제 및 계층 간 갈등 문제, 기술의 급격한 발전으로 인해 발생하는 직업세계의 변화에 대처하기 위한 진로선택 및 진로역량의 문제, 정신건강 문제를 호소하는 청소년의 증가에 대한 원인 분석 및 대처 방안 마련, 청소년정책 전달체계의 재정비 등 향후 청소년정책을 추진함에 있어 고려해야 할 요소들은 매우 많다.

2. 청소년정책의 추진 전략 및 과제[3)]

　앞에서 언급한 청소년을 둘러싼 다양한 사회 환경의 변화와 관련된 문제들 가운데, 중요성, 시급성 등을 고려하여 대표적인 정책과제를 정리하여 제시하면 다음과 같다.

1) 청소년정책의 중심대상인 '잘파세대(Z세대+알파세대)'의 문화, 가치관, 특성 이해

　정책을 추진함에 있어 정책 대상자의 특성을 파악하는 것은 매우 중요하다. 왜냐하면 정책 대상자의 인격적 특성, 성장과정, 문화 등에 따라 정책의 목표 및 방향이 결정되기 때문이다. 2024년 현재, 청소년정책의 주요 대상은 '잘파세대'이다. 잘파세대란 Z세대와 알파세대를 합친 신조어로, 1997년 이후에 출생한 청소년들을 말한다. 지금까지 청소년정책의 주요대상은 Z세대(Generation Z)라고 할 수 있다. Z세대는 1997~2012년에 출생한 이들로, 스마트폰과 같은 디지털 디바이스에 친숙하며, 인터넷, 특히 SNS를 통하여 정보를 습득하며 자신을 적극적으로 드러내는 데도 익숙한 세대이다. 아울러, 이들은 문자보다는 영상에 익숙한 세대이다. 앞에서 언급한 내용을 포함하여 이들의 세대적 특징을 정리하면 다음과 같다.

---

3) 황여정 외(2022), pp. 47-49의 내용을 토대로 재구성.

첫째, 이들은 디지털 네이티브 세대이다. 이들은 디지털 환경에서 태어나 자란 세대로, IT기술에 익숙하며 적극적으로 활용한다.

둘째, 개인주의 성향이 강하며, 다양성을 추구한다. 이들은 자신의 개성을 중요시하며, 개방적인 부모세대인 X세대(1960년대 후반부터 1970년대 후반에 태어난 세대)의 영향으로 개인주의적 성향이 강하다. 그리고 타인으로부터 구속받는 것을 싫어하며, 매우 자유분방하다.

셋째, 현재 지향적이며 실용적인 가치를 중시한다. 이들은 '욜로(YOLO)' '소확행(소소하지만 확실한 행복)'으로 대표되는 현재 가치 중심적 의사결정을 선호한다. 불확실한 미래보다는 현재의 나에게 만족감을 줄 수 있는 일에 집중하는 경향을 보인다.

넷째, 정보를 찾아내는 판단능력이 뛰어나며, 새로운 플랫폼에 대한 적응력이 매우 빠르다. 이들은 이전 세대에 비해 넘쳐 나는 정보의 홍수 속에서 자신이 원하는 정보를 찾아내는 판단능력이 매우 뛰어나다. 그리고 모바일과 SNS를 능숙하게 활용하며 새롭게 등장하는 디지털 플랫폼에 대한 적응력도 매우 빠르다(강민정 외, 2020).

다음으로, Z세대와 더불어 향후 청소년정책의 주요 대상은 알파세대가 될 것이다. 알파세대란 용어는 2018년 호주의 사회학자인 마크 맥크린들(Mark McCrindle)이 명명한 것으로 알려져 있다. 일반적으로 알파세대란 2010년대 초반부터 2024년 사이에 출생한 세대로, 밀레니얼(M) 세대의 자녀들이다. 이들은 디지털 환경에 익숙하며 스마트폰, 태블릿PC, 유튜브, 인공지능과 같은 기술과 서비스를 통해 소비와 소통을 하는 세대이다. 알파세대의 주요 특징은 다음과 같다.

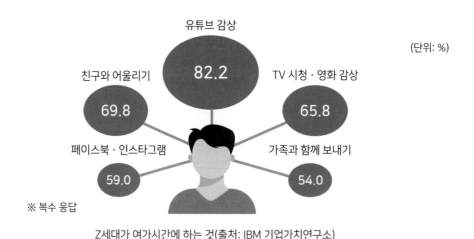

Z세대가 여가시간에 하는 것(출처: IBM 기업가치연구소)

그림 13-3 Z세대가 여가시간에 하는 것

출처: 매거진 한경(2018. 5. 23.).

첫째, 알파세대도 Z세대와 마찬가지로 디지털 네이티브라고 할 수 있다. 이들은 어려서부터 기술적 진보를 경험하며 자랐다. 실제로 이들 세대는 어려서부터 AI 스피커와 대화하면서 원하는 동요를 듣거나 동화를 읽어 주는 서비스를 받으며 성장했다.

둘째, 알파세대는 사람과의 소통보다는 기계와의 일방적 소통에 익숙하다. 이로 인해 정서나 사회성 발달에 부정적인 영향이 있을 수 있다.

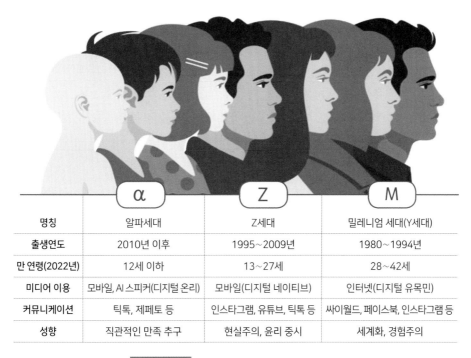

명칭	알파세대	Z세대	밀레니엄 세대(Y세대)
출생연도	2010년 이후	1995~2009년	1980~1994년
만 연령(2022년)	12세 이하	13~27세	28~42세
미디어 이용	모바일, AI 스피커(디지털 온리)	모바일(디지털 네이티브)	인터넷(디지털 유목민)
커뮤니케이션	틱톡, 제페토 등	인스타그램, 유튜브, 틱톡 등	싸이월드, 페이스북, 인스타그램 등
성향	직관적인 만족 추구	현실주의, 윤리 중시	세계화, 경험주의

그림 13-4 M, Z, 알파 세대의 특성 비교

출처: https://blog.daehong.com/391

2) 인구 구조 변화에 대한 적극적 대응 및 인구소멸지역에서의 청소년정책 추진방식 전환 필요

우리 사회는 2000년대 이후 초저출산 사회에 진입하였으며, 이로 인한 청소년 인구 규모는 급감하고 있다. 전체 인구에서 청소년 인구가 차지하는 비율은 1980년 36.8%에서 2022년 15.8%로, 약 40년 사이에 20% 이상 감소하였다. 여성가족부가 발표한 '2023년 청소년 통계'에 따르면, 2023년 청소년(9~24세) 인구는 791만 3천 명으로 총인구의 15.3%이며, 전년도 대비 0.5%p 감소한 것으로 나타났다. 지역별 청소년 인구 수도 전체 인구 구성

비와 동일하게 서울, 인천 그리고 경기 지역에서 청소년 인구가 차지하는 비율이 매우 높은 것으로 나타났다. 문제는 인구감소의 속도라고 할 수 있는데, 정부는 「지방자치분권 및 지역균형발전에 관한 특별법」 제2조 및 동법 시행령 제3조에 따라 매년 '인구감소지역'을 지정하고 있다. 지정 주기는 5년 단위이며, 2021년 10월 최초로 전국의 89개 지역을 인구감소지역으로 지정하였다. 정부의 자료에 따르면, 향후 지방도시를 중심으로 인구감소지역은 지속적으로 늘어날 것으로 예상하고 있다.[4]

아울러, 한국고용정보원은 한 지역의 가임여성 인구(20~39세)를 해당 지역의 65세 이상 고령인구로 나눈 수치인 '지방소멸 위험지수'를 발표하고 있다. 한국고용정보원의 발표(2024년 2월 21일)에 따르면, 전국 228개 시·군·구 중 절반이 넘는 121곳이 소멸 위험지역으로 분류되었으며, 그 가운데 소멸 위험이 가장 높은 곳은 '경상북도 상주시'로 나타났다. 또한 17개 광역자치단체 가운데 소멸 위험이 가장 높은 곳은 '전라남도'로 조사되었다.[5] 현재와 같이 인구감소추세가 지속될 경우 머지 않은 시점에 전국의 거의 모든 지역이 소멸의 위험 상태에 놓이게 될 것이다. 참고로, 청소년 인구의 감소는 지역사회에서 소비, 교육, 노동시장 등에 영향을 미치게 되며, 특히 지역사회의 활성화에 부정적인 영향을 미칠 가능성이 매우 높다.

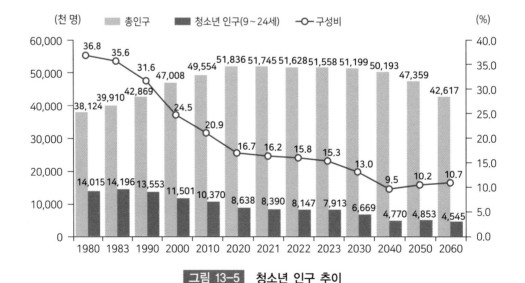

그림 13-5 청소년 인구 추이

출처: 여성가족부(2023a).

---

4) 행정안전부 홈페이지.
5) 한국고용정보원 홈페이지.

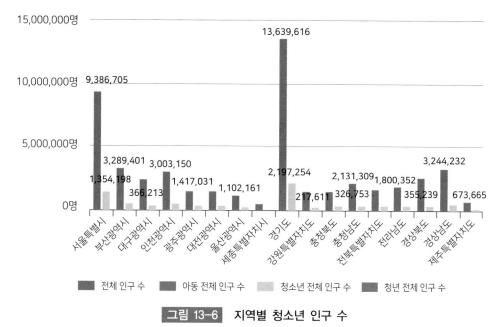

그림 13-6　**지역별 청소년 인구 수**

출처: 행정안전부(n.d.).

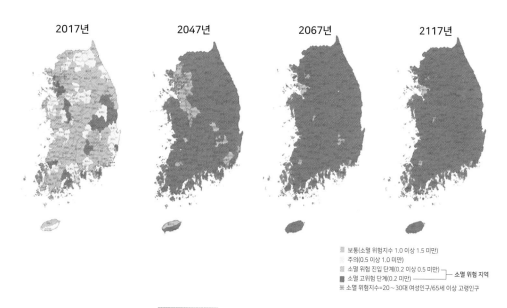

그림 13-7　**100년 뒤 소멸 위험 지역**

출처: 한겨레21(2021. 8. 30.).

　이처럼, 지역사회를 중심으로 청소년 인구가 급격하게 감소하는 상황을 고려했을 때, 향후 청소년정책을 추진함에 있어 인구 구조 변화를 적극적으로 수용, 반영하여 이에 적극적으로 대응책을 마련해야 할 것이다. 오래전부터 예견된 저출생·고령화로 인한 인구사회학적 변화는 우리 사회 전반에 큰 영향을 미칠 것으로 예측되는데 청소년정책도 예외가 아니다. 특히, 청소년정책의 경우 정책 대상자인 청소년의 규모가 대단히 빠르게 감소하고 있다는 점에서 직접적인 영향을 받게 된다. 청소년 수가 급감하는 것은 정책 대상자 자체가 줄어드는 것이기 때문에 정책의 지속가능성에 영향을 미치는 대단히 중요한 문제이다.

인구감소 문제는 청소년시설 이용자 수 감소와 그로 인한 청소년지도자 인력의 양성, 선발, 배치 문제를 비롯해 청소년정책 운영 전반에 영향을 미칠 것으로 보인다. 따라서 인구감소로 인해 야기되는 문제를 파악하고 대책을 마련해야 한다. 인구 구조의 변화는 정책 대상자의 구성에도 영향을 미친다. 다문화 청소년의 수가 증가함에 따라 청소년 인구에서 차지하는 비중이 증가하는 것이 바로 그 예이다. 이러한 구성의 변화로 인해 향후 다문화 청소년이 청소년정책에서 갖는 위상과 중요성도 증대될 것으로 보인다. 따라서 다문화 청소년 지원 정책에도 보다 관심을 기울일 필요가 있다.

특히, 인구 소멸 지역에서 청소년정책의 추진 방식을 전환해야 한다. 기존의 청소년 관련 법체계(「청소년 기본법」 등)에서 지원방식도 필요하지만, 2022년 인구가 급속하게 감소하고 있는 지역사회를 지원할 목적으로 2022년 제정된 「인구감소지역 지원 특별법」의 개정을 통해 지원하는 방안을 생각해 볼 수 있다. 「인구감소지역 지원 특별법」의 제정 목적은 "인구감소 위기 대응을 위한 지방자치단체의 자율적·주도적 지역발전과 국가 차원의 지역 맞춤형 종합지원체계를 구축하고, 지방자치단체 간 및 국가와 지방자치단체 간 연계·협력 활성화 방안과 인구감소지역에 대한 특례 등을 규정함으로써 인구감소지역의 정주(定住) 여건을 개선하고 지역의 활력을 도모하여 국가 균형발전에 기여하는 것"이라고 명시되어 있다. 이 법 제17조에는 '청년·중장년 등의 정착 지원'에 관한 사항을 명시하고 있는데, 그 내용은 다음과 같다(국가법령정보센터 홈페이지).[6]

---

1. 인구감소지역에 소재하는 사업장에 취업 시 임금의 일정액을 일정기간 지원하거나 일자리 알선을 위한 정보를 제공하는 사업
2. 인구감소지역에서 창업 시 창업에 필요한 비용, 기술, 컨설팅을 지원하는 사업
3. 인구감소지역에 거주 시 주택을 일정기간 지원하거나 수리·임차 비용을 지원하는 사업
4. 인구감소지역 내 장애인, 국가유공자, 북한이탈주민 등에 대한 일자리 지원 및 정착에 관한 사업
5. 그 밖에 인구감소지역 내 청년·중장년 등의 정착 지원을 위하여 필요하다고 인정되는 사업
   ② 국가는 지방자치단체가 제1항 각 호에 따른 사업을 추진하는 데 필요한 재정을 지원하고 규제를 완화할 수 있다.

---

6) https://www.law.go.kr/lsInfoP.do?lsiSeq=251633&efYd=20230710#0000

앞의 조문에서 청년과 중장년과 더불어 청소년도 대상에 포함시킬 필요가 있으며, 아울러 인구감소지역 내 청소년의 성장 지원을 위한 청소년활동, 보호 그리고 복지에 관한 사업을 지원 대상에 포함시킬 필요가 있다. 도시지역에는 청소년활동시설이 다수 설치되어 있으나, 농어촌을 비롯한 인구감소지역의 경우, 청소년 인구 및 예산 부족 등의 이유로 청소년 관련 시설이 부족한 형편이다. 이에 국가 및 지자체가 인구감소지역에 대해서는 행정적·재정적 지원을 통하여 우선적으로 청소년 관련 시설이 설치될 수 있도록 법적 근거를 마련할 필요가 있다.

3) 복지 사각 지대에 놓인 청소년의 발굴 및 복지 지원 확대 필요[7]

2000년대 이후 장기화되고 있는 저성장 기조와 사회양극화 심화로 인해 계층 간 격차는 확대되고 있으며, 특히 코로나19 이후 계층 간 양극화 현상이 더 심화되는 경향을 보이고 있다. 사회양극화 심화는 복지정책에 대한 수요로 이어질 수 있다. 아울러 향후 한국 경제는 저성장 기조가 고착화되면서 청소년 및 청년층의 취업 관련 문제가 쉽게 풀리기 어려운 상황이다. 이는 청소년의 사회적 및 경제적 자립의 지연으로 이어질 수 있다. 또한 성인기 이행 지연은 청년빈곤, 청소년 및 청년층의 정신건강 문제, 결혼 및 출산 포기 등으로 이어지는 핵심 원인을 제공한다. 따라서 향후 청소년정책은 위기 취약계층 청소년에 대한 지원 방안과 청년실업에 따른 성인기 이행 지연 등에서 비롯되는 문제에 대해서도 장기적인 대응책을 마련할 필요가 있다.

구체적으로는 지금까지 전통적인 청소년복지의 대상이라고 할 수 있는 위기청소년, 가출 청소년, 저소득층 가정 청소년부모, 비행 및 일탈 청소년과 같은 교육적 선도 대상 청소년, 우울증 등과 같은 정신질환을 앓고 있는 청소년, 약물 및 매체 중독 청소년 등에 대해서는 법·제도적 그리고 정책적으로 일정 부분 관심을 가져왔다. 향후 이러한 전통적인 청소년복지 대상자와 더불어 새롭게 등장한 복지 지원 대상 청소년으로 영케어러 청소년[Young Carer, 가족돌봄 청(소)년], 청소년부모, 은둔형 외톨이 청소년 등에 대해서도 정책적 차원에서 관심을 기울여야 할 것이다.

여성가족부를 포함한 정부(관계부처합동)가 2023년 발표한 제7차 청소년정책 기본계획(2023~2027년)에 영케어러에 대한 문제를 제기하기 시작하였다. 각 국가별로 영케어러

---

7) 복지로 홈페이지.

의 정의는 다양한데, 먼저 영국에서는 장애, 신체 및 정신 질환, 약물 등 문제를 가진 가족 및 친척을 돌보는 18세 이하의 청소년을 영케어러라 정의하고 있다. 일본에서는 고령, 신체 및 정신상의 장애, 질병 등으로 지원을 필요로 하는 친척, 친구, 지인에게 무상으로 간병 등을 제공하는 18세 미만의 청소년을 영케어러라고 정의하고 있다. 우리나라에서는 아직까지 법적으로 영케어러 또는 가족돌봄 청소년에 대한 정의가 이루어지고 있지 않다. 최근에 서울시, 대구시는 20대 및 30대에 초점을 둔 영케어러 실태조사를 실시하였다. 먼저, 2022년 서울시 청년활동지원센터는 '영케어러 케어링 사업 효과성 분석 연구'[8]를 실시하였는데, 이 연구에 따르면 서울시의 경우 영케어러의 규모는 약 900명 정도로 추정되며, 국가 전체의 영케어러 규모에 대한 통계자료는 찾기 힘들다.

영케어러들이 겪고 있는 어려움을 정리하면 다음과 같다. 첫째, 영케어러는 갑작스럽게 가족의 보호자가 되었다는 점과 끝을 알 수 없는 지난한 돌봄 노동 그리고 긴 돌봄으로 인한 소진과 무기력을 경험하고 있는 것으로 나타났다. 둘째, 그들은 돌봄과 생계를 위해 학업을 포기하거나 중단하기도 하며, 미래가 보이지 않는 현실로 인해 자신을 위한 삶을 중단하기도 한다. 셋째, 사회적 관계가 단절되거나 고립되는 경험을 하고 있다. 가족돌봄을 혼자 감내하는 과정에서 감각의 무뎌짐, 무감각, 무기력함을 경험하기도 하며, 또래친구로부터 공감을 받을 수 없는 자신의 삶에 대한 고독으로 인해 스스로 관계를 단절하는 경우도 있다. 이처럼 영케어러는 다양한 어려움에 직면해 있음에도 불구하고, 법·제도적으로 지원에 대한 근거가 미비하다는 이유로 적절한 지원을 받지 못하고 있는 현실이다.

한편, 2023년 대구광역시와 대구광역시청년센터는 '가족돌봄청년 Young Carer으로서의 경험에 대한 실태 조사'를 실시하였는데, 이 조사에 따르면, 가족돌봄청년들이 겪는 어려움으로는 돌봄대상의 질병 등으로 인한 의료비 지출 부담, 돌봄으로 인한 생활비(주거비 등) 지출의 어려움, 돌봄대상과의 관계적 어려움(안전문제, 돌봄의 갈등 등), 돌봄으로 인한 개인 사회활동 영위의 어려움, 돌봄으로 인한 직장생활/학업 유지의 어려움, 돌봄으로 인한 미래계획 설정에 대한 어려움, 돌봄으로 인한 정신 및 건강 문제의 어려움(우울, 분노, 힘듦 등), 돌봄으로 인한 문화, 개인 여가활동 관련 어려움을 들고 있다.

다음으로, 2021년 3월 「청소년복지 지원법」의 개정으로 인해 '청소년부모'를 지원하기 위한 법적 근거가 마련되었다. 「청소년복지 지원법」에 따르면, 자녀를 양육하는 부모가 모두 24세 미만의 청소년을 청소년부모라 정의하고, 국가 및 지방자치단체가 청소년부모에게

---

8) 서울광역청년센터 홈페이지.

아동 양육·방문건강관리·상담 등 가족지원서비스, 생활·의료·주거 등 복지지원, 학업 지속을 위한 교육지원, 직업체험 및 취업지원을 할 수 있다.

청소년부모의 실태 및 문제점 등에 대해 연구한 이상정 등(2022)에 따르면, 2020년 기준 부모 모두 24세 이하인 청소년부모는 2,298가구이다. 부 또는 모의 연령이 24세 이하인 가구는 7,361가구로 청소년부모의 정의에 해당되는 2,298가구를 제외하면 5,063가구는 청소년·청년부모로 구성된 가구이다. 이들은 전체 청년 가구(11만 1,076가구)의 4.5%에 해당한다.

표 13-1 청소년부모 가구 현황(2020년 기준) (단위: 가구)

부모 모두 19세 미만인 가구	부 또는 모가 19세 미만인 가구	부모 모두 24세 이하인 가구	부 또는 모가 24세 이하인 가구	부모 모두 34세 이하인 가구
38	126	2,298	7,361	111,076

※ 음영 표시된 칸은 「청소년복지 지원법」 제2조(정의)에 따른 청소년부모 가구임.
출처: 이상정 외(2022).
원출처: 통계청(2020). 인구동향조사 출생연간자료 A형 원자료 분석.

청소년부모들이 겪고 있는 어려움으로는 생활비 등 경제적 어려움, 진로 및 취업 등 사회 복귀의 어려움, 자녀를 위한 보육과 의료서비스 부족, 불안정환 주거문제, 사회적 편견으로 인한 심리·정서상의 어려움, 가족의 외면으로 인한 심리정서적 외로움 등을 들고 있다(아름다운재단, 한국미혼모네트워크, 2019). 여성가족부(2023b)의 '청소년 부모 현황 및 아동양육비 지원 실증연구'에서도 청소년부모들은 양육비에 대해 크게 부담을 느끼고 있으며, 이들의 월 평균 소득은 296만 원으로 전체 가구 소득 평균의 약 68%에 그쳤으며, 취업자의 절반 이상이 비정규직인 것으로 나타나 불안정한 고용 상태에 놓여 있는 것으로 나타났다. 한편, 이상정 등(2022)의 조사에서도 청소년부모의 생활실태를 파악하였는데, 이들은 주거불안정상태에 놓여 있으며, 우울증을 앓는 등 정신적 어려움을 호소하는 경우가 많았다. 그리고 가족 및 사회적 관계에 있어서 사회적 지지체계가 취약하며, 도움을 받을 수 있는 정책에 대한 인지 수준도 낮은 것으로 나타났다.

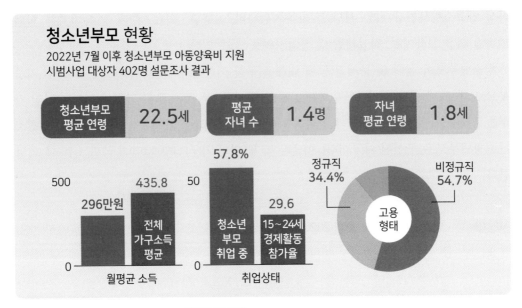

그림 13-8 청소년부모 현황

출처: 연합뉴스(2023. 4. 6.).

은둔형 외톨이 청소년이란 사회적 관계를 회피하고 고립된 환경에서 지내는 청소년으로 사회적 활동이나 대인관계 형성에 어려움을 겪고 있다. 2021년 한국보건사회연구원이 통계청의 사회조사를 토대로 추정한 19~34세 고립 청년은 전체 청년 인구의 3.1%에 달하는 33만 8,961명이었다. 2020년 광주시의 은둔형 외톨이 실태조사에 따르면, 은둔 생활을 경험한 이들의 약 40%가 청소년기부터 은둔 생활을 시작한 것으로 나타났다. 노가빈 등(2021)의 청년 은둔형 외톨이의 경험과 발생원인을 분석한 연구에 따르면, 은둔형 외톨이 청소년의 특성을 다음과 같이 제시하고 있다.

첫째, 은둔형 외톨이 청소년은 사회적 관계 형성에 어려움을 겪으며 사회적 고립 상태에 놓일 가능성이 높다.

둘째, 대인관계 경험이 부족하다. 다수의 은둔형 외톨이 청소년들은 대인관계의 부재로 고립을 경험하며, 궁극적으로는 사회적 고립으로 발전하게 된다.

셋째, 자립 및 사회 참여에 어려움을 겪고 있다. 은둔형 외톨이 청소년들은 자립과 사회 참여에 어려움을 겪고 있으며, 이로 인해 적절한 지원체계의 필요성이 대두되고 있다.

넷째, 학교 내에서도 은둔형 외톨이 청소년은 대인관계 형성에 어려움을 겪으며, 학교 내 외톨이 성향의 정도가 사회적 적응과 관련이 있는 것으로 보고되고 있다.

마지막으로, 은둔형 외톨이 청소년은 정서적 어려움을 겪고 있다. 고립된 환경에서 삶을 보내는 은둔형 외톨이 청소년들은 정서적 어려움을 겪는 경우가 많으며, 이는 우울증 및 자살 등의 정신건강 문제로 이어질 수 있다.

여성가족부는 2024년 2월, 은둔형 외톨이 청소년에 대한 지원 방안을 발표하였는데,[9] 주요 내용을 토대로 향후 은둔형 외톨이 청소년 지원을 위한 정책적 과제를 정리하면 다음과 같다.

첫째, 고립·은둔 청소년의 실태 파악이 필요하다. 앞에서도 소개한 바와 같이 2021년 전체 청년 인구 가운데 약 3.1%에 달하는 약 33만 명의 청년들이 은둔형 외톨이 상태에 놓여 있는 것으로 파악되었다. 고립 청년의 상당수는 청소년기부터 은둔 생활을 시작하게 되는데, 이들에 대한 정확한 실태 파악이 이루어지고 있지 않다. 여성가족부는 2024년 3월, 청소년정책위원회를 개최하여 고립·은둔 청소년 지원을 위한 시범사업 실시와 실태조사를 추진하기로 하였는데, 향후 시·군·구별로 설치된 청소년상담복지센터 또는 학교 밖 청소년 지원센터(이하 꿈드림센터)를 중심으로 각 지역별 은둔형 외톨이 청소년들의 실태를 파악하기 위한 조사가 이루어져야 할 것이다.

둘째, 은둔형 외톨이 청소년들에 종합적 지원 대책 마련이 필요하다. 정부는 2024년부터 전국 12개 꿈드림센터를 중심으로 지역에서 고립·은둔 청소년의 심신 회복과 사회 복귀, 가족관계 회복을 지원하는 '고립·은둔 청소년 원스톱 패키지' 시범사업을 추진한다고 발표하였다. 은둔형 외톨이 청소년의 특성상 자기노출을 꺼려 하면서 대인관계를 기피하는 성향을 보이기 때문에, 이들이 가정 밖으로 나올 수 있도록 하기 위해서는 편의점, 무인 카페 등과 같이 이들이 상대적으로 부담을 덜 느끼는 시설과의 협업이 필요하며, 개인별 고립·은둔 수준을 구체적으로 진단해 일대일 전문 상담을 제공할 필요가 있다. 하지만 앞에서도 언급한 바와 같이 은둔형 외톨이 청소년의 특성 파악이 우선이며, 이를 토대로 맞춤형 지원 프로그램을 마련해야 할 것이다.

셋째, 은둔형 외톨이 청소년을 둔 가정 및 부모에 대한 지원이 필요하다. 당사자인 은둔형 외톨이 청소년은 말할 나위 없지만, 이들을 곁에서 돌보는 부모들이 겪는 스트레스, 불안, 외로움 등과 같은 부적응 정서의 수준도 상당히 높을 것으로 짐작된다. 또한 은둔형 외톨이 청소년과의 관계 형성, 심리정서적 지원 방법 등에 대해서도 도움을 필요로 하는 부모들이 존재한다. 이와 관련하여 현재 민간 차원에서 은둔형 외톨이부모협회 등과 같은 자조(自助)모임이 결성되어 활동하고 있으나 행·재정적 이유로 여러 가지 어려움을 겪고 있다.

----
9) 여성가족부 발표자료(2024. 2.).

이에 정부 또는 지자체 차원에서 은둔형 외톨이 청소년을 둔 가족모임의 결성 및 운영 전반에 대해 적극적으로 지원할 필요가 있다. 일본은 오래전부터 은둔형 외톨이 청소년을 둔 가족모임[전국은둔형외톨이가족회연합회(KHJ)]이 결성되어 실태조사, 소통 및 정보교환, 부모교육 등과 같은 사업을 활발하게 추진하고 있다.[10]

넷째, 은둔형 외톨이 청소년을 지원하기 위한 법적 근거 마련이 필요하다. 「청소년복지지원법」제2조에는 위기청소년을 "가정에 문제가 있거나 학업 수행 또는 사회 적응에 어려움을 겪는 등 조화롭고 건강한 성장과 생활에 필요한 여건을 갖추지 못한 청소년"으로 정의하고 있다. 동법 제16조에는 '가정 밖 청소년에 대한 지원', 제18조에는 '이주배경청소년에 대한 지원' '청소년부모에 대한 지원'에 대해서는 명시하고 있으나, 은둔형 외톨이 청소년에 대한 정의 및 지원 대책에 대해서는 언급하고 있지 않아, 향후 법·제도의 정비를 통하여 은둔형 외톨이 청소년에 대한 지원의 법적 근거를 마련해야 할 것이다. 아울러, 지역별로 은둔형 외톨이 청소년에 대한 체계적인 지원을 위한 지원센터 설치의 법적 근거를 마련할 필요가 있다.

4) 디지털 전환 시대에 필요한 디지털 역량 함양 및 부작용에 대한 대비

청소년정책 분야에서도 4차 산업혁명과 디지털 전환에 대해 적극적으로 대비해야 할 것으로 보인다. 4차 산업혁명과 그로 인한 과학기술의 발달을 고려해 청소년들에게 요구되는 미래 역량의 개념을 정립해야 할 필요가 있고, 청소년정책도 이러한 역량을 키우는 데 도움이 되도록 설계되어야 한다. 디지털 전환 시대를 대비하기 위한 청소년시설을 중심으로 하는 청소년 분야의 과제에 대해 정리하면 다음과 같다.

첫째, 현시점에서 청소년시설의 디지털 전환은 선택이 아닌 필수라고 할 수 있다. 청소년시설 및 공간도 시대적·사회적 환경 변화를 적극적으로 수용하여 변모, 혁신을 거듭하지 않으면 살아남기 어려울 수 있다. 청소년 및 학부모 대상 설문조사에서도 나타난 바와 같이, 청소년과 학부모는 청소년시설의 현대화를 원하고 있으며, 청소년시설에서 4차 산업 관련 기술을 접목한 체험을 희망하고 있다. 코로나19 팬데믹 초기에 비대면 프로그램 진행을 위해 설치한 미디어 제작 관련 공간 구축 및 장비 마련만으로는 시설 이용자의 니즈를 충족할 수 없다는 냉정한 현실을 받아들여야 할 것이다. 이용료가 무료이거나 저렴하니까,

---

10) 일본전국은둔형외톨이가족연합회 홈페이지.

댄스 또는 밴드 연습을 할 공간이 없기 때문에 청소년시설을 제공하는 것만으로 존재의 이유를 찾는 데 안주해서는 안 될 것이다.

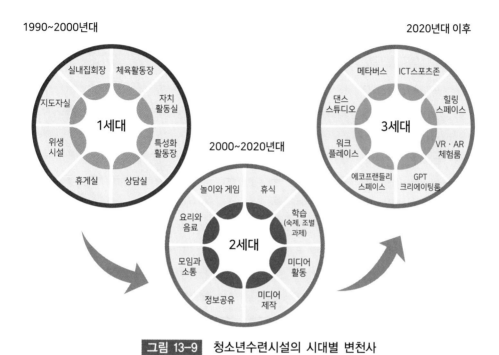

그림 13-9 청소년수련시설의 시대별 변천사

둘째, 현재 사회 상황을 반영한 청소년역량 개념의 재구조화가 필요하며, 이에 디지털 역량을 핵심역량에 포함시킬 필요가 있다. 특히, 청소년활동에 적용할 수 있는 디지털 역량의 개념 및 지표 개발이 시급하다. 경제개발협력기구(OECD, 2005)의 DeSeCo(Definition and Selection of Key Competency) 프로젝트에서 핵심역량(key competency)이 제기된 이래, 청소년 분야에서도 청소년들에게 필요한 핵심역량 지표 개발을 위해 노력해 왔다. 김기헌 등(2009)의 연구를 계기로 우리나라에서도 청소년에게 필요한 핵심역량의 개념에 관한 논의가 활발해졌으며, 김기헌 등(2009)의 연구에서는 지적 도구 활용, 사회적 상호작용, 자율적 행동 그리고 사고력의 4개 하위요인으로 구성된 생애핵심역량을 개발하였다. 또한 2018년 한국청소년활동진흥원에서는 청소년활동 핵심역량을 '급변하는 사회에서 직면하는 현실과제 및 진로 문제를 청소년 스스로가 해결해 나가며 균형 있는 성장을 할 수 있도록 청소년활동에서 길러져야 할 능력'이라고 정의하고, 비판적 사고, 창의력, 사회정서, 진로개발, 협업, 의사소통의 6개 요소로 청소년활동 핵심역량을 정의하였다.

한편, 비슷한 시기에 이경상 등(2018)의 연구에서는 현대사회를 지능정보사회로 보고, 청소년들이 이러한 사회를 살아가는 데 디지털 역량이 필요하다고 판단했으며, 컴퓨팅 사고력, 융합적 사고, 공익적 사고, 디지털 리터러시, 글로벌적 사고, 협업 및 소통능력의 6개 요인으로 구성된 디지털 역량을 제시하고 있다. 결론적으로, 2018년 우리나라 청소년활동이 개발한 '핵심역량' 개념에 2018년 이경상 등이 개발한 '청소년 디지털 역량'을 접목하여 엔데믹 시대를 살아가는 청소년들에게 필요한 청소년활동 핵심역량 지표를 개발할 필요가 있다.

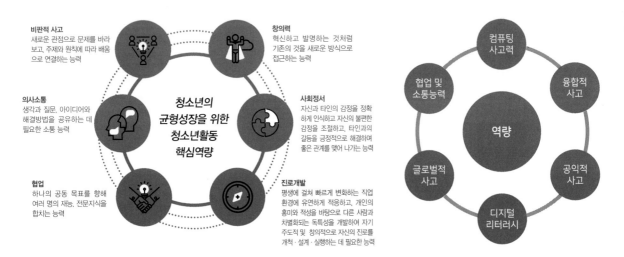

그림 13-10 청소년활동 핵심역량 및 디지털 역량

출처: 한국청소년활동진흥원(2019); 김민(2022).

셋째, 디지털 전환에 필요한 청소년시설 및 공간의 구축에 있어 '지역 간 격차(regional divide)' '시설 간 격차(facility divide)' '예산 격차(budget divide)' 등의 문제를 해소하기 위한 행정적 · 재정적 지원이 필요하다. 청소년시설의 재구조화, 특히 디지털 전환으로의 재구조화에는 상당한 비용이 소요된다. 코로나19 이후 서울을 비롯한 수도권 지역에서는 자자체가 비용을 부담하여 청소년시설 및 공간을 디지털화하는 작업을 추진했거나, 추진하고 있는 것으로 알고 있다. 제7차 청소년정책기본계획에서 디지털 전환, 디지털 역량, 미래역량 등을 강조하고 있고, 주요 정책과제로 설정하고 있다. 하지만 이러한 과제를 충실하게 수행하기 위해서는 기존의 시설, 공간만으로 대응이 힘들며, 상당한 수준의 예산을 투자하여 공간을 재구조화할 수밖에 없다. 이 과정에서 지자체별 · 운영주체별로 예산 투자 여력에 격차를 보이고 있는 게 현실이다. 특히, 중소도시 및 농어산촌 지역 등에 설치된 청소년시설의 경우, 공간 구성 및 청소년지도사 배치기준이 법정 최소기준만을 충족하고 있는 실정에서, 수도권 수준의 공간 및 설비를 갖춘다는 것은 '언감생심(焉敢生心)'이라고 해도 과언이 아니다. 중앙정부의 역할과 더불어 지자체의 적극적인 개입이 필요한 시점이다. 중앙정부에서도 실행과제를 숙제처럼 제시하고 검사를 하는 구조가 아닌, '선지원, 후평가'의 입장에서 청소년시설의 디지털 전환을 적극적으로 지원해야 할 것이다.

5) 청소년 성장 지원을 위한 지역사회 네트워크 구축

여성가족부는 2020년 5월 11일 청소년정책의 패러다임 전환을 발표하면서, 청소년을 '육성과 수련'의 대상에서 '성장과 체험'의 주체로 전환하고자 하였다.[11] 이 무렵 전후로 청소년정책 분야에서 청소년 성장 지원에 대한 활발한 논의가 이루어지기 시작하였다. 최인재 등(2019)은 청소년 성장 지원의 개념을 "청소년이 사회구성원으로서 정당한 대우와 권익을 보장받을 수 있도록 함과 더불어 스스로 생각하고 자유롭게 활동할 수 있도록 하며, 좀 더 나은 삶을 누리고 유해환경으로부터 보호될 수 있도록 함으로써 국가와 사회가 필요로 하는 건전한 민주시민으로 자랄 수 있도록 지원하는 모든 것"이라고 정의하고 있다. 현대사회는 인구 구조의 변화, 디지털 기술의 발달로 인한 가치관의 변화 그리고 사회적 가치보다는 개인적 행복을 중시하는 문화 등 청소년을 둘러싼 생태환경이 크게 변화하고 있다. 이와 같은 생태환경의 변화에 따라 청소년의 건강한 성장을 지원하는 정책서비스의 방식도 이전과 달리 보다 전문화되고 세분화한 방식이 요구된다. 이를 위해 지역사회 내에 산재해 있는 다양한 인적·물적 자원을 발굴하고 자원 간 연계·협력체계를 구축하여 변화하는 청소년들의 요구에 부응해 나갈 필요가 있다(최인재 외, 2023).

지역사회에서 청소년 성장 지원을 위한 네트워크를 협의적 차원과 광의적 차원으로 구분하여 설명할 수 있다. 협의적 차원의 네트워크란 청소년의 성장 지원을 위하여 청소년수련시설, 청소년상담복지센터 그리고 청소년 관련기관들 등 청소년과 직접적으로 관련이 있는 기관 및 시설이 중심이 되어 구축하는 네트워크를 말한다. 이 기관들은 각기 상이한 법적 근거에 기반을 두고 사업을 추진하다 보니, 실질적인 협력 및 연대가 쉽지 않은 실정이다. 향후 이 시설 및 기관들이 독립적으로 역할을 수행해서는 청소년의 성장을 위한 소기의 성과를 거두기 힘들다.

다음으로, 광의의 네트워크란 청소년시설 및 기관과 더불어, 학교를 포함한 교육기관, 관공서를 포함한 공공기관 그리고 민간기업 등이 참여하여 구축하는 네트워크를 의미한다.

---

11) 여성가족부 발표자료(2020. 5. 11.).

앞에서도 언급한 바와 같이, 청소년시설 및 기관만의 연계와 협력만으로는 청소년의 성장을 지원하는 데 한계가 있다. 이에 청소년수련시설 등이 중심이 되어 지역사회에 존재하는 다양한 인적·물적 자원을 발굴하고 연결하여 하나의 협력적 거버넌스 네트워크를 구축하는 것이 청소년의 성장을 지원하는 데 보다 효과적일 것이다. 앞으로 청소년 관련기관을 비롯한 지역사회의 다양한 인적·물적 자원의 협력 및 연대는 선택이 아닌 필수라고 해도 과언이 아니다. 이러한 문제인식에 기초하여 여성가족부는 2020년부터 '지역사회 청소년 성장지원 모델 시범사업'을 추진해 왔다. 이 사업을 통하여 지역사회 네트워크를 활용한 청소년 성장 지원체계를 구축하였으나, 예산 부족, 인력 부족 등의 이유로 사업이 안정적으로 추진되고 있지 못하는 상황이다. 향후 중앙정부의 행·재정적 지원은 말할 나위도 없지만, 지자체 차원에서도 조례를 제정하여 지역사회 맞춤형 협력 네트워크 구축을 위한 토대를 마련할 필요가 있으며, 청소년 분야 종사자들도 지역사회 자원의 발굴, 연결 그리고 협력을 위해 노력할 필요가 있다.

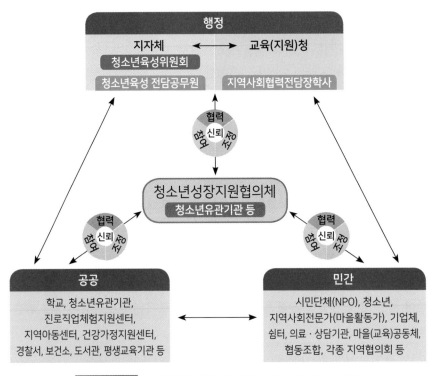

그림 13-11 지역사회 청소년 성장 지원 네트워크 모형

출처: 최인재 외(2019).

6) 지속가능성을 고려한 청소년정책의 추진 필요

2015년 UN 총회에서는 2030년까지 달성하기로 결의한 의제인 '지속가능한 개발목표 (Sustainable Development Goals: SDGs)' 17가지 과제가 제시된 이래, 다양한 분야에서 지속가 능한 발전목표에 대한 이해와 실천을 위한 노력이 이루어지고 있다. 정부 차원에서도 지속 가능한 개발목표가 설정되었으며, 각 지자체 그리고 대학 차원에서도 지속가능한 개발 목 표를 설정하고 이를 실천하고자 하는 노력을 기울이고 있다. 예를 들어, 강원대학교의 경 우,[12] 학내에 지속가능혁신센터를 설치하고, 대학에서 실천할 수 있는 지속가능한 개발목 표를 설정하고 이를 실천하고 있는데, 구체적으로는 3번 과제인 건강증진과 웰빙 과제 달성 을 위해 학생 대상 자살 예방, 성범죄 예방 및 금연 교육 실시, 9번 과제인 산업 혁신과 사회 기반시설 과제의 실천을 위해서는 도시재생뉴딜사업 추진을 위한 지역사회와의 연계 사업 추진, 지역에서 생산된 농산물을 활용한 제품 개발 등과 같은 과제를 설정, 실행하고 있다.

청소년 분야에서는 지속가능한 개발 목표의 개념적 이해와 이를 주제로 하는 활동 프로 그램을 개발하였으며 그리고 청소년들의 지속가능한 개발목표 달성을 위한 노력 방안을 모색하기 위한 연구(황세영, 김남수, 2016) 등이 이루어졌다. 그렇다면, 청소년시설의 지속가 능성을 확보하기 위한 세부 과제의 설정과 실천 노력에 대한 논의는 어떠한가?

이 질문에 대하여 우선, 청소년수련시설의 경우 공공성의 관점에서 지속가능한 개발에 대한 논의가 이루어지고 있다. 먼저, 김형주 등(2017)의 연구에서는 지속가능한 청소년수련 시설의 유지를 위해서 청소년수련시설 설치 시 운영에 필요한 충분한 예산과 인력의 확보, 설치 시 접근성을 고려한 입지 선정, 이용의 편의성을 고려한 공간설계 등이 필요하다는 점 을 지적한다. 부산 지역에서도 2020년 청소년수련시설의 지속가능한 발전과제 도출을 위 한 연구(이진숙, 김성순, 2020)를 진행하였는데, 이 연구에서는 청소년수련시설 공간의 재구 조화가 지속가능한 발전에 있어 매우 중요한 요소임을 강조하고 있다. 세부적인 과제로는 4차 산업혁명 관련 활동이 가능한 공간 및 설비 구축, 비대면활동을 위한 설비 추가, 온라 인 접근의 용의성을 확보하기 위한 온라인플랫폼의 구축 등과 같은 과제가 수행되었을 때, 청소년수련시설의 지속가능한 발전이 가능할 것으로 보고 있다. 마지막으로, 경상남도 지 역에서도 2021년 공공성의 관점에서 청소년수련시설 활성화 방안을 모색하기 위한 연구 (강영배 외, 2021)를 진행하였는데, 이 연구에서는 청소년들의 청소년수련시설에 대한 요구

---
12) 강원대학교 지속가능혁신센터 홈페이지.

를 조사한 결과, 청소년들이 VR, AR 등과 같은 현대적 장비가 갖추어진 공간과 미디어 콘텐츠를 제작할 수 있는 공간 및 설비가 필요하다고 응답하였다.

위의 결과를 종합해 볼 때, 청소년수련시설의 지속가능한 발전의 핵심은 지역의 보다 많은 청소년들이 청소년수련시설을 이용할 수 있는 여건을 조성하는 것과 이를 위한 공간 및 설비의 재구조화, 시대적·사회적 흐름과 청소년의 요구를 반영한 콘텐츠의 개발 및 운영이라고 할 수 있을 것이다.

앞에서 언급한 내용을 보다 세부적으로 살펴보면 다음과 같다. 첫째, 청소년시설의 지속가능성을 위해서는 청소년수련시설의 청소년지도사 배치기준을 현실화할 필요가 있다. 즉,「청소년 기본법」제23조,「청소년 기본법 시행령」제25조의 규정에서 명시하고 있는 '청소년지도사 배치기준'을 현실화해야 할 것이다. '2023년 청소년수련시설 종합편람' 평가지표 '4.1 직원 확보율', '4.1.2 수용정원대비 청소년지도사 확보율'에서는 법정 최소기준을 충족할 경우, 보통 수준(3)으로 보고 있다. 최우수에 해당하는 5점을 받기 위해서는 편람에서 제시한 계산식을 적용한 결과, '2.5%' 이상을 충족해야 하는 것으로 되어 있다. 편람상의 계산식을 적용하면, 시설등록증상 수용인원 500명인 청소년수련관의 경우 청소년지도사 법정 최소충족인원은 4명인데, 최우수 수준인 5점을 받기 위해서는 12~13명 정도의 청소년지도사가 필요하다. 쉽게 설명해서 필자는 4명과 12~13명의 괴리를 어떻게 처리할 것인지의 여부를 청소년수련시설에만 맡기는 것이 타당한가에 대한 문제를 제기하는 것이다. 개인적인 의견으로는 수용인원의 구간을 100명 단위로 구분하여 청소년지도사 배치기준을 설정하거나, 최소기준 자체를 상향 조정할 필요가 있다.

표 13-2 청소년수련시설 종류 및 수용정원별 청소년지도사 배치기준표

시설종류	수용정원 500명 이하				수용정원 250명당 배치기준(추가)			
	소계	1급	2급	3급	소계	1급	2급	3급
수련관	4명	1명	1명	2명	1명		1명	
	4명	1명	2명	1명				
	4명	1명	3명	-				
	4명	2명	2명	-				
	4명	3명	1명	-				
수련원	2명	-	1명	1명	1명		1명 ※ 최초 500명 초과 시 1급 배치	
	2명	-	2명					
	2명	1명	1명	-				
	2명	1명	-	1명				
	2명	2명	-	-				

유스호스텔	1명	1명		1명	1명(1급 또는 2급)
야영장	1명	1명		–	–
문화의집	1명	1명		–	–
특화시설	2명	–	1명	1명	–
	2명	–	2명	–	
	2명	1명	1명		
	2명	1명	–	1명	
	2명	2명	–	–	

출처: 여성가족부(2022).

　　둘째, 청소년시설에도 지속가능한 개발목표(SDGs)를 적용하고 실천 가능한 목표를 설정하고 실행하여야 한다. 지속가능한 개발목표라고 하는 주제는 학습하는 것에서 그치는 것이 아니라 실천하는 데 더 큰 의의가 있다고 생각한다. 지금까지 청소년시설에서는 지속가능한 개발목표가 무엇인지, 본인 거주 있는 지역에서 실천 가능한 지속가능한 개발목표를 찾아 실천하려는 시도는 있었던 것으로 보인다. 하지만 청소년시설에서 17개 실행과제를 청소년시설 버전으로 설정하여 실천한 사례를 찾아보기 힘들었다. 향후 지방 중소규모도

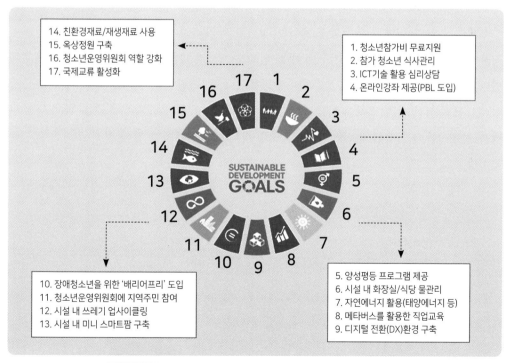

14. 친환경재료/재생재료 사용
15. 옥상정원 구축
16. 청소년운영위원회 역할 강화
17. 국제교류 활성화

1. 청소년참가비 무료지원
2. 참가 청소년 식사관리
3. ICT기술 활용 심리상담
4. 온라인강좌 제공(PBL 도입)

10. 장애청소년을 위한 '배리어프리' 도입
11. 청소년운영위원회에 지역주민 참여
12. 시설 내 쓰레기 업사이클링
13. 시설 내 미니 스마트팜 구축

5. 양성평등 프로그램 제공
6. 시설 내 화장실/식당 물관리
7. 자연에너지 활용(태양에너지 등)
8. 메타버스를 활용한 직업교육
9. 디지털 전환(DX)환경 구축

그림 13-12 청소년시설의 지속가능한 개발목표 설정(안)

시, 농어산촌 지역 등에서 인구 소멸, 인구 급감으로 인한 청소년시설 이용률의 감소는 필연적으로 발생하는 현상일 것이며, 이를 위한 대책 마련이 시급한 상황이다. 이에 디지털 전환은 청소년시설의 지속가능성을 확보함에 있어 반드시 실현되어야 할 과제임과 동시에, 아울러 청소년지도사의 디지털 역량 함양, 디지털 관련 콘텐츠의 개발 등과 동반해서 수행되어야 할 과제이자 과업이라고 할 수 있다.

7) 청소년 참여에 대한 요구 증대 및 참여 정책 개선의 필요성

향후 청소년정책 영역에서 청소년 참여에 대한 요구는 지속적으로 증대될 것으로 전망되며, 이러한 수요를 담아내기에 기존 참여 정책의 틀로는 한계가 있을 것으로 보인다. 사회구성원 개개인의 역량이 증대되고 다양한 기술이 등장하면서 사회적 이슈에 자신의 의견을 표명하고 의사결정에 참여하고자 하는 사람들의 수요가 증대되고 있다. 이러한 경향성은 청소년도 예외가 아니다. 특히, 2019년 만 19세에서 만 18세로 법이 개정되면서 선거연령이 하향 조정되어 청소년의 참정권에 대한 사회적 관심이 제고되었고 2021년에는 피선거권 연령과 정당가입 연령이 각각 18세와 16세로 하향되어 청소년의 사회 참여에 대한 수요는 점차 증가할 것으로 생각된다. 다만, 이러한 수요나 인식과는 달리 실제 경험하는 참여활동의 양과 질에는 간극이 존재하는 것으로 파악되었다. 그동안 추진된 청소년 참여 정책의 핵심에 해당하는 참여기구에 대한 인지도는 낮은 편이었고 실제 참여해 본 경험이 있다고 답한 청소년의 비율은 2% 내외에 머물렀다. 이러한 현실은 증가하는 참여 수요를 참여기구 중심의 기존 정책의 틀로는 수용해 내기가 어려울 것임을 방증한다. 따라서 보다 많은 청소년들이 자유롭게 참여할 수 있도록 새로운 패러다임의 참여 정책 추진이 필요해 보인다.

관련 토론/토의 주제

1. AI(인공지능)가 청소년정책에 미칠 영향에 대해 생각해 봅시다.

2. 디지털 환경과 기술에 친숙한 청소년 세대에게 있어 디지털화가 미친 긍정적 측면과 부정적 측면에 대해 생각해 봅시다.

3. 청소년정책의 지속가능성 확보를 위해 필요한 정책적 · 사회적 노력 등에 대해 생각해 봅시다.

참고문헌

강민정, 정은주, 조해윤(2020). Z세대가 즐기는 유튜브 채널의 몰입 요인과 특징. 한국콘텐츠학회논문지, 20(2), 150-161.

강영배, 하종래, 서영옥, 김고은(2021). 경상남도 청소년수련시설 공공성 제고 및 활성화 방안 연구. 경상남도청소년지원재단, 대구한의대학교 산학협력단.

관계부처 합동(2023). 제7차 청소년정책 기본계획(2023-2027).

교육부 발표자료(2021. 11. 24.). https://www.moe.go.kr/boardCnts/viewRenew.do?boardID=294&boardSeq=89671&lev=0&searchType=null&statusYN=W&page=1&s=moe&m=020402&opType=N

김기헌, 맹영임, 장근영, 구정화, 강영배, 조문흠(2009). 청소년 생애핵심 역량 개발 및 추진방안 연구 Ⅱ. 한국청소년정책연구원.

김민(2022). 미래 인재 양성 및 교육을 위한 청소년활동 활성화 방안. 청소년정책리포트 2022년도 제3호. 여성가족부.

김형주, 김정주, 김혁진(2017). 청소년수련시설의 공공성 제고를 통한 운영 활성화 지원방안 연구. 한국청소년정책연구원.

김희진, 서고운, 김은정(2021), 학교 밖 청소년 지역사회 지원방안 연구 Ⅳ: 질적 패널조사를 중심으로. 한국청소년정책연구원.

노가빈, 이소민, 김제희(2021). 청년 은둔형 외톨이의 경험과 발생원에 대한 분석. 한국 사회복지학, 73(2), 57-81.

대구광역시, 대구광역시청년센터(2023). 2023 대구 청년의 가족돌봄청년 YOUNG CAER으로서의 경험에 대한 실태조사.

매거진 한경(2018. 5. 23.). Z세대가 여가시간에 하는 일 https://magazine.contenta.co/upload/

attachment/006/

아름다운재단, 한국미혼모네트워크(2019). 2019 청소년 부모 생활실태 및 개선조사 연구.

여성가족부 발표자료(2020. 5. 11.). https://www.mogef.go.kr/nw/rpd/nw_rpd_s001d.
do?mid=news407&bbtSn=707012

여성가족부 발표자료(2024. 2.). 고립·은둔 청소년 발굴 및 지원방안.

여성가족부(2022). 2023년도 청소년수련시설 관리·운영 지침.

여성가족부(2023a). 2023 청소년 통계. 여성가족부.

여성가족부(2023b). 청소년 부모 현황 및 아동양육비 지원 실증연구.

여성가족부, 한국청소년정책연구원(2022). 2023년 청소년수련시설 종합평가 편람: 청소년수련관,
청소년문화의집, 청소년특화시설.

연합뉴스(2023. 4. 6.). 청소년부모 현황. https://m.yna.co.kr/view/GYH20230403000900044

이경상, 이창호, 김민, 김평화(2018). 제4차 산업혁명시대 대비 청소년활동 정책 전략 연구. 한국청
소년정책연구원.

이상정, 류정희, 변수정, 하태정(2022). 청소년부모의 정책소외 실태 및 정책개발. 한국청소년정책
연구원.

이진숙, 김성순(2020). 부산지역 청소년수련시설 현황 및 발전방안. 부산여성가족개발원.

최인재, 강경균, 송민경, 조윤정(2020). 지역사회 네트워크를 활용한 청소년 성장지원 정책 추진체
계 구축 방안 연구 II. 한국청소년정책연구원.

최인재, 오해섭, 김민, 정건희(2022). 인구소멸위기 지역에서의 청소년정책 추진 방식의 전환. 한국
청소년정책연구원.

최인재, 이윤주, 송민경, 조윤정(2019). 지역사회 네트워크를 활용한 청소년 성장지원 정책 추진체
계 구축 방안 연구 I. 한국청소년정책연구원.

최인재, 임지연, 김민, 강영배(2023), 청소년 성장지원을 위한 지역사회 네트워크 사업의 활성화 방
안 연구. 한국청소년정책연구원.

통계청 발표자료(2024. 2. 28.). https://kostat.go.kr/board.es?mid=a10301010000&bid=204&act=v
iew&list_no=430500

통계청(2023). 인구동향조사 2022년 출생·사망통계(잠정). https://kostat.go.kr/board.es?mid=a1
0301020300&bid=204&act=view&list_no=423833

한겨레21(2021. 8. 30.). 2047년 한국 모든 시·군·구 소멸위험지역. https://h21.hani.co.kr/arti/
society/society_general/50841.html

한겨레신문(2021. 10. 18.). 마을 사라지는 속도 빨라져…군위·의성·고흥 순 '최악'. https://
www.hani.co.kr/arti/area/chungcheong/1015511.html

한국청소년활동진흥원(2019). 역량기반 청소년활동 가이드. 한국청소년활동진흥원.

행정안전부(n.d.). 행정동별 아동, 청소년, 청년 인구현황. https://jumin.mois.go.kr/
etcStatChYouth.do

황세영, 김남수(2016). 지속가능발전목표(SDGs) 달성을 위한 청소년 삶의 질 실태와 지원방안 연
구. 한국청소년정책연구원.

황여정, 임희진, 오승근(2022). 전환기의 국가청소년정책 전략연구. 한국청소년정책연구원.

OECD (2005). The definition and selection of competencies: Executive summary.

M, Z, 알파세대의 특성비교 https://blog.daehong.com/391

강원대학교 지속가능혁신센터 홈페이지 https://itl.kangwon.ac.kr/ko/sustainable

국가법령정보센터 홈페이지 https://www.law.go.kr/

복지로 홈페이지 https://www.bokjiro.go.kr/ssis-tbu/index.do

서울광역청년센터 홈페이지 https://www.smyc.kr/publication/?q=YToyOntzOjEyOiJrZXl3b3JkX3
R5cGUiO3M6MzoiYWxsIjtzOjQ6InBhZ2UiO2k6MTt9&bmode=view&idx=15137451&t=board

일본전국은둔형외톨이가족회연합회 홈페이지 https://www.khj-h.com

한국고용정보원 홈페이지 https://www.keis.or.kr/main/index.do

행정안전부 홈페이지 https://www.mois.go.kr/frt/sub/a06/b06/populationDecline/screen.do

찾아보기

✐ 인명

✐ 내용

ㅊ

저자 소개

강영배(Kang, Youngbae)
일본 도호쿠(東北)대학교 대학원 교육학박사(종합교육과학전공)
전 일본 쇼케이학원대학 현대사회학과 교수
현 대구한의대학교 아동 · 청소년복지상담전공 교수

〈주요 저서〉
청소년을 위한 진로상담의 이론과 실제(공동체, 2020)
청소년상담(2판, 공저, 학지사, 2022) 등 다수

하중래(Ha, Joongrae)
명지대학교 대학원 교육학박사(청소년지도학전공)
현 명지대학교 대학원 겸임교수
    (사)한국청소년지원네트워크 상임이사
    시립마포청소년센터 관장

〈주요 저서〉
청소년문화(2판, 공저, 학지사, 2024)

조미영(Cho, Miyoung)
명지대학교 대학원 교육학박사(청소년지도학전공)
현 명지전문대학 청소년교육상담과 교수

정희진(Jung, Heejin)
명지대학교 대학원 교육학박사(청소년지도학전공)
현 명지대학교 통합치료대학원 청소년지도학과 객원교수
   (사)탁틴내일아동청소년성폭력상담소 팀장

윤여숭(Youn, Yeosoong)
명지대학교 대학원 교육학박사(청소년지도학전공)
전 한국청소년활동진흥원 과장
   일본청소년진흥기구 파견근무
현 천안시청소년재단 천안시태조산청소년수련관 관장

〈주요 저서〉
종합레크리에이션(공저, 삼호미디어, 2008)
청소년문화(2판, 공저, 학지사, 2024)

청소년육성제도론
Law and Administration on Youth

2025년 2월 25일 1판 1쇄 인쇄
2025년 2월 28일 1판 1쇄 발행

지은이 • 강영배 · 하중래 · 조미영 · 정희진 · 윤여숭
펴낸이 • 김진환
펴낸곳 • (주) **학지사**

　　　　04031 서울특별시 마포구 양화로 15길 20 마인드월드빌딩
대표전화 • 02)330-5114　　　　팩스 • 02)324-2345
등록번호 • 제313-2006-000265호

홈페이지 • http://www.hakjisa.co.kr
인스타그램 • https://www.instagram.com/hakjisabook

ISBN 978-89-997-3351-2 93370

정가 23,000원

출판미디어기업 학지사

간호보건의학출판 **학지사메디컬** www.hakjisamd.co.kr
심리검사연구소 **인싸이트** www.inpsyt.co.kr
학술논문서비스 **뉴논문** www.newnonmun.com
교육연수원 **카운피아** www.counpia.com
대학교재전자책플랫폼 **캠퍼스북** www.campusbook.co.kr